왜
선한 지식인이
나쁜 정치를
할까

왜 선한 지식인이 나쁜 정치를 할까
－동서분당의 프레임에서 리더십을 생각한다

2016년 10월 31일 제1판 1쇄 인쇄
2016년 11월 7일 제1판 1쇄 발행

지은이   이정철
펴낸이   이재민, 김상미

편집   정진라
디자인   달뜸창작실, 최인경

종이   다올페이퍼
인쇄   천일문화사
제본   광신제책

펴낸곳   너머북스
주소   서울시 종로구 자하문로 100-1(청운동 108-21) 청운빌딩 201호
전화   02) 335-3366, 336-5131 팩스 02) 335-5848
등록번호   제313-2007-232호

ISBN 978-89-94606-44-6 03900

이 책은 한국출판문화산업진흥원의 2016 우수콘텐츠 제작지원 사업 선정작입니다.

너머북스와 너머학교는 좋은 서가와 학교를 꿈꾸는 출판사입니다.

왜 선한 나쁜 지식인이 정치를 할까

동서분당의 프레임에서
리더십을 생각한다

이정철 지음

너머북스

4장 선조 16년 : 계미삼찬

3부 선조의 시간: 나는 어느 쪽이 옳다고 말한 적이 없다

5장 선조17년~22년 : 불안한 평화

4부 파국

프롤로그

몇 년 전 대동법과 관련해서 필자가 쓴 책에 대한 서평 기사를 본 적이 있다. 서평의 제목은 "왜 선한 지식인이 나쁜 정치를 할까?"였다. 아마도 훌륭한 인격을 가진 선비가 민생을 위한 좋은 정책에 반대하는 것을 보고 한 말이었을 것이다. 기사를 읽으며 생각해 보았지만 분명한 이유가 금방 떠오르지 않았다. 이 책은 그에 대한 고민의 결과이다.

선한 의지가 나쁜 정치로 이어지는 것을 지켜보는 것은 곤혹스런 일이다. 그런 경우가 그렇게 드물지도 않다. 이런 상황은 좁은 의미로서의 현실 정치 영역에서만 나타나지 않는다. 개인적으로 만나 보면 좋은 사람인데 그가 속한 조직 안에서의 역할이나, 그가 속한 조직 자체가 그렇지 않은 경우도 우리는 흔히 본다.

이 문제는 현실의 문제이면서 동시에 학문적인 문제이다. 그것도 큰 문제이다. 유학儒學의 핵심적 문제 중 하나가 바로 이것이기 때문이다. 유학에서 지식인의 바람직한 삶은 수기치인修己治人으로 요약된다. 수기의 목적은 좋은 사람이 되는 것이고, 치인의 이상은 더 많은 사람에게 유익한 정치를 펼치는 것이다. 조선시대 지식인들은 수기만 되면 치인은 자연스럽게 따라온다고 대개는 믿었다. 거의 대부분 지식인들이, 조정에 몸담아 치인할 기회를 얻지 못했기에, 그 믿음은 별다른 도전을 받지 않았다.

수기치인은 조선시대 지식인들만 가졌던 믿음도 아니다. 라인홀드 니버Reinhold Niebuhr(1892~1971)가 오래 전에 쓴 유명한 책『도덕적 인간과 비도적적 사회Moral man and immoral society』(1932) 역시 같은 문제의식에서 나왔다. 과연, 좋은 사람들이 좋은 정치도 하고 도덕적인 사회도 만들 수 있을까?

오늘날은 조선시대와 비교할 수 없이 많은 사람이 '치인'의 기회를 갖는다. 굳이 자신이 직접 치인할 기회를 못 가져도, 주기적으로 이루어지는 투표와 엄청난 양의 정보를 통해서 수기와 치인 사이의 연관성을 살펴볼 수 있다. 선거 때마다 좋은 사람을 뽑고자 하는 노력은, 그렇게 뽑은 좋은 사람이 좋은 정치를 하리라는 믿음이 전제된다. 하지만 그런 믿음의 현실적인 증거는 빈약하다.

조선시대 당쟁은 일반인들에게도 익숙하다. 그리고 그것은 대개 부정적인 측면에서 조명된다. 그러한 당쟁 이해는 대부분 정확하지도 적절하지도 않다. 이 책에서 우리는 그 시대가 지향한 가치와 그 시대의 정치제도 및 관행 속에서 그 시대의 정치현상인 당쟁을 이해하고자 한다. 그렇게 보는 것이 조선시대를 더 잘 이해하는 길이라 믿는다.

누구나 알듯이, 정치행위는 권력 획득을 목표로 한다. 갈등이 없을 수 없는 이유이다. 그런 면에서 당쟁은 보편적인 정치현상이다. 조선시대도 오늘날과 전혀 다르지 않았다. 이 책은 특히 임진왜란 이전의 선조宣祖 대를 조명했다. 이 시기는 이제까지 일반에게는 물론이고 연구자들에게도 뚜렷한 주목을 받지 못했다. 하지만 필자는 이 시기가 섬세한 주목을 받아 마땅하다고 생각한다. 이 시기에 대단히 '조선다운' 정치적 갈등의 양상이 펼쳐졌기 때문이다.

선조 대는 정치의 시대였다. 이 시대는 정치세력의 다양성 면에서 넓은 스펙트럼을 가졌다. 흔히 선조 대를 당쟁이 '발생'한 시대라고 한다. 정확한 말은 아니다. 당쟁이 없던 시대가 어디 있었겠는가? 그럼에도 이 책에서 '동서분당'이 발생한 선조 8년(1575)부터 기축옥사가 일어나고 일단락된 선조 23년(1590)까지 15년간의 당쟁을 살펴본 것에는 이유가 있다. 조선시대 전체를 통틀어 이 시대만큼 정치에서 이상理想이 드높이 외쳐진 시대도 드물었다. 그럼에도 그 결과는 몹시 비극적이었다.

조선시대 당쟁에 대한 연구는 학계에서 일찍부터 시작되었다. 식민지시대 일본인 학자들은 당쟁을 조선인의 부정적 민족성을 드러내는 방편으로 사용했다. 반대로, 1970년대 이후 당쟁 연구는 조선왕조의 정치에 비록 신분적 제한이 있기는 했지만 근대적 정당정치의 성격이 있음을 강조하였다. 그래서 당쟁이라는 말 대신, '붕당정치'라는 말을 사용했다. 이 책은 이두 가지 관점 중 어느 쪽이 타당한가에 아무런 관심이 없다. 두 연구 경향 배후에 있는 의도에 동의하지 않기 때문이다.

이 책은 당쟁을 권력현상의 관점에서 접근했다. 하나 더 첨언한다면 그것이 정치적 이상의 이름으로, '공론公論' 혹은 '국시國是' 등의 이름으로 진행되었다는 것을 염두에 두었다. 왜 도덕적, 정치적 이상에 대한 사림士林의 오랜 집단적 열망이 그들 중 누구도 원치 않았던 거대한 파국으로 귀결되었는지 알고 싶었다. 훌륭한 개인의 인격과 무관하게, 그들의 진정성에 독립하여 작동하는 정치적 힘의 실체는 무엇이었나?

필자는 이 책에서 두 가지 목표를 가졌다. 첫째 목표는 이 시기에 갈등했던 정치적 입장들 각각의 내용이 어떤 것이었던가를 파악하는 것이다. 각자에게 각자의 정당성과 진정성이 있다고 상정했다. 둘째 목표는 당시 실제 상황이 어떤 것들이었고, 그것들의 객관적 의미가 무엇이었는지 파악하는 것이다. 상충했던 각자의 입장이 똑같이 정당했다고 말하고 끝낼 수는 없기 때문이다.

첫째 목표도 쉽지 않지만, 둘째 목표도 쉽지 않았다. 이 책이 서술한 시기는 사료가 몹시 빈약하고 더구나 부정확하기까지 하다. 사관史官이 매년 정리해 보관하던 기초 사료가 임진왜란으로 모두 없어졌던 것이, 이 시기 『선조실록』이 빈약하고 부정확한 이유이다. 또 당쟁이 치열해지면서 사관의 객관성이 흔들렸다. 처음으로 '수정실록'이 나온 이유이다. 이 시기를 살펴면서 가장 큰 문제는 실제로 어떤 일들이 있었는지 파악하는 것이었다.

이 책에서 필자는 끊임없이 변주되며 일어나는 수많은 사건을 경험적 사실로 정리하고, 그것에 적절한 정치적 함의를 부여하려 했다. 사실, 이것은 우리가 늘 현실을 파악하는 방식이다. 전통적 구분에 따르면 전자는 정치사의 영역이고, 후자는 정치사상이나 철학의 영역일 것이다. 하지만 현실적 실제적 이해를 위해서는 사건과 그 의미를 분리할 수 없다. 현실에서 발생하는 사건과 그 의미는 동시에 파악될 수밖에 없다.

독자에 따라서는 이 책의 서술이 너무 상세하다고 느낄 수도 있고, 반대로 너무 소략하다고 느낄 수도 있을 것이다. 적절한 의미를 추출하기에는 경험적 사실의 집적이 부족하다고 볼 수도 있고, 대략적 흐름만을 파악하려는 독자에게는 현재 수준도 이미 필요 이상으로 번쇄할 수 있다. 어떤 쪽이든 필자는 경험적 사실들과 그 사실을 구성하는 사람들의 생각을 연결해 보려 노력했다.

기묘사화

어떤 시대의 상황을 이해하려면 대개는 그 앞 시대부터 이해해야 한다. 선조 대 당쟁도 다르지 않아서 기묘사화(1519)에서 시작하지 않을 수 없다. 왜냐하면 선조 대 당쟁에 직간접적으로 관련된 이황, 조식, 이준경, 백인걸 같은 제일 연장자급 인물들에게 가장 중요한 정치적 경험이 바로 기묘사화였기 때문이다. 그들이 20세 전후에 겪은 기묘사화는 그들 생애 전체를 규정해 버린 원초적 경험이다.

반정을 통해서 중종(재위 1506~1544)은 갑자기 왕이 되었다. 그는 즉위 당시 19세였고, 반정 과정에서 아무 역할도 하지 않았다. 반정공신들에 떠밀려 말 그대로 갑자기 왕으로 추대되었다. 때문에 즉위 직후 그는 국왕의 권위와 힘을 전혀 갖지 못했다. 심지어 아내와도 강제로 헤어져야 했다. 즉위 전, 그는 이미 결혼한 상태였다. 그의 부인 신씨愼氏의 아버지가 연산군의 처남이자 반정 당시 좌의정이었다. 반정공신들의 강요로 신씨는 폐비가 되었다.

하지만 재위 8년쯤 되었을 때 조정 상황에 변화가 왔다. 반정의 중심인물들이 차례로 사망했던 것이다. 그에 따라 중종에게 자신의 정치를 해 볼 수 있는 기회가 왔다. 이를 위해서 필요한 것은 먼저 자기 사람들을 만드는 것이었다. '도학정치道學政治'라는 새로운 정치를 주장하며 조정에 진출하기 시작한 신진사류가 중종의 눈에 들어왔다.

조광조(1482~1519)를 대표로 하는 신진사류가 조정에서 활동한 기간은 길지 않다. 대략 중종 10년(1515)부터 14년(1519)까지 4년 남짓한 기간이다. 이 기간도 그들의 온전한 활동 기간은 아니었다. 중종이 이들에게 확실한 지지를 나타낸 것은 중종 12년(1517) 이후였다. 이들은 젊었고 하급관료에 불과했다. 하지만 주로 언관직에 있으면서 차차 영향력을 확대하기 시작했다. 언관言官은 사헌부와 사간원 관원을 말하는데, 직급은 낮아도 늘 왕과 대면하는 직책이었다. 신분적으로는 관료였지만 지식인으로 대접받고 스스로도 그런 정체성을 가질 수 있었다. 때문에 이 직책은 명예스럽게 여겨졌고 실제로 그 존재감도 높았다.

신진사류 언관들의 주요 공격 대상은 반정공신계 인물들이었다. 그들은 집권세력의 중추를 이루었다. 신진사류가 주장한 도학정치의 논리는 군자소인론君子小人論이다. 정치가 올바르게 되려면 임금이 군자와 소인을 구분하여, 소인은 내치고 군자와 정치를 해야 한다고 그들은 굳게 믿었다. 군자는 스스로 수양[修己]하여 덕이 있는 사람이고, 소인은 그렇지 못한 사람이다. 바르게 다스리려면 수기가 전제되어야 한다는 말이다.

신진사류의 공격을 받은 공신계 훈구대신은 쉽게 반격에 나서지 못했다. 신진사류의 말을 수긍했기 때문은 아니었다. 중종의 마음이 그들에게 있었기 때문이다. 하지만 반발은 심하게 일어났다. 이들의 불만을 잘 표현한 말은, 신진사류가 "자기들과 견해가 같은 자는 선인善人이라고 하고 다른 자는 악인惡人이라고 한다."는 말이었다. 신진사류의 주장이 객관적이지 못하다는 말이다. 이들 입장에서 당연히 할 수 있는 말이고, 또 완전히 틀린 말도 아니었다. 신진사류의 정치적 이상은 쉽게 부정할 수 없지만, 그것을 구현하는 과정에서 무리가 있었던 것이 사실이었다.

중종과 신진사류의 관계는 오래지 않아 중종에게도 점차 부담스러운 것이 되었다. 신진사류의 정치적 요구가 중종이 상정했던 수준을 지나치고 있었다. 신진사류에게 일방적으로 공격받던 훈구대신은 그 기회를 놓치지 않았다. 결국 중종의 암묵적 동의를 얻어 신진사류를 몰아냈다. 그 몰아내는 과정이 격렬했는데, 그것이 기묘사화이다.

기묘사화로 피해를 입은 신진사류를 기묘명현己卯名賢이라 부른다. 대표적 인물이 조광조이고, 그 외 김정金淨과 기준奇遵, 한충韓忠, 김식金湜 등을 들 수 있다. 조광조는 능주綾州(현 전남 화순)에 귀양 갔다가 곧 사약을 받아 죽었고, 나머지도 귀양 갔다가 일부는 사형을 당했거나 자살했다. 그들 대개 30대 초중반이었다. 이들 외에도 그들을 옹호하던 우의정 안당安瑭과 김안국金安國·김정국金正國 형제 등 고위 관직자들이 조정에서 쫓겨났다.

기묘사화 후 조정 상황

기묘사화로 사림은 커다란 타격을 받았다. 상당 기간 회복이 어려울 정도의 타격이었다. 조정에 있던 신진사류는 추방되고, 그것을 본 지방의 신진사류는 중앙에 진출하려 하지 않았다. 그 사이에 조정은 권신權臣의 각축장이 되었다. 처음에는 남곤南袞, 심정沈貞이, 뒤에는 김안로金安老가 권력을 잡았다.

한편 중종의 제1계비 장경왕후章敬王后 윤씨는 중종 10년(1515)에 사내아이를 낳은 직후 사망했다. 이 아이가 5년 뒤 세자로 책봉되고 나중에 인종으로 즉위한다. 2년 뒤 중종 12년(1517)에 중종은 두 번째 계비를 맞았다. 그녀가 문정왕후 윤씨이다. 그녀는 내리 세 명의 공주를 낳은 후 중종 29년(1534)에 34세의 나이로 아들을 낳았다. 그가 후일의 명종인 경원대군이다.

경원대군이 태어나자 문제가 시작되었다. 문정왕후의 친오빠 윤원로와 친동생 윤원형이 세자 교체를 계획하기 시작했던 것이다. 물론 그들의 생각이라기보다는 문정왕후의 생각이었을 것이다. 이들과 장경왕후의 오빠 윤임尹任 사이에 알력이 생기기 시작했다. 세간에서는 윤임을 대윤大尹, 윤원로·윤원형을 소윤小尹이라고 불렀다.

중종 33년(1538) 김안로가 실각하고 곧 사사賜死되었다. 사사란 임금이 독약을 내려 자결하게 하는 것을 말한다. 인종을 보호한다는 명목으로 문정왕후를 폐위시키려 했다는 이유였다. 김안로는 인종과 인척관계에 있었다. 그의 아들이 인종의 누이 효혜공주의 남편이다.

김안로의 패사敗死 후 조정에는 크게 두 흐름이 나타났다. 하나는 사림계 인사들이 조정에 복귀하고 사림 쪽에 우호적인 성향의 인물들이 힘을 얻었던 것이다. 중종 35년(1540)에 김안국이 대제학이 되었고, 유배 갔던 이언적李彦迪도 다시 돌아왔다. 풍기 군수 주세붕이 최초의 서원 백운동서원을 세운 것이 중종 38년(1543)이다. 다른 하나는 대윤과 소윤 사이에 중종의 후사를 둘러싼 갈등이 본격화된 것이다.

짧았던 인종의 재위 기간

1544년 11월 중종이 재위 39년 만에 사망했다. 그를 이어 인종이 29세 나이로 즉위했다. 인종은 즉위 초 이언적·유관柳灌·성세창成世昌 등 사림 성향 인사들을 기용하였다.

인종 대 인물들과 정치세력 사이에는 동류의식 내지는 적대의식이 존재해 있었다. 이미 중종 대 후반에 정치적 이해관계에 따라 형성된 관계였다. 김안로 사사 이후 꾸준히 성장한 사림세력은 명분상 대윤을 지지했다. 때문에 문정왕후나 소윤과 첨예하게 대립해 있는 상태였다. 그에 따라 이기李芑, 임백령林百齡, 정순붕鄭順朋 등은 윤원형 형제와 결탁하였고, 이들은 세자를 바꿀 계획을 은밀히 추진했다. 하지만 유관이 중신으로서 그 계획을 꺾어 세자 보호를 실질적으로 주도하면서, 윤원형 형제 및 이기 등과 적대적 관계가 형성되었다. 유관은 인사문제로, 유인숙은 이기의 비행을 유포한 것 때문에 각각 이기와 정치적으로 대립하였다. 요컨대 대윤은 사림세력과, 문정왕후·소윤은 훈구세력과 연결된 관계가 인종 대에도 계속되었다. 인종이 사망한 즈음에는 유관, 성세창이 각각 좌·우정승, 이언적이 좌찬성, 윤임이 형조 판서에 있었고, 홍문관에는 이황, 이약해 등이 있었다.

인종은 사림에게 우호적인 이미지를 남긴 채 재위 8개월 만에 사망했다. 뒤이어 경원대군, 곧 명종이 12세 나이로 즉위하여 문정왕후가 수렴청정을 실시했다. 그에 따라 대윤은 권력을 잃었고 윤원형 등 소윤 일파가 권력을 잡았다.

을사사화

인종은 1545년 7월에 사망했다. 을사사화는 인종의 졸곡도 끝나기 전에 시작되었다. 1545년 8월 문정왕후는 예조 참의인 친동생 윤원형에게 밀지密旨를 내렸다. 형조 판서 윤임, 이조 판서 유인숙柳仁淑, 좌의정 유관柳灌 등을 제거하라는 내용이었다. 병조 판서 이기, 지중추부사 정순붕과 협력하라는 뜻도 함께 전해졌다.

윤원형은 처음에는 문정왕후가 지시한 방식이 아닌 공식적인 방식, 즉 양 사兩司의 탄핵을 통해 윤임 등을 제거하려 했다. 그쪽이 모양새가 좋기 때문일 것이다. 양사란 사헌부와 사간원에 대한 통칭이다. 당시 양사에는 집의 송희규, 사간 박광우, 장령 정희증·이언침, 헌납 백인걸, 지평 민기문, 정언 김난상·유희춘 등이 있었다. 이들은 문정왕후 밀지의 부당성을 지적하며 아무도 윤원형의 뜻을 따르려 하지 않았다. 특히 백인걸은 윤임, 유관, 유인숙 3인을 처리하는 방법의 부당성을 조목조목 비판하며, 오히려 윤원형에 대한 처벌을 요구했다. 그러자 다음 날 문정왕후는 백인걸을 파직시켜 의금부에 가두고 엄히 심문하게 했다.

이어서 이기가 상소를 올렸다. "형조 판서 윤임은 중종조부터 잘못이 많았으므로 근래 스스로 불안해했으며, 좌의정 유관과 이조 판서 유인숙 역시 의심스런 형적이 있습니다." 이 상소는 조정을 뒤흔들었다.

상황이 이렇게 되자 병조 판서 권벌權橃이 관련자들에 대해서 관대한 처벌을 요청하는 상소를 올렸다. 곧, 이를 지지하는 여론이 확산되었다. 당연한 일이었다. 애초에 이렇게 여러 사람이 처벌받을 만한 어떤 구체적 내용도 제시되지 않은 상태였다. 이러한 여론을 일순 역전시킨 것이 정순붕의 상소였다.

정순붕은 권벌이 3인을 구원한 것을 신랄하게 비판하면서 3인의 죄상을 지적했다. 그의 지적은 문정왕후가 3인의 처리와 관련하여 앞서서 포괄적으로 언급한 사항과 일치했다. 이로써, 애매하던 3인의 죄목이 반역죄로 확정되었다. 문정왕후는 일방적으로 형량을 결정하여 윤임, 유관, 유인숙을 사사하고, 권벌을 자리에서 쫓아냈다.

며칠 후 경기 관찰사 김명윤이 윤임의 조카 계림군桂林君 이류李瑠 및 인종의 이복동생 봉성군鳳城君 이완李岏에 대해서 상소를 올렸다. 두 사람이 불온한 무리와 결탁해서 명종의 왕위에 도전할 수 있는 위험 소지를 없애야 한다며, 그는 두 사람에 대한 정치적 처리를 신속히 단행할 것을 촉구했다. 김명윤은 봉성군의 이모부이다. 계림군 이류는 김명윤의 상소가 있고 나서 한 달 정도 지난 후 잡혀 와 능지처사되었다. 그는 정철의 매형이다. 당시 18세의 봉성군은 어리다는 이유로 귀양을 갔다. 하지만 2년 뒤 '양재역벽서사건' 때 위리안치 상태에서 자결하게 했다. 을사사화가 처리되자 공신 책봉이 있었다. 위사공신衛社功臣이 그것이다. 이기, 정순붕, 임백령, 허자가 1등공신이었다. 공신 책봉 후 이기가 좌의정, 정순붕이 우의정에 임명되었다.

양재역벽서사건

명종 2년(1547, 정미) 9월에 '양재역벽서사건'이 일어났다. 정미사화라고도 불리는 사건이다. 이즈음의 분위기를 이기는 다음과 같이 말했다.

김안로가 패망한 후에는 사람들 모두가 그의 이름을 부르며 심히 욕을 한 것이 마치 천한 노예에게 하는 것처럼 했습니다. 윤임, 유관, 유인숙은 이미 형벌을 받아 죽었습니다. 그런데도 사람들 모두가 반드시 '모야某爺(아무 어른)'라고 부르니, 그들이 한 시대의 명성을 도둑질한 것을 알 수 있습니다.[1]

조정 밖 여론은 을사사화의 정당성을 의심하였다. 집권세력 입장에서는 몹시 거북하고 부담스런 일이었다. 따라서 이 사건이 아니어도 훈구세력은 사림세력을 더 철저히 억누르고 제거해야 할 필요 혹은 유혹을 받고 있는 상태였다.

사건은 부제학 정언각의 '고변告變'으로 시작되었다. 그는 양재역에 붙은 "여주女主가 정권을 잡고, 간신 이기 등이 아래서 권세를 농간하고 있으니 나라가 장차 망할 것을 서서 기다릴 수 있게 되었다. 어찌 한심하지 않은가."라는 벽서 내용을 전하였다. 이에 영의정 윤인경, 좌의정 이기, 우의정 정순붕은 처벌할 죄인들을 적어 올렸다. 그리고 그것에 따라 을사사화 피화인들에게 형벌을 추가하는 조치를 취했다. 이로 인해 처벌된 인물은 아래와 같다.

피화 인물	처벌 내용	피화 인물	처벌 내용
송인수, 이약빙, 임형수	사사	김충갑	삭탈관직 문외출송
이언적, 정자, 이염	극변안치	한호, 박승임, 유경침	파직
노수신, 정황, 유희춘, 김난상	절도안치	권벌	귀양
권응정, 권응창, 정유침, 이천계, 권물, 이담, 한주, 안경우	원방부처	이윤경	파출
송희규, 백인걸, 이언침, 민기문, 황박, 이진, 이홍남, 김진종, 윤강원, 조박, 안세형, 윤충원, 안함	부처	봉성군 이완	자처

· 한춘순, 「명종대 을사사화 연구」, 『인문학연구』2, 경희대학교 인문학연구소, 1998, 348쪽 표 인용. 처벌 내용에 대해서는 최인주의 논문(「조선시대 유형에 관한 연구」, 이화여자대학교 석사논문, 1991) 참조

기유옥사

'양재역벽서사건'으로 사사된 이약빙의 아들 이홍남의 '고변'으로, 명종 4년 (1549, 기유)에 또 한 번의 대규모 옥사가 충주에서 발생했다. 이 사건은 이홍남이 영월에 유배되어 있으면서 꾸민 사건이다. 그는 석방될 가망이 없자, 친동생 이홍윤이 윤임의 사위인 점을 이용했다. 이홍남이 고발한 이홍윤의 죄상이 담긴 봉서를, 의정부 사인 정유길, 홍문관 교리 원호변이 가지고 나와서 고변했다. 정유길은 이홍남과 나이가 같고 동서간이었다. 그 내용은 이홍윤이 금상今上 즉 명종을 연산군과 비교하여 오래갈 수 없다고 말하는 등 비방했다는 것이다.

이홍윤이 즉각 붙잡혀 왔다. 그가 공초供招에서 밝힌 내용은 형 이홍남이 부모가 자기에게 많은 재산을 준 것으로 의심하고 미워했었다는 것이다. 형제 사이의 불화를 사건 발단의 원인으로 진술하였다. 심문 후에 먼저 이홍윤과 관련자들이 능지처사되고, 그들 가족과 재산에 대한 처분이 이루어졌다. 또 이홍윤의 서출동생 이후정을 잡다 추국하면서 언급된 사람들이 능지처사되었다. 이홍남은 이 사건 후 귀양에서 풀려나 관직에 임명되었다가 선조 즉위 후 무고 사실이 드러나 벼슬이 삭제된다.

이 사건의 특징은 관직자도 아닌 일반 양반들에게까지 피해가 확대되었다는 것이다. 이렇게 죽은 사람이 무려 37명이었다. 죽음은 피했지만 귀양 간 사람도 많았다. 이 사건으로 충청도가 청홍도로 이름이 바뀌고, 충주는 유신현維新縣으로 고을 등급이 강등되었다. 이때 충주가 거의 비다시피 했다고 한다.

을사사화에서 기유옥사에 이르는 일련의 사건은 집권세력의 입장을 분명히 보여 주었다. 그들은 자신들에게 위협이 된다고 예상되는 누구라도 철저히 제거할 준비가 되어 있었다. 훈척세력은 특히 사림세력을 철저히 제거하려 했다. 독점적인 정국 운영권을 지속하기 위해서였다. 명종 초년의 사화로 사림은 기묘사화 때보다도 더 큰 참극을 겪었다. 이후 사림은 사화에 대해 극심한 공포심을 갖게 된다.

이량과 심의겸의 대결

명종 시대는 문정왕후, 윤원형 세력과 훈구세력이 결탁한 강력한 무단통치로 시작되었다. 하지만, 같은 강도의 정치적 억압을 계속 유지할 수는 없었다. 명종 8년 문정왕후의 수렴청정이 종식되고도 그녀의 영향력은 계속되었다. 하지만, 전과 같은 수준일 수는 없었다. 신진사류가 차츰 조정에 들어왔다. 당시 사림의 확장은 정치적 경향이기 이전에 사회적 대세였다. 명종 17~18년경에는 기존 권신세력이 위협을 느낄 정도로 신진사림의 조정 진출이 뚜렷해졌다. 이 시기에 중요한 인물이 이량李樑(1519~1563)이다.

이량은 대단한 가문 배경을 가진 인물이었다. 태종의 차남 효령대군의 5대손이고, 명종비 인순왕후와 그의 친동생 심의겸의 어머니가 이량의 여동생이었다. 그는 인순왕후와 심의겸의 외삼촌이었던 것이다. 명종 2년(1546) 한 해에 생원시와 진사시에 모두 합격하고 명종 8년(1552) 문과에 급제하였다. 문과 합격 후 11년 만인 명종 18년(1563)에 이조 판서가 되었다. 상상하기 어려운 고속승진이다. 문과 합격자 중 비교적 일찍 정3품 당상관이 되는 사람들도 최소 10년 정도는 걸렸다. 관료조직에서 특별한 이유 없이 동기들보다 승진속도가 확연히 빠르기는 몹시 어렵다. 그의 빠른 승진은 윤원형 세력을 견제하려는 명종의 의지가 작용한 결과였다.

이량은 젊어서부터 반듯한 인물은 아니었다. 그는 문과에 장원 급제했는데, 그것은 당시 시험관이던 그의 스승이 시험 문제를 미리 귀띔한 결과였다. 나중에 그는 홍문록弘文錄에도 들어갔다. 조선시대 신진 문관 엘리트들이 가장 소망하던 자리가 홍문관원이다. 홍문록은 홍문관원의 예비후보자 목록이다. 조선시대에 홍문록에 들었다는 것은 미래가 보장되는 약속으로 받아들여졌다. 이량의 처남이자 인순왕후의 아버지 심강이 그의 아버지 영의정 심연원에게 그를 홍문록에 추천한 적이 있었다. 그러자, 심연원은 "이량이 만약 홍문관 관원이 되면 많은 당류黨類를 심어 나라를 그르치지 않겠느냐?"며 반대했다. 당류란 자신의 파벌을 뜻한다. 그는 일찍부터 주위 사람들에게 그렇게 보였던 것이다.

이량은 이조 판서가 된 명종 18년(1563)에 자기 아들을 이조 전랑으로 삼았다. 하지만 상피제相避制* 때문에 아들이 이조 전랑에서 물러나게 되자, 이번에는 아들 친구 유영길을 밀었다. 사실 이량의 계획은 유영길 한 사람에 그치지 않았다. 그를 이어서 이조 전랑에 차례로 임명하려는 사람들이 더 있었다. 그런데 기대승, 허엽 등이 유영길의 임명을 막고 나섰다. 그러자 이량은 이 기회에 사림세력의 대표적 인물들을 제거하려는 계획을 세웠다. 기대승, 허엽을 비롯해서 윤두수, 윤근수, 박소립, 이문형, 이산해 등이 그들이었다. 제거하려고 기록해 놓은 사람이 무려 40여 명에 이르렀는데, 이황, 이항, 조식 같은 사람까지 포함되었다.[2)]

---

* 일정한 범위 내 친족 간에 같은 기관에, 혹은 명령계통에 포함된 기관에 취임하지 못하도록 하거나 혹은 재판관·시관試官 등이 될 수 없도록 한 제도. 어떤 지방에 특별한 연고가 있는 관리가 그 지방에 파견되지 못하는 것도 이에 포함된다. 사적 관계에 따른 권력 집중과 부패의 가능성을 차단하는 것을 목적으로 했다. 조선시대 상피제 규정은 세종 때 성립되었다. 고려시대에 비해 엄격히 적용되었다. 『한국민족문화대백과사전』참고.

이량의 계획이 성공했다면 또 한 번의 큰 사화가 발생했을 것이다. 이 시점에 등장한 사람이 심의겸이다. 그는 전해인 명종 17년에 문과에 합격하여 이당시에는 홍문관에 몸담고 있었다. 명종 18년 10월 심의겸이 이량에 대해 선제공격을 가하였다. 물론 그 전에 누이 인순왕후와 의견을 맞춘 상태였다. 심의겸은 홍문관 부제학 기대항으로 하여금 이량을 탄핵하게 했고 그 결과 이량은 삭탈관직되었다. 그는 평안북도 강계로 유배를 갔고, 해를 못 넘기고 유배지에서 죽었다. 심의겸에게는 사화를 미연에 막고 신진사류의 대표적 인물들을 보호한 공이 분명했다. 나중에 동서분당 당시 선배사류가 심의겸과의 관계를 쉽게 정리하지 못한 이유가 바로 여기에 있었다. 그 관계의 성격이 정치적인 것에만 그친 것이 아니었기 때문이다.

선조 대 초반의 정치 환경과 정치세력 구성

국가 권력이 공식적으로 천명한 이념과 제도에 따라 정치세력이 구성되고, 그것을 기초로 국가를 운영하는 것은 언제 어디서나 쉽지 않은 일이다. 이 기준에서 보면 중종 대와 명종 대 정치 운영은 파행적이었다. 국왕의 인척 즉 처갓집 식구들이 권신으로서 권력을 행사했다. 그들은 정상적인 관료체제를 무시하고 관권을 이용하여 사적 이익을 추구했다. 권신의 인사 전횡은 관료사회의 기강 문란과 부정부패를 가져왔다. 늘 그렇듯이 관권을 이용한 사적인 이익 추구는 국고國庫를 비게 하고 민생 파탄을 불렀다.

선조 대 초반을 규정한 정치적 조건과 환경은 크게 3가지였다. 첫째는 구체제의 유산을 청산하는 문제였다. 그것은 시대적 과제였다. 둘째는 선조 대가 명종 대를 이어받았던 방식이다. 구체제 청산이 선조 대 초반의 시대정신이었고, 많은 신진사림이 조정을 채웠다. 하지만 이들이 혁명적인 방법으로 조정을 장악한 것은 아니었다. 대표적인 권신들이 제거되기는 했지만, 구체제에서 평생에 걸친 경력을 쌓아 온 인물 다수가 조정에 남아 있었다. 다시 말해서 선조의 조정에는 대단히 넓은 정치세력의 스펙트럼이 존재했다. 이 스펙트럼이 구체제 청산의 수준을 놓고 갈등하였다. 셋째는 선조의 정치적 입장이다. 선조의 입장은 즉위 초에는 분명하지 않았지만, 선조 6~7년쯤 드러났다. 그 이전 시기까지 선조의 조정을 특징지은 것은 신구세력 간 갈등이었다.

선조 대 조정을 구성한 다양 정치세력 중에서 가장 보수적 입장에 있던 사람들은 구신舊臣이었다. 신진사류는 선뜻 인정하기 어려웠겠지만, 그들은 명종 연간의 권신權臣과는 구분되었다. 물론 구신이 그 시절에 관료로 있기는 했지만 왕비세력과 사적으로 연결되지 않았고, 권신에게 적극적으로 아부하지도 않았다. 권신을 추종하던 부류와는 정치적 성향이 같지 않았다. 오히려 선조 초년에 전면에 나선 구신 중에는 명종 대에 지조를 굽히지 않고 사류를 옹호하여 명망을 얻은 대신들도 있었다. 이준경이 대표적이다. 그들이 신진사류의 행위를 무례하다고 보았던 것은 스스로에 대한 그런 자부심이 있었기 때문이다. 동시에 그런 그들조차도 구체제에 익숙해진 면이 있었던 것도 사실이었다. 신진사류의 비판이 완전히 틀린 것도 아니었다.

1567년 6월 선조가 즉위하자 신진사류가 제일 먼저 추진한 것 중 하나가 을사乙巳, 정미丁未, 기유己酉 사화士禍 때 화를 당한 사류의 석방과 복직 조치였다. 그에 따라 선조 즉위년 10월에 노수신, 유희춘, 김난상 등이 복직되고, 다른 피화인들도 점차 기용되었다. 이들은 20년 만에 다시 중앙정계에 돌아왔다. 같은 을사사화 피화자 백인걸은 윤원형이 제거된 후 이미 복관復官된 상태였다.

당시 신진사류는 낭관급인 5, 6품 정도에 있었다. 그들은 을사복직인들이 정치적으로 자신들과 보조를 함께하리라 기대했다. 당연한 일이었다. 신진사류가 가진 정치적 신념은 기묘사화인들이 가졌던 바로 그 신념이었다. 복귀한 사람들은 그 신념 때문에 오랜 박해를 받은 사람들이었다. 그런데 결론부터 말하면 신진사류 기대는 어긋나고 말았다. 을사복직인들은 20년 동안 벽지에서 유배생활을 한 때문에 학문 경향이나 정치적 입장에서 신진사류와는 이미 일정하게 차이를 갖게 되었다. 격리된 시간은 바뀌지 않으리라 믿었던 많은 것을 바꾸어 놓았다. 그들은 신진사류의 급격한 혁신에 대체로 소극적인 태도를 취했고, 오히려 그들의 과격함을 억제하려 했다. 시간이 지나면서 이들과 신진사류 사이가 점차 벌어졌다.

선조 초년의 조정에는 구신, 을사복직인들과 구분되는 또 다른 범주의 인물들이 존재했다. 이들은 문정왕후가 사망한 명종 20년 이전에 조정에 진출한 관료들 중에 권신과 불화했던 인물들이다. 이들은 권신에 반발하거나, 그들의 미움을 받아 쫓겨나거나, 지방의 외직에 나갔다가 문정왕후 사후에 복귀했다. 이들은 동년배 구신보다는 신진사류와 정치적인 입장을 같이하였다. 박순, 이탁, 이후백, 김계휘, 윤두수, 윤근수, 기대승, 오건, 허엽 등이 그들이다. 이들은 연배상 을사복관인과 명종 20년 이후 등장한 신진사류의 중간쯤에 위치했다. 탄압받았던 시간이 길지 않았고, 신진사류의 진출이 재개된 명종 대 후반에 관료생활을 했던 관계로 신진사류의 선배 역할을 하게 된다.

마지막으로 문정왕후 사망 전후 및 선조 즉위 후 조정에 나온 이들이다. 선조 8년 동서분당 이후 선조 조정의 주류를 형성하는 인물군이다. 이들은 권신이 제거되는 무렵, 혹은 그 후에 관료생활을 시작했다. 때문에 권신과 관련된 개인적 결함이나 실수가 별로 없었다. 경력으로나 심정적으로 구체제에 대한 개인적 부채가 없었던 것이다. 사실은 그것이 그들이 원칙을 내세우며 구신을 몰아붙일 수 있는 현실적 근거였다. 이들은 16세기 중반에 심화된 성리학 이념에 입각하여, 권신체제를 일소하고 이상정치를 실현할 것을 강력하게 주장했다.

선조 초년 조정의 정치적 지형은 선조가 즉위한 시점부터 선조 5년까지 하나의 범주로 묶을 수 있다. 구신과 신진사림이 갈등한 시기였다. 당상관, 대신, 승정원 등은 구신이 장악했고, 삼사三司는 신진사림이 장악한 형국이었다. 삼사는 양사에 홍문관을 포함해서 부르는 말이다. 양측을 대표하는 사람은 이준경과 기대승이었다. 역설적이게도 두 사람은 이황이 선조에게 추천한 인물들이다.

선조 즉위 후 이황은 선조의 요청으로 조정에 올라왔다가 곧 내려갔다. 그때 선조는 이황에게 사람을 추천해 달라고 요청했다. 이황은 현실정치 쪽은 이준경을, 선조의 공부를 위해서는 기대승을 추천했다. 말하자면 현재를 위해서는 이준경을, 미래를 위해서는 기대승을 추천했던 셈이다. 두 사람은 그만큼 각자의 진영에서 대표성을 띤 인물들이었다. 그런데 그 두 사람이 자신의 진영을 대표해서 심각하게 갈등했다.

구신과 신진사류는 서로의 동향에 대해서 몹시 예민했다. 선조 원년 7월 백인걸이 "기대승은 너무 자신만만하여 필시 나라를 망칠 것이며, 심의겸은 외척으로서 정치에 간여하니 지금의 사류는 모두 심의겸의 문객이다."라고 말했다. 이 말은 백인걸이 사류를 제거하려는 것으로 전해져 물의를 빚었고, 이 때문에 백인걸이 귀향한 일이 있었다. 일종의 해프닝이었다. 하지만 이 사건은 신진사류의 불안, 즉 자신들이 구신에게 공격당할지도 모른다는 생각을 보여 주었다. 또 같은 해 10월에 수찬 신담申湛이 경연에서 『논어』를 강론하면서 '재상을 선택하는 도리'를 논하자 좌의정 권철이 병을 칭하고 물러난 일이 있었다. 신담의 발언 역시 별다른 의도가 없었지만 구신계 대신들도 신진사류와의 대립 상황에서 민감하게 반응했던 것이다.

구신과 신진사류의 갈등을 격화시킨 몇 차례 심각한 사건이 있었다. 하지만 그것도 선조 4년(1571) 무렵에는 끝나가고 있었다. 신진사류와 심각하게 대립하던 이준경이 선조 4년 5월에 영의정을 사직했던 것이다. 그의 사직으로 구신은 조정에서 구심점을 잃었다. 다음 해 7월에 그가 사망하자 집단으로서의 구세력은 조정에서 해소되었다. 그리고 같은 달인 7월에 신진사류의 좌장격인 박순이 처음으로 정승에 오른다. 드디어 신진사류가 정승직까지 진출하게 되었던 것이다. 다음 해 2월에는 노수신이, 9월에는 이탁이 정승이 되었다. 이로써 삼정승이 모두 사림계 인물로 채워졌다.

선조 5, 6년을 기점으로 구신과 신진사류의 갈등이 종식되었다. 신진사류는 이제야말로 구체제를 완전히 종식시키고 개혁을 추진할 수 있게 되었다고 생각했다. 하지만 현실은 그렇지 못했다. 비로소 선조의 정치적 입장이 드러났던 것이다. 선조는 개혁 요구를 조금도 수용하지 않았다. 이이를 비롯한 신진사류가 선조 6년, 7년에 혼신의 노력을 기울인 것은 선조에게 개혁의지를 불어넣는 일이었다. 하지만 그들의 노력에도 불구하고 거의 아무런 성과도 만들어 내지 못했다.

이이는 즉위 초에 혁신이 이루어지지 않는 것은 대신들이 선조에게 잘못된 영향을 주기 때문이라고 생각했다. 구신의 수구적 생각이 개혁이 지체되는 원인이라고 생각했던 것이다. 그것은 오판이었다. 선조는 누구 말대로 움직이는 사람이 아니었다. 자신에게 가장 유리한 것이 어떤 것인지 판단할 수 있는 인물이었다. 이이를 포함해서 아무도 선조의 생각을 읽지 못했던 것이다. 선조는 개혁 조치가 자신의 힘을 확장하는 데 도움이 되지 않는다고 생각했다. 더구나 인순왕후가 신진사류의 개혁에 별로 긍정적인 입장이 아니라는 것을 알고 있었다. 선조는 인순왕후가 살아 있는 한 자신이 독자적으로 움직일 수 있는 여지는 극히 제한적이라고 판단했던 것같다.

신진사류의 노력이 아무런 성과를 내지 못하자 선조 7년부터 개혁의 가능성에 대한 불신이 높아지기 시작했다. 동시에 개혁 방법론을 둘러싸고 신진사류 안에서 의견이 나뉘었다. 일이 잘 안 풀리면 말하는 사람들이 많아지는 법이다. 이이가 현실의 구체적인 개혁 사안들에 집중했다면, 다른 사람들은 그것이 너무 성급하다고 생각했다. 김우옹은 선조의 마음을 돌리기 위해서 심학心學 공부에 치중할 것을 주장했다. 성혼도 현실 개혁을 서두르는 이이를 우려했다.

선조 7년 후반 무렵 사류 사이에는 개혁에 대한 비관적 견해가 팽배했다. 이런 분위기를 배경으로 선조 7년 무렵부터 사류 사이에 선배와 후배가 불화하기 시작했다. 후배사류는 선배사류에 대하여 불만을 가지게 되었던 것이다. 동시에 선배사류 사이에서 소외된 인물들이 개인적으로 후배사류와 결합하기 시작했다. 대표적인 인물이 허엽이다. 그는 현실성 없는 주장을 많이 하여 선조의 신임을 얻지 못했고 박순, 노수신, 이이 등에게도 소외되고 있었다.*

* 이상은 다음 논문을 주로 참조하였다. 한춘순, 「명종대 을사사화 연구」, 『인문학연구』2, 경희대학교 인문학연구소, 1998; 김항수, 「선조 초년의 신구갈등과 정국동향」, 『국사관논총』34, 1992; 정만조, 「16세기 사림계 관료의 붕당론 : 구·주 붕당론과의 비교를 통하여 본」, 『한국학논총』12, 국민대학교 한국학연구소, 1990; 이정철, 「선조 대 당쟁의 원인과 전개양상 – 이이를 중심으로」, 『장서각』28, 2012.

1

사림의 분열:

사림의 정치화

리더십

선조 즉위 전후 조정에 진출한 신진사림은 선조 8년(1575)부터 정치적으로 분열하기 시작했다. 16세기 초 사림이 처음 등장한 이래 누구도 상상할 수 없었던 사림 내부의 갈등 때문이었다. '동서분당' 사태를 시작으로 정치적 사건이 끝없이 이어졌다. 사건들은 그 내용이 서로 달라도 그것이 촉발되고 진행되는 방식이 비슷했다. 한번 시작되면 몇 달씩 끌면서 또 다른 사건을 파생시켰다. 조정에서 문제를 처리하는 절차가 없지는 않았다. 하지만, 그것으로 해결되지 않았다. 그 밑바탕에는 정치적 리더십leadership의 부재라는 문제가 있었다.

이 시기 조정의 주요한 특징은 대신大臣의 권한이 대단히 약했다는 것이다. 이것은 앞 시대가 정치적으로 파행적이었던 것과 깊은 관련이 있다. 신진사림은 제 역할을 통해서 존경받고 권위 있는 대신을 본 적이 없었다. 그들은 훈척시대의 부도덕을 비판하면서 조정에 나왔다. 이들이 조정에 대거 진출하면서 선조 대는 언관言官의 권한이 비대해졌다. 합리적 리더십이 없는 상태에서 사림 당파 간 집단주의가 상황을 지배했다. 이러한 상황이 그 속에 있는 사람들에게 당쟁과 관련된 개인적 경험들을 제공했다. 이러한 갈등의 경험들이 누적적으로 더 큰 정치적 갈등의 동력이 되었다.

오늘날 한국 정치상황이 만들어 낸 문제들의 배경에도 리더십의 문제가 있는 듯이 보인다. 한쪽은 오래되어 사람들에게 익숙하지만, 복잡하고 전문화된 시대에 더 이상 맞지 않는 리더십이다. 다른 한편은 과거의 권위주의에서 탈피했지만 그 익숙함과 효율성에서 사람들에게 아직은 낯설게 느껴지는 리더십이다. 두 종류의 리더십은 세대별로 다른 호소력을 가진 듯이 보인다. 전자는 상대적으로 젊은 세대가 더 예민하게 느끼고, 후자는 상대적으로 나이 든 세대에게 불편하게 느껴진다. 사실, 이것은 정치상황에만 한정된 것은 아니다. 리더십이 정치 영역에만 있지 않기 때문이다.

'리더십'이라는 말은 얼핏 리더 개인의 인간적 특성을 연상시킨다. 하지만 리더십은 그것보다는 오히려 그 집단 구성원이 바람직하게 여기는 혹은 더 우선시하는 가치, 그들이 인정하고 받아들일 준비가 되어 있는 특정한 종류의 권위, 편안하고 익숙한 인간관계의 형식, 집단 내의 당연시되는 의사결정 방식 같은 것들과 더 많이 관련된다. 이것들 모두는 대개 그 집단 구성원들 삶의 누적된 경험에서 나온다. 과거는 우리를 쉽게 놓아주지 않는다.

1장

분열의 시작

선조 8년 ~선조 10년

인순왕후 사망

애도哀悼의 정치성

선조 8년(1575) 1월 명종비 인순왕후仁順王后가 창경궁 통명전通明殿에서 44세를 일기로 사망했다.[1] 『선조수정실록』은 다음과 같이 기록하였다.

> 왕후는 방정하고 근엄하게 예를 지키어 부덕婦德이 매우 단정했다. 금상今上을 도와 올바르게 이끎에 있어, 정시正始*의 공이 많았다. 상도 지성스런 효도로 받들어 한 번도 뜻을 거스르지 않았다. (왕후가) 승하하자, 몹시 슬퍼하며 예를 극진히 하였으므로 온 나라가 감동하였다.[2]

인순왕후가 사망하자 선조는 "몹시 슬퍼하며 예를 극진히 하였다." 당시 이이는 황해도 감사로 재직 중이었다. 그가 국상을 맞아서 올린 상소에 따르면, 선조는 슬퍼해서 몸을 상하는 정도가 정해진 예절보다 지나쳤다. 6일 만에야 죽을 먹었고, 하루에 다섯 차례나 빈전殯殿**인 통명전에 와서 곡림哭臨***했다.[3] 또 졸곡卒哭****이 지났는데도 평상시 식사 수준을 회복하지

---

* 최초의 시작을 올바르게 함.

** 국상國喪 때, 상여가 나갈 때까지 왕이나 왕비의 관을 모시던 전각. 빈소殯所.

*** 임금이 소복 차림으로 신하들을 거느리고 빈전에 나아가 곡하는 것이다. 상례 절차의 하나이다.

**** 삼우三虞가 지난 뒤 지내는 제사로, 망자 사후 석 달쯤 후에 있다.

않았다. 이 때문에 삼공과 육조의 2품 이상 신하들이 선조에게 평상시 식사를 회복할 것을 하루 종일 간청하기도 하였다.[4] 선조가 보여 준 예의 극진함은 통상의 예절을 많이 지나치고 있었다. 선조 스스로 여기에 대한 자신의 결의 수준에 대해, "신臣의 종사終事는 이에 있을 뿐입니다."[5]라고 말하였다. 선조는 인순왕후 장례를 자기 평생의 가장 중대한 일로 생각했던 것이다.

주목할 것은 선조가 자신을 '신臣'이라고 칭한 점이다. 인종비 인성왕후仁聖王后가 사람을 보내서 고기를 들라고 권했을 때 선조가 한 말이다. 인성왕후에 대해서 스스로를 '신'이라고 칭했다면, 그가 인순왕후에 대해서는 스스로를 어떻게 생각했는지 미루어 짐작할 수 있다. 영향력 면에서 인순왕후는 인성왕후와 비교할 수 없는 사람이다.

인순왕후는 선조가 즉위한 1567년 7월부터 다음 해 2월까지 수렴청정을 실시했다. 말하자면 공식적으로 국왕 역할을 수행했다. 선조(1552~1608, 재위 1567~1608)는 즉위 당시 16세에 불과했다. 그의 아버지 덕흥대원군은 이미 명종 14년(1559)에 사망했고, 어머니도 선조가 즉위하기 한 달여 전에 사망했다. 당시 선조는 아직 결혼도 안 한 상태였다. 그는 체계적인 세자교육은 물론 명시적인 세자책봉 절차도 없이 갑자기 즉위했다. 그 과정에서 인순왕후가 결정적인 역할을 했다. 때문에 여러 가지 면에서 인순왕후의 수렴청정은 자연스러웠다.

인순왕후는 수렴청정 기간에 을사사화(명종 즉위년, 1545)로 재산이 몰수된 사람들의 재산을 돌려주고, 역적으로 몰려서 노비가 된 집의 처자들을 복권시켰다. 또 명종 4년(1549) 기유옥사에 연좌되어 유배되었던 200여 명도 모두 풀어주었다. 그러고는 자신의 의지에 따라 서둘러 수렴청정을 종

• 제 14대 선조 가계도

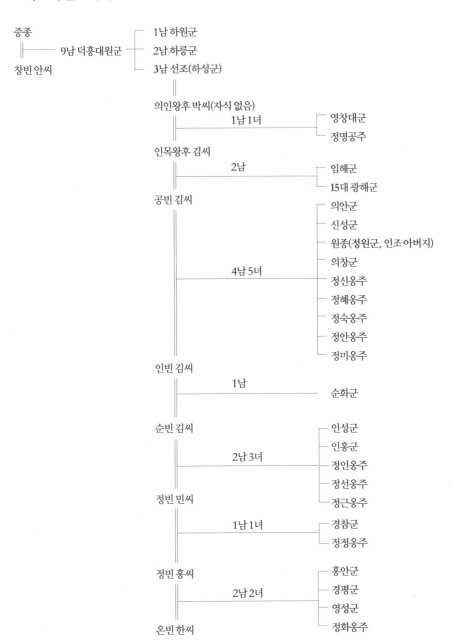

중종
╠══ 9남 덕흥대원군 ┬ 1남 하원군
창빈 안씨   ├ 2남 하릉군
                         └ 3남 선조(하성군)
                            ╠══
                            의인왕후 박씨(자식 없음)
                            ╠══ 1남 1녀 ┬ 영창대군
                            인목왕후 김씨   └ 정명공주
                            ╠══ 2남 ┬ 임해군
                            공빈 김씨   └ 15대 광해군
                            ╠══ 4남 5녀 ┬ 의안군
                            인빈 김씨   ├ 신성군
                                              ├ 원종(정원군, 인조 아버지)
                                              ├ 의창군
                                              ├ 정신옹주
                                              ├ 정혜옹주
                                              ├ 정숙옹주
                                              ├ 정안옹주
                                              └ 정미옹주
                            ╠══ 1남 ── 순화군
                            순빈 김씨
                            ╠══ 2남 3녀 ┬ 인성군
                            정빈 민씨   ├ 인흥군
                                              ├ 정인옹주
                                              ├ 정선옹주
                                              └ 정근옹주
                            ╠══ 1남 1녀 ┬ 경창군
                            정빈 홍씨   └ 정정옹주
                            ╠══ 2남 2녀 ┬ 홍안군
                            온빈 한씨   ├ 경평군
                                              ├ 영성군
                                              └ 정화옹주

료했다. 선조 재위의 순조로운 출발이 가능했던 것은 거의 전적으로 인순왕후의 의지와 결단에 힘입은 바 컸다. 위에서 "금상을 도와 올바르게 이끎에 있어 정시正始의 공이 많았다."는 것은 이것을 가리켜 한 말이다.

때문에 비록 인순왕후가 수렴청정을 끝냈어도 그녀는 마치 상왕上王 비슷한 지위와 권위를 유지할 수 있었다. 더구나 선조는 조선 건국 이래 최초의 군君 출신 왕이다. 또, 엄밀하게 보면, 명종의 공개적 육성으로 그가 세자에 정해진 것이 아니었다. 후사를 정하지 못한 채 명종이 앓아눕고 이미 의식이 없자, 인순왕후가 2년 전 명종이 우회적으로 했던 말임을 언급하며 하성군河城君 이름을 이준경에게 전달하여 선조가 즉위할 수 있었다. 하성군이 바로 선조이다. 때문에 선조는 왕으로서의 정통성이 취약했다. 그는 인순왕후가 수렴청정을 끝낸 후에도 "한 번도 그 뜻을 거스르지 않았고", 승하하자 몹시 슬퍼하며 예를 극진히 했다. 이렇듯 지극한 예를 다한 결과 "효성의 진실이 온 나라를 감동"[6]시킬 수 있었다. 그러한 감동이 선조의 국왕으로서의 정통성을 강화하는 결과를 가져왔으리라 생각해도 좋을 것이다. 선조의 행동으로 보아서 그는 그것을 충분히 알고 있었던 것 같다. 그는 총명했고, 이제 24세였다.

선조, 정치를 시작하다

선조는 인순왕후 사망을 비로소 자신이 정치를 시작해도 좋은 출발점으로 인식했던 듯하다. 인순왕후 사망 직후부터 그가 보인 행동이 이를 짐작케 한다. 선조는 인순왕후 졸곡이 끝난 후에도 본인의 식사를 평상시 수준으로 되돌리지 않았다. 그러자 좌·우정승, 대사헌, 대사간 및 이이가 고기를 들라고 강력히 요청하였다. 그러자 선조는 "이 일은 놔두고 정령政令의

사직공원
(사직단)

홍문관

경복궁

사간원

창덕궁

창경궁

도정궁

사헌부

광화문 광장
(6조 거리)

비변사

종묘

의금부

종로3가역

군기시

종각역

종로거리

보신각

도정궁 터. 도정궁은 선조가 왕위에 오르기 전 잠저 시절 살았던 집이다. 지금은 서울 종로구 사직동의 사직
터널 못 미처 표지석이 남아 있고 건물은 건국대학교 내로 옮겨졌다. 창건 당시에는 50칸 규모였다고 한다.

득실과 백성의 이해만 의논하라."고 말하였다. 자신은 놔두고 나라와 백성만 신경을 쓰라는 말이다. 성군聖君에게서나 들을 법한 말이다. 그러고는 자신의 식사와 관련한 신하들의 반복된 요청을 들어주지 않는다.

이때 선조는 물러나는 신하들에 끼어 있던 이이를 가까이 불렀다. 그러고는 온화하게 말하였다. "일전에 향리鄕里로 돌아가서 그대로 그곳(황해도)의 감사가 되었으므로 오랫동안 서로 보지 못했다." 하고 이어 황해도 백성의 고통을 묻고는 한참 이야기를 나눈 뒤에 파하였다.[7] 선조의 이이에 대한 이런 태도는 불과 몇 달 전과는 크게 달랐다.

선조는 즉위 이후 어떤 임금보다 신하들과 하는 공부인 경연經筵에 열의를 보였다. 사림이 선조에게 큰 기대를 했던 이유 중 하나도 바로 이것이었다. 하지만 선조의 글공부는 국정개혁으로 연결되지 않았다. 선조 7년까지 "한 번도 나라를 다스리는 도리를 물어보지 않았다."[8] 이 기간에 줄기차게 국정개혁을 주장했던 이이는, 결국 선조가 "큰일을 할 뜻이 없다."고 판단하게 되었다.[9] 이이가 계속해서 국정개혁을 주장하자 선조는 "내 성품이 불민하여 감히 큰일을 할 수가 없다."[10]고 말하였다. 인순왕후가 사망하기 불과 한 달 전에 김우옹이 개혁을 촉구하자, 선조는 "망령되이 (개혁을) 하다가 나라를 망하게 하는 것이, 예전대로 따라 하면서 과오를 적게 하는 것만 못하다."[11]고 말하였다. 선조의 이런 정치적 입장은 방계로는 처음 국왕이 된 것에서 비롯된 허약한 정통성 때문이었을 가능성이 높다. 개혁은 선대先代의 것을 고치는 것이고, 자신의 지위의 근거는 바로 선대의 것을 이어받은 것에 있었다. 기본적으로 개혁은 그 내용이 무엇이든, 선조에게는 부담스러운 것이었다.

그런데 당시 조정 상황을 구조적으로 보면, 선조의 이런 행동은 적어도

문정왕후의 능인 태릉과 명종과 인순왕후 능인 강릉의 배치도(위)와 강릉의 모습(아래). 서울시 노원구에 있다. 반면에 명종의 아버지 중종의 능인 정릉은 중종의 아버지 성종의 능 선릉과 함께 강남구에 있다. 우연이겠지만, 명종은 죽어서도 어머니 곁을 떠나지 못하는 것처럼 보인다.

그 자신에게는 합리적인 선택이었다. 훈척정치*가 지속되면서 사림세력만 위축되었던 것이 아니다. 국왕의 국정 운영권도 동시에 무력화되었다. 허약한 명종의 이미지는 이를 잘 표현한다. 선왕 명종은 12세에 즉위하여 어머니 문정왕후가 수렴청정을 실시하였다. 장장 8년의 기간이었다. 그런데 그 후에도 상황이 근본적으로 바뀌지 않았다. 결국 명종은 자신의 세력기반을 만들지 못한 채 어머니와 삼촌 윤원형의 그늘에서 벗어나지 못했다. 외척의 전횡 속에서 명종의 국왕으로서의 존재감은 분명하지 않았다. 문정왕후 사망 이후 사림이 국정 운영의 주도세력으로 부상하기 시작했다. 선조 즉위로 그 추세는 더욱 가속화되었다. 그런데 이러한 사림세력 강화가 그때까지 지속되어 온 약한 왕권을 강화시켜 주지는 않았다. 명민한 선조는 사림의 요구를 받아들여서 개혁을 하더라도 자기 권한이 자동적으로 강화되지는 않을 것으로 보았던 것 같다. 아마도 그는 조광조가 개혁을 추진할 당시 중종이 느꼈던 것과 비슷한 것을 예감했을 것이다. 중종은 훈구세력을 억제하며 조광조를 발탁했다. 하지만, 조광조의 개혁이 추진되면서 오히려 조광조가 주장했던 원칙 때문에 자신의 왕권 행사가 제약된다는 느낌을 받았다. 신진사림의 거센 개혁 요구는 독자적 세력 기반과 정치적 경험이 부족한 선조에게 심리적으로 큰 부담이 아닐 수 없었다.[12] 그 결과 선조는 현상유지 정책을 선택했다.

선조 7년까지도 선조는 계속해서 개혁을 주장하던 이이에게 냉담한 태도를 유지했다. 선조 7년 1월, 이이는 「만언봉사」를 올려서 국정개혁에 대한 자신의 입장과 계획을 제시하였다. 여러 조정 신료들이 그 내용을 대단

---

* 훈척勳戚에서 '훈'은 반정공신을, '척'은 왕비 쪽 사람들인 외척을 말한다. 훈척정치는
  공신과 외척이 권력을 행사했던 정치 운영 방식을 뜻한다.

히 긍정적으로 평가했지만, 선조는 이이 주장에 전혀 호감을 표시하지 않았다. 그러자 이이는 병을 이유로 조정에서 물러날 의사를 밝혔다. 이때 선조는 "병세가 그렇다면 어쩔 수 없다. 은거하는 것이 제일이다. 고시古詩에 '맑은 물에 귀 씻어 인간사 아니 듣고, 푸른 소나무 벗 삼고 사슴과 한 무리라.' 하였으니, 어찌 즐겁지 않겠는가."[13]라고 말하였다. 이이를 비아냥거리는 말이었다.

몇 달 후 이이는 고향에 있으면서 황해도 감사에 임명되었다. 그가 숙배肅拜하려고 서울로 올라왔지만,[14] 선조는 이이를 만나 주지도 않았다. 숙배란 어떤 벼슬에 임명된 관원이 임지任地로 가기 전에 임금에게 인사하는 일이다. 이때 김우옹은 선조에게 "이이가 숙배할 때 신은 전하께서 반드시 불러서 만나실 것으로 예상했는데, 끝내 접견하지 않으셨습니다. 신의 생각에, 이로써 보면 전하께서 현인을 좋아하시는 것이 정성에서 나오지 않는 것인 듯싶습니다."라고 자신의 실망감을 완곡하게 표했다.[15] 그런데 이로부터 불과 7개월도 못 되어서 선조의 태도가 크게 바뀌어 있었다. 선조는 자신의 정치를 펼치기 위해서는 이이가 필요하다고 생각했던 것 같다.

"낭천을 폐지하라"

선조 8년 5월 인순왕후 졸곡을 마치고[16] 얼마 지나지 않았을 때, 선조는 부제학 이이와 수찬 김우옹을 불러서 『상서尙書』를 읽고 있었다. 그러다가는 심상하게, "내가 친정親政** 하려 하는데 대신이 그것을 옳지 않다고 하는

** 친정親政이란 국왕이 관리에 대해 직접 인사권을 행사하는 것을 뜻한다. 이에 비해 이조가 대궐에서 인사행정을 하는 것을 정사政事라 했다. 보통 1년에 두 번 정례적인 정사를 실시했다.

「만언봉사」중 선조의 구언(좌)과 율곡의 답변(우) 부분. 율곡은 국정개혁에 대한 자신의 생각을 밝히고 있는데, 그는 "정치는 시의時宜를 아는 것이 귀하고 일은 실공實功을 힘쓰는 것이 중요합니다. 정치를 하면서 시의를 모르고 일을 당하여 실공을 힘쓰지 않으면 비록 성군과 현신이 서로 만나도 성과가 이루어지지 않을 것입니다."라고 글을 시작하고 있다.

것은 무엇 때문인가?"라고 물었다.[17] 우연히 물은 듯한 모양새지만, 전후 맥락을 살피면 그런 것은 아니었다. 선조가 조정 신료에 대한 직접적인 인사권 행사 의지를 밝힌 것이었다. 인순왕후 사망 후 선조는 이이와 김우옹을 상당히 우대했다. 주목할 것은, 이이가 요구했던 개혁에 대해서는 여전히 종전의 부정적 입장을 바꾸지 않았다는 점이다.[18] 요컨대 선조는 국정개혁 의지는 없었지만, 조정 관료들에게 인사권을 행사하는 수준에서 자신의 정치를 시작하고 싶었던 것이다. 선조의 친정 의욕은 얼마 후 중요한 결정으로 이어졌다.

이때에 이조가 낭관이 천거한 사람을 추천하였다. 상이 이조에게 물었다. "학생을 공천公薦하는 것이 『(경국)대전』의 법인가?" 이조가 답변하기를, "뜻있는 선비는 음시蔭試*에 나가지 않기 때문에 낭관이 각기 인재를 추천하는 것인데, 이를 낭천郞薦이라 합니다. 『대전』에는 이 법이 없습니다." 하였다. 상이 이르기를, "뒷날 폐단이 있을까 염려되니 지금부터는 시행하지 말라." 하였다. 이것은 이탁이 이조 판서로 있을 때 사론士論을 수렴하고 대신과 의논하여 시행한 것으로서, 상은 본디 (전부터) 익히 알고 있는 것이다.[19]

낭천제도는 선조 2년 이탁이 이조 판서가 되어서[20] 새롭게 실시한 인사 추천 제도였다. 선조 즉위 초 분위기는 마치 정치혁신이 진행되는 듯한 분위기였다. 구체제 청산이 국정 쇄신의 첫 번째 과제였다. 인사제도는 핵심적인 개혁 대상이었다.

중종 중반 이후부터 명종 대에 걸친 훈척정치의 결과로 관료들의 부패는 심각했다. 각 고을 수령이나 하급직, 문음인 등은 주로 재상의 청탁에 의해 기용되었다. 권신은 청탁을 들어주는 것으로 자신들의 힘을 확인시키고 또 강화하는 수단으로 삼았다. 당연히 관료사회의 부패와 대민 부패는 말로 할 수 없을 정도였다. 문정왕후 사후에 신진사류는 인사 청탁을 원천적으로 차단할 수단을 찾았다. 그 결과로 나온 것이 낭천제였다.[21] "낭료郞僚**로 하여금 이름 있는 선비들을 뽑아 임금께 아뢰어 청하도록 하고, 일단 낭천 즉 낭료의 추천을 받은 자이면 시험을 치르지 않고도 바로 인사 대상 후보에 오를 수 있도록 하였다."[22]

---

* 음직蔭職을 제수할 때 보던 시험. 음직은 고관인 아버지나 당숙의 추천으로 임명되는 벼슬자리.

** 낭관. 6조의 5, 6품직에 있는 젊은 관리들. 문관 인사권은 이조에 있으므로 여기서는 이조의 낭관을 말하는 것이다.

낭천제는 이후 전개되는 조정의 정치세력 변화에 중요한 기폭제가 되었다. 큰 저항 없이 낭천제를 실시할 수 있었던 것은 조정 내에서 암묵적인 합의가 있었기 때문이다. 인사 부패는 대신권 전횡에서 초래되었고, 젊은 낭관들의 도덕성이 대신들이 저지른 부패를 치유할 수 있다는 암묵적 믿음이 합의의 전제였다. 한마디로 낭천제는 도덕적 측면에서 젊은 낭관들이 대신들에 앞선다는 것을 공언하는 것이나 마찬가지였다. 낭천제는 『경국대전』에 나오는 제도도 아니었다. 말하자면 낭관에 대한 도덕적 신뢰가 법제도보다 우위에 있다고 말할 수 있는 상황이었다. 이후 전개되는 정치적 갈등에서 언관들은 한 치의 의심도 없이 스스로에게 도덕적 정당성을 부여했다. 거기에는 낭천제라는 현실적, 제도적 근거가 있었다. 그리고 이러한 제도적 변화는 조정에서 그에 따른 정치세력 변화를 가져왔다. 요컨대, 젊은 사림들에게 부여되었던 도덕적 신뢰가 그들이 갖게 되는 정치적 힘의 기초였다.

이후 박순이 이조 판서가 되어서는[23] "학행學行*이 있는 선비는 곧장 6품으로 나가게 하는 의논을 정하였"다. 선조 초년에 이탁과 박순이 주도하여 성립시킨 낭천제도는 조정에서 신진사림의 세력 확대에 크게 기여했다. 이이는 자신의 『석담일기』[24]**에 이때 선조가 낭천을 폐지하도록 한 것에 대

---

* 훌륭한 학문과 행실.

** 『석담일기』는 이이가 명종 20년(1565)부터 선조 14년(1581)까지 중요한 시사를 일기체로 기록한 책이다. 『경연일기』라고도 한다. 경연에서의 강연보다는 당시의 주요 쟁점과 정계 동향을 편년체로 기록하고, 여러 곳에 자신의 생각을 담은 평론을 붙였다. 석담은 처의 고향인 황해도 해주에 있는데 현 황해도 벽성군 고산면 석담리이다. 이이는 여기에 은병정사隱屛精舍를 세웠다. 광해군 2년(1610) 사액되면서 소현서원紹賢書院으로 이름이 바뀌었다.

해, "임금의 뜻이 (신진)사류의 하는 바를 싫어했기 때문에 하교가 이러하였다."고 기록하였다. 실제로 한 달여 뒤 선조는 직접 인사 전형人事銓衡을 주관하면서 이조에 "과격한 사람을 쓰지 말고 순후淳厚한 사람을 힘써 취하도록 하라."고 지시하였다.[25] 젊은 사류에 대한 선조의 부정적 입장 표명이었다. 사실 선조가 가장 싫어한 사람이 '강경하고 과격한 사람'이었다. 물론 자기 입장과 느낌이 기준이다.

'동서분당'

미해결 살인사건

선조의 친정 의지와 함께, 인순왕후 사망이 촉발시킨 또 하나의 상황이 선조 8년 7월의 '동서분당'이다. 그런데 인순왕후 사망과 '동서분당'의 연관성을 당시 모든 사람이 즉각 알아차리지는 못했다. 둘 사이에 한 미해결 살인사건이 우연처럼 끼어 있었기 때문이다. 이이도 그 연관성을 알아차리지 못했던 사람 중 하나이다.

'동서분당'은 당시 발생한 한 살인사건의 위관委官*을 맡았던 박순에 대한 '추감推勘' 문제에서 처음 불거졌다. 이 당시 황해도 재령에서 남자 종[奴]이 양반 주인을 죽인 것으로 의심되는 살인사건이 발생했다. 문제는 검시를 했음에도, 명백한 물증이 발견되지 않은 것이다. 좌의정 박순이 위관에 선택되어 의금부 수사를 진행했지만 사건 진상은 끝내 밝혀지지 않았다. 그러자 영의정 홍담은 종에게 책임을 물을 수 없으니 풀어주어야 한다고 강력히 주장하였다. 박순은 이 사건이 삼강오륜을 범한 큰 사건이므로 가볍게 석방할 수 없다는 입장이었다. 시신에 대한 재검시가 이루어졌고, 조정에서 의견을 널리 물었다. 하지만 의논은 모아지지 않고 오히려 논란만 커졌다. 그러자 선조도 검시에 틀린 점이 많아서 사건을 판결할 수 없다

---

* 추국推鞫할 때 삼정승 가운데서 임시로 뽑아서 임명하는 재판장.

고 말하며 특명으로 종을 석방시켰다.

피혐과 처치

국왕의 특명에도 불구하고 사건의 파문은 가라앉지 않았다. 사헌부는 풀어준 종을 잡아들여서 다시 국문하기를 청했다. 이에 대해서 사간원 의견이 나뉘었다. 대사간 유희춘은 국왕 결정에 따랐고, 정언 김응남은 사헌부 의견에 동조했다. 관례대로 사헌부, 사간원의 처치 후에 홍문관이 처치를 해야 할 차례였다.

이 문제를 더 살피기 전에 삼사의 독특한 의사결정 방식인 피혐避嫌과 처치處置에 대해서 이해해야 한다. 사헌부와 사간원의 의사결정 방식은 전원합의 방식이었다. 만약 사안에 대해서 전원합의에 이르지 못하면 각자는 자기 의견을 밝힌 후에 피혐을 했다. 예를 들어서 사헌부에서 전원합의를 보지 못하면 사헌부 관원은 피혐을 하고, 그 문제에 대한 결정 권한이 사간원으로 넘어간다. 이때 사간원에서 그 문제에 대해서 합의된 결정을 하게 되면 그것을 처치라고 한다. 원칙적으로 그 처치 내용과 같은 의견을 주장했던 사헌부 관원은 현직을 유지하고, 그렇지 않은 관원은 사헌부에서 물러난다. 만약 사간원에서도 합의가 안 되면 다시 사간원 관원은 피혐하고, 그 의사 결정 권한이 홍문관으로 넘어갔다.**

홍문관은 사헌부 입장에 손을 들어주었다. 동시에 사간원 관원 중 사헌부와 입장을 같이했던 김응남을 제외하고 사간원 관원 전부를 교체시키라고 요청했다. 선조는 홍문관 결정을 수용했다. 결국 김응남을 뺀 사간원

** 피혐에 대해서는 136쪽 참조.

조선의 삼사 위치

관원 전부를 교체하는 것으로 사건이 종결되었다. 물러난 유희춘 대신, 허엽이 사간원 수장인 대사간에 임명되었다.[26)]

살인사건의 정치적 변주

허엽은 개인적으로 이 사건과 무관하지 않았다. 그는 죽은 사람과 친척 사이였다. 사건 처리가 자기 생각대로 귀결되지 않자 그는 크게 분노했다. 대사간이 되어, 그는 사건을 제대로 처리하지 못했다는 이유를 들어 박순을 '추감推勘'하라고 선조에게 요청하였다. 추감은 태장笞杖으로 체형을 가하는 것이었다. 위관 임무를 제대로 수행하지 못한 이유를 들어서 박순에게 태장을 치라는 말이었다. 선조가 허엽의 요청을 받아들이지 않았지만, 박순은 병을 이유로 사직했다. 종료되었다고 생각되었던 사건이 허엽의 문제제기로, 본격적으로 정치적 차원에서 더 크게 되살아났다.

사헌부(위)와 사간원(아래) 터. 사헌부는 경복궁 광화문과 세종문화회관 사이의 세종로 공원에, 사간원은 경복궁 동문인 건춘문 맞은편에 위치하여 지금도 이 일대를 사간동이라 한다. 한편 사헌부, 사간원과 더불어 삼사의 하나인 홍문관은 경복궁 내에 위치했다.

사간원에서 박순을 탄핵하자 정철과 신응시는 당시 홍문관 부제학으로 있던 이이를 찾아갔다. 정철은 어머니 상을 마치고 막 조정에 복귀하여 홍문관 직제학에 이어 사간원 사간에 있었다.* 홍문관 부제학은 홍문관을 실무적으로 운영하는 직책이었다. 그들은 "사간원에서 대신(박순)을 추고하자는 것은 크게 부당하다. 홍문관에서 어찌 (허엽을) 논박하여 자리에서 물러나게 하지 않는가?" 하고 물었다. 그러자 이이는 "홍문관에는 논박하는 책임이 없다. 양사兩司가 피혐한 뒤에나 처치하는 것이 관례이다. 일이 있을 때마다 논박하는 것은, 남이 할 일을 침해하는 것이다." 하였다.

정철은 이이 말을 반박했다. "대신을 추고하자는 것은 사악한 뜻을 품고 어진 재상을 흔들어서 그 자리에 있지 못하게 한 것인데 홍문관에서 어찌 말이 없는가?" 이에 대해서 이이는 "이것은 김효원이 할 것이다. 허 대사간의 주장이 지나친 것이다."라고 말하였다. 이이는 사간원의 박순 추고 요청에 대해서 사헌부에 있는 김효원이 반대 의견을 낼 것으로 예상했던 것이다. 그러자 정철은 "공公은 이것을 (단순히) 지나친 것으로만 여기는가? 태휘太輝가 인백仁伯과 합심하여 근일 사론邪論의 종주宗主가 되었다. 추고 요청은 어진 재상을 공격하여 제거하려는 것이다. 뜻 없이 한 행동이 아니다." 하였다.[27] 태휘太輝는 허엽의 자字이고, 인백仁伯은 김효원의 자이다.

이 대목에서 김효원에 대한 약간의 언급이 필요해 보인다. 흔히 선조 8년 동서분당이 심의겸과 김효원의 갈등에서 비롯되었다고 알려져 있다. 심의겸을 지지하는 측은 사림의 선배 그룹으로, 김효원을 지지하는 측은 후

---

* 정철은 부모상을 연이어 치렀다. 아버지 정유침이 선조 3년 4월에 사망했고, 어머니 죽산 안씨는 선조 6년 4월에 사망했다. 정철은 선조 8년 6월까지 모친 복복을 입었다.

배 그룹으로 분화되었다. 서인과 동인이 그것이다. 두 사람의 갈등이 동서 분당의 원인이라고 말하는 것은 옳지 않지만, 사림 분열의 한 모습이었던 것은 분명하다. 이 말은 서인 측에서 심의겸이, 동인 측에서 김효원이 뚜렷한 존재감을 가지고 있었음을 뜻한다. 김효원은 문과 급제 전부터 글재주로 명성이 있었다. 심의겸과의 갈등으로 늦어지기는 했지만[28] 선조 7년(1574)에 이조 좌랑에 발탁되었다. 이조 좌랑이 되자 명망 있는 인물들을 선발하여 후배 사이에서 명성과 위세가 더욱 높아졌다.

이후 상황 전개는 정철과 신응시가 말했던 방향으로 흘러갔다. 사간원에 이어 사헌부도 박순에 대한 추고에 동의했던 것이다. 이이가 예상했던 김효원의 반대는 없었다. 그런데 뒤늦게, 사간원 정언 조원이 박순 추고에 반대하고 나섰다. "추고란 태장의 법률을 적용하는 것으로 …… 이것을 대신에게 시행하는 것은 불가합니다. 지난번에 사간원이 대신을 추고하자고 청했던 것은 잘못입니다. 동료들이 잘못했는데도 신이 함께 용납한 것도 잘못입니다. 신을 물러나게 해 주소서." 하였다. 그러자 사헌부와 사간원이 모두 피혐하면서 "대신을 추고하자고 청한 일이 (왜) 불가한 것인지 알지 못하겠습니다. 신들은 조원과 소견이 같지 않으므로 (조원과 더불어) 직에 있을 수 없습니다. 사면시켜 주소서." 하였다.[29]

조원이 이런 의견을 내놓은 것은 정철의 설득이 있었기 때문이다.[30] 『석담일기』가 그 내막을 전한다.

정철이 (사간원, 사헌부의 박순 추고 요청을) 매우 분하게 여기던 중에 조원과 효원이 서로 좋아하지 아니함을 알고 공론으로써 타이르니 조원이 이에 일을 일으켰다."[31]

정철은 이이를 설득하는 데 실패하자 조원을 설득했던 것이다. 조원은 사간원이 박순 추고 요청을 할 때만 해도 허엽의 주장에 동의했었다. 그 후 사헌부까지 허엽의 주장에 동의한 후에 정철의 설득을 받고 위의 의견을 내놓았다. 조원의 상소 후에, 이미 박순 추고에 동의했던 사간원과 사헌부 모두, 조원의 의견을 반박하며 자신들도 자리에서 물러나게 해 달라고 요청했다. 조원을 물러나게 하지 않으면 자신들이 물러나겠다는 말이다.

이이의 처치

양사에서 결론이 나지 않자, 관례대로 이 문제가 홍문관으로 넘어왔다. 부제학 이이도 홍문관 전체 의견을 하나로 모으는 것은 쉽지 않았다. 그는 우선 역사적 전거典據와 논리를 들어 대신을 추고하는 것의 부당성을 지적했다. 그러고는 박순에 대한 탄핵을 비판한 조원과 그를 두둔한 김계휘 입장에 동의했다. 문제는 이렇게 했을 때, 두 사람을 제외한 사헌부와 사간원 관원 전부를 교체해야 한다는 점이었다. 그러자, 이렇게 되면 언로言路를 막는 결과가 된다는 말이 나왔다. 여기에 대한 이이의 입장은 단호했다. 논의는 일 자체의 옳고 그름으로 판단할 뿐, 간관이 한 말인가 아닌가 여부는 아무 문제가 되지 않는다고 그는 주장하였다. 이이의 주장에 대해서 홍문관 관원들은 "모두 기뻐하지 않았으나 끝내 감히 다른 말을 하지 못하였다."

수찬 홍진, 저작 홍적·이경중 등은 이이 말을 그대로 받아들이지만은 않았다. 홍진과 홍적은 형제였다. 세 사람은 "허공許公은 사림이 우러러보는 사람이니 그의 잘못만 논할 수 없다. 대사헌 김계휘가, 허엽이 친한 사람에게 사정私情을 두었다고 논하였으니, 그 의논도 지나치다. 대사헌도 물러나는 것이 마땅하다."고 주장했다. 이이는 여기에 동의하면서 조원을 제외한 사헌부와 사간원 관원 전체의 교체를 요청하는 상소를 올렸다. 선조는 그 요청을 받아들였다. 이에 따라 개성 유수로 있던 이양원을 대사헌으로,[32] 정지연을 대사간으로 임명하였다.[33] 이양원은 혈연적으로 왕실 사람이고, 정지연은 선조의 즉위 전 스승이다.

허봉과 박근원의 결합

평범하게 지나갔을 수도 있었을 한 미해결 살인사건이 허엽이 개입함으로써 정치적인 것으로 전환되었다. 조원 한 사람을 제외한 사헌부와 사간원 관원 전체가 교체되었던 것이다. 하지만 사건은 이것으로도 끝나지 않았다. 대사헌에서 물러난 김계휘가 평안도 관찰사에 임명되었던 것이다. 이것은 명백히 좌천성 인사 발령이었다. 본래 조선에서는 언관직에 있던 사람을 곧바로 지방 관직에 발령하지 않는 관행이 있었다. 언관을 보호하기 위한 관행이었다. 김계휘가 지방 관직에 임명된 것에는 의미심장한 내막이 있었다.

당시 허엽의 아들 허봉이 이조 좌랑이었다. 이조 좌랑은 정6품에 불과했다. 하지만 이 직책은 정5품 이조 정랑과 함께 이조 전랑銓郎이라고 불리며, 문신 인사에 큰 영향을 미쳤다. 더구나 이 시기는 신진사림이 조정에서 급속히 세력화되어 가던 시기였다. 허봉은 김계휘가 자기 아버지에 대해서 사정私情을 개입시켰다고 말한 것에 자극되었다. 그에 따라 이조 참판 박근원과 의논하여 김계휘를 외직에 좌천시켰다. 박근원은 나이와 직급 차이에도 불구하고 허봉의 의사를 존중하지 않을 수 없었다. 아무튼 김계휘의 외직 임명으로 조정 여론이 다시 한번 크게 흔들렸다.[34] 그는 박순은 물론 이산해까지도 조정 전체에서 이이 다음가는 인물로 인정했던 사람이다.

김계휘가 지방으로 좌천되자 조정 여론이 끓어올랐다. 대사간 정지연은 상황을 진정시킬 방안을 이이에게 물었다. 그는 이이보다 16년 연상이다. 이이는 3가지 방안을 제시했다. 첫째, 문제를 악화시키는 데 결정적 역할을 한 이조 참판 박근원을 자리에서 물러나게 할 것, 둘째, 공석인 이조 전랑 자리를 공정한 사람으로 채울 것, 셋째, 김효원이 자발적으로 외직으로 물러나게 할 것이 그것이다. 문제를 처리하는 기본 원칙은 갈등하는 쌍방을 조용히 진정시키되, 아무도 서로 보복하는 공격성 행동을 해서는 안된다는 것이었다. 이이는 무엇보다 사림 내부의 분열을 염려했다. 정지연은 이이 제안에 전적으로 동의했다. 정지연도 약 1년 전 박근원과 충돌했던 경험이 있었다.

선조 7년 7월 박근원이 이조 참판에 임명된 즈음, 그의 친동생 박신원 사건이 발생했다. 당시 박신원이 외직 중에서도 벽지에 해당하는 경상도 청송青松 부사로 발령이 났다. 그런데, 사간원이 그가 병이 있다며 자리에서 물러날 수 있게 해 달라고 요청했다. 이는 외진 곳에 가기 싫어서 발령을 피한 박신원을 두둔한 요청이었다. 이조 참판 박근원의 정치적 영향력이 관철된 결과였다. 이때 정지연은 이증, 신응시 등과 승지로 있었는데, 이런 사정을 선조에게 말했다.[35] 하지만 이 일은 승지가 시사時事를 말했다는 이유로 이들 세 사람이 자리에서 물러나는 것으로 귀결되었다.[36]

이이가 이런 방안들을 내놓은 것에는 이유가 있었다. 이이 생각에, 이 문제에 대한 가장 효과적인 해결책은 공정한 인사였다. 『석담일기』는 "이조 참판 박근원이 김효원과 체결하니 세상 사람들이 '소년의 당'이라고 지목하였다. 근원이 명류名流의 비위를 맞추려고 계휘를 지방으로 내려 보내니 더욱 사람들의 기대에 만족치 못하였다."고 기록하고 있다.[37] 이이는 박근원이 물러나고, 이조 전랑 자리를 공정한 사람으로 채우는 것이 공정한 인사의 핵심이라고 생각했다. 김효원의 경우, 본인 뜻에 반해서 지방으로 발령을 내면 서인 측의 정치적 보복으로 해석될 가능성이 높았다. 때문에 이이는 김효원이 '자원'하는 방식을 취해야 한다고 생각했다. '자원'의 방식을 취하려면, 김효원에게 동의를 구해야만 했다. 이이는 이 방법이 가능하다고 판단했다. 그것은 그가 여전히 김효원을 '사림'의 일원, 즉 유자儒子로 보았기 때문이다. 정철과 신응시가 찾아와서 홍문관이 허엽을 탄핵해야 한다고 말했을 때, 이이는 사헌부에 있는 김효원이 그렇게 할 것이라고 예상했다. 그렇게 말했을 때 이이가 김효원에 대해서 가졌던 기본적인 신뢰를, 그는 여전히 가지고 있었다.

박근원이란 인물

박근원은 주목할 필요가 있는 인물이다. 그는 대대로 고위 관직자를 배출한 집안 출신이다. 증조부는 예조 참의를 지낸 박미이고, 조부는 형조 참판을 지낸 박광영이다. 종조부 박의영, 박소영, 박증영도 각각 호조 참의, 황해도 관찰사, 홍문관 교리를 지냈다. 사촌 박충원과 박호원은 각각 대제학과 호조 참판을 지냈다. 박충원의 아들이자 박근원의 조카인 박계현 역시 호조 판서를 지냈다. 그 자신도 명종 7년(1552) 28세에 문과에 합격하여 40세 넘어서는 홍문관 부제학을 지냈다. 그런데 『명종실록』에는 그에 대해 그리 긍정적이지 않은 평이 나온다. "겸손하고 근실한 듯하나 아첨하고 영합하는 태도가 있다."[38]고 했고 "경박하며 중후한 기색이 없었다."[39]라고

했다. 또 "타고난 성품이 온순"하고 "성품 또한 느슨하고 물렀다."[40]고도
했다.

　박근원에 대한 세간의 평가에 가장 큰 영향을 준 것은 임백령林百齡 시
호諡號 사건이다. 임백령은 위사일등공신 4명 중 하나였다. 위사공신은 을
사사화에 공이 있는 사람들이다. 그는 윤원형의 사람이었다. 그가 죽어 시
호를 지을 때 홍문관 부응교 박근원과 응교 박순이 시호를 짓는 제시관製
諡官이었다. 두 사람은 임백령의 시호에 '충忠' 자를 넣지 않았다. 이 때문에
두 사람은 소윤 세력에 의해서 탄핵되고 처벌을 면하기 어려운 상황에 처
하게 되었다. 사실 이것은 어느 정도 예상되었던 일이다. 시호는 왕·왕비
를 비롯해 종2품 이상 고관이나 공신, 학덕이 높은 선비가 죽은 뒤, 그의 행
적에 따라 국왕으로부터 받은 이름이다. 시호에 '충' 자를 넣지 않은 것은 을
사사화에 대한 이들의 정치적 태도와 관련된 일이었다. 이때 박순은 자신의
태도를 바꾸지 않고 동요하지 않은 모습을 유지했다. 반면에, 박근원은 "크
게 두려워하여 외척과 권귀權貴 들에게 구원을 요청"했다. 이 일을 들어서
실록은 "두 사람의 우열을 확실히 알게 되었다."고 기록하고 있다.[41]* 이때
인순왕후 아버지 심강이 두 사람을 구원하는 데 결정적인 도움을 주었다.

---

* 선조 원년 박근원이 유희춘 집에 찾아온 적이 있다. 이때 유희춘은 다음과 같이 기록하
였다. "(박근원은) 을유년(1525)생으로 고故 전주 판관 빈蘋의 아들이다. 기질이 아름
답고 행실이 고상하며 학식도 순수하니 당대 제일의 인물이다. 갑진년(1544)에 (그가)
전주 판관의 자제로 있을 때에 이미 선운사禪雲寺 모임의 풍문을 듣고서 사모하고 좋
아했었다. 오늘 이렇게 만나 빈 배처럼 마음을 비우고 서로 마주하여 속을 털어놓고
보니 이른바 한번 봄에 오랜 친구와 같은지라 늦게 알게 된 것을 서로 한스러워했다."
(『미암일기』 선조 1년 1월 28일) 박근원 집안은 고관을 계속해서 배출했던 집안이다.
그의 인간형은 직업관료형 사대부의 전형을 보여 주는 듯하다. 송응개(207~208쪽 참
조)도 비슷한 유형이다.

선조 즉위 초, 구신은 신진사림에게 정치적으로 배척당했다. 박근원도 그들 구신 중 하나였다. 하지만 그들이 배척당했다고 해도, 관직을 잃고 조정에서 쫓겨난 것은 아니었다. 다만, 높은 자리에 있어도 조정에서 그 존재감이 약했을 뿐이다. 그런데 시간이 흘러 아무도 예상하지 못했던 양상이 나타났다. 새로운 정치세력으로 부상한 동인이 구신을 필요로 하게 되었던 것이다. 동인은 서인과 싸우면서 점차 구신과 가까워졌다.[42] 우연이겠지만, 박근원은 인순왕후가 사망하기 몇 달 전에 이조 참판에 임명되었다.[43] 그 후 1년 뒤 '동서분당'이 발생했다. 문정왕후 사망 후 10년 만에 발생한 동서분당은 구신에게 새로운 정치적 활로를 열어 주었다. 박근원은 허봉과 결탁하여 김계휘를 처리할 때까지 계속 그 자리를 지켰다. 이때만 해도 동인과 정치적으로 결합하는 구신은 뚜렷이 확인되지 않는다. 박근원은 이러한 정치적 움직임을 보인 최초의 구신 중 하나이다.

개성 유수, 경흥 부사

정지연은 사간원 내부 논의를 이이 제안대로 이끌어 내지 못했다. 사간원 논의는 이조의 인사 담당 관원 전체를 탄핵하는 쪽으로 결론이 났다. 그 결과 이조 좌랑으로 있던 이성중, 허봉이 자리에서 물러났다. 당시, 그들이 김효원과 가까운 사이라는 인식이 널리 퍼져 있었기 때문이다. 사간원에서 이조 참판 이하의 자리를 모두 바꾸라고 요청하자, 선조는 즉시 윤허했다. 이어서 "(내가) 지난번 정사를 살필 때 (이조) 낭관들이 멋대로 하는 것을 보고서도 미처 말하지 못하였다."고 말했다. 선조까지 이렇게 나오자 "나이 젊은 사류가 모두 의심하고 두려워했다." 결국 이이가 의도했던, 조용히 진정시키는 모양이 되지 못했다. 그 처리가 서인에 의한 정치적 보복

형태로 나타났다.

　조정의 동요를 안정시키기 위해서 이이는 김효원과 심의겸이 모두 외직에 나가 있는 것이 좋겠다고 생각했다. 그는 우의정 노수신에게 그 의견을 개진했다. 두 사람 모두 사류이므로 정사正邪로 대립하는 것은 아니며, 서로 적대적으로 해하려는 것도 아니지만, 근거 없는 뜬소문이 두 사람 관계를 악화시키고 조정을 동요시킨다는 이유를 제시했다. 두 사람이 지방으로 내려가는 것은, 징계라기보다는 상황을 진정시키기 위한 조치임을 강조했다. 이이는 이런 상황과 조치를 왕에게 말해 줄 것을 노수신에게 요청했다. 노수신은 처음에 이이 생각에 동의하지 않았다. 그러다가 사간원이 이조를 탄핵시키는 데 성공하자, 그는 심의겸 쪽이 지나치게 강하다는 생각을 하게 된다. 그리고 그때에야 왕에게 두 사람을 외직에 내보낼 것을 요청하여, 선조의 허락을 받았다.[44)]

　얼마 후에 선조가 김효원은 함경도 경흥 부사로, 심의겸은 개성 유수로 직접 발령을 냈다. 경흥은 세종 때 개척된 6진鎭의 하나였다. 여진족이 출몰하는 최북방 군사 요충지였다. 선조는 갈등의 단서를 김효원이 제공했다고 생각했다. 때문에 그를 먼 변방으로 내쫓아서 문책하는 뜻을 보인 것이다. 심의겸에 대해서는 인순왕후 친동생인 점을 고려했을 것이다. 인순왕후가 사망한 지 아직 1년도 안 된 시점이었다.

　선조의 조치에 대해서 허엽은 크게 분노했다. 그는 노수신을 찾아가 거세게 항의했다. 나이는 노수신이 허엽보다 두 살 많았는데 두 사람은 젊은 시절 공부를 함께했던 사이이다.* 신진사류도 심의겸과 김효원에게 취해

---

* 후일 허엽의 신도비문을 노수신이 지었다.

경흥(1차)_김효원

함경북도

부령(2차)_김효원

함경남도

평안북도

평안남도

황해북도

황해남도

개성_심의겸

강원도

한양

경기도

울릉도

충청북도

독도

충청
남도

삼척(3차)_김효원

경상북도

전라북도

경상남도

전라남도

제주도

선조의 조치에 따른 심의겸과 김효원의 부임지

진 조치를 납득하지 못했다. 이 일로 신진사류 중 다수가 이이에 대해서 의구심을 갖게 되었다. 선조의 조치가 이이 요청에 따른 것이 아닌가 하는 생각을 했던 것이다. 또 이조 판서 정대년과 병조 판서 김귀영이 상소를 올렸다. 경흥은 극지의 변방으로 오랑캐 지역과 가까워 김효원 같은 서생書生이 지키기에 마땅치 않다고 여러 차례 주장했다. 그러자, 선조는 발령지를 부령富寧으로 바꾸는 수준에서 이들의 요구를 받아들였다.[45] 부령은 비록 경흥보다는 남쪽에 있지만, 역시 6진의 하나였다.

김효원을 함경도 극변 고을로 보내는 것은 이이의 의도가 전혀 아니었다. 이이는 선조에게 김효원의 부임지를 바꿔 줄 것을 요청했다. 그러자 선조는 이이에게 크게 화를 냈다. 이이의 말이 사실이면 왜 김효원 자신이 병으로 사직하지 않는지, 또 대관臺官으로 하여금 그 자리를 교체하도록 하지 않는지 질책했다.[46] 선조 생각에 그런 요청은 김효원의 동료인 사헌부 관원이 했어야 한다고 생각했던 것이다. 선조는 이이가 김효원을 편든다고 생각했다. 하지만 얼마 후 선조도 김효원에게 정말로 병이 있고, 이이도 그의 편을 든 것이 아님을 알게 되었다. 선조는 김효원을 삼척 부사에 임명했다.[47]

사건 배후의 구조

선조 8년 7월 한 미해결 살인사건에서 시작된 '동서분당'은 4개월 정도 지속되었고, 김효원, 심의겸을 지방으로 내보내는 것으로 일단락되었다. 하지만 사건이 끝났다고 하여, 이 사건으로 조성된 선배와 후배 사류 사이의 의구심과 불신도 사라진 것은 아니었다.

선조 8년 '동서분당'은 몇 번이나 국면이 바뀌며 계속해서 이어졌다. 조정 내의 규정된 관례에 따랐음에도, 한번 불거진 문제는 해소되지 않았다. 평범한 하나의 미해결 살인사건이 정치적 사건으로 전환된 직접적 원인은 대사간 허엽이 사간원 이름으로 박순에 대한 추고를 요청하고, 김효원의 동의 아래 사헌부가 동조했기 때문이다. 허엽이 박순에 대한 추고를 요청한 것은 규정된 절차에 따른 것이었다. 하지만 그것은 여러 가지 면에서 무리한 일이었다. 박순이 맡았던 위관 직책은 죄인을 추국할 때, 삼정승 가운데서 한 사람을 임금이 뽑아서 임명하는 임시 직책이다. 더구나 검시 결과가 불분명했을 때, 영의정 홍섬이 죄인을 풀어주어야 한다고 주장한 반면 박순은 그 주장에 반대했다. 따라서 허엽은 박순이 아니라 홍섬에게 화를 냈어야 마땅하다. 문제에 대한 책임을 박순에게 추국 형식으로 물어야 한다고 주장했던 것은 박순에 대한 허엽의 개인적 감정을 빼고는 설명하기 어렵다. 이이 말대로 허엽의 주장은 지나쳤다.

김효원이 허엽의 무리한 주장을 받아들인 것이 그와 심의겸 사이에 축적되었던 사감私憾에서 비롯된 것인지,* 아니면 정철이 주장하듯이 그 이상의 정치적 의도가 있었는지를 오늘날 확인할 수는 없다. 여기에 대해서 류성룡의 진단은 다음과 같다.

> 당론黨論이 일어난 것은 전랑의 천거에서 시작되어 대신을 추감하자는 데서 걷잡을 수 없이 터진 것이다. 각박한 풍속이 경솔하고 조급하여 서로 선동한 것이지, 두 사람이 각자 당黨을 만들어 알력이 생긴 데서 이루어진 것은 아니다.[49]

---

* 부록 '인물사전' 김효원 부분 참조.

류성룡이 당론 발생 원인으로 제시한 "전랑의 천거"란, 김효원의 심의겸에 대한 사적인 감정을, "대신을 추감"하는 것은 허엽의 박순에 대한 사적 감정을 지적한 것이다. 이러한 사적인 감정에 더하여 두 사람의 주변인들이 그 갈등을 조장했다는 말이다. 류성룡의 진단을 받아들인다고 하더라도, 갈등의 최초 원인을 제공한 것은 허엽과 김효원 측이다. 하지만 류성룡은 이 사건이 결코 두 사람의 의도적인 당파적 목적에서 비롯되었다고는 보지 않았다.

그런데 허엽과 김효원 두 사람이 미리부터 정치세력화의 의도를 가지고 있었는지 여부는 별로 중요하지 않다. 중요한 것은 당시 상황이 사림 내부의 집단적 갈등 형태로 나타나고 전개되었다는 사실 자체이다. 더불어 주목할 것은 '동서분당' 양상의 마지막 상황, 즉 김계휘의 지방 좌천을 이끌어 낸 박근원의 역할이다. 박근원과 허봉의 관계는 구신과 신진사림 양측이 서로의 정치적 필요에 따라 결합한 최초의 사례이다. 이것은 몇 년 후에 전면적으로 나타나는 양상의 선구적 사례이다. 요컨대 선조 8년 7월부터 4개월에 걸쳐서 전개된 '동서분당' 사태는 이후에 전개될 정치적 갈등 양상의 단초를 보여 주었다.

2장

대립구도의 성립

선조 11년~선조 13년

이수의 옥사

서인의 짧은 권세

선조 8년 7월부터 시작된 '동서분당' 상황은 10월에 심의겸이 개성 유수에, 김효원이 삼척 부사에 임명되는 것으로 귀결되었다. 겉으로 볼 때는 개성 유수와 삼척 부사의 차이만큼이나 서인의 정치적 승리도 확연해 보였다. 조정에서 주도권을 잡은 서인 측은 김효원 한 사람을 지방으로 좌천시키는 것에 만족하지 않았다. 이이는 여기에 단호히 반대했다.

효원이 이미 외직으로 나가자 조정의 의논이 곧 격화되어 그의 당여黨與*에게 미치니, 이이는 힘써 저지하였다. (이이는) 이발을 이조 전랑으로 삼아 효원의 당여를 안정시키려 했다. 그런데 얼마 안 되어 이발이 피혐하여 물러나고, 윤두수의 조카 윤현이 이조 전랑이 되었다. 그는 인물을 멋대로 기용하고, 또 조원을 이조 전랑으로 삼으려 했다. 조원은 문필의 명성은 있었으나 국량과 식견이 없어서 사류(동인)의 신망을 받지 못하였다. 그러나 그가 (전에) 정언이었을 때 양사를 논박하여 물러나게 함으로써 효원의 기세를 줄였던 까닭에, 윤현이 특별히 끌어올린 것이다. …… 사람들은 조원이 (이조 전랑이 되는 것으로) 상을 받았다 하였다. 이해수 …… 정철·구봉령·신응시 등이 모두 효원을 소인이라 하여 몹시 배척

---

* 정치적으로 같은 편에 있는 사람. 추종자.

하였다. …… 이에 선배는 이이가 효원을 공격하지 않은 점을 탓하고, 후배는 이이가 효원을 가벼이 밖으로 내보낸 점을 탓하여 조정 의논이 더욱 틀어졌다.

이때 이성중이 지평이 되었는데 효원의 친한 벗이었다. 대사간 홍성민이 (이성중을) 탄핵하려 하자 이이가 말리면서 말하기를, "…… 만일 그리하면 더욱 시끄러워질 것이다." 하였다. 성민이 이이의 말을 옳다고 여기면서도 시의時議[*]에 쫓기어 끝내 성중을 탄핵하였다. 그러자 사류는 더욱 놀라워하였다.⁴⁹⁾

'동서분당' 사태가 어느 정도 정리되자 이이는 이발을 이조 전랑으로 삼으려 했다. 이 사태에서 정치적으로 승리를 거둔 서인이 여세를 몰아 독주할 기미를 보였기 때문이다. 이이는 서인에 대한 견제가 필요하고, 그것을 위해서 이발이 적임자라고 생각했다. 이발은 이미 동인 사이에서 명망을 얻고 있었고 또, 이 당시 이발은 이이의 사람이었다. 이이는 그가 동인 측 여론을 이끌 수 있을 것으로 예상했다. 하지만 이이의 계획은 우발적인 일로 어긋나고 말았다. 이발이 이조 전랑 자리에서 물러나게 되었던 것이다.

상황은 이랬다. 승정원은 도승지를 포함해서 승지 6명으로 구성된다. 각 승지는 6조 중 하나씩을 맡아서 왕과 연결하는 역할을 했다. 도승지는 이조를 담당했는데, 당시 도승지 박호원朴好元과 이발은 처남매부 사이였다. 두 사람 사이에 상피相避해야 하는 관계가 성립되었던 것이다. 보통은 이런 경우에 도승지가 이조 아닌 다른 조를 담당하는 것이 상례였다. 그런데 이때 선조는 "이발은 물러나게 할 수 없는 사람이 아니다."라고 말하며 이발을 교체하도록 지시했다. 선조 역시 동인 사이에서 이발의 존재감을

---

* 서인의 주장.

어느 정도 알고 있었던 것으로 보인다. 선조는 동인을 견제하려는 의도를 암암리에 가지고 있었다.** 그 연장선상에서 이발에 대해서 그렇게 말했던 것이다.

이발이 물러나자, 서인의 중심인물 중 하나인 윤두수의 조카 윤현이 이조 전랑이 되었다. 그러고는 서인세력 결집에 앞장섰다. 윤현은 김효원을 비판했던 것을 높이 사서 조원을 이조 전랑에 끌어들였다. 이어서 김효원과 가까웠던 동인 측 인사들이 차례로 지방으로 쫓겨났다. 이성중은 김효원과의 교분 때문에 탄핵을 받아 평북 철산鐵山 군수에 임명되었고, 정희적·노준도 그렇게 되었다.[50] 특히 이성중에 대한 조치를 많은 사람들이 납득하지 못했다.[51]

선조 9년 2월에 이이는 홍문관 부제학을 내놓고 고향으로 돌아갔다. 그로서도 달리 어쩔 수 없는 결정이었다. 인순왕후 졸곡이 끝나고 나타난 두 가지 정치적 양상이 그의 예상과 다른 방향으로 전개되었기 때문이다. 당장은 그것을 바로잡을 방법도 없다고 생각했다. 선조는 자신의 정치를 시작했지만, 그렇다고 개혁을 할 생각은 없었다. 이이가 계속해서 개혁을 요구하자 선조와의 관계가 엇나가기 시작했다. 선조는 이이가 "과격하고 또 나를 섬기려 하지 않는"다고 말했고, 짐짓 가의賈誼***에 빗대어 "글을 읽어

***

** 오랫동안 이 시기를 연구한 최이돈은, 선조의 이 말은 선조 개인의 판단이 아니라 심의 겸 측 주문에 따른 것으로 판단하고 있다. 충분히 가능한 추론이다. 「16세기 낭관권의 성장과 붕당정치」, 『규장각』12, 1989.

*** 가의賈誼(기원전 201~기원전 168)는 중국 전한前漢 초기 학자 겸 관료이다. 18세에 이미 이름을 내기 시작하여, 한 문제는 22세의 그를 박사로 삼았다. 1년이 못 되어 뛰어난 재능을 인정받아 태중대부太中大夫라는 고급 고문관으로 승진하였다. 잠시 그가 주장했던 개혁정책이 받아들여지기도 했지만, 노신들의 견제로 결국 좌천되었다가 33세 나이로 사망한다.

말만 잘할 뿐이지 실지로 쓸 만한 재주가 아니"라고 하였다.

　김효원의 발령지를 부령에서 다른 곳으로 옮겨 달라고 요청한 것 때문에, 이이는 서인 측에서도 의심을 받았다. 심지어 가까운 친구 정철조차 이이가 동인 쪽에 기운 것은 아닌지 의심하는 지경이었다. 당시 정철은 조정에서 물러나 있었다. 상황이 이렇게 되자 이이는 정철에게 편지를 보내서 자신의 의도를 설명했다. 이를 통해서 정철은 이이의 본심을 이해하게 되었다. 하지만, 서인 쪽 인사들의 의심을 모두 없앨 수는 없었다.[52] 결국 이이는 서인의 독주를 막아 내지 못했다. 김효원을 미워하는 사람만 쓰면 서인이 반드시 패할 것이라고 이이가 경고했지만, 결국 조원이 이조 전랑이 되었다. 또 이성중이 사헌부 지평이 되자 대사간 홍성민이 그를 탄핵하려 했다. 이이가 이를 적극 만류했고, 홍성민도 그에 동의했다. 하지만, 이성중은 결국 대간*들의 탄핵을 받고 지방으로 축출되었다. 이이는 "위로 국왕에게 신임을 얻지 못하고 아래로 동료들이 (그의) 말을 받아들이지 않았다."[53] 이이로서는 조정에서 물러나는 것 외에 다른 방법이 없었다.

　이 시점에서 당시 조정의 세력구도를 대략이라도 확인하는 것이 필요해 보인다. 인순왕후 사망이 촉발시킨 두 가지 현상, 즉 선조가 자신의 정치를 시작하고 사림이 분열하기 시작한 가운데 이이가 조정에서 물러난 것은 우연이 아니었다. 그것은 이이가 사망할 때까지, 혹은 그의 사망 이후에도 지속된 조정의 세력구조가 만들어 낸 것이었다. 선조 8년부터 이이가 사망한 선조 17년까지, 이 구조는 몇 차례 무게중심을 옮기며 유동했지만 계속 유지되었다. 이 책에서 그 구체적인 내용을 확인할 수 있을 것이

---

* 사헌부와 사간원 관원을 통칭하여 대간臺諫이라고 불렀다. 사헌부 관원인 대관臺官과 사간원 관원인 간관諫官을 합해서 부르는 말이다.

다. 이 구조에서 이이는 마치 덫에 걸린 것과 비슷한 상황에 처했다. 이이가 주장한 정치개혁의 내용은 그 덫에서 벗어나야 실현될 수 있었다. 이이는 이 당시 자신의 사퇴 원인을 정확히 알고 있었지만, 동일한 원인이 자신의 정치적 여정도 제한하게 되리라는 것을 알고 있었을까? 이이는 자신의 소망을 실현할 얼마만 한 기회를 가지고 있었던 것일까?

어쨌든 서인 측 주도권은 오래가지 않았다. 지방에 좌천되었던 이성중과 노직은 이미 선조 9년 8월에 부교리와 수찬에 임명되어 조정에 복귀했다.[54] 이순인은 일찍이 김효원을 '권세를 탐하는 사람'이라고 논박했었다. 이 때문에, 윤현은 그를 끌어올려 이조 전랑으로 삼았다. 그런데 이순인은 이조 전랑이 되자마자 즉시 동인 쪽에 가담하였다.[55] 서인이 아닌 동인이 조정을 주도하는 것을 곧바로 간파했던 것이다.

비슷한 시기에 좌의정 박순도 병을 이유로 사임했다. 젊은 시절 그는 서경덕(성종 20~명종 1) 문하에서 허엽과 함께 공부했다. 하지만 허엽이 신진 사림과 어울리고 그들의 추앙을 받게 되면서 둘 사이는 점차 소원해졌다. 선조 8년 7월에 허엽이 그를 추감하라는 탄핵을 하면서 결정적으로 둘 사이가 벌어지고 말았다. 선조 9년에 들어서 동인이 더욱 세를 불리며 조정 여론을 주도했다. 박순은 자기 혼자 힘으로는 상황을 타개할 수 없음을 알고 사퇴하고 말았다.[56] 요컨대, '동서분당' 후 서인의 승리가 지속된 기간은 길게 보아도 1년 정도였다. 동인세력은 계속해서 확대되고 강해졌다.

선조 11년

선조 11년은 동서 간 갈등의 누적된 힘이 갈등 구조 자체를 변형시키기 시작한 시점이다.

당쟁의 관점에서 선조 8년은 일찍부터 주목되었다. 사림세력이 무리지어 공개적으로 갈등하기 시작한 시점이기 때문이다. 하지만 동서 갈등의 진정한 전환점은 선조 11, 12년 무렵이다. 이때 갈등 양상을 특징짓는 요소들, 즉 동인과 서인 각각의 인적 구성과 그에 상응하는 정치적 신념 혹은 대의명분이 갖추어졌다. 동인이 구신과 결합하기 시작했고, 그들은 자신들과 서인을 선과 악으로 나누기 시작했다.

선조 11년 벽두부터 독직사건이 이어졌다. 이것이 당파 간 갈등의 촉매로 작용했다. 전라도 무안 현감 전응정全應禎이 관곡官穀 1백여 석을 착복한 사실이 조정에 보고되었다.[57] 의금부가 사건을 조사하는 과정에서, 문제가 더 드러났다. 그가 여러 조정 관리에게 곡식을 뇌물로 바친 사실이 포착되었던 것이다. 전응정의 장부에는 윤의중과 이양원 이름도 올라 있었다. 그런데 선조는 이들에 대해서만은 "관행을 따르다가 그렇게 된 것뿐이다. 재상은 비록 실수가 있어도 마땅히 너그럽게 용서해야 한다."고 말하였다.[58] 이후에도 나타나는 일이지만, 선조는 자신에게 필요한 사람들이 저지른 불법에 대단히 관대했다.

정말 놀라운 것은 선조의 태도가 아니라 대간들의 태도였다. 그들은 이 사건을 문제 삼지 않았다. 이 시기에 일어났던 다른 독직사건, 특히 이수 사건에서 대간들이 보여 준 집요함과 비교하면, 그 차이가 너무나 분명했다. 이들이 왜 그랬는지는 분명하지 않다. 다만 이양원은 왕실 인물이었고, 윤의중은 이발과 이길의 외삼촌이었다. 전응정 사건은 대간들이 사안 그 자체가 아니라, 사안의 배경에 따라 대응이 달라지기 시작한 첫 번째 사례이다.

'동서분당' 직후 동인이 일시적으로 위축되었지만, 그 세력은 계속 확대되었다. 조정의 무게중심이 동인 쪽으로 기울자, 그 세력이 급속히 불어났던 것이다. 동인 쪽에 서면 정치적으로 성장할 기회는 많았고, 위험은 적었다. 선조 11년쯤에는 동인세력이 조정에서 확고한 기반을 잡은 듯이 보였다. 그에 따라 서인 인사들이 조정에서 체계적으로 배제되기 시작했다. 이것을 보여 주는 한 가지 사례가 심의겸 동생 심충겸이다. 그는 선조 5년 이발에 한 해 앞서 문과 장원을 했던 인물이다. 실록 사평史評에는 그가 "형의 잘못에 연루되어 무인년(선조 11) 이후 청요직淸要職*에 임명되지 못했다."고 나온다.[59]

이 시기에 동인세력이 확대되는 흐름에서, 전에 볼 수 없었던 세 가지 양상이 나타났다.

> (당시 정치적 기회를 잡으려는 자들은) 팔뚝을 걷어붙이고 놀이 삼아 담론을 하되, 모두 동인은 정당하고 서인은 사특하다고 하였다. 뿐만 아니라 선배 중에 그들을 두려워하여 구차하게 몸을 사리는 자들은 도리어 선비에게 자신을 낮춘다는 명분을 세워 후배들에게 아부하곤 했다. …… 동인 중에 뒤늦게 붙좇는 자들이 다투어 서인을 공격해 제거하는 것으로 자신들이 나아가는 밑받침으로 삼고자 해서 모두들 윤현·윤두수·윤근수 세 윤씨를 악의 괴수라고 지목하였다. 류성룡 등 두세 사람만은 그들을 따르지 않았다.[60]

첫째는 동인과 서인이 정正과 사邪, 즉 바름과 간사함으로 구분되기 시

---

* 청환淸宦과 요직要職. 청환은 문관의 경우 홍문관 등의 자리이고, 요직은 육조의 권한 많은 고위직이다. 직급으로 보면 청직은 낮고 요직은 높았다. 때문에 엘리트 문관의 경우, 젊어서는 청직에, 나이 들면 요직에 나가는 것을 이상적인 경력으로 생각했다.

작했다는 점이다. 본래 동인과 서인은 어디까지나 정치적 입장이 다를 뿐, 정사正邪로 구분되지는 않았다. 이때부터 비로소 동인 일부는 서인을 공공연히 '소인小人'으로 부르기 시작했다. 당시 '소인'이라는 말은 예사 용어가 아니었다. 이 단어는 문정왕후 사망 후 조정에 진출한 신진사류가 명종 대 훈척계 인물들을 가리킬 때 썼던 용어이다. 소인은 정치적 대화나 타협 대상이 아닌, 싸워서 격퇴시켜야 할 대상을 가리키는 말이다.

둘째는 구신 중에서 동인에 뒤늦게 가담한 사람이 속속 등장하기 시작했다는 점이다. 이들은 서인을 공격해서 자신들의 정치적 입지를 보상받으려 했다. 때문에, 그 말이 더욱 공격적이었다. 이들은 동서 간 갈등의 기폭제 역할을 했다. 당시 이들이 주요 표적으로 삼은 사람들이 바로 윤현, 윤두수, 윤근수였다.[61]

구신과 동인이 결합했다고 하더라도 주도권은 어디까지나 동인이 쥐고 있었다. 다시 말해서 구신과 동인의 결합은 구신이 동인에 투항하고, 동인이 구신을 개인별로 흡수하는 방식이었다.

셋째는 이전까지 비교적 중립적 입장에 있었던 김우옹, 이발, 류성룡 같은 인물들이 당파적 모습을 보이기 시작했던 점이다. 선조 11년에 있었던 사건들을 처리하는 과정에서 이런 경향이 나타났다. 그리고 바로 이 지점에서 이들과 이이 사이에 의견 차이가 나타나기 시작했다.

같은 사건, 다른 처리

선조 11년에는 연초의 전응정 사건 때문에 조정 전체가 독직 문제에 예민해 있었다. 이즈음 당색이 다른 윤현과 김성일이 이조 전랑에 함께 재직했다. 자연히 이들은 여러 가지로 갈등을 빚었다. 이즈음 김성일이 또 하나의 독직사건에 대한 소문을 들었다. 진도 군수 이수李銖가 쌀을 운반해서 윤현·윤두수·윤근수 세 사람에게 뇌물로 주었다는 내용이었다. 이수는 윤두수의 이종사촌 동생이었다. 이 때문에 구체적 증거 없이도 많은 사람들이 소문을 사실로 받아들였다. 김성일은 매우 분노하여 이수도 뇌물을 주었다고 경연에서 말했다. 그에 따라 이수가 구속되어 신문訊問을 받게 되었다.[62] 신문이란 신체적 고통을 가하며 진행되는 심문을 뜻한다. 이때 경연에서 이 문제를 지적한 또 한 사람이 이발이다.

당시 동인의 좌장이던 홍문관 부제학 허엽은 사간원과 사헌부를 탄핵하여 물러나게 했다. 양사가 뇌물 준 사람만 탄핵하고, 받은 자들을 논핵論劾하지 않았다는 이유였다. 앞서 정철과 신응시가 이이에게 허엽을 탄핵하라고 했을 때, 이이가 관행을 존중하며 그렇게 하지 않았던 것과는 정반대의 모습이다.* 어쨌든, 이렇게 되자 새로 임명된 대간들은 뇌물을 받았다고 추정되는 자들을 탄핵하지 않을 수 없었고, 이어서 세 윤씨 이름이 등장했다. 하지만 선조는 이들에 대한 탄핵을 허락하지 않았다.

이 당시 대사간은 김계휘였다. 그는 마침 휴가차 고향에 가 있었는데 이 사건 소식을 듣고는 곧바로 서울로 올라왔다. 그는 세 윤씨가 뇌물을 받았는지 여부는 아직 밝혀지지 않았으므로 사건 결과를 기다려서 판단해도 늦지 않은데 이들을 지목해서 탄핵부터 하는 것은 옳지 않다고 주장했다. 말의 내용은 틀리지 않았다. 그런데, 그의 어조가 격렬하여 동인을 격노케 하였다. 홍문관에서는 김계휘를 대사간에서 전라 감사로 좌천시키고 그 자리에 이산해를 추천하였다.

---

* 54쪽 참조.

사건 진상이 밝혀지지 않은 상태에서 세 윤씨에 대한 탄핵 수위가 계속해서 높아졌다. 당시 대사헌은 박대립이었다. 그 역시 구신 출신으로서 동인세력에 가세한 주요 인물 중 하나였다. 대사간 이산해도 세 윤씨에 대한 공격에 가담하였다. 사헌부 장령으로 있던 이발 역시 확인되지 않은 떠도는 정보들을 모아서 세 윤씨를 공격했다. [63] 다음 해에 이이는 이발에게 편지를 보내서 "지난해 시비의 논변論辨에 대해서는 학식이 현형賢兄(이발)과 같은 자도 눈을 부릅뜨고 기염을 토하면서 기필코 논변하고자 하였으니 내가 실망하였다."고 말하였다. [64]

명확한 증거 없이 이루어진 탄핵이었다. 하지만, 그것이 비정상적이거나 불법적인 것은 아니었다. 조선은 사헌부·사간원 대간에게 소문으로 들은 것을 근거로 탄핵하는 것도 허용했다. 그들은 자신이 들은 소문이 사실임을 증명해야 할 책임이 없었다. 이것은 대간에게 비판의 폭을 넓혀 주기 위한 관행이었다. 이것은 대간이 객관적이고 독립적인, 그래서 공정한 판단을 내릴 수 있다는 전제에서 가능한 것이었다. 그런 조건이 갖추어지지 못한다면 대간제도는 이러한 제도를 설치한 의도와는 전혀 다른 결과로 이어질 수밖에 없었다. 어떤 의미에서 보면, 조선은 20대 후반에서 30대 중반 정도의 젊은 관료들에게 국가의 도덕적 건전성을 의탁했던 셈이다.

이즈음 또 하나의 독직사건이 발생했다. 옹진 현령甕津縣令 이신로李信老 역시 뇌물을 준 일로 탄핵당하고 하옥되었다. 뇌물을 받은 자는 우상 노수신이라는 소문이 있었다. 그런데 대간들은 이 사건을 이수 사건과 함께 처리하기 곤란하다는 이유로, 관련된 인물에 대한 탄핵을 중단했다. 누가 보아도 두 사건에 대한 대간의 태도에 분명한 차이가 있었다. 여기에 대해서 말들이 나오자 이신로 사건에 대한 수사가 다시 시작되었다. 이수 사건을 정당화하기 위한 것이라는 것이 누구 눈에도 분명했다. 하지만 결국 이신로 사건도 명확한 증거가 확보되지 않았고, 그는 석방되었다.

이수의 옥사가 발생하고 얼마 지나지 않아 세 윤씨는 파직되었다.[65] 그 후 많은 사람이 이들을 탄핵했지만, 반년이 지난 선조 12년 4월까지도 사건의 진상은 더 밝혀진 것이 없었다. 사헌부는 이수가 뇌물로 줄 쌀을 상인 장세량 집에 두었다는 소문을 듣고, 다른 이유를 들어서 장세량을 체포했다. 과연 장세량의 집에는 쌀이 있었지만, 그는 당시 진도의 공물 납부인이었다. 그의 집에 있었던 쌀은 조정에 납부할 공물을 마련하기 위한 값으로 백성들에게 거둔 것이었다. 그것을 입증하는 문서도 갖추어져 있었다. 따라서 이 사건이 독직사건임을 증명할 수 있는 유일한 증거는, 평소 이수에게 개인적 원한을 가졌던 저리邸吏* 한 사람의 증언뿐이었다. 그는 그 쌀이 이수가 세 윤씨에게 뇌물로 줄 쌀이라고 증언했다. 문제는 이수가 뇌물 증여 사실을 인정하지 않았고, 장세량도 20여 차례나 심문을 당했음에도 그 쌀이 뇌물이라는 것을 인정하지 않았다는 점이다.

선조는 이 사건이 사실이 아닌가 의심하여 두 사람을 풀어주라고 명령했다. 그런데 승정원에서는 이 명령을 의금부에 전하지 않은 채 왕에게 간쟁하며 4차례나 계를 올렸다. 승정원은 원칙적으로 왕명을 전달하는 곳이다. 특정한 사안에 대해서 의견을 피력하는 정도는 가능하지만 국왕 의사에 반하여 그것을 반복해서 주장하는 것은 승정원 기능에서 벗어났다.** 이

---

* 서울에 재직하며 해당 고을과의 행정 연락 사무를 맡았던 향리鄕吏.

** 비서기관인 승정원이 왕에게 특정 사안에 대해 의견을 개진할 수 있는 객관적 범위를 정하기는 어렵다. 하지만 선조 7년 7월 정지연, 이증, 신응시가 박신원 문제를 언급했다는 이유로 물러나야만 했던 것에 비하면, 이 시기 동인의 주장은 그보다 훨씬 많이 나아간 것으로 보아야 한다. 58쪽 참조.

때문에 선조도 크게 화를 내며 입직 승지 김우굉과 송응개를 파직하고 도승지 이산해 등을 바꾸어 버렸다. 양사와 홍문관까지 나서서 명령을 물릴 것을 요청했지만, 선조는 받아들이지 않았다. 결국 이수와 장세량은 석방되었다.[66]* 김우굉은 김우옹의 형이다.

동인의 새 파트너, 구신

이수 사건은 몇 가지 점에서 3년 전 '동서분당' 사태와 비슷했다. 첫째, 구신들의 역할이 있었다는 점이다. '동서분당' 당시에는 박근원이 이조 참판으로서 허봉을 도와서 사건을 확대시켰다. 이수 사건에서는 김귀영이 그 역할을 했다. 선조 11년 이조 판서를 맡았던 노진과 정대년이 연이어 사망했다.** 우연이겠지만, 이수 사건 발생 직전에 김귀영이 이조 판서가 되었다. 당시 많은 사람들이 김귀영이 이수 사건 발생과 연관되었을 것으로 짐작했다.[67] 박대립 역시 대사헌으로서 적지 않은 역할을 했다.

둘째는 이조 전랑 사이에서 문제가 시작되고 대간에 의해서 그 문제가 확대되었다는 점이다. 이수의 옥사에서도 문제는 처음에 김성일과 윤현 사이에서 발생했고, 이것이 허엽과 김계휘 사이의 갈등을 통해서 확대되었다. '동서분당'에서와 마찬가지로 선조가 개입하기 전까지 갈등은 계속해서 확대 재생산되었다. 심지어 이수의 옥사에서는 승정원이 왕의 명령

---

* 이수의 옥사는 사건 자체도 분명치 않은 점이 많지만, 이 사건이 진행되었던 시기의 실록 기록도 부실하다. 『선조실록』의 경우 선조 11년 8월부터 선조 12년 2월까지 반년 간의 기록이 전혀 존재하지 않는다. 『선조수정실록』의 경우에도 선조 12년 1월과 3월의 기록이 완전히 빠져 있다.

** 노진은 선조 11년(1578) 8월에, 정대년은 10월에 사망한다.

에 4차례나 맞서기도 했다.

'동서분당'과 '이수의 옥사' 사이에는 중요한 차이도 있다. '이수의 옥사'를 통해서 동인과 서인이 확실하게 적대적인 관계가 되었다는 점이 그것이다. 여기에는 구신 출신으로 뒤늦게 동인에 합류한 인사들의 역할이 컸다.

이후로는 동인에 가담한 자들이 날로 늘어났으며 유속流俗***을 따르는 구신으로 노당老黨이라 불리던 자 중에 일찍이 서인에게서 소외되었던 자들은 모두 동인에 붙어서 요지에 앉아 권세를 부리며 (과거에 서인에게 당했던) 감정을 풀었다. 그리고 (동인이 하던) 거창한 논의를 스스로 본받아 청론淸論과 탁론濁論이 뒤섞이고 탐욕을 부리는 풍속이 더욱 성행하여 함께 동아리가 되었다. 이리하여 악을 물리치고 선을 높이는 논의가 없어지고, 선배로서 숙덕과 인망이 있고 맑은 명성을 가진 선비들이 용납되지 못했다.〔3품 이상 관직을 가진 자가 동인 명사 중에는 아주 적었다. 그러므로 명종 조에 권간에게 물들었던 자로서 (선조) 재위 초에 배척을 받은 자들이 모두 다시 삼사의 장관이 되어 형세가 펴지게 되었다.〕[68]

동인과 서인 사이의 정치적 갈등에서 동인은 조정에 늦게 진출한 이점을 누렸다. "선배는 조정에 몸담은 지 오래되다 보니 결점이 점점 생겨서 번번이 후배에게 지적을 받았다. 이 때문에 당시 출세하려는 자들은 모두 동인 편에 붙었다."[69]는 실록 기록은 이 상황을 잘 보여 준다. 하지만 동인 측에게도 아쉽고 불편한 점이 있었다. 조선의 관직 체계에서 3품 이상과 이하가 갖는 권한에는 큰 차이가 있었다. 그런데, 대개 선조 즉위 이후 조

*** 과거부터 계속되어 만연한 부정적 관행이나 세태, 혹은 그것에 물든 사람.

정에 진출한 동인 측 인사들은 여전히 3품 이하 당하관堂下官*에 머물고 있었다. 이수 사건 당시 동인의 구심점이던 이발이 정4품 사헌부 장령에 머물고 있었던 것은 이를 잘 보여 준다. 더구나 그는 문과 장원을 했기에 6품부터 시작했다. 구신은 바로 이 공백을 메우며 동인과 결합하였다.

이수 사건을 겪으며 동인과 서인은 정치적으로 더 이상 화해하기 어려운 사이가 되었다. 이수 사건에서 가장 주목되는 것은 이발의 역할이다. 선조 9년 2월에 이이가 조정을 떠날 때만 해도, 이발의 정치적 입장은 그렇게 강경하지 않았다. 이이는 심지어 동서 간 갈등을 조정할 동인 측 인물이 이발이라고 생각했다. 하지만, 이로부터 2년 반 후, 이발은 이이의 기대와 전혀 다른 정치적 역할을 수행하고 있었다.

류성룡과 김우옹의 이수 사건에 대한 발언은 이수 사건의 정치적 의미를 다시 한번 보여 준다. 류성룡과 김우옹은 동인에 속하기는 했지만, 이수 사건 이전만 해도 상당히 객관적인 입장이었다. 그런데 이 사건에 대해서는 더 이상 그렇지 못했다. 선조가 세 윤씨에게 너무 심하게 했다는 요지의 말을 하자, 류성룡은 "어찌 털끝만큼인들 (동인이) 윤씨들에게 사적인 원한이 있어서 그랬겠습니까. 다만 장옥贓獄을 중요하게 여겼을 뿐입니다. 다른 뜻은 없었습니다."라고 말하였다. 장옥은 독직사건을 말한다. 또한 김우옹은 "윤씨를 사사로이 해칠 뜻이 있었다고 한다면 그것은 그렇지 않습니다."라고 하고, 또 "오늘날 시비가 겨우 정해져서 국론이 하나로 정

해졌습니다."[70]라고 말하였다. 두 사람은 이수 사건이 동인의 서인에 대한 정치적 공격임을 부정했다. 이에 대해서 이이는 "전후 시비를 들어 보지 않고 오로지 옥사만 성립시키려 힘썼다. 다른 사람은 말할 것도 없지만 류성룡·이발 같은 무리도 이와 같이 행동한단 말인가. 아! 남에게 알려질까 걱정이다."라고 기록하였다.[71] 이이는 두 사람에 대한 실망을 넘어서 사림의 장래에 대해서 깊이 우려했다. 이이에게 사림은 여전히 하나의 사림이었다.

백인걸 상소 대필 사건

시비是非**에서 정사**正邪**로**

이수의 옥사가 진행되면서 나타난 두 가지 정치적 경향성이 선조 12, 13년에 더욱 강화되었다. 첫째, 구신 출신으로 동인과 결합하는 고위 관료들이 속속 등장했고 둘째, 동인이 공식적으로 서인을 개인적으로는 소인小人으로, 집단적으로는 사당邪黨으로 규정하기 시작했다.

이 시기부터 동인의 서인에 대한 배척은 이전과 차원을 달리하기 시작했다.

> 흰 무지개가 두 번이나 태양을 가로질러 (이변이 나타나자), 상이 하교하여 구언求言하였다. 이에 사헌부가 차자箚子*를 올려서 당시의 폐단을 논하였는데, 동인과 서인의 시비是非를 분별分別하여 비로소 심의겸을 소인小人이라 하고 정철과 김계휘를 사당邪黨이라고 분명하게 배척하였다. 그러자 신진新進들의 논의가 다투어 일어났는데, 이식·홍혼·정희적 등이 대간이 되면서 더욱 강력하게 주장하여 국시國是를 정해서 서인이 다시 조정에 들어오는 길을 막으려고 하였다.[72]

왕이 구언하자 사헌부에서 차자를 올렸다. 구언이란 임금이 관료조직

---

* 관리가 왕에게 올리는 글의 한 형식이다. 계啓보다는 좀 더 격식을 차린 상세한 방식이다.

의 위계를 뛰어넘어서 신하들 개인의 의견을 구하는 절차였다. 흔히 기상이변이 발생하거나 조정이 중요한 결정을 내려야 할 때, 임금은 구언을 실시하고 신하들은 사안에 대한 자신의 생각을 글로 올렸다.

조선은 정교한 관료조직을 가진 나라였다. 관료조직의 특성 중 하나는 의사 결정 권한의 편중이다. 중요한 의사결정이 조직 최상부에 위치한 직급에서 이루어진다. 이것은 장기적으로 조직을 경화硬化시키기 마련이다. 모든 관료조직의 피할 수 없는 운명이다. 오늘날 공공기관이나 기업에서 실시하는 다면평가제도 이러한 문제를 극복하기 위한 시도이다. 조선은 이를 막기 위한 몇 가지 장치를 가지고 있었다. 가장 대표적인 것은 언관제도였지만, 구언제도 역시 그런 장치 중 하나이다. 왕이 직급의 고하와 관계없이 관리들 개인의 생각을 들을 수 있다는 것은, 관료조직의 경직성을 완화하는 훌륭한 방법이다.

선조의 구언에 따른 사헌부 차자는 정희적이 작성했다. 그 내용은 동인이 옳고[是] 서인이 그릇된[非] 점을 분명히 하여, 심의겸을 소인으로 정철과 김계휘를 사당으로 명확히 규정하자는 것이었다. 마침내 동인과 서인 간의 구분이 시비是非를 따지던 것에서 정사正邪를 나누는 것으로 전환되었다.

'시비'와 '정사'는 차원을 달리하는 구분이다. '시비'는 특정한 상황이나 문제에 대한 판단 내용에 국한될 뿐 판단 주체에 대한 규정은 아니다. 때문에 사안에 따라 시是와 비非의 주체는 달라질 수 있다. '비' 즉 잘못된 판단을 했다고 해서 그 판단 주체가 도덕적으로 비난받는 것은 아니다. 반면에, '정사'는 개별 상황을 뛰어넘어 판단 주체의 정체성에 대한 규정이다. 그리고 '정正과 사邪'의 차원에서 비로소 군자와 소인이 구분되었다. 소인은 정치적 타협의 대상이 아닌 제거되어야 할 대상을 뜻했다. 탄핵을 당한 세 사람의 조정에서의 위상으로 볼 때, 이러한 정·사 규정은 서인 전체에 대한 최상급 탄핵을 뜻했다. 더 이상 조정에 함께 있을 수 없다는 선언이었다. 정희적 개인이 아닌 사헌부 명의로 올라온 공식적 차자에서 이렇게 규정했다는 것은 대단히 엄중한 일이었다. 그것은 사실상 정상적 행정절차에 의한 정치적 쿠데타나 다름없었다.

정희적은 나이나 경력으로 보아서 전형적인 동인이었다. 이 시기쯤 되면 정희적 같은 사람들이 당쟁으로 인한 개인적 경험들을 축적해 가고 있었다. 선조 6년에 선조는 특지特旨, 즉 특별명령으로 심의겸을 대사헌에 임명한 적이 있다. 아직 인순왕후가 살아 있을 때였다. 당시 사간원 정언이던 정희적은 경연에서 외척에게 특지를 내리는 것이 부당하다고 발언했다. 심의겸이 인순왕후 친동생이기에 한 말이었다.

조선왕조에서 외척, 즉 왕비 쪽 집안 인물의 국정 참여는 예민한 정치 문제였다. 그것은 국정 운영의 기본원칙에 관련된 문제로 인식되었다. 조선이 전근대 다른 왕조국가와 크게 다른 점들 중 하나가 건국 초기부터 외척의 국정 참여를 엄격히 제한했던 점이다. 그것은 국정 운영의 공공성을 침해할 위험을 미연에 방지하기 위한 것이었다. 사실 왕조국가에서 외척의 국정 참여 제한은 어렵고 동시에 이상적인 목표이다. 더구나 선조 초기에 이 문제는 대단히 예민한 문제였다. 기묘사화(1519) 이후 중종에서 명종 대에 걸친 긴 국정 문란이 외척의 정치 개입 때문이라는 강력하고도 광범한 인식이 있었기 때문이다. 거칠게 따져도 50년 가까운 시간이었다. 관료와 지식인들만 그렇게 생각했던 것이 아니다. 국왕조차 이 문제에서 자유롭지 못했다. 동서분당 과정에서 동인이 심의겸 문제를 집요하게 공격했던 것도 이런 맥락에서 나왔다.

선조는 정희적의 발언을 강하게 반박했다. 인순왕후를 의식한 행위였을 것이다. 선조의 반박을 받자, 정희적은 그만 기가 크게 꺾이고 말았다. 함께 참석했던 사헌부 집의 신응시는 선조 앞에서 그가 한 말이 '언관으로서 할 수 있는 말'이라고 옹호해 주었다. 자리가 끝나자 정희적은 신응시에게 고마움을 표했다. 또, 심의겸을 찾아가서 자기 말이 심의겸 개인을 가리킨 것은 아니었다고 사과했다.[73] 동인이 조정에서 아직 충분한 세력을 얻지 못했을 때의 풍경이다. 또, 앞에서 보았듯이 선조 8년 '동서분당' 상황에서 그는 이성중, 노준과 함께 지방으로 좌천되기도 하였다.[74] 이러한 경험을 거치는 동안 동인세력은 점점 강해졌다.

주목할 점은 외척의 국정 참여가 엄격히 제한되어야 한다는 믿음이 동인이 세력을 얻기 이전부터 상식으로 받아들여졌다는 점이다. 동인이 가진 가장 강력한 믿음 중 하나는 심의겸과 그 당여의 국정 참여 배제였다. 그들이 외척세력이기 때문이다. 아직 이들이 자신들의 믿음을 조정에서 관철시킬 힘을 가지고 있지는 않았지만, 그런 상황에서도 외척이 국정에 참여하면 안 된다는 믿음만은 공유되었다. 신응시 말대로 정희적이 한 말은 언관이라면 원칙적으로 할 수 있는 말이라고 누구나 생각했다.

선조 12년까지도 서인 전체를 사당으로 규정하는 것이 동인의 공식적 입장은 아니었다. 이것은 정희적 상소가 단서가 되어 이이와 이발·김우옹이 주고받은 편지에서 확인된다. 김우옹은 심의겸을 소인으로, 서인을 사당으로 규정한 것은 잘못된 것이라고 말하였다. 이발도 이 점은 다르지 않았다. 여기에 더하여 심의겸에 대해서는 '시비'를 가지고 말했을 뿐이며, 정희적이 심의겸을 '소인'이라고 한 것은 참으로 지나쳤다고 말했다.[75] 이에 따라 정희적이 상소를 올린 후 얼마 지나지 않아서 당시 홍문관에 있던 이발과 김우옹은 차자를 올리기도 했다. 사헌부 상소가 지나쳤다는 내용이었다. 김우옹은 경연에서 심의겸에 대해서 "훈구 중신으로 자못 사림을 지탱한 공이 있는 사람"이라고 말했다.[76] 명종 18년 사건을 가리킨 말이었다.*

그런 가운데서도, 구신과 동인의 정치적 결합은 효율적으로 작동하였다. 선조 12년 초의 한 인사 내용은 다음과 같았다.

> **유전을 예조 판서로, 박대립을 형조 판서로, 이식을 사헌부 대사헌으로 삼았다. 이들은 모두 구신으로서 신진과 화합하니, 상이 특별히 명하여 품계를 더하게 하였다.**[77]

유전, 박대립, 이식 등은 모두 명종 대에 주요 관직을 지낸 구시대 인물들이다. 때문에 선조 즉위 초, 뒤에 서인으로 불리게 된 신진사류에게 배척당했다. 이제 이들 구신이 동인과 결합하면서 다시 조정의 최고위직에 기용되며 힘을 회복하였다. 반면에 명종 말부터 조정에 진출하기 시작했던 '서인'은 선조 12, 13년쯤이면 3품 이상 자리에 오른 사람이 많았다. 하지만 이들은 서인이란 이유로 동인에 의해 대부분 배척되었다. 이것은 조선 특유의 인사 운영 방식 때문에 빚어진 일이다. 고위직 임명까지도 하위직 언관들의 의사가 강하게 반영되었던 것이다.**

---

* 24~25쪽 참조.

** 정종영 사례 122쪽, 정유길 사례 156~158쪽 참조.

정승, 찬성, 판서 자리가 비면 대개 동인에게 정치적으로 투항한 구신으로 채워졌다.[78] 선조 13년 2월에 정종영과 김귀영이 우찬성 후보에 올랐다. 우찬성은 의정부에서 정승 아래 종1품 관직이다. 정2품인 6조의 판서보다 높은 직급이다. 정종영은 동인을 좋아하지 않았지만, 김귀영은 그들과 결탁한 인물이었다.[79] 정종영이 우찬성에 임명되었지만 병을 핑계로 사퇴하고 결국 김귀영이 우찬성에 올랐다.[80] 이때 박호원도 호조 판서에 임명되었다. 이이는『석담일기』에서 "이때에 동인이 매우 성했다. 명예를 구하는 자들이 동인으로 가고, 관작을 바라는 자들이 동인에게 붙고, 속류俗流 재상으로 전일 서인에게 배척당한 자들이 모두 이 틈을 타서 동인에 아첨하여 많이들 요직을 얻었다."고 적었다.[81]

시비와 정사의 여러 거리

선조 12년에 조정에서 일어난 가장 큰 사건은 지중추부사 백인걸의 상소에서 시작된다. 지중추부사는 정2품 무관직인데, 대개 나이 든 문관이 임명되던 일종의 명예직이다. 상소 내용은 당시 조정에서 급진파 동인이 강력히 추동하던 흐름에 정면으로 역행했다. 이때 조정에서는 급진파 동인이 서인을 사당邪黨으로 규정하기 시작했다. 그런데 상소에서 백인걸은 동·서를 타파하고 어진 사람만 등용해야 한다고 주장하였다. 그는 동인과 서인을 조화시키는 것이 군자의 논의라고 말했다. 정희적의 '소인론'에 대한 반박이었다. 그러자 동인이 장악한 삼사와 승정원이 번갈아 글을 올려 백인걸을 강력히 규탄했다. 심지어 백인걸이 늙어서 제 정신이 아니라며 인신공격을 하였다.[82] 백인걸은 조광조에게 직접 가르침을 받은 제자로 당시 살아 있는 유일한 사람이었다. 조광조가 조선 사림에게 가졌던 위상이

조광조의 집터. 경복궁과 창덕궁 사이의 낙원동에 위치한다. 현재 표지석 앞에는 낙원상가가 위치하며 표지석 뒤편 길을 따라 오르면 헌법재판소가 나온다. 선조 당시 백인걸은 조광조에게 직접 가르침을 받은 제자로 유일하게 살아 있는 인물이었다.

나,[83] 백인걸이 신념을 지키며 오래 귀양생활을 했다는 점 등을 고려할 때, 그런 인신공격은 정치적 도덕적 균형감각을 넘어선 것이었다.

비슷한 시기에 고향에 머물던 이이가 대사간에 임명되었다. 이것을 거절하면서, 이이는 당시 조정에서 전개되는 상황에 대한 깊은 우려를 담은 긴 상소를 올렸다.[84] 그 내용 역시 정희적 상소에 대한 반박이었다. 정희적 상소는 백인걸뿐 아니라 이이에게도 커다란 충격이었다. 충격의 정도는 백인걸보다 오히려 이이에게 훨씬 더 컸다. 이이 역시 백인걸이 주장했던 동인과 서인 간의 화합을 주장하였다. 이이는 특유의 명징한 필치로 당시 조정 상황을 면밀하게 서술하였다.

이이는 동인이 자신들의 의견을 국시國是로 정해서 서인의 조정 진출을 막으려는 의도를 지적하였다. 그는 동인이 주장하는 것이 국시라고 말하기도 어렵다는 점을 논증하였다. 그러고는 동인 주장대로 동인을 군자로 서인을 소인으로 규정하는 것이 전혀 타당하지 않다고 말했다. 결론적으로 그는 심의겸과 김효원이 쓸 만하다면 둘 다 쓸 만하고 실책을 범했다면 둘 다 실책을 범했다고 말하는 것이 옳지, 심의겸을 소인으로 김효원을 군자로 말하는 것을 자신은 전혀 받아들일 수 없다고 말했다. 그는 선조 8년 '동서분당' 이후 서인의 행위는 물론 잘못됐지만, 작금의 동인 행동은 서인이 했던 것보다 더 심각한 과오임을 지적했다. 그는 서인과 동인은 둘 다 사림이고, 사림은 국가의 원기元氣이니, 동인과 서인이 화합해야 한다고 강력히 주장했다. 그의 주장은 동인 강경파의 생각을 원천적으로 부정하는 것이었다.[85]

이이의 상소에 대해서 동인과 서인은 정반대로 반응했다. 동인은 이이가 자신들을 모함한다고 즉각 반발했고, 서인은 이이가 자신들을 정치적

용주서원(위)과 서원 바로 옆에 세워진 유허비(아래). 백인걸의 학문과 덕행을 기리고자 선조 31년(1598) 당시 백인걸이 관직에서 물러난 뒤 은거했던 옛 집터에 창건되었다. 경기도 파주시 소재.

궁지에서 구원하는 것이라고 여기며 그를 높였다.[86] 이이의 본의와 무관하게, 양측은 당시 자신들이 처한 정치적 상황에 따라 이이의 주장을 받아들였다.

흥미로운 것은 동인 안에서도 이이 주장에 대한 반응의 편차가 컸다는 점이다. 이이 상소를 가장 먼저 반박한 사람은 정희적과 함께 사헌부 상소를 주도했던 홍혼이다. 그는 이이 상소 내용에 잘못된 점이 많다고 비판하였다. 홍혼과 류성룡은 서인이 먼저 김효원의 벗을 공격하고 배척했던 과거의 사실을 지적했다. 하지만 이것은 이이 주장에 대한 효과적인 반박이 되지 못했다. 왜냐하면 이이는 상소에서 그러한 서인의 행동이 대단히 잘못된 것이었음을 먼저 지적했기 때문이다.

논의를 주도한 사람은 김우옹이었다. 그는 동인 안에서 여전히 객관적 입장을 유지하던 소수 인물 중 하나였다. 그는 김효원·심의겸의 일, 선조 8년에 서인이 잘못했던 일, 이수의 옥사 등에 대한 이이의 평가에 동의했다. 나아가 당시 조정 논의에 과격한 점이 있다는 이이 지적에도 역시 동의했다. 다만 공사公私와 시비是非가 명확히 분별돼야 할 부분에서 이이의 말이 시비를 전연 따지지 않고 진정시키려고만 하기에 상황을 진정시킬 수 없게 된 점을 지적했다. 한 걸음 더 나아가 김우옹은 이미 군자·소인으로 나누어 놓고 또 조제調劑*하여 화평하게 하려 한다면 어찌 군자와 소인이 같이 조제될 이치가 있겠느냐는 이이 주장에도 일리가 있다고 말했다. 결론적으로 김우옹 자신은 공사와 시비는 분명히 구분해야 하지만, 동인 강경파가 주장한 군자·소인 구분에는 동의하지 않았다. 연장선상에서 심의

---

* 고르게 조절調節함.

겸도 소인으로 규정할 수 없다고 주장하였다. 동인 강경파 주장의 핵심은 심의겸이 소인이라는 것이다.

김우옹 주장에 대해서 동인 측 인물들은 다양한 입장을 보였다. 홍혼은 "군자·소인이란 궁극적으로 미루어 말한 것"이라고 한 걸음 물러났다. 김첨은 "군자·소인이란 말도 역시 뜻이 있는 말이니 옳지 않다고 할 수는 없다."고 말했고, 참판 박소립은 "소인이라 한 말을 그르다고 할 수 없다."고 말하였다. 김첨은 동인 중진이었다. 그는 비교적 강경한 입장을 견지하던 인물이고, 박소립은 동인과 결합한 구신이었다. 우상 강사상은 논의에서 한 걸음 벗어나 "이이가 어찌 다른 뜻을 품었겠습니까."라고 말하였다. 김우옹은 "이이의 성품은 위(임금)에서 이미 알고 계시고 신도 그를 잘 알고 있습니다. 그의 마음은 나라를 위하는 것뿐입니다."라고 말하였다.[87] 어쨌든 이때까지 김우옹은 이이에 대한 인간적 신뢰를 잃지 않았다.

현실의 정치적 이해관계를 떠나, 김우옹은 시비 논의와 군자·소인 논의의 관계에 대해 이이와 생각을 달리했다. 요컨대 김우옹은 시비는 가리되 그것이 군자·소인론까지 가서는 안 된다는 입장이었다. 그는 두 기준 사이에 꽤 거리가 있다고 보았다.

흥미롭게도 시비, 정사에 대한 이이와 김우옹의 견해 차이는 주희(1130~1200) 때 중국에서도 비슷한 예가 있다. 구법당舊法黨과 신법당新法黨의 갈등이 그것이다. 양자는 송나라를 어떻게 개혁할 것인가를 놓고 입장 차이를 보였다. 후자는 중앙정부에 의한 제도적 방법을 중시했는데 왕안석(1021~1086)이 주창자였다. 반면에 전자는 일종의 지방분권적 입장이었다. 주희는 분명한 구법당 지지자였다. 결론부터 말하면 주희 생각은 이이가 아닌 김우옹 쪽에 훨씬 가까웠다. 주희는 구법당과 신법당의 갈등에서 신법당은 군자가 아니지만 구법당이라고 해서 모두 군자인 것도 아니라고 주장했다. 그는 구법당 내에도 군자·소인의 기준을 적용해야 한다고 보았다. 반면에 이이는 선조 초 사림세력이 구신과 대립했을 때에는 군자·소인 구분이 타당하지만 사림 내 동인과 서인에 대해서는 군자·소인은 물론 시비 구분도 적절하지 않다고 보았다.[88]

이이는 왜 주희와 다른 주장을 했던 것일까? 아마도 그것은 두 사람이 상정한 정치 개혁의 방식이 달랐기 때문일 것이다. 주희를 포함한 남송의 이학자理學者들은 "군주를 얻어 도를 행"하는 방식을 상정했다. 반면에 이이는 사류를 하나로 만들어서 선조에게 개혁을 압박하는 방식을 상정했다.* 때문에 주희에게 신하들의 단합된 힘은 크게 중요하지 않았다. 오히려 바른 입장과 생각이 더 중요했다. 어차피 그것을 구현할 힘은 황제의 힘이라고 생각했기 때문이다. 하지만 이이에게는 사류의 단합이야말로 개혁의 중요한 요소였다.

그런데 다소 철학적인 논의로 보이는 이런 주장이, 사실은 정확하게 당시 조정 상황을 반영했다. 군자·소인론과 시비론을 동일시하는 김첨, 박소립 등의 입장은 당시 동인과 서인 관계를 선조 즉위 초 훈척 대 사림의 관계와 다름이 없는 것으로 보았다. 반면에 김우옹의 입장은 그렇지 않았다. 여전히 그는 동인과 서인을 큰 범위에서 사림으로 묶어 두고 있었다. 바로 이 지점에서 이이와 김우옹은 생각을 같이했다. 이이 생각은 강경파 동인

---

* 위잉스, 『주희의 역사세계』하, 글항아리, 681~711쪽. 흥미로운 것은 주희 역시 만년에는 정치적 인재를 가늠하는 표준으로 '의리義理'를 사용하는 것에 반대했다고 한다. 도학 이외의 유학 소양을 가진 사람들도 정치적으로 함께할 수 있다고 보았던 것이다. 위 책, 799~800쪽 참조

에게는 몹시 불만스럽거나 전혀 받아들일 수 없는 것이었다. 그럼에도, 그의 주장은 여전히 쉽게 부정될 수 없는 힘을 가지고 있었다.

"유자儒者가 도를 행함이 이 정도뿐인가"

이이는 조정에 상소를 올린 후 이발에게도 편지를 보냈다. 사실 이발은 이이가 조정을 떠나기 전까지 그의 사람이었다. 편지 내용에서 짐작할 수 있듯이 이이는 이미 이발이 동인의 중심 역할을 한다는 소문을 듣고 있었다. 하지만, 그는 그 말을 쉽게 믿을 수 없었다.

지금 동인의 정치적 의견이 날로 준엄해져서 (동서 간에) 다시 화평할 희망이 없습니다. 생각건대 이 (정희적의) 논의가 반드시 그대의 의사는 아닐 것이라 여겼으므로, (조정에 보낸) 내 상소문에 이른바 "깊은 생각", "원대한 식견"이라고 한 것은 바로 그대들 2~3인을 가리킨 것입니다. 지금 그대의 의견도 과격한 논의와 서로 격하게 어울리면 (내가) 다시 무슨 말을 하겠습니까. …… 의루倚樓*가 논핵을 받은 것은 참으로 공론에 의한 것이어서 옆에서 지켜본 자들도 또한 (조원이 한 행동이 동서 간의) 조제에 해로움이 있다고 의심하였습니다. 세 윤씨에 대한 탄핵이 잇따라 일어나게 되어서는 인심이 비로소 (그 탄핵에) 동의하지 아니하여 (동인이 세 윤씨를) 현저히 모함하는 것으로 지목하였던 것입니다. 다만 (동인 중) 젊은 사류가 서로 추종하면서 스스로 하나의 논의를 이루기는 했으나, 다른

---

* 조원趙瑗을 가리킨다. '의루'라는 말은 본래 당나라 사람 조하趙嘏의 별칭이다. 그의 시에 "긴 젓대 한 소리에 사람은 누각에 기대네[長笛一聲人倚樓]."라는 한 글귀가 유명해져서 조하를 의루倚樓라 일컫게 되었다. 조원 역시 조씨趙氏이고 시詩를 잘했고 또 「의루음倚樓吟」이란 그의 시가 회자되었다.

사람은 두려워하고 움츠러들어 (그들의 과격한 주장을) 감히 지척指斥**하여 말하지 못했을 뿐입니다. 그러므로 인심이 기꺼이 동의하지 않는 것을 사류가 모르고 스스로 공론이라고 믿었을 뿐입니다.

나는 (동인의 공격이) 세 윤씨에 대한 탄핵에 그칠 뿐이라고 여겼습니다. 그런데 이제 또 까닭 없이 심의겸은 소인이고 서인은 사당이라고 대놓고 지척하며, 가면 갈수록 더욱 심각해졌으니 참으로 사람을 잡는 수단입니다. (서인 전부를 조정에서 몰아내려는 동인의 의도를) 어찌 숨길 수 있겠습니까. 심의겸은 애석히 여길 것이 없더라도, 서인이 모두 애석하게 여길 것이 없는 그런 사람들입니까. 이것이 과연 그대들의 본의입니까. 만일 본의였다면 (전에) 내가 강론한 것에*** (그대들이 동의했던 것은) 모두 면종복배한 것이니, 부끄러운 일이 아니겠습니까. ……

몇 해 전 계함季涵(정철)이 서인의 입장만을 편벽되이 고집하여 도리어 나를 의심했습니다. (그때) 나와 그대가 좋은 말로 입이 닳도록 타일러 힘껏 오해를 풀었습니다.**** 그때 그대가 계함을 어떤 사람이라고 여겼습니까. 오늘날 그대가 동인의 입장만을 주장하는 것도 또한 계함이 그랬던 것과 다름이 없습니다. 어찌하여 계함을 꾸짖던 것으로써 스스로를 꾸짖지 않습니까. 을해년(선조 8) 서인의 행동은 옳지 못했습니다. 그런데 오늘날 동인의 행동은 과연 을해년보다 나은 것입니까.

** 지적하여 배척함.

*** 이이가 선조 9년 2월 조정에서 물러나 낙향할 때, 이발, 어운해, 안민학, 허상 등 여러 사람이 배웅 나왔다. 그때 이이가 당시의 정국 상황을 평했고, 배웅 나온 사람들은 그 말에 동의했다. 그때 상황을 가리킨다. 『선조수정실록』권10, 9년(1576) 2월 1일(을축) 참조.

**** 선조 8년 이이가 김효원의 발령지를 부령에서 다른 곳으로 옮겨 달라고 선조에게 요청한 것 때문에, 이이는 서인 측에게 의심을 받았다. 이때 정철도 이이를 의심했었는데 이이가 편지로 오해를 풀어주었다. 이때 이발도 이이를 도왔던 것으로 보인다. 74쪽 참조.

서인을 사당이라고 다 지척하는 것이 을해년에 공저公著(이성중) 하나만을 논핵했던 것과 비교하여 어떠합니까. 서인의 현자賢者를 모두 청관淸官에 추천하지 않는 것이, 을해년에 중숙重叔(김응남)만을 전랑銓郎에 추천하지 않은 것과 비교하여 어떠합니까. 을해년에 의루가 상을 받은 것은 참으로 여러 사람의 마음에 만족하지 못한 것이었습니다. 하지만, 오늘날 시세에 빌붙어서 팔을 내두르고 큰소리치며 스스로 뜻을 얻었다고 밝히는 자들이 또 몇 사람의 의루인지 모르겠습니다.* …… 시끄럽게 사람들을 향해 쟁변하기를 동인이 옳고 서인이 그르다 합니다. 이 말은 다만 동류 가운데 앞장서기를 원하는 자들만 믿을 뿐 다른 사람이야 누가 믿겠습니까. …… 지금 이미 (동인이 서인의) 잘못을 본받고서 또 스스로 옳다 하는 것이 이와 같습니다.

무턱대고 행동하고 시행이 거꾸로 되어도 군자가 되는 데에 상관이 없단 말입니까. …… 경함景涵(이발)은 평일 글을 읽고 이치를 궁구하여 어떠한 사업을 하려 했습니까. 그런데 오늘날 조정에 벼슬하면서 기관機關을 다 동원하여 동인을 옹호하고 서인을 억제하는 일만을 성취할 뿐이란 말입니까. 유자儒者가 도를 행함이 과연 이것뿐이란 말입니까.

오늘날 만일 죽음 속에서 삶을 구하려 한다면 마땅히 이렇게 말해야 합니다. "심의겸에게 드러난 허물은 없으나 이미 외척이고 또 사류와 서로 사이가 좋지 않으니, 마땅히 심의겸의 작록만 보존시킬 뿐 다시 주요한 관직에 두어서는 안 된다. 세 윤씨는 스스로 부정不靖한 일을 일으켜 사류에게 크게 거스름을 받았으니 이들 또한 다시 청선淸選(언관직)에 참여시켜서는 안 된다. 그 나머지 서인에 대해서는 재능에 따라 벼슬을 주고 조금도 시기하거나 저해하는 일이 없어야 한다. 또

---

* 동인에 투항한 구신들을 가리킨다.

동인으로서 의논이 과격한 사람은 제재하여 억누르고, (그들 중) 때를 타고 (견강)부회하는 자는 물리쳐서 소외시켜야 한다." ……

그대와 이현而見(류성룡)으로 말하면 일에 대처하는 것이 중도를 잃어서, 이미 범과 무소가 우리를 뛰쳐나가게 한 책임**을 면할 수 없습니다. 모쪼록 이현을 힘써 만류하여 시사時事를 수습하는 한편, 우리가 재[嶺]를 넘어 귀양 가는 지경에 이르지 않게 하는 것도 또한 한 방도입니다. 이제 시론時論***이 다시 한 걸음 더 나아가면, 그대들도 장차 제사지낸 뒤의 추구芻狗****가 되어 스스로 설 수 없게 될까 염려됩니다. 아, 괴롭기 그지없습니다. 우리가 다투는 것은 의리義理뿐입니다.*****

나는 실로 한 오라기도 사사로운 정에 치우치고 화를 낼 마음이 없습니다. …… 그대가 모쪼록 숙부肅夫(김우옹)와 더불어 사리에 따라 헤아려 (내가) 잘못된 것을 지적해 줌으로써 내가 환하게 스스로 깨닫게 해 주기 바랍니다. 나의 사리가 바르지 못하면 내 생각을 곧 고치겠지만, 만일 내 소견이 사리에 어긋나지 않았다면 또한 (그대들이) 돌이켜 생각하기 바랍니다.[89]

** 『논어』 「계씨」편에서 공자가 말한 "범과 무소가 우리에서 나오고, 거북껍질과 옥이 상자 안에서 깨졌다면 이는 누구 잘못인가?[虎兕出於柙 龜玉毁於櫝中 是誰之過與]"에서 따온 것이다. 공자 제자 염유와 계로가 자기들이 섬기는 계씨가 전유를 공격하려 하자, 공자를 뵙고 이에 대해서 말하였다. 계씨의 공격이 잘못된 것임을 공자가 지적하자, 두 사람은 자신들도 계씨의 공격을 찬성하지 않는다고 말했다. 그러자 공자는 계씨가 그렇게 하는 것에 대해서 두 사람에게도 책임이 있다며, 힘써 관직에 나가되 뜻을 펼치지 못하게 되면 관직을 그만두어야 한다고 말한다.

*** 동인의 주장.

**** 중국에서 제사 때 썼던 짚이나 풀로 만든 개 허수아비. 제사가 끝나면 버려졌다. 아무 가치 없는 물건을 말한다.

***** 이이는 여러 곳에서 이 일을 국사와 관련된 것이 아니라고 했다. 그는 국사와 의리를 분리하고 있다.

이이가 "깊은 생각", "원대한 식견"을 가졌다고 말한 2~3인은 김우옹, 이발, 류성룡을 말했다. 동인이지만 그가 믿었던 사람들이다. 여러 가지를 종합적으로 고려하면 이이는 이 세 사람에 대해서 이 시점쯤에 다른 판단을 하고 있었던 것 같다. 김우옹은 자신과 생각을 공유하고 있고, 류성룡은 이미 다른 생각을 하고 있고, 이발에 대해서는 생각이 달라도 설득할 수 있다고 생각했던 듯하다. 그가 이발에게 편지를 보내서 류성룡을 설득해 달라고 말한 이유가 그 때문이었을 것이다.

이이의 이발에 대한 비판은 깊고 정밀했다. 그리고 그 밑바닥에서 이이의 안타까움과 분노가 배어나왔다. 이이는 선조 8년 서인과 선조 12년 동인의 행동을 대응시켰다. 이를 통해 동인이 서인보다 얼마나 더 무리하게 행동하고 있는지 명료하게 보여 주었다. 그러고는 '우리' 유자들이 정치에 참여한 본래의 원칙과 이유를 물었다. 그는 '정치' 논리 뒤로 몸을 숨긴 개인의 판단과 행위를 정조준했다. 그렇게 하는 것이 과연 책 읽은 유자의 행동일 수 있으며, 군자를 지향하는 인격체의 행위일 수 있는지 추궁했다.

이이는 개인이 집단 안에서의 역할로 한 행위와, 개인의 독립적이고도 실존적 행위를 같은 차원에서 보았다. 그의 논리에서는 '정치'나 집단의 이름으로 개인의 책임을 면제받을 수 없었다. 이발에게 자신을 설득하던가, 그렇게 할 수 없다면 자기 말을 받아들일 것을 요구했다. 현실에서 이이의 말은 이발에게 아무런 강제력을 가지지 못했다. 하지만 이이의 말을 거부한다면 이발은 더 이상 유자라 할 수 없었다. 이발은 이이의 주장에 동의하지 않을 수 없었다.[*]

---

[*] 89~90쪽 참조.

이이에 대한 동인의 첫 공격

백인걸, 이이의 상소가 가져온 파문이 채 가라앉기도 전에 이번에는 송응개의 친동생인 사간원 정언 송응형이 백인걸 상소를 다시 문제 삼고 나섰다. 백인걸이 올렸던 상소가 실은 이이가 쓴 것이라는 이유를 들어서 이이를 탄핵했던 것이다. 요컨대 이이가 백인걸 이름으로 자신이 쓴 상소를 올려서 선조를 속였다는 말이었다. 그는 백인걸은 늙어 꼬부라진 사람이니 나무랄 것도 없다며, 곧바로 이이를 겨냥했다. 동시에 자신의 상소를 사간원 이름으로 올리려 했는데 대사간 권덕여, 사간 임국로, 헌납 이양중, 정언 홍세영 등이 저지하여 그렇게 할 수 없었다며 사직을 요청했다. 말하자면 자신과 나머지 사간원 관원 전부 중 하나를 선택하라는 말이었다.

이에 대해서 사간원이 해명했다. 이이의 상소 내용 여부를 떠나서 이이가 관직에 있지 않으므로 파직이나 추고 대상이 될 수 없다는 말이었다. 그러고는 한 걸음 더 나아가, 이이가 자신의 자취를 숨기고 국왕을 몰래 속였다는 송응형 주장에도 동의할 수 없다고 말하였다.[90]

이에 대해서 대사헌 이식은 자신도 책임을 지고 물러나겠다고 말했다. 이이가 백인걸의 상소를 대신 지은 사실이 전에 이미 경연에서도 말이 나왔는데, 자신이 그것을 말하지 않았다는 것이 그 이유였다. 이식의 말은 그가 송응형 쪽에 가담했음을 뜻했다. 관례대로 홍문관에서 양사兩司에 대해서 처치를 해야 했다. 이때 홍문관에는 부제학에 이산해, 응교에 이발, 교리에 김우옹이 재직하고 있었다.

김우옹은 이이를 강력히 옹호하고 나섰다. 그는 "송응형이 기회를 틈타 군자를 무함하려 하니 반드시 소인일 것이다. 마땅히 사헌부와 함께 물러나게 해야 한다."고 주장했다. 하지만, 나머지 사람들이 그의 뜻을 따르지 않았다. 그러자 김우옹은 "이번 처치가 합당하지 않으면 우리들도 반드시 소인이라는 이름을 얻을 것이다. 어찌 송응형 한 사람만 소인이 되겠는가."라고 주장했다. 그의 주장에도 불구하고 이산해, 이발은 김우옹과 송응형 쪽을 다 보전하려고 하였다.[91]

홍문관이 올린 차자는 이산해가 직접 작성했다. 그 요지는 아무도 처벌하지 말자는 것이었다. 이이가 상소를 대신 지었다는 것은 이이와 백인걸 사이의 편지에 대한 소문이 사실보다 지나치게 전파된 것이고, 권덕여 등이 송응형의 주장을 따르지 않은 것은 공심公心에서 나온 것이며, 송응형이 이이를 탄핵한 것은 무슨 다른 뜻이 있어서 그런 것이 아니며, 대사헌 이식이 미리 말하지 않은 것은 믿기 어려운 소문이라서 그랬을 것이라고 말하였다. 그러고는 관련된 모든 사람이 자리에서 물러나지 말게 하라고 요청했다.[92]

이산해의 처치는 상황을 해결하지도 진정시키지도 못했다. 대사간 권덕여가 먼저 반발했다. 자신은 송응형 말이 지나쳐서 따르지 않았는데, 이제는 오히려 그의 주장을 억제했다는 것으로 비난받고 있다며 자리에서 물러나겠다고 말했다. 송응형도 가만있지 않았다. 그는 홍문관의 처치를 자신에 대한 무례한 비아냥으로 받아들이며 역시 물러나겠다고 말했다. 사헌부는 송응형 편을 들었다. 송응형을 나오게 하고 사간원 전부를 교체할 것을 주장했다. 송응형 상소로 삼사는 분열되었다. 이식과 송응형이 있는 사헌부는 적극적으로 이이에 대한 탄핵을 주장했고, 사간원은 이이에 대한 탄핵 자체가 성립되지 않는다는 쪽이었으며, 홍문관은 이 사이에서 어떤 결정도 하지 못했다. 홍문관 내부에서도 의견이 갈렸기 때문이다.[93]

상황이 이렇게 되자, 백인걸이 상소를 올려서 그간의 사정을 설명했다.

먼저 이이가 자신의 상소문을 수식하고 윤문한 것이 사실이라고 말했다. 하지만 그에 대한 설명은 사람들의 말과 달랐다. 사실 남의 상소문을 윤문하는 것은 앞 시대 여러 선유先儒도 해 온 일이었다. 그는 이이 글을 차용하는 것에 문제가 있다고 생각하지도 않았고, 때문에 사람들이 자신에게 물었을 때도 숨기지 않았다고 말했다. 말을 전하는 사람들이 모두 이이가 자신을 유도하여 상소를 올리게 했다고 하지만, 어떻게 자기 생각도 아닌 것을 남이 시킨다고 하겠느냐고 되물었다. 요컨대 이이 글솜씨가 자신보다 낫기에 자신의 상소문을 이이에게 다듬어 달라고 부탁했고, 이런 사례는 과거에도 있었다는 말이다. 백인걸의 해명으로 그간의 여러 의문과 억측이 한순간에 정리되었다. 선조는 "경의 상소를 보고서 비로소 그 처음과 끝을 모두 알게 되었다. 경은 안심해도 좋다."고 말하였다.

이렇게 되자 모든 책임이 사헌부에 돌아갔다. 대사헌 이식은 스스로 "현저하게 비난을 받았다는 이유로 물러날 것을 청"했다. 홍문관은 사헌부와 사간원 관원 모두를 자리에서 물러나게 했다.[94] 이에 따라 정지연을 대사헌에, 홍혼을 집의에, 이원익·김성일을 장령에, 성혼·강서를 지평에, 구봉령을 대사간에, 최황을 사간에, 이로를 헌납에, 김태정金泰庭·허감을 정언에 임명했다.[95] 하지만 대사헌에 임명된 정지연과 대사간으로 임명된 구봉령 모두 사양하였다. 특히 구봉령은 처음에는 대사간 직책을 받아들이려 했다. 그는 동인과 서인 사이에 화합을 시도하려 했다. 하지만 결국 주위의 만류를 받아들여 대사간직을 사양했다.[96] 누가 보기에도 이제 동서화합은 어려운 일로 판단되었던 것이다.

양사 관원이 모두 바뀌었지만, 대간들 사이에서 이이에 대한 비판이 그치지 않았다. 특히 홍혼이 강경했다. 그는 "어찌 송응형을 갈아서 언로言路

를 막는가."라고 말하며 개인적으로 상소를 올리려 했다. 그러자 류성룡, 이발이 이를 힘써 말렸다. 김우옹은 이것을 듣고는 "사헌부에서 만약 상소한다면, 나도 단독으로 상소하여 이이를 배척한 죄를 논하고, 나 역시 물러가겠다."고 말하였다. 김우옹의 강경한 주장에 사헌부 상소는 억제되었지만, 이이에 대한 비판은 계속되었다. 그러자 좌의정 노수신이 나섰다. 사헌부 입장이 그렇다면 우리들 대신도 말을 안 할 수 없다고 이이를 강력히 옹호하였다.[97]『선조실록』에 단 한 번 나오는 귀양 가기 전 젊은 시절 노수신의 모습이다.

이산해는 위에서 송응형이 저의를 가지고 이이를 비판한 것은 아니라고 말했다. 하지만, 앞뒤 정황을 살피면 그 말을 믿기는 어렵다. 백인걸 상소는 5월에 접수된 후 적어도 한 달 이상이 지나서, 이이 자신의 동인에 대한 입장이 밝혀진 다음에야 비로소 문제가 되었다. 더구나 이이가 백인걸의 상소 작성을 도와주었다는 것도 그 이전에 이미 알려진 사실이었다. 상소에 관련된 자초지종을 확인하려고 허엽과 이문형이 직접 백인걸을 방문하기까지 했었다. 그러던 중에 이문형이 이조 판서에 임명되었고,[98] 며칠 후에 송응형이 문제의 상소를 올렸다.[99] 이문형은 대표적인 구신 출신 동인 중 하나였다.

동인과 서인 간 갈등이 심화되자 그에 따른 반작용으로 동인과 서인의 보합保合, 조제調劑에 대한 논의도 동시에 등장했다. 조제란 정파 간 세력 균형을, 보합이란 대화합을 뜻했다. 김우옹, 백인걸, 구봉령이 보여 주듯, 이 당시 조제보합론은 이이 혼자만의 주장은 아니었다. 반대편에서 보면 조제보합론은 조정에서 동인이 자신들의 주도권 확립을 위해서는 반드시 물리쳐야 할 논리였다. 특히 동인과 결합한 구신에게 조제보합론은 대단히 위험한 주장이었다. 결과에 따라서는 그들을 조정에서 축출시킬 수도 있는 논리였다. 이이가 조제보합론을 들고 나오자 동인 측은 크게 반발했다.

동인은 그때까지만 해도 이이가 막연히 자신들을 지지한다고 여겼다. 실록에 따르면 "이이는 당시의 인망을 받고 있었는데 동인은 이이가 반드시 동인의 형세를 붙들어 주리라고 기대했었다. 그러나 상소하여 동인을 나무라자 동인이 크게 성을 냈다."[100] 이이가 자신들을 지지할 것이라고 동인이 믿었던 데에는 몇 가지 이유가 있다. 동인의 좌장 격인 이발이 정치적으로 성장하는 데 가장 큰 힘이 되어 준 사람이 바로 이이이다. 또한 이이가 선조 9년 초에 조정을 떠난 것도 서인의 독주를 막으려다 실패한 것이 직접적인 이유였다. 서인 주류와 이이 사이에 갈등이 있었던 것이다. 믿었던 이이가 당시 동인에게 가장 치명적인 논리인 동인과 서인 간의 조제보합론을 들고 나오자, 동인 강경파 측에서 무리하게 탄핵을 감행한 것이 바로 백인걸, 이이 상소 사건이다.

아마도 송응형 개인의 정치적 의욕도 그가 탄핵에 나서게 된 이유일 것이다. 하지만 주변 상황도 크게 영향을 끼쳤다. 당시까지도 이이는 여전히 선조의 정치적 신임을 받지 못하고 있었다. 이이의 상소가 올라오자 선조는 상소 내용이 시사時事에 맞지 않는다는 이유로 물리쳤다.[101] 더구나 동인 대부분은 이이의 상소에 대해서 크게 불만을 표시했다. 『석담일기』에 따르면 이때 류성룡과 이발까지도 불평했다고 한다. 이렇듯 상황이 자신들에게 유리하다고 판단했기에 동인 강경파가 이이에 대한 탄핵에 나섰지만, 결국 이들은 이이를 탄핵하는 데 성공하지 못한다. 오히려 삼사 내부가 분열되었다. 더불어 조제보합론이 쉽게 부정될 수 없는 정치적 명분과 힘을 가지고 있다는 것이 확인되었다.

조제보합론은 동인이 서인과 분리되어 구신과 가까워지자 그 반발로 나온 주장이다. 이이가 보기에 동인은 사림의 이상을 포기하고 현실정치화되는 길을 걷기 시작했다. 그가 주장한 조제보합론은 동인이 구신이 아닌, 같은 사림인 서인과 함께해야 한다는 말이다. 하나의 사림을 유지해야 한다는 것이 바로 조제보합론의 핵심 내용이다. 이미 현실은 조제보합론의 반대 방향으로 가고 있었다. 하지만, 조제보합론은 사림의 오랜 이상과 정체성을 담고 있었다. 그것이야말로 조제보합론이 가진 힘의 원천이었다.

김우옹이란 인물

이 장을 마치기 전에 김우옹에 대해서 언급할 필요가 있다. 그는 오늘날 사람들에게 이름이 잘 알려진 인물은 아니다. 하지만 동서분당 이후 전개된 정국에서 상당한 역할을 했다. 선조 대 전체로 보면 이이, 이산해, 류성룡 정도의 비중을 갖지는 않지만, 이들을 제외하면 가장 비중 있는 인물 중 하나임에 틀림없다. 알려진 대로 그는 조식의 외손녀를 아내로 맞으면서 조식과 관계를 맺었다. 그는 조정에 나가기 전 10년 가까운 시간 동안 조식에게 가르침을 받는다.

사림 등장 후, 조선 지식인들에게 학문은 적어도 세 범주 중 하나를 의미했다. 1765년 북경에 갔던 홍대용은 청나라 지식인들과 대화하면서 조선의 학자들이 학문을 의리지학義理之學, 경제지학經濟之學, 사장지학詞章之學으로 구분한다고 말한 바 있다.[102] 이것은 조선에서 비교적 상식적인 구분이었다. '사장지학'은 문장력 향상을 위한 공부이고, '경제지학'은 국가운영과 경세經世를 위한 공부이고, '의리지학'은 성리학, 혹은 당시 용어로 말한다면 도학道學을 말했다. 선조의 조정에 있던 많은 인물들은 이들 중 어

성성자와 경의검. 남명 조식은 평소 '경敬' 공부에 집중할 수 있도록 '성성자惺惺子'라는 방울과 '경의검敬義劍'이라는 칼을 몸에 지니고 다녔다. 조식은 말년에 성성자는 김우옹에게, 경의검은 정인홍에게 주었다.

떤 하나에 능한 경우가 많았다. 김우옹은 도학에 특화된 인물이었다. 좀 더 말한다면 이 세 가지에 모두 능한 사람은 극히 소수에 불과했다. 가장 대표적인 사람이 이이였다.

김우옹은 28세인 선조 즉위년(1567)에 문과에 합격했다. 그는 승문원 권지權知로 발령이 났지만, 병을 핑계로 고향인 경상도 성주로 내려왔다. 권지는 요즘 식으로 말하면 인턴이다. 그러고는 4년 뒤인 선조 4년(1571) 봄에 승문원에 부임했다. 그런데 선배들이 악명 높은 면신례로 모욕을 주려하자 결연히 사임하고 다시 낙향했다. 흥미롭게도 이이 역시 면신례를 거부하여 파직된 바 있다. 이이나 김우옹 모두 조직의 이름으로 개인의 신념을 침해하는 것을 용납할 수 없는 유형의 인간이다. 그가 다시 벼슬을 하는 것은 35세 때인 선조 7년(1574) 홍문관 정자正字로 선임되면서부터이다. 문과 합격 후 7년 만에야 제대로 벼슬살이를 시작했다. 기본적으로 그는 벼슬하고 승진하는 것에 연연하는 사람이 아니었다. 바른 출처出處는 스승 조식이 가장 강조했던 내용이고, 그가 조식에게 배운 가장 중요한 원칙이다.[103]

그 이후에도 김우옹의 관직생활이 길게 이어진 적은 드물었다. 출사한

청천서원. 동강東岡 김우옹의 위패는 처음에는 남명학파의 양강兩岡으로 불리던 한강寒岡 정구와 함께 회연서원檜淵書院에 봉안되었다가 영조 5년(1729) 청천서원이 건립되자 이곳으로 옮겨왔다. 경상북도 성주군 소재.

지 3년 후인 선조 10년(1577)에 그는 다시 낙향했다. 경연에서 자신이 건의했던 내용이 받아들여지지 않았던 것이다. 2년 후에 조정에 들어갔다가 43세인 선조 15년(1582) 다시 낙향했다. 태조의 계비 신덕왕후를 신의왕후와 함께 종묘에 합사하자는 논의에 반대 의견을 폈다가 받아들여지지 않았기 때문이다.[104]

44세인 선조 16년(1583) 5월에 성균관 대사성에 임명되었다. 4번이나 사직소를 올리다가 결국 받아들였다. 사실 그의 대사성 제수는 이이가 강력히 요구한 것이었다. 이이는 김우옹에 대해서 우호적인 감정을 가지고 있었다.

김우옹은 적어도 선조 13, 14년 어느 시기까지는 큰 원칙에서 이이와 생각을 함께했다. 공유한 생각의 핵심은 사림은 하나이고, 서인을 소인으로 규정할 수는 없다는 것이다. 그는 출신 지역이나 그가 속한 인적 네트워크 등의 현실적 조건에서는 동인 중진에 해당했다. 하지만, 그때까지는 동인의 핵심적인 정치적 믿음을 공유하지 않았다. 이것은 그가 출사와 낙향을 반복하면서 관료보다는 지식인에 더 가까운 정체성을 가졌기 때문일 것이다. 그는 이때까지만 해도 조직 논리에 매몰되지 않았던 것 같다.

2

이이의 시간:

사림의 이상, 정치의 현실

프레임

선거 때마다 '프레임frame'이라는 말이 등장한다. 미국 언어학자 조지 레이코프George Lakoff의 저서 『코끼리는 생각하지 마』(2006)가 한국에서 번역 출간 되면서 쓰이기 시작한 말이다. 미국에서도 정치적 맥락에서 등장했고, 한국에서도 정치현상과 관련해서 주로 쓰이지만 꼭 정치적 용어만은 아니다. 오히려 그것은 인간의 인지 작용 혹은 언어 사용에 대한 말이다.

프레임과 리더십을 선명하게 구분하기는 어렵다. 양자가 함께 작용하는 경우가 많기 때문이다. 그래도 그 외적 표현이라는 측면에서 보면, 프레임은 리더십보다 덜 가시적이어도 많은 경우에 더 강력하다. 프레임 이론에 따르면, 우리는 세계를 그 자체로 인식할 수 없고 어떤 '틀'을 통해서 인식한다. 가령 밀폐된 방 안에서 창문을 통해서 밖을 바라볼 때, 우리는 창의 방향, 크기, 색깔, 무늬 등을 통해서 밖을 볼 수밖에 없다. 그 창이 프레임이다. 프레임 이론은 사람들이 같은 것을 보고 다르게 생각하는 이유를 설명한다. 더 본질적으로 말한다면, 이 말은 현실에 대한 인식의 결과는 인식 주체인 개인이 가진 가치, 욕망 혹은 의지와 관련된다는 뜻이다. 가치, 욕망, 의지와 무관하게 무념무상 속에서 명징하게 비춰지는 세계 인식이라는 것은 없거나 드물다는 말이다.

선조 13년 이후의 정치적 양상은 동서분당 이후 나타난 정치현상이 지속되었고 동시에 다양하게 변주되었다. 선조 13년 이전과 달라진 것도 있었다. 두 가지 정도를 들 수 있다. 하나는, 이제 서인이 독자적으로 동인을 상대할 수 없을 정도로 약화되었다는 점이고, 다른 하나는 동인이 구신과 결합하면서 그 인적 구성이 변했다는 점이다. 이것이 바탕이 되어서 서인과 동인은 현실에 대해 서로 다른 프레임을 갖게 되었다. 요컨대, 그들이 생각하는 현실은 서로 달랐다. 그리고 그 다른 프레임을 기초로 서로 다른 정국운영 방법론을 지향했다.

동인은 당시의 조정이 '외척세력 서인' 대 '진정한 사림 동인'으로 대립한다고 인식했다. 동인은 서인 전부를 외척 심의겸의 당여黨與라고 주장했다. 나중에 동인은 이이까지도 심의겸의 당여로 인식했고 또 그렇게 주장했다. 서인을 '친심'세력으로 규정하는 것이야말로 동인의 가장 강력한 정치적 공격 방식이었다. 이 구도에 따르면 명종 말에서 선조 초에 걸친 사림의 개혁은 부정되었다. 동인은 그 시기를 심의겸과 그의 당여가 전횡한 구시대의 연장에 불과하다고 인식했다. 이렇듯 프레임 논쟁은 역사 논쟁이 되는 경우가 많다. 한편 동인의 프레임에 따라, 동인과 결합한 구신에게는 자동적으로 정치적 면죄부가 주어졌다.

선조 13년 말 이이가 조정에 복귀하면서 주장한 정국 운영론이 조제보합론이다. 이이의 주장은 동인이 주장한 프레임에 대한 반작용이었다. 이이에게 타협할 수 없는 정치적 대립이란 '명종 대 구신' 대 '사림' 사이에서만 성립했다. 서인과 동인은 다 같이 사림이었다. 조제보합론의 궁극적 요구는 동인이 구신이 아니라 서인과 결합하여 국정개혁에 나서야 한다는 것이었다.

3장

이이의 분투와 좌절

선조 13년 말~선조 15년

정치의 한복판에 선 정치적이지 않은 이이

선조가 이이를 부른 이유

30세를 목전에 둔 선조 13년 말에 선조는 크게 아팠다. 정확한 병명을 확인하기 어렵지만, "밤에 병세가 위급하여 중신을 사직·종묘·목멱산·삼각산·소격서·한강·양진楊津·감악紺嶽·오관五冠·송악 등에 나누어 보내 각각 기도를 드리도록 했다."는 실록 기사가 등장한다.[1] 선조는 대략 5일 정도 몹시 아팠던 것으로 나온다.[2] 건강이 완전히 회복되고[3] 며칠 후에 정탁이 대사헌에, 이이가 대사간에, 성혼·정인홍이 사헌부 장령에 임명되었다.[4]

인사 내용으로 볼 때, 이 인사는 당시 조정에서 이루어지던 통상적 인사라고 보기 어렵다. 동인이 장악하고 있는 대간직에 동인 측 인사가 아닌 사람들이 임명되었다. 더구나 양사 수장까지 교체되었다. 정탁을 제외하면 모두 직전까지 조정 밖에 있던 인사들이었다. 임명된 인사의 면면도 사림 내에서 큰 명망을 지닌 인물들이었다. 정탁도 당파적 색채가 강한 인물이 아니었다.

선조가 이 시기에 이러한 내용의 인사를 실시했던 이유는 아마도 동인 쪽으로 치우친 조정의 세력구도를 바꾸기 위한 것이었던 듯하다. 선조는 조정의 정치적 세력 균형 회복을 위한 최적의 인물이 이이라고 생각했다. 특히 성혼을 사헌부 장령에 임명한 것은 선조의 이런 의도를 분명하게 보

여 준다. 선조는 성혼이 개인적으로뿐 아니라 정치적으로도 이이의 친우
親友인 것을 잘 알았다. 말하자면 성혼을 장령에 임명한 것은 이이를 대사
간에 임명한 것의 연장선상에 있었다. 선조 16년 계미삼찬* 후에도 선조는
이이를 이조 판서에 임명하면서 성혼을 이조 참의에 임명했다.[5] 선조는 성
혼을 이이와 하나로 인식했다.

그런데, 선조가 크게 아프고 난 후, 이전과 결을 달리하는 중요한 인사
조치를 취한 상황은 사료만으로는 명확히 이해되지 않는 의문을 남긴다.
그가 취한 인사의 내용이 당시 조정 상황을 면밀히 파악한 후에야 나올 수
있는 정교한 조치였기 때문이다. 더구나 아래에서 서술하겠지만, 길게 보
면 선조는 바로 이 때부터 본격적으로 자신의 정치적 스타일을 보여 주기
시작했다. 자연스럽게, 선조가 정말로 아팠던 것인지, 아프기만 했던 것
인지 의문이 든다.

이이가 돌아온 이유

이이가 선조 13년 12월 조정에 복귀했다. 선조 9년 초 조정을 떠난 이래
거의 5년 만이었다. 이이 복귀 당시 조정 분위기를 실록은 이렇게 전한다.

> 이이가 처음에는 벼슬할 뜻이 없었다. 그런데 마침 상上이 큰 병을 치르고서 (이
> 이를) 특별히 불렀기에, 다만 (상을) 위문하기 위하여 (서울에) 왔다가 상을 만나

---

* 선조 16년(1583)에 동인이 이이를 공격하는 과정에서 선조에게 역공을 받는다. 이이를
　공격하는 데 선봉에 섰던 동인 3명이 귀양을 갔고, 많은 동인 측 인물들이 지방으로
　좌천됐다. 이러한 상황을 통틀어 이 해의 간지干支를 따라 '계미삼찬癸未三竄'이라고
　부른다.

보고 나서는 상이 선善을 따라 시행할 뜻이 있는 것과, 사론士論이 분열된 것을 보고서 그대로 조정에 머물러 동서를 조화시키려고 하였다. (이이의) 친구 중에는 (이이의 조정 복귀를) 우려하는 자가 많았다. 하지만 박순만은 "숙헌叔獻(이이)이 조정에 나와 나는 기뻐서 잠을 이루지 못했다."고 하였다.[6]

이이가 서울에 올라온 이유는 병에서 회복된 선조를 위문하기 위해서였다. 그런데 선조를 만난 이이는 그에게서 "선을 따라 (정치를) 시행할 뜻"을 읽는다. 그것은 선조 7년에 낙향했던 이이가 선조 8년 인순왕후 사망 후 선조에게서 "선한 마음의 단서가 발현된 것이 전일과 달랐기 때문에" "음기陰氣 중에서 양기陽氣가 나오려" 하는 것을 보고 국정에 다시 참여했던 것과 같은 맥락이다.[7] 동인 쪽으로 치우친 조정에서 이이를 통해서 정치적 균형을 잡으려는 선조의 의도를, 이이는 "선을 따라 (정치를) 시행할 뜻"으로 이해했던 것이다. 하지만 이것이 이이가 조정에 머물기로 결심한 이유의 전부는 아니다.

이이는 서울을 떠나 있어도 "사론이 분열된 것"에 대해서 깊이 염려했다. 선조 12년 2월 사헌부 장령 정희적이 사헌부 이름으로 올린 상소는 동서 갈등의 전개에서 이전과 다른 새로운 차원을 열었다. 이 상소는 심의겸을 '소인小人'으로, 정철과 김계휘를 '사당邪黨'으로 규정했다. 이것은 동인이 서인을 이제 정치적 논쟁과 타협의 파트너가 아닌, 부정해야 할 적대적 대상으로 규정한 것을 뜻했다. 정희적의 상소는 서인 전부를 조정에서 몰아내려는 동인의 의도를 분명하게 보여 주었다. 뒤이은 백인걸[8]과 이이의 상소[9]는 정희적 상소가 그 직접적인 원인이었다. 정희적의 상소는 '하나의 사림'이라는 이전까지 사림의 대원칙에 대한 파기 선언이었다.

정희적 상소로 천명된 동인 강경파 주장에 반대하여, 이이는 동인과 서인의 '조제調劑·보합保合'을 주장하였다. 동인 강경파는 이이의 '조제·보합'에 대해서 몹시 비판적이었다. 하지만, 그의 주장이 갖는 역사적, 정치적 명분을 쉽게 부정할 수는 없었다. 그 결과 선조 12년에 동인은 조정에서 서인에 대한 최종적 승리 선언을 미뤄야 했다. 이런 가운데 이듬해에도 이이가 우려했던 상황이 계속 진행되었다. 동인이 구신과 손잡고 지속적으로 세력을 확장했던 것이다.

선조 13년 2월 정종영과 김귀영이 의정부 우찬성에 추천되었는데, 일단 정종영이 우찬성에 임명되었다. 신진 동인들은 정종영보다는 김귀영과 가까웠다. 더구나 정종영 자신이 평소에 신진 동인을 좋아하지 않았다.[10] 정종영이 우찬성직에 머문 기간은 길지 않았다. 사헌부에서 계속해서 그를 탄핵했기 때문이다. 결국 정종영 스스로 병을 핑계로 자리에서 물러났다.[11] 얼마 후 김귀영이 그 자리를 차지했다.[12]

선조 11년 말 '이수의 옥사' 직전에 김귀영이 이조 판서에 임명되었다.[13] 이후 이조 판서에는 계속해서 동인과 정치적으로 결합한 구신이 임명되었다. 김귀영 다음에는 이문형이, 그 후에는 박대립이 이조 판서가 되었다.[14] 이들은 이조 판서직에 있으면서, 더 많은 구신이 동인과 결합하는 통로 역할을 하였다. 이이는 여기에 대해서 대단히 우려하였다.[15] 요컨대 동인은 선조 12년에 서인을 조정에서 완전히 몰아내려다가 이이의 반격으로 성공하지 못했지만, 선조 13년에도 동·서인 사이 갈등의 골은 점점 더 깊어졌다. 이이가 조정에 나온 것에 대해서 우려하는 사람이 많았던 것은 이러한 상황을 배경으로 했다. 아무리 이이가 탁월한 능력과 명망을 지녔어도 이런 상황을 역전시키지는 못할 것으로 예상했기 때문이다. 반면에 조정에서 동인에 포위되어 있다시피 했던 영의정 박순은 이이의 복귀를 열렬히 환영했다. 그만큼 힘에 부쳤던 것이다.

이이에 대한 동인의 시선

선조 12년 이이가 정희적 상소를 비판하기 전만 해도, 적지 않은 동인 측 인물들이 이이가 자신들을 지지한다고 믿었다. 동인의 좌장 이발이 정치적으로 신속하게 성장하는 데 가장 크게 기여한 사람이 이이였다. 이발이 선조 6년 9월 문과에 급제한 후[16] 채 1년도 되지 않아 다음 해 7월에 파격적으로 이조 좌랑이 된 것은 거의 전적으로 이이의 추천에 힘입은 것이었다.[17] 또 선조 9년 초 이이가 조정을 떠난 것도 따지고 보면 서인과의 갈등 때문이었다. 독주할 기미를 보이는 서인을 이이가 제어하지 못했고, 서인 내부에서 정철의 발언권이 커진 것이 이이가 조정을 떠난 이유였다. 하지만 이이의 상소로 동인에 대한 이이의 입장이 알려지자, 동인은 이이를 비판하기 시작했다.

주목할 것은 이 비판에 동인 강경파뿐 아니라, 류성룡과 이발도 일정하게 참여했다는 점이다. 그들의 비판 정도가 그리 강하지는 않았지만, 그들의 발언은 확실히 이이를 옹호하는 쪽보다는 비판하는 쪽이었다. 바로 이러한 양상을 기반으로 동인 강경파가 이이를 탄핵하기 위해 '백인걸 상소 대필 사건'을 촉발했다. 당시 조정에서 일정하게 이이의 주장을 옹호했던 명망 있는 인사는 김우옹, 노수신 정도에 불과했다. 김우옹은 이이의 조제·보합론에 공감했고, 동인의 이이에 대한 가파른 비판에 거세게 반대했다.

선조 13년 12월에 이이가 마침내 조정에 복귀했다. 뜻밖에도 그의 등장에 대해서 동인 측이 처음부터 공격적이지는 않았다. 오히려 표면적으로는 이이가 조정에서 여전히 정치적 존재감을 가지고 있는 것처럼 보였다. 이 시기에 조정에는 이이뿐 아니라, 성혼, 류성룡, 이발, 김우옹, 정인홍 등이 함께 있었다. 성혼과 정인홍이 사헌부 장령으로 부름을 받았고, 경상도 상주 목사로 있던 류성룡도 홍문관 부제학에 임명되어 조정에 복귀했다.[18]

우성전 탄핵 사건

선조 14년(1581)에, 정치세력 간 갈등은 동인과 서인의 갈등이라는 단순 구도로만 진행되지 않았다. 오히려, 동인세력 내부의 갈등과 분화가 좀 더 비중 있게 진행되었다. 이 상황에서 영향력을 가졌던 인물은 김우옹이나 이발 같은 사람이었다. 특히 이발은 당시 이조 좌랑이던 동생 이길과 함께 신진 사류에게 커다란 영향력을 미쳤다.[19]

당시 이발과 김우옹이 수원 부사 우성전을 탄핵하려 했다. 그는 어려서 이황에게 배웠는데, 특히 역학易學에 밝았다. 그가 국왕 주변에 오래 머물렀던 가장 큰 이유도 그 때문이었다. 수원 부사로 재직하기 이전에 그는 주로 예문관과 홍문관에서 재직했다. 그런데 역학을 변론하는 과정에서 그는 논적論敵을 많이 만들었다. 스스로 자신이 "경제經濟*를 감당할 만한 재주를 가졌다."고 말하곤 했는데, 특히 이 때문에 불필요한 오해와 갈등을 자초했다. 그 결과 "그의 친구 홍혼·성낙 등은 모두 (그를) 추대하여 중히 여겼고 그의 동아리들이 매우 많아 위세를 크게 떨쳤지만, 이발·김우옹

---

* 오늘날의 이코노미economy가 아니라, 포괄적인 국가 운영을 뜻한다.

등은 그의 언행을 증오하여 논핵하려 했다."[20]

선조 14년 2월, 홍문관 전한 이발과 응교 김우옹은 우성전을 탄핵하기 위해서, 대사간 이이에게 협조를 구했다. 이이는 두 사람 계획에 반대했다. 이이의 정치적 목표는 사류를 하나로 만들어서 선조에게 개혁을 압박하는 것이었다. 때문에 사류 사이에 불필요한 갈등을 일으킬 단서를 만드는 데 찬성하지 않았다. 이발은 이이 말에 일단 동의했다. 그런데 문제는 다른 곳에서 터졌다.

당시는 우성전이 수원 부사 임기를 다한 시점이었다. 정인홍은 우성전이 다시 언관직에 복귀하게 될 것을 우려하였다. 정인홍은 우성전을 파면시키기 위해서 여러 가지 죄상을 끌어 모았다. 그에 따르면 우성전은 고을을 맡았지만 업무에 태만하고, 부모를 뵙는다는 핑계로 항상 서울에 있었다. 또 많은 돈과 곡식을 서울 집으로 가져다가 술과 안주를 장만하여 방자하게 놀고 마시면서 기세氣勢를 부리고 망령되게 스스로 자랑하고 높은 체했다. 그런데 정인홍이 열거한 사항들의 진위와는 별도로, 그것들이 탄핵의 진짜 이유는 아니었다. 정인홍은 우성전에 대해서 사감私憾이 있었다.

선조 13년에 정인홍이 장령에 제수되어 상경하기로 되어 있었다. 대체로 정인홍을 기대하는 분위기였다. 그런데 이때 우성전이 여러 사람이 있는 자리에서 "정인홍은 명성과 실상이 맞지 않으니 끝내 상서로운 선비는 아니다."라고 말했다. 류성룡에 따르면 우성전은 자부심이 몹시 강했던 인물이다. "눈이 높아서 세간 사람들에 대해 잘 인정하지 않았고, 뜻에 맞지 않는 사람은 함께 있으면서도 말을 섞지 않았다." 우성전과 가까웠던 류성룡의 말이니 에누리 없이 받아들여도 좋을 것이다. 어쩌면 우성전은 그렇게 진지하게 한 말이 아니었을지 모른다. 하지만 들은 사람이 많았고,

그 말이 정인홍의 귀에 들어갔다. 정인홍의 우성전 탄핵은 그것의 연장선 상에 있었다.[21]

당시 대사헌은 이양원이었다. 그는 신진사류와의 관계를 염려하여, 정 인홍 주장을 따르지 않았다. 그러자 정인홍이 크게 반발했다. 그는 자기 혼자라도 임금에게 아뢰겠다고 하였다. 그러자 이양원은 정인홍이 우성 전을 논핵할 말을 조금 완화시켜서 정인홍의 말에 동의해 주었다. 그것은 우성전이 직책을 버려두고 서울에 있었다는 내용이었다. 결국 사헌부 탄 핵으로 우성전은 파면되었다. 실록은 이 때문에 우성전과 가까웠던 사람 들이 모두 불만을 품게 되었고, 이때부터 비로소 남북분당의 조짐이 시작 되었다고 기록하였다.[22]

정인홍은 조정에서 주로 언관으로 활동했다. 실록에 기록된 그의 말을 실제로 확인하면, 정확하지 않거나 사실이 아닌 경우가 적지 않다. 적어도 스스로는 그렇게 알고 있었는지, 아니면 스스로도 사실이 아니라고 생각 하면서 그렇게 말했는지는 확인할 수 없다. 아무튼, 그의 말은 실제와 거 리가 있는 경우가 적지 않다.*

우성전과 가장 가까웠던 사람 중 하나가 류성룡이다. 두 사람은 나이가 같았고, 똑같이 이황의 제자였다. 뒷날 류성룡은 우성전에 대해서 "대각臺 閣**에 있을 때는 언론과 처사가 비록 (나와) 의논하지 않아도 서로 거의 부합 했다. 세상살이에 막힘이 많아 부침은 서로 같지 않았지만, 평소 좋은 뜻 은 하루도 처음과 다르지 않았다."고 말할 정도이다.[23]

---

* 심의겸 기복문제(138쪽), 최영경과 성혼의 관계(427~428쪽), 그의 제자 문경호의 김 종유와 성혼의 관계(437쪽)에 대한 주장 같은 것이 그 예이다.

** 사헌부와 사간원

이경중 탄핵 사건

선조 14년 2월 우성전이 파직되자마자, 3월에는 이조 좌랑 이경중에 대한 탄핵이 시작되었다. 몇 가지 점에서, 이경중 탄핵은 우성전 사건보다 더 큰 정치적 파장을 일으켰다. 동시에 그 진행방식도 더 정치적이었다. 이경중을 탄핵한 사람도 정인홍이다. 그가 이경중을 탄핵한 이유는 이경중이 정여립을 이조 전랑 후보에 추천하는 데 반대했기 때문이다. 당시 정여립은 이발의 지지를 받고 있었다. 다시 한번 이조 전랑직 후보에 드는 것을 놓고 당파적 갈등이 발생했다.

이경중에 대한 탄핵은 어떤 특정한 문제가 불거져서 나온 것이 아니다. 오히려 그래서 이 사건은 더 정치적인 성격을 띤다. 기축옥사(선조 22, 1589)가 일어나자 류성룡은 8년 전 이경중 탄핵에 대해서 언급하였다. 그에 따르면 일찍부터 정여립은 독서와 학문으로 신진사림 사이에 이름을 내고 있었다. 자연스럽게 그를 요직에 추천하는 사람들이 늘었다. 하지만, 이경중은 그들 의견에 동의하지 않았다. 이경중이 선조 13년 이조 좌랑이 되었을 때, 어느 날 류성룡이 우연히 그를 만나게 되었다. 류성룡이 그에게 정여립에 대해서 묻자, 이경중은 다음과 같이 말했다.

> 젊었을 때 정여립과 성균관에 같이 거처하면서 그가 하는 것을 살펴보았는데 대단히 무례하고 난폭했다. (그가) 독서***하는 것을 명예로 삼고 있다. 하지만 (독서

*** 조선시대에 '독서'라는 단어는 오늘날의 그것과는 의미가 다르다. 조선시대 지식계층인 선비는 '독서인'으로 규정되었다. 위에서 말하는 독서란, 독서를 통한 깊은 정신적 수양, 행동은 물론이고 최종적으로는 개인 기질의 변화까지를 목적으로 하는 높은 수준의 지적 수련 과정을 뜻한다.

로) 기질을 변화시키는 것은 옛사람도 오히려 어렵게 여겼다. 타고난 자질이 이미 그런데 어떻게 하찮은 독서의 힘으로 (본래의 기질을) 변화시킬 수 있겠는가. 만일 그를 쓰면 반드시 조정을 어지럽히고 사림에게 욕을 끼치게 될 것이다. 내가 이미 이러한 것을 분명히 아는데 어떻게 그를 이조 전랑 후보에 추천할 수 있겠는가. 이 문제로 (내가) 탄핵을 받더라도 근심하지 않는다. [24]

당시 정여립을 높이 평가하는 사람이 많았다. 이이도 그중 하나였다. 이경중이 "정여립의 됨됨이를 미워하여" 그가 이조 전랑에 기용되는 것을 막자, 정여립은 이경중을 크게 원망하였다. 자연스럽게 정여립의 불평이 주위에 퍼졌고, 그것이 정인홍 귀에도 전해졌다. 정인홍은 이경중이 '선한 사람'을 질투하여 배척했다고 주장하는 탄핵상소를 사헌부 명의로 올리려 했다. [25] 정인홍이 말한 '선한 사람'이란 정여립이다.

하지만 정인홍의 이경중 탄핵이 사헌부 명의로 이뤄지지는 못했다. 사헌부 내에서 이견이 있었기 때문이다. 그러자 장령 정인홍과 지평 박광옥 朴光玉은 이경중 탄핵상소를 올리며, 사헌부 내 의견 불일치를 이유로 피혐하였다. 그러자 대사헌 정탁과 장령 권수權燧는 정인홍의 주장에 자신들이 경솔히 동의할 수 없었다고 말하며 선조에게 자신들에 대한 신임을 물었다. [26] 이렇게 되자 관례에 따라 사간원이 사헌부 관원들에 대한 처치를 하게 되었다.

사간원은 "이경중의 과오를 자세히 알지는 못하나 그가 본디 학식이 부족한 사람으로 오랫동안 전랑銓郎에 있었으므로 사람들 말이 있긴 합니다. 참으로 정인홍 등이 아뢴 말과 같다면 논박하지 않을 수 없습니다. 박광옥과 정인홍은 다만 들은 바에 따라 장차 악한 자를 제거하고 선한 자를 추천하려고 했을 뿐 별다른 과실이 없으니 출사出仕를 명하소서. …… 정탁과 권수를 …… 체차遞差*하라 명하소서."라고 말하였다. 선조는 사간원 요청을 허락했다.[27] '출사'라는 말은 현직 그대로 나와서 근무하라는 뜻이다.

주목할 점은 당시 대사간이 이이였다는 점이다. 이이 자신이 이경중을 탄핵하려 했다고 볼 수 있는 증거는 없다. 하지만, 그 탄핵에 반대하지 않은 것은 분명하다. 사간원 요청을 선조가 수용함으로써 홍문관이 이 탄핵 사건에 개입할 수는 없게 되었다. 이경중에 대한 탄핵은 상당한 파장을 일으켰다. 이경중 역시 당시 그의 형 이성중, 동생 이양중과 함께 신진사림 사이에 높은 명망을 지니고 있었다.[28]

이경중 탄핵에 대해서 못마땅해 했던 사람들 중에는 홍문관 부제학 류성룡도 포함되었다. 이와 관련해서 『석담일기』는 다음과 같이 기록하였다.

> 이 일은 류성룡도 자못 좋아하지 않았다. 때문에, 이이가 밝게 깨우치기를, "정덕원鄭德遠(정인홍)은 초야草野에서 일어난 고독한 이로서, 충성을 다하고 공도公道를 받들고 있다. 그가 논한 바에는 지나친 것이 있는 듯하나, 이것은 실로 공론인데 어째서 옳지 않다 하겠는가." 하니, 성룡도 구태여 말하지 않았다.[29]

이이는 정인홍이 당파적 입장에서 이경중을 공격한 것이 아니므로 공론으로 볼 수 있다고 생각했다. 이이는 류성룡도 자기 말을 납득했다고 생각했던 것 같다.

이경중 사건에는 상당히 미묘한 측면이 있었다. 전후 상황으로 볼 때 정

---

* 관리를 교체하여 바꿈.

인홍이 특정 당파 입장에서 이경중을 탄핵한 것 같지는 않다. 이이 역시 그 것은 마찬가지였다. 그럼에도 결과적으로 이경중은 사간원 처치로 탄핵을 받았다. 이 과정에서 이이가 당파적인 입장에 있었던 것은 전혀 아니지만, 정여립에 대한 이이의 호의적 감정이 전혀 작용하지 않았다고 보기도 어렵다. 동시에 류성룡도 이이의 설명을 납득하지 못했다. 기축옥사가 일어났을 때 류성룡이 선조 14년 이경중의 정여립에 대한 판단을 언급했던 것이나,[30] 그가 지은 이경중 제문祭文에서 자신을 이경중의 "지기知己"로 언급한 점 등이 이를 반증한다. 류성룡은 상대와 의견이 달라도 대놓고 반박하는 사람은 아니었다. 하지만 그렇다고 잊어버리는 사람도 아니었다.

순진한 이이, 저돌적인 정인홍, 배후 조정자 이발

정탁이 물러나고 이식이 대사헌에 임명되었다.[31] 그런데 이식은 곧바로 사직을 요청했다. 스스로 밝힌 사직 이유는 10년 전 자신이 황해 감사로 있을 때 근신하지 않은 잘못이 있어서 그에 관한 비판의 목소리가 있었다는 것이다. 이식은 그 배후가 이이라고 생각했다. 하지만 실록에 따르면 그것은 사실이 아니다. 아마도 선조 초 이식 자신이 구신으로서 서인과 갈등했던 경험과 현직 대사간이 이이라는 점이 겹치면서 그런 오해를 불렀던 것 같다. 정인홍을 포함한 언관들은 그의 출사를 요청했다. 이식이 말한 것이 이미 오래 전 일이고 뚜렷이 드러난 사실이 없다는 이유였다.[32]

이 일이 있고 불과 며칠 만에 이번에는 정인홍과 박광옥이 이식을 탄핵했다. 그가 궁중 나인[內人]*과 교통했다는 말이 있고, 또 청렴하지 않다는

---

* 궁궐 안에서 왕과 왕비를 가까이 모시는 여인들.

비방이 있다는 것이 탄핵 이유였다.[33] 선조는 그들 말에 화를 내면서 그렇지 않을 것이라고 반박했다. 하지만, 사간원은 다시 한번 정인홍, 박광옥 의견에 동조했다. 선조도 결국 사간원 요청을 허락하였다.[34]

연이어 일어난 우성전, 이경중 탄핵 사건은 따로따로 발생했지만 당시에도 서로 연관성이 있을 것으로 짐작되었다. 두 사건 모두에서 앞장 선 사람은 정인홍이다. 서너 달 후에 나타나는 그의 행동을 볼 때 그가 특정 당파 입장에서 탄핵에 나섰던 것으로 보이지는 않는다.** 두 사건의 또 하나의 공통점은, 당시에 일어난 어떤 일이나 잘못 때문에 탄핵이 발생하지 않았다는 점이다. 과거에 있었던 일, 이들의 과거에 대한 이러저런 말들이 탄핵 이유가 되었다. 두 사람 사례는 누구라도 탄핵 대상이 될 수 있다는 것을 의미했다. 이들에 대한 탄핵은 당시 조정 내 정치적 긴장과 갈등이 만들어 낸 것이었다.

두 탄핵 사건과 관련해서 주목할 사실이 또 하나 있다. 이 사건들이 이이가 처한 정치적 상황에 부정적으로 작용했다는 점이다. 두 사건 이후 이이가 두 사건을 주장했고, 이것이 동인을 억누르고 서인을 부축하기 위한 것이라고 의심하며 불평하는 사람이 많았다.[35] 그것은 전혀 사실이 아니었다. 두 사건은 동인과 서인의 갈등이 아니라 오히려 동인 내부의 갈등이었다. 실록의 또 다른 곳에서는 이 사건에 대해서, "이때 우성전·이경중이 잇따라 논핵을 당하게 되자 물정이 미흡하게 여겼는데 (류성룡 등이) 이로부터 이발 등과 나뉘게 되었다."[36]고 기록하고 있다. 이 두 사건의 가장 중요한 공통점은 비록 주인공은 정인홍이었지만 그 배후에 이발이 있었다는 점이다.

** 153쪽 참조.

심의겸, 정철 탄핵 사건

수면과 저류

심의겸, 정철 탄핵 사건이 발생한 선조 14년 7월 이전까지만 해도, 표면적으로는 이이 의도대로 정국이 흘러가는 듯 보였다. "이때 이이는 조정에 있으면서 점차 선조의 신임을 받게 되고 사론士論도 그를 중시하였다. (이이는) 김우옹·이발 등과 함께 조정의 논의를 화합시키려는 계책을 세웠다. 정인홍은 강퍅하여 자기 뜻대로만 하고 남을 공박하는 일에 과감했으나, 역시 이이의 당여黨與가 되어 논의가 서로 통하였다."[37]

하지만 수면 위 조정의 평화는 그 저류底流에서 진행되었던 실제와는 차이가 있었다. 이미 우성전과 이경중에 대한 탄핵이 일정하게 정치적으로 물의를 일으키며 진행되었다. 이 과정에서 이이와 류성룡 관계는 더 소원해졌다. 사실 두 사람은 본래 그리 가까운 편이 아니었다. 이이는 6세 아래 류성룡을 높이 평가하며 가까이 지내고 싶어 했다. 하지만 류성룡은 좀처럼 이이 쪽으로 다가오지 않았다. 류성룡은 이 당시 이이가 자신의 정치적 목적을 달성하기 위해서는 반드시 도움을 얻어야만 할 사람이었다. 이미 오래 전부터 이이는 그것을 잘 알았다. 그는 선조 9년 초 조정을 떠나면서 이발, 김우옹과 함께 류성룡의 역할을 요청했었다.[38] 하지만 선조 15년 9월에 이르면 류성룡의 비협조에 큰 아쉬움을 표했다.[39] 한편 이 시기쯤 되면 이발의 정치적 입장은 결코 이이의 목표와 공존할 수 없게 되었다. 이것

옥연정사. 류성룡이 지었고, 이곳에서 『징비록』을 썼다. 안동 하회마을 만송정 솔숲에서 마주 보이는 부용대 우측에 있다.

은 곧 발생하는 심의겸과 정철에 대한 탄핵 상황으로 명백해졌다.

"이는 이발을 잘 알지 못하는 것이다"

이 시기에 조정에서 강력한 영향력이 있었던 인물은 이이가 아니라 이발, 이길 형제였다. 두 사람의 영향력은 이발을 통해서 행사되었다. 선조 14년 5월 윤의중이 형조 판서에 임명되는 과정에서 이것이 잘 드러났다. 윤의중은 이발, 이길 형제의 외삼촌이다. 형조 판서 자리가 비자, 영상 박순은 김계휘, 정지연을 추천했고, 좌상 노수신과 우상 강사상은 윤의중과 박근원을 추천했다. 이조 판서 이산해는 병으로 참여하지 못했고, 참판 정탁이 인사를 담당했다. 정탁은 영상이 추천한 사람을 1순위로 하려 했고, 이조 정랑 이순인은 좌·우상이 함께 추천한 사람으로 해야 한다고 주장했다. 이에 따라 윤의중을 1순위로 올려서 왕의 재가를 받았다. 이때 대사간이 이이이고 대사헌은 정지연이었다. 이이가 이를 논핵하여 개정하려 하였다. 당시 윤의중은 "일생 동안 산업을 영위하여 자신만을 살찌웠기 때문에 (재산이) 호남에서 제일"이라는 소문이 자자했다. 이이는 "이런 사람을 승진시키면 한 시대의 사람들에게 이익만을 취하도록 (조정이) 유도하는 것"이라고 주장했다.[40]

그런데 이에 앞서서 이길이 상소를 하나 올렸다. 참하직에 있으면서 그 직무에 힘을 다한 자를 6품직에 승진시키자는 내용이었다. 사헌부와 사간원 관원에 임명되려면 최소한 6품이어야 했다. 이에 대해서 대신과 이조에서 의논하도록 하라는 선조의 허락이 내려졌다.[41] 이 당시 이조 좌랑이던 이길은 허상, 안민학 등 10여 명 이름을 6품에 올렸다. 이 10여 명 중에 송언신도 포함되었다.[42]

사간원 정언이 된 송언신은 사간원이 합의한 내용을 자기 임의로 변조했다. 성상소城上所로서의 역할에 충실하지 않고 윤의중을 편드는 내용을 고했던 것이다.[43] 이 상황을 이해하려면 약간의 설명이 필요하다.

사헌부와 사간원의 대간은 매일 의무적으로 '대계臺啓'를 왕에게 올려야 했다. 대계는 대간이 올리는 계사啓辭를 말하는데, 계사란 '신하가 임금에게 아뢰는 말이나 내용' 혹은 '중앙 아문에서 국왕에게 올리는 문서'를 뜻한다. 대계는 매일 신시申時(15~17시)가 지나기 전까지 제출해야 했다. 사헌부·사간원, 혹은 여기에 홍문관까지 함께하는 합계合啓의 경우에는 3경更(23~1시)까지 올릴 수 있었다. 대계를 국왕에게 전달하는 것을 전계傳啓라고 했다. 말하자면 양사는 매일 전계의 의무가 있었다. 이것은 중국에는 없던 조선 고유의 제도로, 조정 공론을 국왕에게 전달하는 장치로 인식되었다.[44)

대간이 매일 대계를 올려야 하는 의무 규정은 조선이 언관제도를 설치한 본래의 취지를 잘 보여 준다. 대간 역시 법적 신분은 관료조직의 일원 즉 관료임에 틀림이 없었다. 하지만 대간은 다른 관료와는 달랐다. 이들은 '관료적'으로 사고하는 존재가 아니었다. 그리고 바로 그 점이 대간에게 요청된 본질적 기능이었다. 그것은 오늘날로 치면 비판적인 민간 언론 활동에 해당하는 기능이다. 관료조직은 조직 자체의 특성인 의사 결정권 및 인사권의 편중 때문에 장기적으로는 경직되고, 그 구성원인 관료가 조직 논리에 매몰되기 마련이다. 이렇게 되면 관료조직은 본래 설정했던 공공적 목적에서 벗어나서 조직 자체의 내적 목적에 의해서만 작동된다. 관료 개인의 입장에서 보면, 조직 논리에 충실해야 보상이 주어지기 때문이다. 대간을 포함한 언관은 관료조직을 설치한 본래 목적에 충실함으로써, 관료조직의 동맥경화를 막는 역할을 했다. 비관료적 기능으로 관료조직의 건전성을 유지하려는 것이 언관을 설치한 이유였다. 그러한 기능을 유지하기 위한 가장 효과적인 수단은 관료조직의 위계를 뛰어넘어서 언관이 현실의 구체적인 사안들에 대해서 왕과 직접 의사소통 하는 것이다. 언관을 왕의 눈과 귀 역할을 한다고 해서 이목관耳目官이라고 부른 것은 이런 이유 때문이다. 그러한 의사소통이 왕의 자의성에 의존하는 것을 막기 위해서, 매일 대계를 올리도록 의무화했다. 어떤 면에서 그것은 왕이 소집권을 가졌던 중세시대 프랑스의 초기 신분제 의회가, 프랑스혁명 이후 매년 열리도록 규정되게 된 것과 다르지 않다.

대계 작성과 전계에서 성상소는 중요한 역할을 했다. 사헌부와 사간원 각각에서 가장 하위직 대간 1명씩이 담당했다. 대계 초본은 성상소가 양사 장관인 대사헌이나 대사간, 혹은 그다음으로 높은 관원과 상의하여 작성했다. 회의에 참석하지 못한 동료 대간들까지 포함해서 동의를 구한 후, 의견이 일치되면 정본을 작성하였다. 이렇게 작성된 정본을 성상소가 승지와 주서注書*에게 전달하였다. 이들이 왕에게 상소를 전달했다. 성상소는 원래 경복궁 동서 담장 위에 설치된 건물이다. 양사의 문서 출납을 담당하는 대간이 전계한 뒤, 임금의 응답이 다시 내려올 때까지 밤이 깊어 궁궐 문이 닫혀도 그대로 성상城上에 있으면서 기다렸기 때문에 붙여진 명칭이다.[45] 말하자면 성상소의 기본 임무는 사헌부와 사간원 각각에서 대사간과 대사헌 혹은 다른 대간의 의견을 모아서 전달하는 것이었다. 자신의 개인 의견을 주장할 수 있는 위치에 있지 않았다.

송언신은 명백히 월권을 했다. 그럼에도 대사간 이이가 사간원 계사 초고를 자기 마음대로 고친 것에 대해서 문책하자, 그는 크게 화를 내며 대궐에 나가서 피혐避嫌하였다. 피혐이란 어떤 사건에 관련되었다고 혐의를 받는 사람이 혐의가 풀릴 때까지 현직에서 물러나 있는 관례였다.

당시 이발·이길 형제에 대해서 실록은 다음과 같이 기록하고 있다.

이발 형제가 동년배 무리 중에 각각 명망이 높았다. 이 때문에 사람들이 이들을 추종해 따르고자 하여 (언관조차) 모두 그를 논박하는 것을 꺼렸다. 하지만 이와 관련된 이야기를 들은 이이는 "이는 경함景涵을 잘 알지 못한 것이다." 하면서 시종

---

* 승정원 정7품 관직. 『승정원일기』의 기록을 담당하며 청요직의 하나로 꼽혔지만, 업무가 과중했다.

강력하게 송언신을 탄핵했다. 이로부터 (이이는) 이발에게 미움을 받게 되었는데, 이이는 변함없이 이발을 더욱 중히 여기고, 전과 다름없이 친근히 여기고 믿었다.[46]

이이는 이발의 인간적 수준을 믿었던 것이다.

이발, 정치를 하다

이 시기 신진사류에 대한 이이의 영향력은 실제로는 그다지 강하지 않았다. 거기에는 이유가 있었다. 무엇보다 동인만을 선한 세력으로 생각하지는 않았던 이이의 입장 때문이었다. 이이가 도덕적, 정치적 정당성을 부여한 범주는 서인까지를 포함하는 사람이었다.

이이가 5년 가까이 조정을 떠나 있었던 것도 동인에 대한 이이의 영향력을 제한한 또 하나의 원인이었다. 적지 않은 신진사류에게 이이는 개인적으로 직접적인 친분은 없는 사람이었다. 사실 이런 면에서 이이는 자신의 정치적 목적을 실현하기 위해서 이발의 도움이 몹시 필요했다. 이발 역시 표면적으로는 이이가 주장한 정치적 목적과 대의를 따르는 모습을 보였다. 이발은 애초에 우성전을 탄핵하려 하다가 이이의 설득을 받아들이기도 하였다.[47] 또 선조 14년 5월에 김효원을 조정에 복귀시키자는 논의가 나오자, 이 문제에 대해 이이에게 자문을 구하는 등 중요한 정치적 결정에 이이의 의견을 존중하는 모습을 보였다.[48]

그런데 이 당시 조정 안팎으로 출처를 알 수 없는 소문 하나가 돌았다. 14년 전 선조가 즉위할 무렵, 심의겸이 "궁금宮禁을 인연하여 기복起復"을 꾀했다는 것이 그것이다. 조선은 국초부터 '궁금'을 엄격히 하는 것을 정치적 원칙으로 하였다. '궁금'은 궁궐 공간과 그 외부가 차단되어야 함을 뜻하는 말이다. 궁궐은 공적, 정치적 공간인 외전과 왕비가 주인인 내전內殿으로 나뉜다. 이때 궁금의 대상 공간은 궁궐 내전을 뜻했다. 말하자면 궁금의 목적은 외척을 포함한 외부세력과 왕비의 사적인 연결을 차단하는 것이다. 한편 기복은 국가의 필요에 따라 부모 상중에 있는 관원을 관직에 복귀시키는 것이다. 심의겸과 인순왕후의 아버지 심강沈鋼이 선조 즉위년(1567) 1월에 사망했다. 위의 말은 부친 죽음에도 불구하고 심의겸이 자신이 계속해서 관직에 머물 수 있도록, 누이 인순왕후에게 요청했다는 뜻이다.

원칙적으로 부모상을 당한 모든 관리는 상중에 관직에서 물러나 있어야 했다. 기복은 유교 상례의 핵심에 대한 실천을 중단하는 것을 뜻했다. 동시에 기복은 관료 개인에게는 경력 단절을 막을 수 있는 방법이기도 하였다.[49] 논리적으로나 당시 관행으로 볼 때 소문은 전혀 근거가 없었다. 하지만 많은 사류가 소문을 사실로 받아들이며 분개하였다. 당시의 정치적 상황이, 근거나 논리 여부와 관계없이 그 소문을 믿게 했던 것이다.

평소부터 이발은 심의겸을 증오했다. 그래서 늘 심의겸의 죄를 드러내어 탄핵하려 하였다. 이발은 이 소문을 적극적으로 이용했다. 이 소문에 대해서 누구보다 분개한 사람이 정인홍이다. 그는 "맹세코 이 적賊과 더불어 조정에 함께 있지 않을 것이다."라고 말하며 심의겸에 대해 적의를 불태웠다. 그러자 성혼과 이이는 그 소문이 전혀 믿을 만한 근거가 없는 것은 물론이고, 심의겸이 이미 정치적으로 아무 힘도 없는 상황에서 그를 탄핵했다가 사류 사이에 갈등을 초래할 수 있다고 말하였다.[50]

이발은 이이, 성혼 두 사람의 말을 오히려 불쾌하게 여겼다. 그러고는 정인홍에게 탄핵을 요청했다. 정인홍은 이 문제를 김우옹에게 의논했다.

심의겸과 김효원의 집터를 표시한 지도(위). 심의겸의 집은 서울 중구 정동의 덕수궁 돌담길에 위치한 서울
시립미술관(구 대법원 자리) 즈음(아래)에 위치했다고 한다. 임진왜란 이후 선조가 행궁(현 덕수궁) 조성 당
시 궁으로 편입되었다. 한편 김효원은 한양 동쪽인 건천동(현 서울시 동대문시장 부근)에 살았는데, 이와 같
은 지리적 위치로 인해 서인, 동인의 말이 생겨났다고도 한다.

그런데 김우옹도 이이, 성혼과 같은 이유로 탄핵에 반대했다. 이발은 자기 생각을 굽히지 않았고, 다시 한번 정인홍에게 심의겸을 탄핵할 것을 촉구 하였다. 정인홍 역시 이이에게 심의겸을 탄핵해야 한다고 강력히 주장했 지만, 이이는 동의하지 않았다. 이이가 이렇게 나오자 정인홍도 이이 말을 정면으로 거부하면서까지 탄핵에 나서지는 못했다. 정인홍은 강개慷慨해 마지않았지만, 결국 이 문제를 혼자 제기하기는 현실적으로 어렵다고 생 각하고는 관직을 버리고 돌아가려 했다. [51] 상황이 이렇게 되자 이발이 이 이를 직접 설득하고 나섰다.

이발이 이이를 보고 말하기를, "신진사림이 영공令公(이이)을 깊이 믿지 않는 것 은 공이 정情에 끌려서 의겸을 버리지 않기 때문이라 생각합니다. 지금 공이 이 사 람과의 관계만 끊는다면 사류가 모두 공의 마음을 믿고 복종할 것이고, 또 서인의 착한 선비를 점차로 수용하여 화합할 형세가 있습니다. 그리고 이 사람을 논핵하 지 않는다면 덕원德遠(정인홍)이 벼슬을 버리고 가려 하니 어찌 안타깝지 않겠습 니까." 하였다. 이이는, "내 장차 생각해 보겠소." 하였다.

이이가 성혼에게 말하기를, "오늘날 무단히 의겸을 탄핵하려는 것은 매우 적당한 일이 아니오. 하지만 신진사림이 본래 내가 서인의 당黨인가 의심하고 있는데 지 금 또 정덕원이 이 일 때문에 화합하지 못하여 관직을 버리고 간다면, 그들이 반드 시 이것을 구실 삼아 드러내 놓고 나를 공격할 것이오. 그렇게 되어 내가 (조정을) 떠나고 사류가 흩어진다면 나랏일은 더욱 잘못될 것이오. 오늘의 형편으로는 중 의衆議를 따를 수밖에 없소." 하였다. 이에 성혼이 탄식하여 말하기를, "경함景涵 (이발)이 아니라면 누가 이 의논을 주장했겠으며, 덕원이 아니라면 누가 이 의논 을 격동시켰겠는가. 평지에 풍파를 일으킨다 할 것이다." 하였다. [52]

이발이 이이를 설득한 논리는 이이의 심중을 꿰뚫어 본 대단히 정교한 것이었다. 이발은 이이가 심의겸과의 관계만 끊으면 동인이 이이를 믿고, 또 서인의 착한 선비들과도 화합할 가능성이 있다고 설득했다. 이발은 이이가 양보할 수 있는 최대치와 그것으로 얻을 수 있는 최대치를 정확히 제시했다. 이이는 서인은 양보할 수 없지만 심의겸과의 관계는 양보할 수 있고, 그것을 통해서 서인과 동인이 재결합할 수 있다면 그것은 감수할 수도 있었다. 결국 이이는 이발의 제안을 받아들였다.

성혼이 탄식으로 지적하듯이 이발, 정인홍의 합작으로 이이는 심의겸에 대한 자신의 종전 입장을 포기했다. 이발은 이이 자신의 정치적 목표를 이용해서 심의겸 탄핵에 대한 이이의 동의를 이끌어 냈던 것이다. 사실 심의겸은 이해 초에 함경 감사에서 이미 사직하여 현직에 있지도 않았다.[53] 이발이 요구했던 것은 심의겸의 정치적 은퇴와 이이의 심의겸과의 완전한 정치적 관계 단절이었다.

심의겸을 조정에서 배제하는 방식도 대단히 조심스러웠다. 김우옹은 심의겸을 '논핵'하는 것은 적당하지 않고 '차자箚子'를 한 번 올려 의견을 제시하는 데 그쳐야 한다고 이이에게 말했다. 온건한 방식이었다. 이이는 차자라면 글귀가 많아야 한다며 기술적인 어려움을 말했지만, 곧 김우옹 말에 동의했다. 혹시 이 일로 인해서 불거질 수 있는 갈등을 염려한 결정이었다.

정철 문제에 불을 붙인 정인홍의 한마디

사헌부 모임에서 대사헌 이이는 계사啓辭가 만일 조금이라도 과격하면 불필요한 갈등이 초래될 수 있다며, 기복에 관한 소문 내용도 계사 문안에 넣지 말아야 한다고 말했다. 사헌부 관원들은 이이 말에 합의했다. 이이는 직접 자기 입으로 불러서 차자 초안을 잡았다. 그러고 나서도 불안했던 것 같다. 나중에 연계連啓할 때도 자신이 작성한 초안에 다른 어구를 덧붙이지 말라고 정인홍에게 다시 한번 당부했다. 연계란 이전에 올렸던 계사에 이어서, 왕의 허락을 얻을 때까지 뒤이어 올리는 계사를 말한다. 정인홍도 그 말에 동의했다. 사헌부에서 상소를 올리자 다음 날 사간원과 홍문관에서도 각각 차자를 올려서 심의겸의 파직을 청하였다. 예상대로 선조는 윤허하지 않았다.[54]

그런데 이이가 걱정했던 일이 실제로 일어났다. 정인홍이 성상소로서 연계할 때, 심의겸이 사류를 끌어들였다는 말을 덧붙였던 것이다. 끌어들인 사류가 누군지 선조가 묻자, 정인홍은 동료들과 상의해서 아뢰겠다고 말했다. 그러자, 선조는 계사를 올린 당사자가 모를 수 없다며 즉답을 요구했다. 마침내 정인홍의 입에서 윤두수·윤근수·정철 세 사람 이름이 나왔다. 이이는 정인홍이 올린 계啓를 보고 그에게 즉시 발언 취소를 요구했다.

정철은 (심)의겸의 당여黨與가 아니다. 수년 전에 (동인의) 사론이 과격했기 때문에 (정철이) 불평하는 말을 했던 것이지, 이는 (심)의겸을 편든 것이 아니다. 정철은 지조 있는 선비이다. 지금 (그가) 외척과 체결했다고 한다면 이것은 너무도 억울한 일이다. 내가 지난번 상소에 정철에 대해 극구 찬양했다. 그런데 오늘날 정철이 올바르지 못한 사람을 편들었다고 한다면 이는 내가 이랬다저랬다 하는 사람이 되는 것이다. 그러니 그대가 피혐하고 정철을 위하여 사실을 밝힌 뒤에야 형편상 (내가) 직무를 수행할 수 있다. 그렇지 않으면 내가 피혐할 것이다.[55]

요컨대 이이는 자기 자리를 걸고 정인홍에게 정철에 대한 발언의 철회를 요구했다. 이이가 이렇듯 강경하게 나오자 두 사람은 서로 한참 동안 다투었지만, 결국 정인홍은 이이 요구를 따르지 않을 수 없었다. 정인홍은 대궐에 나가서 정철이 심의겸의 사당私黨이라는 자신의 이전 발언을 취소하며 스스로 물러날 것을 요청했다.

사헌부는 동료 정인홍을 처치해야 했다. 이때 사헌부에는 집의에 남언경, 장령에 권극지, 지평에 홍여순과 유몽정이 논의에 참여했다. 이미 논의의 초점은 심의겸이 아닌 정철이었다.

이이는 "정철이 의겸과 정분이 두텁다고는 하지만 취향이나 심사가 현저히 달랐다. 그런데 인홍이 갑작스레 (왕에게) 답하면서 사실과 다르게 말을 했을 뿐, 사사로운 뜻이 있었던 것은 아니다. 그렇다면 마땅히 이것으로 (정인홍을) 출사하게 할 것을 청해야 한다."고 말했다. 남언경은 다른 일로 논의에서 빠지고 유몽정은 이이 말에 동조했다. 하지만 홍여순과 권극지는 "정철이 의겸과 정분이 두터웠던 것은 사실이다. 의겸이 정치적 힘을 잃은 후 정철이 늘 원망하고 불평했다. 그런데 어떻게 (두 사람이) 현저히 다르다고 할 수 있는가?"라고 말했다. 정인홍 말이 틀리지 않다는 말이었다. 홍여순, 권극지 역시 정인홍을 출사하게 하자는 의견은 이이와 다르지 않았다. 하지만, 그 이유는 이이와 달랐다. 두 사람은 자신들을 물러나게 해 줄 것을 요청했다. 그러자 이이와 유몽정도 사헌부 내 의견 불일치를 이유로 사면을 요청했다.

정철이 심의겸과 정분이 두터웠지만 취향과 심사가 달랐다는 이이의 말과, 정분이 두터웠는데 어떻게 취향과 심사가 다를 수 있느냐고 의문을 제기한 홍여순·권극지 주장의 충돌은 그 후로도 파장이 길게 이어졌다. 쟁점의 핵심은 정철이 외척인 심의겸을 추종하는 당여인가 아닌가의 문제였다. 가까웠지만 당여는 아니라는 주장과, 가까웠으니 당여라는 주장의 충돌이다. 정철에 대해 그렇게 말한다면 그것은 정철의 인격을 모욕하는 것이라는 것이 이이 주장의 요지이고, 홍여순과 권극지는 결국 정철이 심의겸에게 정치적으로 영합했다는 말이다. 두 사람의 주장은, 결국 정철이 외척이라는 말이다.

이제 사간원이 사헌부 관원을 처치해야 했다. 대사간 이기, 사간 정사위, 정언 강응성·정숙남은 사헌부 관원 모두를 출사시키는 것에 찬성했고, 반대로 헌납 성영은 모두 바꾸는 것에 찬성했다. 이 결정 과정에서 강응성과 성영이 약간의 기술적인 실수를 저질렀다. 사헌부와 사간원 각각에서 합의를 이루지 못했기 때문에, 홍문관이 양사를 처치해야 했다. 홍문관은 양사 관원을 모두 출사시킬 것을 청했다. 다만 강응성과 성영은 물러나게 하고, 새로 헌납에 이준을, 정언에 윤승훈을 임명하도록 요청했다. 크게 보면, 여기까지 과정은 삼사의 통상적인 의견 처리 방식에서 벗어나지 않는다. 그런데 새로 임명된 사간원 정언 윤승훈이 문제를 새로운 차원에서 촉발시켰다.[56]

윤승훈 사건

정철은 외척인가

십수 년 전 심의겸이 기복을 시도했다는 소문에서 시작된 심의겸에 대한 탄핵은 별다른 결론 없이 끝나는 듯 보였다. 선조가 심의겸에 대한 탄핵을 허락하지 않았기 때문이다. 심의겸은 이미 현직에서 물러난 인물이었다. 더구나 선조 입장에서 보면, 그는 인순왕후 친동생이다. 선조는 그에게 추가적인 벌을 내리는 것이 과도하다고 생각했다.

동인, 특히 이발의 입장에서 성과가 없지 않았다. 이이가 심의겸에 대한 탄핵에 동의하게 된 것이 그것이다. 이 지점에서 잠재되었던 중요한 정치적 문제가 촉발되었다. 심의겸과 정철의 관계를 어떻게 보아야 하는가 하는 문제가 그것이다. 이 문제가 크게 부각되지 않은 채 홍문관이 관련된 사람들을 모두 출사하게 하고, 다만 강응성과 성영만을 윤승훈, 이준으로 교체하는 것으로 일이 마무리되는 듯 보였다. 그런데 새로 정언이 된 윤승훈이 바로 이 문제를 본격적으로 문제 삼고 나섰다.

실록에 나오는 윤승훈 졸기卒記*에 의하면, 그는 "일찍 과거에 올라 청현

---

* 조선왕조실록에는 어떤 인물이 사망했을 때 그의 생애에 대한 사관의 간단한 평가를 담은 졸기가 다수 등장한다. 『선조실록』과 『선조수정실록』에는 모두 133명의 졸기가 나온다. 대개 당상관 이상 관직을 역임한 인물, 왕실 및 종친 인물, 사회적으로 중요했던 인물들이다. 이웅희, 「『선조실록』과 『선조수정실록』 졸기에 나타난 인물관」, 국민대학교 대학원 석사학위논문, 2014.

직을 두루 거쳐 재상에 이르렀다. 위인이 강직하고 과감하여 남에게 지기 싫어했다. 그 주장이 당파에 치우친 까닭에 식자들이 단점으로 여겼다."[57] 또 "당론黨論을 주장하여 (그의 집에) 빈객이 많았다."는 평가를 받기도 하였다.[58] 졸기가 전하듯이 그는 선조 6년 25세에 문과에 급제하여 엘리트 코스를 밟은 사람이다. 후에 영의정에까지 이르렀다. 몇 가지 점에서 그는 당시 조정에 있던 전형적인 젊은 동인이었다.

윤승훈은 이이가 정철에 대해서 해명한 말을 사간원 전체 의견으로 문제 삼고자 했다. 그는 "이이·남언경·유몽정은 모두 정철을 구제하려 했으니, (이들을 언관)직에 둘 수 없다. 마땅히 논하여 물러나게 해야 한다."고 주장했다. 하지만 그는 사간원 동료들의 동의를 얻어 내지 못했다. 그러자 윤승훈은 단독으로 상소를 올렸다. 그는 "(심의겸, 정철 두 사람의) 정분이 두텁다고 한 이상 어떻게 심사가 같지 않을 수 있는가?"라고 반문하며, 이이가 "정철을 구해 내기 위하여 말 같지 않는 말을 한 것"이라고 주장했다. 동시에 홍문관 처치 내용에 대해서도 크게 불만을 표했다.

윤승훈 상소에 대한 선조의 반응은 부정적이었다. 그는 다른 사람에 대한 판단은 사람마다 다를 수 있고, 개별 판단의 수용 여부는 임금에 달린 것인데, 자신은 이이 의견에 일리가 있다고 생각한다고 말했다. 그러고는 윤승훈의 "맞버티어 상대를 기어코 격퇴"시키려는 태도를 호되게 비판했다.

윤승훈의 "심중한 비난과 공척攻斥[*]"에 대해서 이이는 역사적 전거와 논리로 대응했다. 그는 심의겸이 정치적으로 힘을 가졌을 때조차 정철이 심의겸과 한편이 되었던 모습과 흔적이 없었고, 심의겸이 세도를 잃게 되자

---

* 공격하고 배척하는 것.

정철이 불평하였던 것은 심의겸을 위한 것이 아니었다고 말했다. 이이는 정철이 불만을 토로한 것은 사실이지만, 그것은 동인이 서인 전체를 심의겸 당여로 몰아가는 것에 대한 불만 때문이었다고 말했다. 나아가 인물을 탄핵할 때 그 주변 인물들까지 파급시켜서, 한 사람을 논핵할 때마다 온 조정이 소란스러워지는 폐단을 지적했다. 정철이 불만을 토로했던 문제에 자신도 사실상 같은 생각임을 밝혔다. 그는 정철 문제는 심의겸과는 관련이 없다고 말하며, 자신이 젊은 사류에게 믿음을 못 주었다는 것을 이유로 물러나게 해 줄 것을 요청했다.

이에 대해 선조는 심의겸은 이미 해직되었는데 그에게 죄를 줄 필요는 없다며 이이의 요청을 물리쳤다. 그러자 양사가 모두 물러나 홍문관의 처치를 기다렸다. 홍문관이 양사를 모두 나오게 하라고 처치하자, 선조는 윤승훈은 물러나 마땅하겠지만 일단 홍문관 요청을 따른다는 비답批答을 내렸다. 비답이란 상소문에 대해서 왕이 답변한 내용이다.

윤승훈은 이쯤에서 물러서지 않았다. 그는 홍문관 처치와 선조의 비답 후에 다시 상소를 올렸다. 그는 "정철을 논하는 한 가지 일이야말로 예사로운 논의에 비교할 수 없는 것"이고, "쟁론하는 것은 작지만 관계되는 바는 매우 크다."고 주장했다. 그는 시비를 분별하지 않아서 국론이 안정되지 못하고 있다며, 이이의 주장을 다시 비판했다. 이에 대해 선조는 윤승훈에게 천박하고 경솔한 작태를 부리지 말고 직무를 수행할 것을 명령했다.

"윤승훈이 무슨 식견을 지녔겠습니까"

그런데 『석담일기』를 보면, 당시의 홍문관 처치에 대해서 이이가 크게 낙담하는 내용이 나온다. 이때 홍문관에는 부제학 류성룡, 전한 이발, 응

교 김우옹이 포진해 있었다. 유몽학과 어운해도 재직 중이었다. 이들이야
말로 이이가 오랫동안 신뢰했고 함께하려 했던 사람들이다. 그런데 홍문
관의 처치 내용은 이이의 예상과 완전히 달랐다.

　처음 홍문관 논의에서는 윤승훈만 남기고 양사를 모두 물러나게 하자는
의견이 제시되었다. 윤승훈을 물러나게 하면 정철에게 잘못이 없다는 뜻
이 되기 때문이었다. 뒤이어 모두 출사시키자는 주장이 나왔다. 모두 출사
시키는 방안과 윤승훈만 남기는 두 처치 방안 중에서, 이발과 김우옹은 전
자에, 유몽학, 어운해는 후자 쪽에 찬성하였다. 전자는 사안에 대한 판단
중지를, 후자는 윤승훈 쪽 주장의 정당성을 인정했던 것이다. 두 가지 모
두 이이가 옳았다는 판단은 아니다.

　이이는 "시배들이 나를 윤승훈과 같은 수준에서 보니, 내가 어찌 국사國
事를 수행하겠는가? 또 삼사에 공론이 없으니, 내가 말이 없을 수 없다."고
말하며 입궐하여 피혐하려 하였다. 그런데 윤승훈이 먼저 피혐했다.[59] 이
이는 다른 사람은 몰라도 이발과 김우옹만은 자신과 같은 판단을 하리라
고 기대했던 듯하다. 흥미롭게도 이이는 홍문관 처치의 당사자인 부제학
류성룡에 대해서는 아무런 언급도 하지 않았다.

　　이이 등이 피혐하면서 아뢰었다. "홍문관의 차자는 시비를 구분하지 않고 단지 일
　　이 시끄럽게 되는 것만을 우려했습니다. 그 말이 모호하고 내용도 알기 어렵습니
　　다. 이렇게 해서는 (현재의 상황을) 제대로 진정시킬 수 없습니다.
　　정철은 성질이 강퍅하고 편협해서 남을 포용하지 못하고 사리事理를 헤아리지 못
　　했습니다. 그는 사류의 논의가 과격하다고 생각하고는, 자주 자신의 말과 얼굴빛
　　에 드러냈습니다. 사류도 정철의 심사를 깊이 알아보지 않고서 그에 관한 사실을

과장하여 비난했습니다. 만일 정철이 마음을 비우고 자신을 반성하여 남을 원망하거나 허물하는 일이 없고, 사류도 정철의 말에만 집착하지 말고 그의 실정을 차근히 살펴보았더라면 (조정에서) 화평한 복을 기대할 수 있는 것은 물론, 화합시키는 계책도 행할 수 있었을 것입니다. 그런데 지금 그렇지 못합니다. 사류가 정철에 대해 의심하는 것이 더욱 깊어지고, 정철의 불평도 더욱 심해졌습니다. 게다가 거짓말로 일을 만들어 내는 자들이 양쪽에 사단을 꾸며 대어 점점 사이가 멀어져 이 지경에까지 이르렀습니다. 정철의 행위도 옳지 못했지만, 그가 의겸과 한편이 되었다는 말도 공론이 될 수 없습니다.

저 윤승훈이 무슨 식견을 지녔겠습니까. 사류의 (정철을 공격하려는 정치적) 경향을 관망하여 붙좇으려는 계책에 불과한 것입니다. 지금 승훈을 물러나게 했으나 사론이 이런 이상, 앞으로 이런 논의를 하는 자가 잇따라 일어날 것입니다. (이상황에서) 양사가 어떻게 안정될 수 있겠습니까. 아예 신을 물러나게 함으로써 사론을 하나로 일치시키는 것보다 나은 것이 없습니다. 대단치 않은 일로 분분하게 아이들 장난하듯 피혐하여 나라의 체모를 크게 손상시켰습니다. 이렇게 아뢰는 것이 어찌 신 등이 좋아서이겠습니까. 형편상 어쩔 수 없었기 때문입니다. 속히 신 등을 물러나게 하소서."[60]

윤승훈이 시비 문제를 들고 나오자 이이 역시 시비 문제로 정면 대응했다. 그는 윤승훈과 다른 각도에서, 홍문관 처치의 문제점을 지적했다. 이이는 사안을 분석한 후에 "정철의 행위도 옳지 못했지만, 그가 의겸과 한편이 되었다는 말도 공론이 될 수 없"다고 결론지었다. 이이의 발언에는 윤승훈은 물론 당시 홍문관 처치를 주도한 이발, 김우옹 등에 대한 깊은 실망이 배어나왔다.

이이는 한 걸음 더 나아갔다. 그는 윤승훈이 무슨 식견이 있겠냐고 반문하며, 그가 단지 동인세력을 추종하느라 상관도 없는 일로 장난치듯 국가의 체모를 손상시켰다고 말했다. 조정에서 동인의 주장이 대세이므로 그것에 추종하여 자신의 출세를 꾀하려 했다고 보았다. 이이는 향후 윤승훈 같은 사람들이 잇따를 것이라 예상했다. 그러고는 자신을 물러나게 하여 그들 뜻대로 해 주라는 취지의 말과 함께 자신의 사직을 요구했다. 다분히 짜증과 분노가 읽히는 주장이다. 이에 대해 선조의 위로가 이어지고, 양사는 모두 물러나 홍문관의 처치를 기다렸다. 홍문관, 즉 류성룡, 이발, 김우옹은 이이에 대해 또 한 번의 공식적 판단을 해야 했다.

대신의 권위, 언관의 권위

홍문관은 양사를 출사하게 하고 윤승훈과 이이 등 3인을 물러나게 하라고 선조에게 요청했다. 홍문관은 이이에 대한 처치 내용의 이유를 윤승훈이 언관 자격으로 한 말을 이이가 동인에 부화뇌동했다고 비판한 것에서 찾았다. 또 윤승훈을 물러나게 했지만 이것이 정철과 심의겸 문제에 대한 윤승훈의 판단 때문은 아니었다. 요컨대 홍문관은 정철과 심의겸 관계에 대한 판단을 한 것이 아니고, 윤승훈에 대한 이이의 말에 대한 판단을 한 것이었다.

사실 이 시기에 언관에 대해서 이이처럼 말한 것은 조정의 가장 큰 금기를 정면으로 거스른 것이었다. 이미 여러 해 전부터 언관조직은 조정에서 가장 강력한 권력조직이었다. 역설적으로 이이 자신이 삼사가 그렇게 되는 데 가장 큰 기여를 한 사람 중 하나이다. 오히려 바로 그 때문에 이이는 삼사의 현실적 힘을 충분히 이해하지 못한 측면이 있었다. 당시 조정에서 언관조직에 대해서 이렇게 거침없이 말할 수 있는 사람도 이이 말고는 없었다.

선조는 이이가 별로 잘못한 점이 없으니 물러나게 할 수 없다고 말했다. 그러자 사간원은 다음과 같이 말하였다.

> 윤승훈의 전후 계사는 내용이 몹시 적절하여 일을 논하는 체모를 얻었다고 할 수 있습니다. 이이 등은 그러한 논박을 받았으면 당연히 자신에게 허물을 돌리고서 물러가 조정의 중론을 기다렸어야 합니다. 그런데 감히 사퇴할 즈음에 도리어 비난과 공척을 가하여 언관을 경시하고 모멸했습니다. (이이를) 물러나게 하소서.[61]

사간원은 자신들의 의견을 조정의 중론으로 생각했다.

윤승훈이 처음에 사간원에서 심의겸과 정철의 관계를 문제 삼으려 했을 때는 사간원 동료들의 동의를 얻지 못했다. 그런데 이제 사간원은 "윤승훈의 전후 계사는 내용이 몹시 적절하여 일을 논하는 체모를 얻었다."고 말하였다. 사간원 논조가 이렇듯 크게 바뀐 이유는, 이이가 윤승훈을 동인세력을 추종한 식견 없는 인물로 규정한 것이 결정적이었다. 적어도 말만 보면 이이는 당시 절대적 권위를 지닌 언관의 지위를 정면으로 부정해 버린 셈이었다. 이들은 이이가 "언관을 경시 모멸"했다고 받아들였다.

사간원 상소에 대해서 선조는 이이 자신이 대사헌인데 언관을 공척한 것이 무슨 문제가 되느냐고 되물었다. 선조가 이 말을 하는 장면과 겹쳐지는 과거의 장면이 있다. 선조 8년 박순을 추고하는 문제가 나오자, 대신을 추고할 수 없다는 것이 이이를 비롯한 여러 사람의 생각이었다. 이에 대해서 양사는 "(언관이) 대신을 추고하고자 청한 일이 왜 불가한 것인지 알지 못하겠습니다."라고 말하였다.[62] 이미 이때 언관은 자신들의 권위를 대신 위에 두고 있었다. 이러한 언행은 낭천제가 성립될 수 있었던 당시의 조정 분위기에 그 뿌리를 둔 것이었다.* 선조 8년 이후 언관의 힘은 더욱 강해져 있었다.

양사가 별로 이상하게 여기지도 않고 언관의 권위를 대신의 권위 위에 두었던 것은 의미심장하다. 그것은 조선의 전통적 정치 상식에서 어긋나는 일이었다. 동시에 그것이 훈척정치 시대에 뿌리를 두고 있다는 점에서 역사적인 것이기도 했다. 본래 조선의 정상적인 정치운영 구조는 대신과 언관을 양대 축으로 했다. 각자는 서로 다른 역할을 맡았다. 대신은 민생을 포함한 국정현안 해결이 임무였고, 언관은 관리의 부패를 막는 것이 주된 임무였다. 조선시대 언관의 사표로 인식되는 조광조 역시 "정치와 교화는 마땅히 의정부에서 나와야 합니다. 근래 대간이 정령政令을 건의하는 일이 많은데, 그것이 그들의 임무는 아닙니다. 의정부와 육조가 국사를 논의하여 큰 일은 임금께 아뢰고 작은 일은 스스로 처리함이 옳습니다. 대간은 잘못된 것만 규찰하면 됩니다."라고 말하였다.[63]

사실 현안 해결과 부패 방지는 시대와 공간을 막론하고 어떤 조직이든 잃어서는 안 되는 요소이다. 두 가지 중 하나가 기능을 못하면 결국 그 조직은 장기적으로 유지되기 어렵기 때문이다. 대신이 갖는 권위와 존경은 국정현안에 대한 해결 능력에서 나왔다. 대신 기능의 부재는, 조정의 존재 이유가 국정현안 해결임이 오랫동안 망각되었음을 뜻한다. 신진사림은

---

* 47~48쪽 참조.

대신이 문제해결 능력 없이 부패만 일삼는 것을 지켜보면서, 그런 대신이라면 없어도 된다고 생각했을 것이다. 그런 대신에게 권위가 있을 수 없었다. 그런데 이 과정에서 신진사림이 놓친 것이 있었다. 대신 개인의 무능력과 부패를 이유로 대신의 임무나 역할 자체를 부정할 수는 없다는 것이 그것이다. 대신의 임무나 역할을 부정한다는 것은, 언관 자신들도 포함된 조정 자체의 존재 의의를 부정하는 것이기 때문이다. 다시 우리 이야기로 돌아가자.

선조는 언관들이 한 달 넘게 논계해도 자신은 결코 이이를 물러나게 하지 않을 것이라 선언했다. 이후 사간원, 사헌부, 홍문관은 반복해서 이이를 물러나게 하라고 요구했다. 선조는 그 요구를 계속 거부했지만, 결국 나중에 받아들였다. 사헌부가 한 가지 새로운 논리를 내놓았기 때문이다. 선조가 이이를 물러나게 하지 않으면, 이이가 정치적으로 나갈 수도 물러갈 수도 없는 궁지에 빠져서 조정에서 자리를 잡을 수 없다는 논리였다.[64] 대단히 현실적인 주장이었다.

곧, 이이 대신 정지연이 대사헌에 임명되고, 이어서 이이는 대사간에 임명되었다. 선조의 이런 조치도 우연은 아니다. 당시 사간원은 홍문관보다 더 동인 측 입장에 치우쳤다. 윤승훈이 외직에 나가자 사간원은 그를 중앙관에 유임시키자는 상소를 올리려 했다. 하지만 사헌부 장령으로 있던 정인홍이 경연에서 윤승훈을 비판함으로써 사간원의 발언이 차단되었다.[65]

선조 14년 7, 8월에 조정을 뒤흔들며 전개된 상황의 주요 등장인물로는 정인홍, 이발, 정철, 윤승훈, 그리고 이이와 선조를 들 수 있다. 심의겸은 동서분당 초기에 사림 분열의 단서를 제공했지만, 그의 역할은 그뿐이었다. 사실 그는 선조 8년 이래 정치적으로 국외자였다. 선조는 윤승훈을 충청도 신창 현감에 임명하여 지방으로 좌천시켰다. 정치적 문책의 의사를 표했던 것이다. 하지만 얼마 후 이이는 선조에게 언관인 윤승훈을 지나치게 배척한 것은 안 되는 것이라고 말했다. 그러자 선조는 자신의 조치는 특별히 이이를 위한 것이 아니라 사리에 의거했을 뿐이며, 언관이라도 그 말이 옳지 않으면 배척할 수 있다고 말하였다. 또 윤승훈을 외지로 내보내지 않을 수도 있지만, 사간원에서 "그의 말이 매우 적절하다."고 말했기 때문에 그런 주장이 이어지는 것을 막기 위해서 어쩔 수 없는 조치였다고 말했다.[66] 선조는 동인 견제에 대한 자신의 생각을 드러내 보였다.

한편 어떤 사람이 윤승훈을 보합시키지 않고 배척한 것을 이이에게 탓했다. 그러자 이이는 다음과 같이 말했다.

승훈은 단연 동인의 주장을 붙좇았다. 삼사에서 그의 잘못에 대해 말한 자가 있었다면 나는 말을 하지 않았을 것이다. 그런데 지금 삼사가 모두 그의 말을 동조하는데도 온 나라에 (이에 반대하는) 공론이 없다. 나 역시 언관에 있으면서 어찌 감히 혐의를 피하고 진심을 속이면서 하고 싶은 말을 다하지 않을 수 있겠는가. 나랏일을 위해서는 옛사람도 모두 피혐하지 않았다.[67]

이이는 언관의 주장은 그 내용이 무엇이든 그 자체로 옳다는 동인 주장을 인정하지 않았다. 그리고 그 자신도 공론을 말해야 할 언관이라고 생각했다.

사건이 마무리되면서 정인홍과 정철도 고향으로 내려갔다. 정철은 서울을 떠나며 이이에게 "이발의 심술은 믿을 수 없으니 그와 벗하면 반드시 농락당할 것이라고 극언"하며[68] 이발에 대해 극도의 정치적 불신을 보였다. 정철은 심의겸을 탄핵하는 문제에서 이이가 이발에게 농락당했다고 보았다.

일진일퇴

복상과 처치

선조 14년 9월에는 우상 강사상이 병으로 물러나고 좌상 노수신은 모친 상을 당해서, 좌·우상 자리가 한꺼번에 공석이 되었다. 조선시대에는 부모상을 당하면 어떤 관직에 있는 관료이든 상 치르는 기간 동안 관직에서 물러나는 것이 원칙이었다. 영의정 박순이 복상ト相을 해야만 했다. 점을 쳐서 정승을 뽑는다는 뜻의 복상은 정승을 선발하는 제도였다. 조선 초기에는 대체로 왕이 정승을 직접 선발했다. 사림세력이 강해지면서 중종 대부터 왕이 대신들과 논의를 거쳐 신임 대신을 선발하는 복상제가 관행화되기 시작했다.[69]

우의정 후보로 추천된 사람은 정유길, 김귀영이었다. 이이는 정유길이 김귀영보다는 낮다고 생각했다. 사실 정유길은 사림이 본격적으로 등장하기 이전인 명종 대에 이황과 목소리를 함께했으며, 홍섬에 이어서 문형 文衡* 을 지낸 사람이다. 대대로 고관을 배출한 집안 출신이었지만, 사림적 성향도 동시에 가진 인물이었다. 반면에 젊은 사류는 이문형이나 박소립이 우의정이 되기를 기대했다. 두 사람은 동인과 돈독한 관계를 유지한 구신이었다. 젊은 사류 중에는 특히 이문형을 지지하는 사람이 많았다. 흥미

---

* 계미삼찬 부분에 설명되어 있다. 175~176쪽 참조.

로운 것은 이문형이 명종 말년에 심의겸에 대해서 최대한의 찬사를 보냈다는 사실이다. 그는 심의겸을 "동방의 성인"이라고 부른 적이 있었다.[70]

이이가 지지하고 박순이 복상함으로써 일단 정유길이 우의정에 올랐다. 하지만 동인은 정유길이 재상으로 뽑힌 것이 자기들 의사에서 나온 것이 아니라는 이유로, 계속해서 이문형이 우의정이 되어야 한다고 주장했다. 정유길에 대한 공격에는 사헌부가 앞장섰다. 당시 사헌부 관원으로는 집의 정사위와 장령 이로뿐이었는데, 이들은 이발 의견에 따라 정유길을 물러나게 하라고 요구했다. 이어서 사간원 관원들도 정유길 비판에 나섰다.

사헌부의 비판에도 이유가 없지 않았다. 정유길은 명종 때 권신權臣 이량의 당여로 알려져 있었다. 그는 처신에 신중하면서도 대인관계가 원만했고, 풍류를 알아서 시문과 글씨에도 뛰어났다. 문과에서도 장원으로 급제했다. 그는 젊은 시절에 사림의 분위기를 띠었다. 그것은 아마도 그의 개인적 특성 때문이라기보다는 그 시대 지식계층이 가졌던 취향 혹은 지향했던 사회적 가치 때문이었을 것이다. 더구나 이량이 명종의 신임을 기초로 힘을 가졌을 때, 정유길은 이미 판서급 고위관료였다. 때문에 이량과 일상에서 가까운 관계로 엮일 수밖에 없는 사이였을 것이다. 이런 상황들이 어우러져 그는 사람들에게 이량의 당여로 인식되었다.

당시 대사간은 이이였지만, 사간원 관원들의 주장을 막을 수 없었다. 그 결과 사간원 관원들은 물러나 홍문관 처치를 기다렸고, 이이는 이에 앞서 병을 이유로 물러나고 말았다. 홍문관은 정유길을 물러나게 해야 한다고 요청하였다. 선조는 홍문관 요청을 일단 거부했다.[71]

양사에서 우의정 정유길에 대한 탄핵이 그치지 않았다. 이렇게 되자 박순은 대신大臣이 계속해서 언관의 논박을 당하면 자리에 있기 어렵다는 현실적 상황을 선조에게 말했다. 박순의 말은 당시 조정에서 대신과 언관 관계의 단면을 보여 주는 말이었다. 결국 정유길이 자리에서 물러나고 김귀영이 우의정이 되었다.[72] 이어서 박순이 고향인 나주로 성묘를 가게 되자 선조는 박순, 김귀영 이외에 정승 또 한 자리에 대한 복상을 요구했다. 이때 박순은 정지연, 이이, 정유길을 추천하였고, 김귀영은 이문형과 박대립을 뽑으려 하였다. 박순, 김귀영 두 사람은 상당히 치열하게 버티었다. 박순이 "대립과 문형은 결코 뽑을 수 없다."고 완강히 주장하자, 결국 김귀영도 정지연을 정승으로 뽑는 데 동의하였다. 그 결과 김귀영이 좌의정으로 옮기고, 정지연이 우의정에 임명되었다.[73]

위에서 이이가 대사간으로 있으면서도 사간원 내부 의견을 주도할 수 없었고, 결국 그가 몹시 반대했던 김귀영이 우의정이 되었던 것을 주목할 필요가 있다. 김귀영이 우의정이 되는 과정은 당시 삼사의 정상적인 의사결정 방식인 처치에 따른 것이었다. 사간원에서 이이와 나머지 관원들의 의견이 갈리자 홍문관이 처치하여 정유길의 퇴진을 결정했다. 윤승훈 사건에서 이이는 큰 충격을 받았다. 홍문관에 자신이 신뢰하던 이발, 김우옹, 그리고 류성룡이 있었는데도, 그들이 윤승훈과 자신을 동일한 선상에서 처치했기 때문이었다. 이러한 의사결정 방식에서 이이는 혼자 힘으로 어떤 정치적 의사도 관철시킬 수 없었다.

이이, 선조에게 개혁을 호소하다

선조 13년 12월 이이가 조정에 복귀하면서 가졌던 목표는 분명했다. 분열된 사림을 하나로 통합하여, 그 단합된 힘으로 선조에게 개혁을 요구하여 관철시키는 것이었다. 선조 14년쯤 몇 가지 사항이 비교적 분명해졌다.

첫째, 사림을 하나로 통합하는 목표는 실현가능성이 크게 낮아졌다. 동서로 분열된 사림을 통합하는 것에 실패한 것은 물론이고, 이이는 자신이 가깝게 생각했던 인물들에 대해서조차 자기 생각을 납득시킬 수 없었다. 이것은 윤승훈 사건을 통해서 확인되었고, 정유길 복상 문제를 거치면서 더욱 분명해졌다. 이이는 믿었던 이발, 류성룡 등의 지지를 얻지 못했다.

둘째, 국정 개혁에 대해서 선조는 여전히 부정적이었다. 이 시기에 이이는 자신의 개혁 요구를 몇 가지로 압축하였다. 공안貢案*을 개정하고, 전국 고을 수령의 수를 줄이고, 각 도 감사를 구임久任시키는 것이 그것이다. 구임이란 어떤 벼슬에 임명되어 그 직위에 오래도록 근무하는 것을 말한다. 현실적으로는 임기를 채우는 것을 뜻했다. 업무 현황을 파악하고 실질적으로 역할을 하기 위해서 필요한 일이었다. 하지만 선조는 이런 개혁이 대단히 어려운 것이라고 말하며 시종 부정적이었다.[74] 사실을 말하면, 그는 국정 개혁을 해야 할 별다른 필요를 느끼지 못했다. 말하자면 이이가 세운 두 가지 정치적 목표 모두 성공과는 거리가 멀어지고 있었다.

다만 한 가지 새로운 사실이 주목된다. 그것은 이 시기에 이르러 선조의 이이 개인에 대한 정치적 지지가 더욱 높아졌다는 점이다. 선조 14년 이이와 신진사림 사이의 점증하는 갈등에서, 이이는 거의 혼자 이들 전부를 상대해야 했다. 이 과정에서 이이도 신진사림을 설득할 수 없었지만, 그들도 이이에게 정치적 승리를 거둘 수 없었다. 이것은 거의 전적으로 선조의 이이에 대한 정치적 지지 때문이었다. 그 연장선상에서 이이가 선조 15년에 이조 판서에 임명되었다.[75]

---

* 공물貢物 수취를 위한 정부문서.

이이는 곧바로 상소를 올렸다. 물러나게 될 것을 예상하고 올린 상소였다.

역대 국왕 재위 시에 …… 이조 판서직에 있던 사람은 국정과 세도世道를 자기 임무로 삼아 관리들의 잘잘못을 감별함에 있어 아주 분명하게 하고, 인재를 선발함에 있어서도 지극히 공정하게 하여 당대의 맑은 논의[淸論]을 주장했습니다. 그래서 (이조의) 낭관郎官은 그저 이조 판서가 미처 하지 못하는 것을 보좌할 뿐이었습니다. 그런데 요즘 관각館閣의 청선淸選*은 일체 (이조의) 낭료郎僚**에게 위임시키고, (이조 판서는) 단지 미관말직만 추천하는 것으로 자기 임무를 삼고 있습니다. 그것조차 전후 사정을 살펴보면서 청탁(하는 사람)의 (관직) 높낮이에 따라 (관직 임명의) 경중을 가름합니다. 이리하여 그중에 공公과 사私가 서로 비슷한 자에게는 시론時論이 잘한다고 칭찬하기 때문에 청의淸議***가 낭료에게 있고 장관에게는 있지 않습니다. 이 때문에 이조 판서와 이조 전랑의 신분이 거꾸로 되어 기강을 이루지 못합니다. ……

(옛날에) 이조에는 고공사考功司를 두었습니다. 이리하여 옛날 고공의 임무를 맡은 사람은 백관을 검찰하여 그 직무를 수행하지 못하는 자가 있으면 나타나는 대로 제거시켰습니다. 때문에 백관이 직무를 수행하는 데 있어 감히 태만하거나 소홀하지 못했습니다. 지금 전조銓曹에서는 (관직에) 임명하는 일만을 관장할 뿐,

---

* 관각이란 문예를 담당하는 홍문관, 예문관, 교서관 등을 말하고, 청선이란 그 기관의 관직을 말한다. 청선이란 이름은 그 관직이 명예로운 것을 뜻한다.

** 낭관, 낭청郎廳이라고도 한다. 대개 5, 6품 관리를 말하는데, 여기서는 이조 전랑을 가리킨다.

*** 공정하다고 인식되는 언론 활동. 요즘 식으로 말하면 공론장公論場에서의 주도권을 뜻한다.

(임명된 후 그 직을 잘 수행하는지 살피는) 고공에 관해서는 (그 일이) 무슨 일인지도 모르고 있습니다. ……

(제가) 외로운 처지의 혼자 몸으로 여러 사람이 헐뜯고 비웃는 상황 속에서 스스로 분기하여 어리석은 충성을 바치려고 한다면, 필시 좌우에서 저지하여 결코 임금을 도와서 보탬이 되지 못할 것입니다. …… 아무리 생각해 봐도 결코 직무를 수행하기가 어려울 듯싶습니다. 사직시켜 주소서.[76]

이 당시 조정의 인사권은 이조 판서가 아닌 이조 전랑과 삼사가 장악하고 있었다. 이들 대부분이 동인이었다. 이 상황을 바꾸지 않고는 이조 판서가 인사행정에 영향력을 가질 수 없었다. 이이는 바로 이 문제를 지적했다.

나아가 이이는 관리들에 대한 고공考功의 필요를 역설하였다. 고공이란 관리들의 평상시 직무 수행에 대한 감찰을 의미한다. 사실은 이것도 현실에서는 삼사가 장악하고 있었다. 이 두 가지야말로 당시 동인이 가지고 있던 현실적 힘의 핵심 요소였다. 이이 역시 자신이 이 문제를 거론하면 "(이조 판서) 직무를 수행하기 어려울 것"이라는 것을 잘 알았다. 예상대로 이이가 이 문제를 제기하자마자 동인 측에서 "이이가 권세를 함부로 휘두르려는 계책을 하였다."는 비난이 곧바로 나왔다. 결국, 이이는 이조 판서직에서 물러나야 했다.

이미 여러 차례 확인되었듯이 조정에서 이이는 동인의 집단적 힘 앞에서 무력했다. 하지만 그렇다고 해서 동인이 이이에 대해 정치적 승리를 거두었다고 볼 수도 없었다. 이이는 곧 정2품 의정부 우참찬에 임명되었다가,[77] 곧바로 종1품 우찬성에 임명되었다. 동시에 전라 감사로 있던 정철이 도승지에 임명되었다. 선조의 이이에 대한 정치적 지지와 동인에 대한

견제가 계속되었던 것이다.[78]

이 상황에서 이이는 선조의 개혁 의지에 호소하게 된다. 사실 이이가 선조의 개혁 의지에 호소했다는 것 자체가, 그에게는 정치적 패배를 의미했다. 그는 사림의 단합된 힘으로 선조에게 개혁을 요구하려 했었다. 하지만 이미 사림의 독자적인 힘으로 개혁을 추진할 수 있는 여건이 전혀 아니었다. 사후적 가정이기는 하지만, 만약 이이가 자신만을 지키려 했거나, 좀 더 '정치적' 인간이었다면 이때 낙향했어야 했다. 그랬다면 그는 자신의 명망을 유지할 수 있었을 것이다. 어쩌면 나중에 또 한 번의 정치적 기회를 갖게 되었을지도 모른다. 하지만 그는 그렇게 하지 않았다.

이이는 우찬성이 된 후, 당시 조정의 여러 가지 문제점의 뿌리에는 "전하께서 잘 다스려 보겠다는 뜻을 신하들에게 분명히 보여 주지 않"았던 이유가 있다고 주장했다. 선조에게 국정 개혁 의지를 선명히 밝힐 것을 요청했던 것이다. 그러고는 앞서 언급한 공안 개정, 수령 숫자 감축, 감사 구임을 다시 한번 선조에게 요청하였다.

"이 일을 이이와 함께 할 수는 없다"

이이의 개혁 요청이 거듭되자 선조는 다른 신하들에게 이이가 요청한 개혁 사항들에 대한 의견을 물었다. 그러자 사헌부 장령 홍가신이 이이 주장에 적극 찬성하고 나섰다. 그는 이이의 주장이야말로 현 시점의 급선무라고 말하였다.

홍가신은 이 시기 조정에 있던 많은 사람 중에서 이채를 띠는 인물이다. 그는 어려서 허엽에게 배운 적이 있고 류성룡, 이발, 이길 등과 대단히 가까웠다. 그럼에도 이이의 개혁 주장에 동의했다. 말하자면 그는 당쟁 격화

홍가신 영정. 국립중앙박물관 소장.

가 초래한 강렬한 당파의식에 대해서 상대적으로 독립적이었다.

홍가신이 남긴 기록이나 시를 보면, 그는 류성룡과 일찍부터 대단히 친밀했다. 16, 17세 때부터 함께 놀았고, 과거 공부할 때 낮에는 옆에 앉고 밤에는 한 이불 속에서 잤던 친구였다.[79] 또 그의 셋째 아들이 이발의 사위였다. 이발과 이길이 기축옥사로 옥에 갇혔을 때는 극도의 공포 분위기에도 불구하고 옥으로 직접 찾아가 위로했다. 그들이 죽은 뒤에는, 가족과 친구의 만류에도 불구하고 두 사람을 장사지내 주었다. 실제로 그는 이 일로 귀양을 갔다. 서인 측은 홍가신에 대해서 "대관臺官이 되어서는 시론時論에 붙어 이이와 성혼을 공격함으로써 마침내 다른 당이 되었다."고 기록하였다.[80] 그는 확실히 서인은 아니었다. 하지만 그가 가졌던 독특한 성격을 통해서 당시 이이와 류성룡의 관계를 엿볼 수 있다.

홍문관 부제학 류성룡은 홍가신과 선조의 말을 듣고는 이튿날 차자를 올렸다. 여기서 류성룡은 이이의 논의가 시의에 적합하지 않다고 강력하게 주장했다. 이로 인해서 이이의 개혁안은 중지되고 말았다. 물론 온전히 류성룡의 힘이라기보다는 애초에 선조에게 개혁을 하려는 의사가 별로 없었기 때문이다. 그러자 이이는 홍가신에게 류성룡이 항상 자신과 개혁을 이야기하다가 자신의 개혁정책을 반대하니 그의 뜻을 모르겠다고 하였다. 나중에 홍가신은 류성룡을 찾아가서 이이의 말을 전했다. 그러고는 그가 이이 개혁안을 반대했던 이유를 물었다. 그러자 대답 대신에 류성룡은 홍가신이 이이의 주장을 따랐던 것을 오히려 힐난했다.

홍가신이 류성룡에게 되물었다. "그러면 공은 과연 (이이가 주장한) 개혁을 그르다고 여기는가?" 그러자 류성룡은 "개혁하는 것은 진실로 옳다. 하지만 이이의 재주로 그 일을 해내지 못할까 염려될 뿐이다."라고 답하였다.[81] 『선조수정실록』에는 "이이의 재주로 그 일을 해내지 못할까 염려될 뿐이다."라고 나오지만, 홍가신이 남긴 기록에는 좀 더 직설적으로 표현되었다. 류성룡은 "개혁하는 것은 옳은 일이지만, 이 일을 이이와 함께 할 수는 없다."고 말했다.[82]

류성룡을 포함한 동인의 이이에 대한 불신은 깊었다. 그러한 불신을 합리적으로 이해하기 위해서는,* 이 시기 정치적 상황과 개별 인물들에 대한 깊은 성찰이 필요하다. 홍가신은 그러한 이해를 위한 단초를 제공한다. 그는 나중에 어떤 사람에게 보낸 편지에서 이렇게 썼다. "율곡의 논의는 과연 옳다. 그러나 쉽고 너무 매끄러워서 평생의 오래된 병이 말하는 사이에 나타나는 것을 피할 수 없다." 이이의 말은 맞지만 그를 신뢰할 수 없기에 그의 말이 마음으로 동의가 안 된다는 뜻이다. 사람들에게 이이는 왜 그렇게 인식되었을까?

이 시기에 류성룡은 개혁의 당위성보다는 당파적 전선戰線에 따른 행동이 더 중요하다고 생각했던 것 같다. 이와 관련해서 『선조수정실록』은 흥미로운 기록을 남겼다.

> 이이가 일찍이 경연에서 "미리 10만의 군사를 양성하여 앞으로 뜻하지 않은 변란에 대비해야 한다."고 말하자, 류성룡은 "군사를 양성하는 것은 재앙의 단서를 키우는 것이다."라고 하며 매우 강력히 변론하였다. 이이는 늘 탄식하기를 "류성룡은 재주와 기개가 참으로 특출하지만 우리와 더불어 일을 함께하려고 하지 않으

---

* '합리적'이라는 말에 우리는 보통 긍정적 가치를 부여한다. 하지만 위에서 쓴 '합리적'이라는 말은 그런 뜻은 아니다. 말하는 사람, 혹은 행위자가 가진 일관된 논리 배후의 정서에 대한 정합적 이해를 의미할 뿐이다.

니 우리들이 죽은 뒤에야 반드시 그의 재주를 펼 수 있을 것이다." 하였다. 임진년 변란이 일어나자 류성룡이 국사를 담당하여 군무軍務를 요리하게 되었다. 그는 늘 "이이는 선견지명이 있었고 충성스럽고 근실한 절의가 있었다. 그가 죽지 않았다면 반드시 오늘날에 도움이 되었을 것이다."라고 하였다 한다.[83)]

성혼 눈에 비친 이이

이이에 대해서는 이미 많은 연구논문과 책이 있다. 이것들을 통해서 우리는 성혼 말대로 이이가 "세상에 드문 고명한 재주를 가진" 인물임을 확인할 수 있다. 그가 주장했던 개혁의 내용은 도덕적으로도 정당했다. 백성을 위해 민생에 힘써야 한다는 내용이었다. 그럼에도 불구하고 이이는 그의 생애 마지막 3년 남짓 기간 동안 동료와 후배에게 철저하게 배척당했다. 사실상 그의 생애 마지막 해였던 선조 16년이 그 절정이다.

이이에게 가장 가슴 아픈 일은 그가 오랫동안 함께하고 싶어 했던 류성룡은 물론, 한때 그의 사람이기도 했던 이발에게까지 배반당했던 것이다. 배반까지는 아니지만 김우옹과도 서먹해졌다. 조정의 많은 동료와 후배는 이이에 대해서 적대적인 모습을 보이기까지 하였다. 이이에 따르면 "삼사 여러 사람의 경우에, 다 물러가 움츠리고 서로 눈을 부릅뜨고 이리저리 관망하면서 (나에게) 찾아오지도 않는 사람이 있는가 하면, 출근해서도 직무를 보지 않는 자도 있었다."[84)] 물론 이런 양상을 빚은 일차적 원인을 이이에게서 찾는 것은 적절하지 않다. 하지만, 이이 개인의 성향이 아무런 영향도 주지 않았다고 볼 수도 없다.

이이에게는 평생 친구라고 할 수 있는 사람이 몇 명 있다. 하지만 그중에서 한 사람만 뽑아야 한다면 성혼이라고 말해야 옳다. 두 사람 모두 경기도

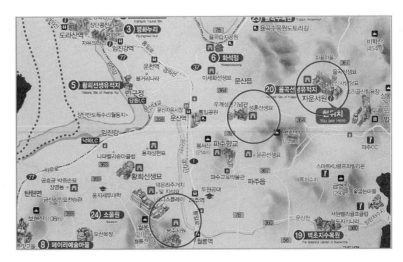

(위) 이이와 성혼이 성장한 파주의 주요 유적지 안내도. 이곳에서는 이이와 성혼의 묘소, 그들을 기리는 서원, 또 이이와 가깝게 지냈던 백인걸을 기리는 용주서원 등이 자리하고 있다. 율곡기념관을 기점으로 할 때, 성혼 묘역은 약 7㎞, 용주서원은 15㎞ 거리에 위치한다.

(아래) 성균관 문묘. 서울 종로구 명륜동 성균관대학교 내에 있다. 이이와 성혼은 사후 문묘에 함께 배향되었다가 함께 출향되었고, 나중에 다시 함께 배향되었다.

파주에서 성장했고, 나이는 성혼이 한 살 많다. 두 사람은 20세 무렵 만나 평생 친구로 지냈다. 성혼은 이이보다 15년을 더 살았다. 이이 사망 후 성혼은 서인을 이끌었고, 이이의 문집 초안을 마련하는 문제 등을 매듭지었다. 두 사람이 모두 죽고 난 후, 문묘文廟*에 함께 배향되었다가 함께 출향黜享되었고, 나중에 다시 함께 들어가는 영욕榮辱을 겪었다.[85] 말 그대로 특별한 친구 사이였다.

스승이나 집안으로 보면 성혼 쪽은 화려하다. 그의 아버지는 조광조에게 직접 배운 성수침成守琛(1493~1564)이다. 당대 유명한 재야 지식인이었다. 성혼은 10세 되던 해 부친에게 학업을 익히기 시작하여 15세에 이미 경전과 사서에 통하였다. 17세 되던 해에는 생원과 진사 1차 시험에 모두 합격했다. 그리고 이해 겨울에 아버지 친구이자 역시 조광조의 제자인 백인걸에게 『상서』를 배웠다. 명종 20년(1565) 부친이 세상을 뜨자 성혼은 마음의 방향을 잡아 줄 스승으로 이황을 꼽았고, 그를 찾아갔다.

성혼은 삶의 이른 시기에 탁월하고 압도적인 아버지와 스승에 의해서 깊은 영향을 받았다. 그가 30세가 넘은 나이와 상당한 학문적 성취에도 불구하고, 부친 사후에 이황을 찾았던 것은 그의 삶의 경험과 방식에 따른 것이다. 그는 규범을 준수했다. 가능하면 기존의 것을 익히고 수용하는 사람이었다. 사실 그의 행동방식이 당시에는 통상적이었다. 이에 반해서 이이는 매우 달랐다.

---

* 문묘는 공자를 받든 사당으로 서울의 성균관과 지방 향교에 있었다. 조선시대에는 공자의 중국인 제자들과 신라, 고려, 조선의 명현 18명이 배향되었다. 최치원, 설총, 안향, 정몽주 외 14인의 조선시대 인물이 배향되었다. 정여창, 김굉필, 이언적, 조광조, 이황, 김인후, 이이, 성혼, 김장생, 김집, 박세채, 송시열, 송준길, 조헌이 그들이다.

겸재 정선이 성수침의 독서당인 청송당(청송聽松은 성수침의 호)을 보고 그린 그림. 간송미술관 소장.
청송당은 현재 서울 종로구 청운동 경기상고 자리에 해당한다.

이이에게는 일정한 스승이 없다. 집안에 내려오는 가학家學이 있었던 것도 아니다. 문인의 예를 갖추어 예안의 이황을 방문했지만, 통상적인 의미에서 이황을 스승으로 생각했던 것 같지도 않다. 이이가 23세이고, 이황이 온 나라 선비들의 깊은 존경을 받았던 59세 때 일이다. 일정한 스승이 없는 천재들은 그들을 얽어매는 정신적 굴레가 없기에 흔히 독립적인 성향을 띠는 경우가 많다. 이런 경향은 이이에게 다양한 방식으로 나타났다. 이이는 다른 학자를 평할 때도 독창성 있는 견해에 높은 점수를 주었다. 그가 서경덕을 높이 평가했던 것도 같은 맥락이다. 그는 여기서 한 걸음 더 나아갔다. 학문과 현실 중에서 전자보다는 후자에 집중했다. 그는 기존 견해에 얽매이지 않았고, 현실 상황 자체에 대한 이해와 개선에 더 집중했다.

성혼이 본 이이의 장점과 단점은 빛과 그늘의 대비처럼 선명했다. 처음 만난 순간부터 이이의 탁월함에 누구보다 매료되었던 사람이 바로 성혼이다. 그와 동시에 그의 단점에 대해서도 분명하게 인식했다. 성혼은 이이에 대해서 다음과 같이 말했다.

"스스로 고명함을 자부하여 남들이 자신만 못하다고 여기지만, 끝내 그 잘못을 깨달을 날이 있을 것이다."

"관작이 제수되어도 당연한 일로 여기며, 또 운명과 분수가 본디 정해져 있다는 이치를 말하곤 하였다."

"재주가 트였기 때문에 경솔한 병통이 있어 침착하고 치밀한 기풍이 부족하다. 성품이 분명하고 곧으며 우활하고 성실하기 때문에 절대로 외모를 꾸며 사람들의 마음에 맞추려는 태도가 없었다. 뜻이 커서 하찮은 일에 대해서는 소략하고 자신감이 넘쳐 세속을 따르지 않았다. 또 견고하게 응집된 역량이 부족하여 남이 모함하는 선동하는 말에 동요되곤 했다."[86]

　　이와 같은 성혼의 평가는 홍가신이 "평생의 오래된 병"으로 가리켰던 것들이고, 이이를 비판했던 다른 사람들도 한 번쯤 했던 말들이다. 하지만 이런 이이의 모습을 그의 인간적 단점이라고 단정하기는 어렵다. 다만 그것이 이 시대 젊은 유자들이 이상적 모습으로 상정한 인간상에 온전히 일치한 것은 아니다. 성혼 말대로 이이는 "뜻이 커서 하찮은 일에 대해서는 소략하고 자신감이 넘쳐 세속을 따르지 않았다." 많은 경우에 "하찮은 일"이 갈등의 단서가 된다. 사람마다 "하찮은 일"로 생각하는 것이 서로 다르기 때문이다. 더구나 이이는 자기와 생각이 다른 다수를 따르는 척도 하지 않았다.

4장

계미삼찬

선조 16년

'이탕개의 난'이 불러온 효과

여진의 성장, 선조의 충격

이이는 선조 15년 10월에 중국 사신을 맞는 원접사에 임명되었다. '원 접遠接'이란 국경 가까이 가서 외국 사신을 맞아오는 일이었다. 이 일은 다음 달인 11월까지 이어졌고, 이 일을 마친 후 그는 고향으로 내려갔다. 몸이 아파서였다. 이로부터 약 1년 후에 그는 갑자기 사망하는데, 아마도 이때 그가 고향으로 내려간 것도 같은 병 때문이었을 것이다. 고향에 내려 갔지만, 오래 있지는 못했다. 그는 병조 판서에 임명되어 선조 16년 1월 22 일에 서울에 올라왔다.[87] 임명된 지 20여 일이 지나서였다는 기록으로 보 아서[88] 이이가 병조 판서에 임명된 것은 선조 15년 말쯤이었을 것으로 보 인다. 이보다 앞서 선조 15년 12월 정기 인사에서 정철도 함경 감사에 임 명되었다.[89] 아마도 선조 15년 어느 시점부터 군사적 이상 징후들이 북방 에서 보고되고 있었던 듯하다.

선조를 만나자, 이이는 문형文衡을 맡은 신하가 병권兵權까지 주관한 경 우는 드물었다며 병조 판서직을 사양했다. 조선시대 관직 중에 '문형'이라 는 별칭으로 불리던 관직이 있다. 저울로 물건을 달듯이 글을 평가하는 자 리라는 뜻이다. 대단히 명예스러운 관직이었다. 당대 최고 문장가를 가리 켰다. 조선시대에 예문관, 춘추관, 집현전, 홍문관 등의 기관을 관각觀閣 이라고 불렸다. 국가에서 필요로 하는 학문의 연구, 서적의 편찬, 문장의 작성을 담당하던 기관들이다. 이들 기관의 수장이 대제학이었는데, 나중에 특히 예문관 대제학으로서 성균관 대사성이나 지성균관사를 겸한 인물을 문형이라고 불렀다. 대략 15세기 말부터 그렇게 불리다가 명종 대 후반 사림이 등장하면서 정착된 이름이다.[90]

하지만 선조 역시 완강했다. 결국, 이이는 병조 판서 직책을 받아들였다. 그 이유에 대해서 실록은 "북쪽 변방에 경보警報가 있었으므로 마침내 감히 다시 사양하지 못했다."고 기록하고 있다.[91] 이 시기 북방의 군사적 상황에 대한 실록 기록은 간략하지만, 실제로는 상당히 위험한 상황이 전개되고 있었다. 유명한 '이탕개의 난'이 막 시작되었던 것이다.

함경도 북부 지역에는 국초 이래 '번호藩胡'라 불리는 여진 부족들이 거주했다. 이들은 조선 국경 성城 아래 거주하며 농업에 종사하고 조선 백성과도 긴밀한 관계를 맺은 채 살고 있었다. 때문에 그들은 조선 수령이나 장수들의 세력권 내에 있었고, 이들 지시에 복종했다. 적대적인 다른 여진 부족이 조선을 공격할 때, 번호는 미리 정보를 알려주기도 하고 때로는 직접 군사를 동원하여 함께 싸우기도 했다. 이들은 조선의 국방에 완충 역할을 담당했다. 번호는 말하자면 친조선적인 여진 부족들이었다.

그런데 시간이 지나면서 조선 정부는 번호에 대한 관심이 차츰 줄었다. 그들의 국방상 완충 역할에 대한 필요가 차츰 줄어들었기 때문이다. 많은 여진 부족이 수렵 및 어로 생활에서 농경 생활로 전환되면서 조선에 적대적인 여진세력이 점차 감소했던 것이다. 더구나 여진 부족의 상업적 교섭 대상이 조선에만 그치지 않고 명나라로 확대되었다. 조선과 여진 부족 모두 서로를 필요로 하는 정도가 점차 낮아졌던 것이다.

그런데 만주에 널리 퍼져 있는 여진 부족들 전체로 보면 이와는 매우 다른 상황이 시작되고 있었다. 16세기 말 여진 부족들 사이에는 노예와 재산, 토지를 약탈하는 상황이 격렬하게 진행되었다. 그리고 이때 명군과 여진의 전투 과정에서 누르하치(1559~1626)가 조부와 아버지를 잃는 사태가 벌어졌다. 후금, 즉 청나라를 세운 바로 그 누르하치이다. 그는 선조 16년 5월 부친의 원수를 갚기 위해 직접 군사를 동원하여 여진의 세력 다툼에 참여하였다. 훗날의 청나라가 시작된 첫걸음이다. 조선은 이러한 여진의 상황을 제대로 파악하고 있지 못했다. 그러던 중 일부 번호들이 주축이 되어 주변 번호들을 선동하여 조선을 공격했던 것이다. 자신들에 대한 조선의 태도 변화, 조선 국경 주둔 장수들의 횡포, 흉년으로 인한 식량 부족, 그리고 여진 내부의 세력 다툼 등이 복합적으로 작용한 결과였다. 이것이 선조 16년에 일어난 '이탕개의 난'이다.[92]

선조 16년(1583) 2월 7일자 『선조실록』 기사에는 북도 병사北道兵使 이제신의 보고가 등장한다. "경원부慶源府 번호 이탕개尼湯介 등이 도적이 되어 경원과 아산보阿山堡를 포위하고 있다."는 내용이다.[93] 사실 이날의 전투 보고 내용은 이렇게 간단하지 않았을 것이다. '이탕개의 난'은 선조 16년 1월부터 7월 19일까지 모두 7번의 전투를 치르며 지속되었다. 가장 치열한 두 번의 전투는 1월 28일 경원진 전투와 5월 5일 종성진 전투였다. 경원진 전투가 벌어지기 전에 시기적으로 언제였는지는 분명하지 않지만, 아산보 전투에서 이탕개가 승리를 거두었다. 경원진 전투는 이 전투로 승세를 탄 이탕개가 벌인 두 번째 전투였다. 이이가 "북쪽 변방에 경보警報"가 있어서 병조 판서직을 사양하지 못한다고 했을 때, 그것은 아산보 전투를 가리키는 것이었다. 위의 선조 16년 2월 7일 보고는 1월 28, 29일 전투에 대한 보고이다.

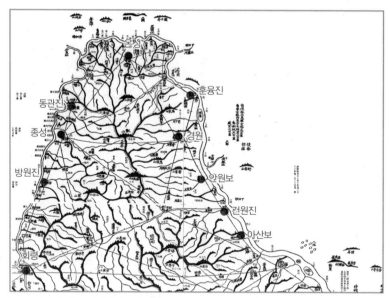

(위) 「대동여지도」에 그려진 이탕개의 난 관련 북방의 주요 지점

(아래) 위 지점을 현재 지도에 옮긴 모습

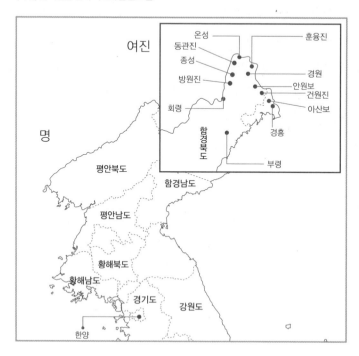

경원부 사태 같은 일이 벌어질지도 모른다는 말을, 이이는 전부터 여러 차례 선조에게 했었다. 그는 국정 개혁이 이루어지지 않으면 병란兵亂을 맞이해서 나라에 큰 문제가 발생할 것임을 경고했었다.[94] 당시 조정에서 이런 가능성을 언급하며 국정개혁을 통한 구체적인 대비를 주장한 사람은 이이 말고는 확인되지 않는다.

이이를 만난 자리에서 선조는 "우리나라 병력이 전 왕조에 미치지 못한다. 오랫동안 평화를 누린 나머지 병정兵政 또한 해이하게 된 지 오래이다. 나는 가끔 그것을 생각하고 남몰래 걱정하였으며, 실로 적당한 인재를 얻지 못한 것을 한탄했다. 경卿은 개혁과 (조정의) 기강 고치는 일을 부단히 주장해 왔으니, 이것은 바로 경의 평소 생각이다. 지금 경이 참으로 기발한 계책을 세워 전해 내려오는 폐습을 모조리 혁파하고, 이어서 군사를 기를 계획을 세운다면 국가에 다행일 것이다."라고 말했다.[95] 북방에서 실제로 병란이 발생하자 선조는 이이를 떠올렸던 것이다.

'이탕개의 난'은 16세기 들어서 조선이 겪은 두 번의 큰 외침인 삼포왜란 (1510)이나 을묘왜변(1555)에 못지않은 큰 사건이었다.* 조선은 후금 건국 (1616) 이전까지 여진으로부터 100여 회가 넘는 침입을 받았다. 하지만 '이 탕개의 난'을 제외하면 침입 규모는 최대 3천여 기騎를 넘지 않았다.[96] 그런 데 '이탕개의 난'에서는 최대 3만여 기 여진 병력이 조선을 침입하였다. 선 조는 이 일로 대단히 큰 충격을 받았다.

경원과 아산보 사태에 대한 보고를 접수한 후, 선조는 3정승 및 비변사

---

* 삼포는 부산포, 내이포(현 진해), 염포(현 경남 방어진方魚津과 장생포長生浦 사이) 등 3개의 포구이다. 을묘왜변은 전라도 남부 지역이 피해를 입었는데 영암 일대 피해가 많았다.

비변사 터. 창덕궁 맞은편 도로변에 있다.

당상*과 논의하여 급한 대로 우선 한두 가지 조치를 취했다. 가장 중요한
것은 기존에 한 번도 실시한 적이 없는 고위직 무관을 파견한 것이다. 함경
도 북도 지역에 북병사 즉 종2품 함경도 병마절도사보다 품계가 높은 정2
품 도순찰사都巡察使와 북병사와 동급인 방어사防禦使를 파견했다. 이때 파
견된 도순찰사가 정언신이다.[97] 그런데 이렇게 조치한 지 이틀 후 경원부
와 안원보安遠堡 성이 함락되었다는 소식이 전해졌다.[98]

이이는 즉시 전투에 투입할 수 있는 병력 동원 계획을 신속하게 내놓았

---

* 조선의 군사행정은 병조에서 관장하지만, 외적 침입 등 변방에 비상사태가 발생하면
병조 단독으로 문제 해결이 곤란한 경우가 많았다. 때문에 의정부와 육조의 대신들,
그리고 변방의 일을 잘 아는 고위 관원으로 구성한 회의가 결성되었다. 말하자면 국방
문제 태스크포스Task Force였다. 이런 모임이 비변사備邊司라는 명칭을 얻은 것이
중종 12년(1517)이다. 말 그대로 변방 문제에 대처하는 부서라는 뜻이다. 그러다가 기
관 건물이 마련되고 관원이 임명된 것은 명종 10년(1555)이다. 을묘왜변이 계기가 되
었다. 그 후 임진왜란이 일어나 국가 모든 행정이 전쟁과 직결되자, 비변사 기구가 확
대되고 권한도 크게 강화되었다. 비변사의 관직은 위에서부터 도제조, 제조, 부제조,
낭청 순서였는데, 도제조·제조·부제조를 통칭하여 비변사 당상堂上이라고 불렀다.

『북관유적도첩』 중 「일전해위도」. 신립이 선조 16년(1583) 온성 부사로 있을 때 두만강 변의 오랑캐를 소탕
한 고사를 그린 것이다. 고려대학교 박물관 소장.

다. 6진 방어에 자원하여 만 3년을 채우면 서얼은 과거시험을 볼 수 있고, 공·사 노비는 천인 신분을 벗고 양인이 된다는 내용이었다. 사노비가 양인이 되었을 경우에는 공노비로 대신 충당하여, 사노비 주인에게 손해가 가지 않도록 조처했다. 선조는 이이의 안을 즉시 허락했다. 하지만, 사헌부, 사간원 양사가 반대하여 이 안은 실현되지 못했다.[99]

다행스러운 소식도 전해졌다. 당시 6진 중 하나인 온성의 부사는 명장 신립이었다. 2월 9일에 온성과 경원 중간에 위치한 훈융진을 적들이 포위하였다. 이에 신립은 힘써 싸워서 적의 목 50여 급級을 베고 이어 강 건너까지 추격하여 그들의 부락을 소탕했다.[100] 하지만 한 번의 반격으로 여진 부족들이 물러가지는 않았다. 며칠 후 이들은 훈융진을 다시 포위 공격해 왔다. 이번에도 조선 측에서 비교적 잘 막아 냈다.[101] 2차례에 걸친 훈융진 공격 후, 여진 부족들의 공격은 소강 상태에 들어갔다.

이이 개혁안과 선조의 변화

이이가 보기에, 선조 16년 초 6진의 양상은 조선의 허약함을 총체적으로 내보인 것이었다. 그가 보기에 그 허약함은 단순히 군사적인 면에 한정되지 않았다. 이이는 국가적 차원에서 개혁이 즉시 이루어져야 한다고 판단했다. 이를 위해서 선조 16년 2월에 1차로 6가지 사항을 요청하는 상소를 올렸다. 첫째 유능한 인사를 임용할 것, 둘째 양민과 군사를 함께 양성할 것, 셋째 재정을 풍족하게 만들 것, 넷째 국경 경비를 튼튼하게 할 것, 다섯째 전마戰馬를 갖출 것, 여섯째 백성에 대한 교화를 밝힐 것 등이 그것이다.[102] 이이가 요청한 사항들은 직접적인 군사력 강화에 한정되지 않았다. 오히려 그는 군사력을 군수, 재정, 행정, 그리고 민심까지 모두 포괄하는 개념으로 이해했다. 또 추상적 원칙이나 방향 제시에 그치지도 않았다. 이들 목표에 도달할 수 있는 구체적 방법을 포함하고 있었다.

두 달 후 4월에 이이는 2차로 상소를 올렸다. 여기서 그는 1차 상소를 기초로 폐정弊政 즉, 고쳐야 할 나쁜 정치를 혁신하기 위해 조정이 시급히 해야 할 일을 4가지로 압축했다. 공안을 개정하고, 군적軍籍을 고치고, 너무 작은 주·현州縣을 합치고, 감사監司를 구임시키는 것이 그것이다.[103] 이이가 군적을 정리하려는 이유는 실제로 전투 능력을 가진 병사를 기르기 위한 것이었다. 이를 위해서는 그들이 부담하던 공물을 다른 곳으로 옮기고, 이들이 군사훈련에만 전념할 수 있어야 했다. 군적 정리의 전제 조건이 공물 개혁이었던 것이다. 또 주현을 합치는 것도 공물 개혁과 관련이 깊었다. 대개 작은 군현은 가구별 실제 공물 부담이 크고 큰 군현은 그 부담이 작았다. 군현 크기를 조정하려는 가장 중요한 목적은 백성이 지는 공물 부담을 균등히 하려는 것이었다. 마지막 감사의 구임 역시 감사 교체에 따른 비용을 줄이고, 지역에 대한 감사의 행정적 장악력을 높이려는 목적이었다. 그의 4가지 요구는 서로 잘 맞물려 있는 구조였다. 그 중심에 백성의 공물 부담 경감이라는 목적이 있었다.[104]

이이 상소에 대한 선조의 비답 내용은 상당히 놀라웠다. 이전까지 선조가 보였던 반응과 크게 달랐기 때문이다. 사안의 중요성이나 복잡성으로 볼 때 공안 개정은 금방 결론짓기 어려웠다. 이것을 제외하고 이이가 요구한 나머지 3가지 사항을 선조는 전폭 수용했다.[105] 그가 이렇게 큰 입장 변화를 일으킨 이유는 분명했다. 경원부 사태가 선조에게 준 충격이 그만큼 컸던 것이다. 민생이 악화된다고 해도 그에게 현실적으로 어떤 직접적인 피해가 가는 것은 아니지만, 군사 문제는 나라를 잃을 수도 있는 문제였다. 선조는 이이가 요청했던 병력 동원 계획안도 즉각 승인했다. 이 과정에서 양사가 이이 안에 반대했지만 선조는 단호하게 물리쳤다.[106]

한편, 선조는 성혼을 병조 참지參知로 임명했다. 참지는 참의參議 다음으로 높은 정3품 당상관이다. 성혼이 받아들이지 않자 선조는, "지금 병조 판서는 그대의 친구이다. (내가) 그대를 발탁하여 참지로 삼은 것이 어찌 뜻이 없겠는가. 마음도 같이하고 덕도 같이해야 할 날이 바로 오늘이다. 그대는 어찌하여 빨리 생각을 바꾸고 올라와 자리를 비워 놓고 기다리는 내 기대에 부응해 주지 않는단 말인가."[107]라고 말하였다. 선조는 성혼을 이이와 한 묶음으로 생각했다. 또 김우옹을 대사성에 임명했다. 이이가 강력히 추천한 결과였다.[108] 이이는 여전히 김우옹을 믿었다.

경안령 이요 사건

이즈음 사건 하나가 발생했다. 이이의 2차 상소에 대해 선조가 비답을 내린 날이 선조 16년 4월 14일이다. 이로부터 사흘 후 경안령慶安令 이요로 인한 정치적 파란이 일어났다. 이요는 세종의 아들 담양군潭陽君의 증손으로 종친宗親 즉, 종실宗室 인물이다. 그는 선조를 만난 자리에서 당시 정치 상황에 대해 자신의 생각을 기탄없이 쏟아냈다. 그 발언에서 가장 문제가 된 것은 류성룡·이발·김효원·김응남을 '동인의 괴수'라고 주장한 부분이다. 문제가 커진 것은 선조가 이요 말에 "자못 일리 있는 말"이라고 반응했기 때문이다. 당시에는 조정 안팎의 당파 간 긴장과 갈등 때문에 특정 인물을 탄핵하는 상소들이 심심치 않게 올라왔다. 그 내용이 모두 정확하지도 않았다. 크게 보면 이요의 주장도 그런 것들 중 하나였다. 하지만 사실 여부와 관계없이 선조가 이를 수긍하는 듯한 발언을 했다는 것이 중요하

다.[109]

이요 발언의 파장은 컸다. 김우옹은 몇 달 후 다음과 같이 말했다.

> 한번 요의 말이 나오자 …… 이이에 대한 사림의 의혹은 더욱 깊어졌습니다. 일 좋
> 아하는 경박한 무리들은 이로 인해 함께 떠들고 일어나 비로소 (이이를) 공격할
> 뜻을 두었습니다.[110]

김우옹이 말한 "사림"은 물론 동인이다. 송응개도 몇 달 후 "이요가 (주
상을) 면대했던 일도, 조정 밖에 떠도는 소문으로는 모두 이이 무리의 부탁
으로 이루어진 일"이라고 주장했다.[111] 요컨대 동인 강경파 그룹을 중심으
로, 이요의 발언을 이이 혹은 그의 당여가 꾸민 것으로 받아들였다. 그리
고 이때부터 이들은 이이를 직접적인 공격 대상으로 삼았다. 그때까지만
해도 이이는 공적으로는 비판 받아도 개인적으로 공격 대상이 되지는 않
았다. 그 전환의 계기가 이요 사건이다.

김우옹은 이요의 발언이 동인이 이이를 직접적으로 공격하게 된 단서가
되었다고 말했다. 그런데 이와는 다른 의견도 있다. 이귀는 이이가 4월에
올린 2차 상소야말로 동인이 이이를 직접 공격하게 된 계기였다고 주장했
다. 이이는 이 상소에서 4가지 개혁 사항에 덧붙여 자신의 정치적 입장을
제시했다. 그는 "여론을 주도하는 벼슬아치들 대부분이 동인으로서 그들
의 견해에 편벽됨이 없지 않"고, "동인이 아닌 사람은 억제하고, 서인을 배
척하는 사람은 찬양하여 그것으로써 시론을 정하"며, "조정에 처음 진출
하여 빨리 출세하기를 바라는 사류가, 서인을 공격하면 출셋길이 열리는
것을 알고는 다투어 일어나 견강부회하여 인재를 중상하고 선비의 풍습을

무너뜨리고 있"다고 주장했다. 이에 대한 대책으로 이이는 다음과 같이 요청했다.

> 선인을 등용하고 악인을 벌하여 한결같이 공도公道를 따르게 하는 한편, …… 만약 고집을 부리며 깨닫지 못하는 자가 있으면 이를 억제하시고, 사심을 품고 억지 변명을 하는 자가 있으면 멀리 배척하소서.[112]

특히 마지막 말은 이이가 이전에는 하지 않았던 말이다.

동인 입장에서 이이 주장의 무게를 이전과 다르게 느꼈을 가능성이 높다. 선조가 이이의 주장을 전폭 수용했기 때문이다. 덧붙여서 선조는 "나랏일은 훌륭한 대신들에게 맡겨야 마땅하다."는 말을 덧붙였다. "훌륭한 대신"이란 이이를 말했다. 김우옹과 이귀 주장 중 어떤 것이 더 타당한지 가리기는 어렵다. 하지만, 선조 16년 4월 중순을 기점으로, 동인이 공적 영역을 넘어 이이 개인에 대해서 직접적인 공격을 가하게 되었던 것은 비교적 분명하다. 이로부터 한 달 조금 지나서 이이를 정면으로 겨냥하는 탄핵 상소가 올라왔다.

이때에 삼사에는 과거에 이이와 이리저리 갈등했거나, 동인 중에서도 비교적 강경한 입장을 가졌던 인물이 다수 포진하고 있었다. 이이의 2차 상소에 대해서 선조가 전향적인 비답을 내리던 그날, 삼사에 대한 인사 개편이 단행되었다. 송응개가 대사간에, 이기가 부제학에, 이식이 대사헌에 임명되었다.[113] 송응개가 아버지 송기수의 삼년상을 마치고 조정에 막 복귀했다. 홍문관에는 허봉, 정희적, 홍적과 그의 형 홍진이 재직 중이었다.

공론은 누구에게 있는가

계속되는 북방 상황

잠시 잠잠했던 이탕개 부대가 5월 초에 공격을 재개했다. 5월 6일 북병사 보고가 조정에 도착했다. "2천여 기 오랑캐 무리가 종성 강가에 모여 있다가 그중 10여 기가 먼저 여울을 건너오기에 1명을 쏘아 죽이고 그가 타고 있던 말을 빼앗았더니 물러갔습니다. 이는 대개 회령·종성·온성 등지의 번호들이 경원 오랑캐들과 서로 모의하여 배반한 것입니다."[114]

종성 강가에 모였던 번호는 경원을 공격했던 번호와는 다른 번호였던 것으로 보인다. 7일 후인 5월 13일 다시 북병사와 순찰사 보고가 도달했다. "이달 5일에 오랑캐 2만여 기가 종성을 포위했습니다. 출신 군관 권덕례權德禮·최호崔浩와 그 밖의 토병土兵 다수가 피살되고 병사兵使도 포위되었습니다."[115] 출신 군관이란 무과를 통과한 엘리트 군관을 말한다.

5월 17일에는 회령會寧의 여진족 추장 이탕개가 종성 성城을 4면으로 포위 공격했는데, 조선 측이 이들을 퇴각시켰다는 소식이 전해졌다. 그런데 이들의 퇴각 이유가 조선 측 반격 때문은 아니었다. 또 다른 번호 효정孝汀은 본래 이탕개와 사이가 안 좋았다. 이탕개가 종성을 공격하느라 그의 본거지를 비우자, 효정이 그 틈을 타서 그들의 움막집을 모조리 불태워 버렸다. 이탕개는 할 수 없이 군대를 일시 철수했다.[116]

이탕개의 공격이 곧 재개되었다. 북방의 보고도 계속되었다. "1천여 기

오랑캐 무리가 이달 13일에 종성을 포위했다가 이기지 못하고 후퇴했습니다. 16일에는 또 동관潼關·방원防垣 등지를 포위했다가 퇴각했습니다." "이달 19일에 오랑캐 무리 1만여 기가 동관을 포위했다가 물러갔습니다. 종성·회령 근처 번호들도 틈을 타고 도발하여 사람과 물건을 닥치는 대로 훔쳐가기를 하루도 거르는 날이 없습니다. 너무나 통분합니다.'"[117] 1천에서 2만이 넘는 여진 기병의 공격은 몹시 위협적이었다.

5월 초 북방 사태가 재개됐다는 소식이 전해졌다. 조정은 공·사노비와 잡류雜類 중에서 활을 잘 쏘는 자 2백 명을 선발하여 면포와 쌀을 주고, 또 활을 쏘지 못하는 백성에게는 전마戰馬를 갖추게 하여 두 무리로 나누어 종성으로 보냈다. 잡류란 양인 중에서도 장인匠人·뱃사공·염간鹽干 등 사회적으로 천시되던 직역職役을 가진 사람들을 가리킨다. 또 동·서반 4품 이상과 종친宗親 중 종3품 부정副正 직급 이상 사람들에게 쌀 1석씩을 거두었다. 함경도와 평안도 박천 이북의 각 고을을 제외한 외방 수령들에게도 각기 비축하고 있는 모곡耗穀으로 쌀 2석씩을 거두었다.[118] 모곡이란 환곡을 백성에게서 돌려받을 때, 한 섬에 몇 되씩 덧붙여 받던 곡식을 말한다. 처음에는 환곡용 비축곡의 장기간 보관에 따른 자연 감소분을 보충하기 위해서 거두었다. 하지만 곧 그 용도를 넘어서 지방 관청 운영비로 사용되었다.

5월 26일에 추가적인 조치가 취해졌다. 서울에서 활솜씨가 능한 자 1백 명을 더 뽑고, 또 군기시軍器寺로 하여금 편전片箭* 1천 부部**와 장전長箭 5백 부를 종성에 더 보내도록 했다.[119] 군기시는 무기 제조를 관장하던 기관이다. 공격하는 여진 부족 병력에 비하면 조선 조정의 후방 지원은 보잘것없었다. 다가오는 겨울은 더 큰 문제였다. 대동강이 얼면 기병 부대가 주력

군기시 터(위) 및 관련 유물전시관(아래). 서울 세종대로 프레스센터 옆에 자리한 군기시 표지석 지하(서울 시청역 시민청 공간)에서 군기시 터와 관련 유물이 발견되었다. 서울시에서 상설 전시관을 마련하여 운영 하고 있다.

인 여진족에게 더욱 유리했다. 이에 대한 대책 마련이 절실했다. 비변사는 전국적으로 최소 3천 명 정도의 추가 병력 동원을 계획했다.[120]

"전천專擅·만군慢君의 죄"

비변사가 분주히 일을 처리하던 도중에 돌발 사건 하나가 발생했다. 보기에 따라서는 별 문제 아닌 사건이었다. 5월 26일 조정 결정에 따라 서울에서 활쏘기에 능한 사수射手를 뽑아 종성에 보내야 했다. 그런데 이들과 장비를 싣고 갈 전마戰馬가 크게 부족했다. 그러자 이이는 비변사 동료들과 다음과 같이 의논했다.

> 이전부터 변방을 지키는 병사들에게 말[馬] 없이 걸어가게 했기 때문에, 이들이 길 가는 사람들 말을 약탈하여 의복 등 장비를 싣고 가는 폐단이 있었다. 이번에 선발한 군사는 3등급으로 나눠진다. 1등급은 필요한 장비를 모두 갖춘 자들로서 변방 방비에 충분하지만, 2·3등급 경우는 그렇지 못하다. 그러므로 말을 바치면 종성에 가는 것을 면제시키는 조건으로 모집하면 공사 간에 다 좋을 것이다.

이이 의견에 모두 동의했다.[121]

그런데 이 과정에서 결정된 사항을 왕에게 사전 보고 없이 시행했다. 후에 실수를 깨달았지만 이이는 왕에게 직접 나아가 죄를 청하지 않고 단지

---

* 편전은 속칭 '애기살'이라고 불리었다. 촉을 제외하고 24cm였고, 천 보 이상의 살상 범위를 가졌다. 화살대는 강하고 촉끝은 예리하여 철갑으로 된 단단하고 두꺼운 갑옷도 뚫었다. 날아오는 것이 잘 보이지 않으면서도 살상력이 높아서 위험적인 무기였다. 『조선의 궁술』, 대동인쇄주식회사, 1929.

** 30개 한 묶음.

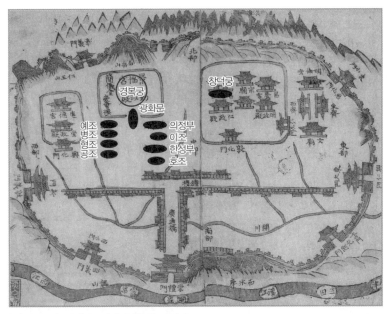

경복궁

창덕궁

광화문

예조
병조
형조
공조

의정부
이조
한성부
호조

(위) 「한양도」(19세기)에 그려진 경복궁 앞 6조 거리.

(아래) 서울역사박물관에 전시된 6조거리 복원 모형.

경복궁

6조거리

글을 지어 황공하다는 뜻만을 넣어서 비변사 낭청을 시켜 아뢰게 했다. 또 6월 2일에 변방 상황을 논의하기 위해서 선조가 이이를 불렀는데, 이이가 입궐했다가 갑자기 현기증을 일으켜 내병조內兵曹에 누웠었다.[122] 내병조란 궁궐에 있는 병조의 출장소 같은 곳이다. 경복궁은 근정문 밖, 창덕궁은 인정문 남쪽 마주 보이는 행각의 서쪽 편, 경희궁은 건명문 밖 동쪽에 설치하였다. 지나던 승지가 우연히 보고 선조에게 보고하자 선조는 내의 內醫를 보내어 이이의 병을 살피게 하고 물러나 조리하게 하였다.[123] 내의는 왕의 약을 짓던 내의원에 소속된 당하관 의관이다.

양사는 이 두 가지를 그냥 넘기지 않았다. 사헌부 지평 이경률은 성상소로 있으면서 이 두 가지로 이이를 탄핵했다. 이어 양사가 같은 내용으로 이이를 탄핵했다. 사간원에서는 정언 이주李澍가 가장 먼저 이 주장을 했다.[124] 양사는 이이를 "전천專擅·만군慢君"의 죄로 규정했다. 군정軍政은 중대한 일인데 임금에게 사전 보고도 없이 자기 마음대로 했으며[專擅], 임금이 불렀는데도 궁궐에 들어와서 내병조에만 들르고 오만하게 임금 명령을 받들지 않았다는 것[慢君]이 그 내용이었다. 양사는 이이의 파직을 여러 차례 주장했지만 선조는 허락하지 않았다.[125] 양사의 임무로 보아서 적어도 이때까지 그들의 주장은 정상적인 임무 수행에 속했다. 문제는 선조가 양사 주장을 여러 차례 물리쳤음에도 양사가 그 주장을 계속했다는 점이다. 양사 주장대로라면 가장 분노해야 할 사람은 선조였다. 말하자면 당사자는 가만있는데, 오히려 양사가 더 분개하는 상황이었다. 양사의 논핵이 계속되자 이이는 사직을 요청했다.[126]

이이의 정체성

이이에 대한 양사의 계속된 탄핵 요구를 선조는 허락하지 않았다. 분주한 중에 때맞춰 보고가 안 된 것일 뿐, 이이가 권세를 부리려 한 행동은 아니라고 선조는 말했다.[127] 상식적인 판단이다. 양사 탄핵이 중단된 후에도 이이는 6차례나 계속해서 사직을 요청했다.[128] 선조가 이이의 요청을 완강히 받아들이지 않자, 이이는 다음과 같이 말했다.

듣건대 예로부터 유자儒者라면 그 진퇴가 구차하지 아니하여, 예禮로써 나아가고 의義로써 물러갈 뿐이었습니다. 유자로서 죄를 지고 부끄러움을 안은 채 벼슬과 녹봉에만 연연했던 자는 일찍이 없었습니다. 지금 신은 지극히 어리석고 비루하여 감히 유자를 바랄 수는 없습니다. 하지만 평소에 선비로 자처하지 않은 적도 없습니다. 그러니 부끄러워할 줄 모른다면 어찌 선비라 하겠습니까.

이번에 대간이 신의 죄목을 말하며 '제 마음대로 권세를 부리고 교만하여 주상을 업신여겼다.'고 했습니다. 이는 일죄一罪에 해당합니다. 대신들도 신을 위하여 조목조목 설명하면서 출사하도록 재촉하라고만 했고, 대간의 탄핵이 지나치다고는 감히 말하지 않았습니다. 신이 죄를 겼음은 이에 이르러 더욱 증명되었습니다.

만일 대간이 신의 허물만을 지적했다면 …… 감히 그들과 따질 것이 없겠지만, 신에게 임금을 업신여겼다는 죄를 적용시켰습니다. 신이 전혀 개의치 않고 모른 체하며 출사한다면 이것은 실로 신하의 의리가 아닙니다. …… 임금께서는 …… 신의 죄를 들어 좌우에 물으시고 이어 여러 대부大夫에게도 물으시어, 그들로 하여금 경중을 헤아리게 하소서. 만약 (신의 죄가) 용서할 수 있는 일이라고 여기게까지 된다면, 신이 비록 편치 않더라도 애써 따르지 않을 수 있겠습니까. 만일 그렇

지 않고 실제로 (신이) 죄를 범했다고 한다면 비록 귀양을 보내더라도 신은 달게

받아들일 것입니다.[129]

이이는 자신이 출사할 수 없는 두 가지 이유를 말했다. 하나는 자신에게
무군無君, 즉 임금을 무시한 죄가 적용되었다는 것이고, 다른 하나는 선비
로 자처해 온 처지에 명분 없이 출사할 수 없다는 것이었다. 그의 말대로 전
자는 객관적으로 보아도 일죄一罪에 해당했지만, 후자는 꼭 그렇지만은 않
았다. 다만, 그것은 이이 자신의 정체성과 관련되었다. 일죄란 십악十惡에
해당되는 죄로 정부의 사면 대상에서도 제외되었다. 사직에 관계되는 불
충, 풍속에 관계되는 불효, 살인·강도 등이 그것이다.

이이가 자신을 선비, 유자로 자처했던 것은 이전에도 여러 번 확인된다.
선조 7년(1574) 1월에 이이가 「만언봉사」를 올려서 개혁을 요청했지만, 선
조는 이를 받아들이지 않았다. 그러자 그는 조정을 떠났다. 이때 이산해는
이이에게 "그대가 이미 (조정에) 나고 드는 것을 (군신 간의) 의리로 기준을
삼으니, 형세로 보면 조정에 있을 수 없을 것이다."[130]고 말했다. 유자가 말
을 하여 임금이 받아들이지 않는데도 조정에 남아 있을 명분이 없다는 뜻
이다. 또 다른 예도 있다. 선조 11년(1578) 고향에 있던 이이는 동서 화합을
위해 조정에 나오려다가 성혼의 지적으로 뜻을 접은 적이 있다. 그때 성혼
은, "(그대는) 이미 도道가 시행되지 않는다 하여 벼슬을 버리고 조정을 떠
났다. 이제 아무 이유 없이 다시 조정에 나가는 것은, 그것을 정당화할 수
있는 의리가 없다. 예로부터 도를 행하려는 군자가, 그 도가 행해질지 여
부도 따져 보지도 않고 단지 싸움을 말리는 것으로 능사를 삼았다는 말을
들어 보지 못했다."[131]라고 하였다. 당쟁을 화해시키는 것이 아무리 급해

도, 군자가 조정에 나갈 근거는 못 된다는 말이다. 성혼은 이이에게 결코 쉬운 친구가 아니었다.

이이는 유자 즉, 선비를 자기 정체성으로 했다. 이것은 선조 14년(1581) 윤승훈 사건에서도 확인된다. 그해 7, 8월은 심의겸을 대상으로 시작된 탄핵이 정철로까지 확대되면서 정치적 갈등이 고조되던 시기였다. 이때 동인 측은 정철을 영원히 조정에서 축출하려 했다. 사간원 정언 윤승훈이 앞장서 정철을 탄핵했다. 그러자 이이는 윤승훈을 강력히 비판했다. 후에 언관에 대한 그의 비판이 과했다는 말을 듣자, 이이는 다음과 같이 말했다.

> 삼사에서 윤승훈의 잘못을 말한 사람이 (하나라도) 있었다면 나는 말하지 않았을 것이다. 그런데 지금 삼사 모두가 그의 말에 동의해서 나서는데도 온 나라에 공론이 없다. 내가 언관에 있으면서 어찌 감히 피혐하여 진심을 속이면서, 하고 싶은 말을 다하지 않을 수 있겠는가.[132]

이이가 탄핵받은 진짜 이유

조선왕조는 건국 당시부터 공론을 중시했다. 성리학을 국가 운영 원리로 삼아 건국한 것이 그 이유이다. 그런데 국가적으로 공론을 중시한다고 하여 모든 문제가 해결된 것은 아니었다. 오늘날 헌법에 민주주의의 이상理想을 담았다고 해도 현실에서 법률적 갈등을 피할 수 없는 것과 다르지 않다. 이 당시 공론과 관련하여 가장 중요한 갈등 요소는 누가 공론의 주체인가 하는 문제였다.

조선왕조를 통틀어 보면 공론 주체가 누구인가에 대한 인식은 한결같지 않았다. 국초에는 국왕이나 조정 대신들이 공론의 주체로 인식되었다.

18세기에도 이와 비슷한 양상이 나타나서 공론이 위에 있다고 생각했다. 그런데 두 시기의 중간 즉 16, 17세기에는 공론이 아래 있고, 삼사, 심지어 성균관에 공론이 있다고 생각했다.[133] 16세기는 국초의 공론 소재처에 관한 인식이 바뀌던 시기였다. 주목할 것은 이 시기 격렬하게 이어졌던 사화에도 불구하고 이런 인식이 확대되었다는 점이다.

16세기에는 공론이 아래에 있다는 인식이 확산되었다. 이것이, 사림이 훈척정권을 물리치고 마침내 조정에서 주도권을 획득할 수 있었던 근본적인 이유이다. 사림은 대신들을 상대로 자신들의 도덕적 우위를 확신했고 자신들의 정치적 주도권을 당당히 주장했다. 문제는 선조 초 구세력이 힘을 잃고, 사림이 조정의 최고위직까지 올라가면서 나타나기 시작했다.

정치세력의 구도가 전처럼 '부도덕한 훈척대신' 대 '도덕적인 사림'으로 나뉘어 있으면 아무 문제가 없었다. 그런데 이제 사림 자체의 구조가 진화하여 '사림 대신' 대 '사림 언관'으로 분화되었다. 어떤 면에서 보면 동서분당 이후 상황은 이러한 정치세력의 구조 변동을 어떻게 이해할 것인지, 또 그러한 현실에 어떻게 적응할 것인지를 둘러싼 혼란이다. 강경파 동인은 '사림 대신'을 '부도덕한 훈척'으로 보려 했고, 이이는 '사림 대신'과 '사림 언관'을 포함하는 새로운 구조를 만들려고 했다.

선조 16년 6월부터 8월까지의 정치적 전개는 2년 전 윤승훈 사건과 닮은 데가 있다. 둘 다 이이와 삼사 사이의 갈등이다. 갈등 원인은 공론의 주체가 누구인가 하는 것이었다. 이이는 선조에게 대신을 포함한 국왕 주변 고위관리들에게 물어서 자신에게 죄가 있는지 여부를 판단해 달라고 요청했다. 자신에게 죄가 없다고 그들이 동의하면 출사하겠다는 뜻이다. 이이의 요청은 삼사 언관들의 즉각적인 반발을 불러일으켰다. 이이의 요청은 삼사가 공론의 독점적 주체임을 공공연히 부정한 것이기 때문이다. 삼사는 자신들이 공론을 배타적으로 독점한다고 진심으로 믿었다.*

삼사가 공론의 독점적이고 배타적인 주체인지 여부에 대한 생각이 이때 처음 등장한 것은 아니다. 언관만이 공론의 독점적 주체라고 주장했던 최초의 인물은 허엽이다. 선조 7년(1574) 홍문관 부제학 허엽은 "대간의 말은 옳든 그르든 간에 방해해서 안"된다고 주장했다.[134] 선조 8년 박순 추고 문제가 발생했을 때도 그는 비슷한 인식을 보였다. 아직 자신들의 정당성에 대한 확신이 부족하고 조정 안에서 세력도 충분히 강하지 못했던 시기에 젊은 언관들을 이끈 사람이 바로 허엽이다. 그 당시 강경파 동인 홍진, 홍적, 이경중 등이 허엽을 "사림이 우러러 보는 사람"이라고 말했던 것은 그런 정황에 대한 표현이다. 당시 이이는 홍문관 부제학이었다. 역시 그때도 그는, 논의는 일 자체의 옳고 그른 것으로 판단할 뿐, 간관이 한 말인가의 여부는 중요하지 않다고 말했다. 그것이 그의 본래 입장이었다.[135] 언관 자리에 있다는 자체만으로 공론의 독점적이고 배타적인 주체일 수 없다는 말이다.

이이의 6월 17일 상소를 본 후 이경률은 당일로 사직을 요청했다. 그는 이 문제를 처음 제기했던 인물이다. 이경률은 이이가 한 말에서 두 가지를 문제 삼았다. 자신에 대한 대간의 탄핵이 과중했다고 대신들이 말하지 않

---

* '공론'은 정치에서 보편적인 문제이다. 정치는 그 본질의 일부로 도덕적 측면을 가지며, 도덕성은 '공론'의 형태로 자체를 정당화한다. 문제는 '정당한' 도덕이 대개 단수로 존재하지 않는다는 것이다. 때문에 '공론'은 '프레임'적으로 사유되고, 또 표현된다. '공론' 담론의 양상은 현실에서 흔히 갈등의 격화로 나타난다. 중국 송나라 때 '국시' 논쟁이 이를 보여 주는 한 예이다. 그 양상 역시 집권당이 '국시' 명분을 이용해 일체의 반대파를 타격하는 것이었다. 위잉스, 『주희의 역사세계』상, 글항아리, 456~468쪽 참조.

았던 것, 왕에게 대신과 여러 고관에게 물어서 자신의 죄의 경중을 헤아려 달라고 말한 것이 그것이다. 그러고는 이경률이 묘한 말을 했다. "여회呂誨의 선견지명에 대하여 가만히 논의하는 자가 많으나, 당개唐介의 알직訐直한 죄는 실로 신에게 해당되니 사직시켜" 달라는 말이다.[136] 같은 날 사헌부 전원도 이경률과 생각이 같다며 물러나게 해 줄 것을 요청했다. 그러자 장령 성영成泳은 "대간의 말은 차라리 과격할지언정 부드럽고 약해서는 안 된다."며 이경률 등은 잘못이 없으니 모두 출사시키라고 요청했다. 선조는 이를 허락했다.[137]

이경률의 말은 의미심장했다. 송나라 신종(재위 1067~1085)이 왕안석을 임명하자 모두가 좋은 사람을 얻었다고 말했지만, 언관 여회만은 그 말에 동의하지 않았다. 크게 간사한 것은 충성처럼 보이고, 큰 사기는 믿음직해 보인다는 것이 여회의 주장이었다. 여회는 왕안석의 충성과 믿음직함이 진실이 아니라고 보았던 것이다. 이 주장으로 여회는 파직되었다. 역시 송나라 인종(재위 1022~1063) 때 간관 당개는 수상 문언박文彦博(1006~1097)을 탄핵했다. 문언박이 왕비를 통하여 권력을 잡았다는 이유였다. 당개가 잘못 들은 소문으로 문언박을 탄핵했던 것이다. 그런데 당개의 잘못된 비판에도 문언박은 변명하지 않고 자리에서 물러났다. 요컨대 이경률이 말한 내용은, 이이를 큰 간신奸臣이라고 말하는 사람이 많지만, 이번 사건만은 자기가 꼭 옳았던 것은 아니라는 뜻이다. 하지만 자신이 이이에게 했던 말을 철회하면서도 다른 사람들이 여전히 이이를 의심하고 있다고 우회적으로 말한 셈이다. 동시에 자기는 간관諫官이므로 그렇게 말했다고 하여 큰 잘못은 아니라는 뜻이었다. 성영이 했던 말이 바로 그 말이다.

이틀 후 양사와 홍문관에서 각각 이이에 대한 탄핵 상소를 올렸다. 이이의 행적으로 보아서 현저하게 전천·만군의 죄가 있어서, 대간이 그 사실을 논핵하지 않을 수 없었다고 주장했다. 이때 사간원에는 대사간 송응개, 헌납 유영경, 정언 정숙남이 있었고, 사헌부 대사헌은 이기였다.[138]

양사의 탄핵이 이어졌다.

> 이이는 자신을 반성하여 허물을 살피기에 겨를이 없어야 했습니다. 그런데 오히려 자기가 먼저 분노를 깊이 품어, 여러 날 올린 상소의 말이 평온하지 않았습니다. 심지어 대간이 논핵한 것을 꼭 허구로 날조한 것으로 돌리려 하였습니다. 또 대신들이 대간을 물리치지 않은 것을 그르게 여기고, 또 임금에게 좌우와 여러 대신에게 물어 (자신의 죄에 대한) 경중을 헤아려 주길 바랐습니다. 이것은 마치 (이이가 대간을 상대로) 무슨 승부를 결정하려는 것 같았습니다. …… 대간이 …… 귀에 거슬리는 말을 하면 임금도 그대로 들어주어야 하는 것입니다. …… (이이의 말은) 대간을 멸시하고 공론을 가볍게 여긴 것입니다. 파직을 명하소서.[139]

이미 '전천·만군'이 문제가 아니었다. 이이가 언관을 상대로 승부를 겨루려 했다는 것이 진짜 탄핵 이유였다.

홍문관 상소는 양사의 상소보다 더욱 가파랗다. 이때 홍문관에는 부제학 권덕여, 전한 허봉·홍진·홍적이 포진하고 있었다.[140] 상소문은 허봉이 썼다.[141]

> (이이는 자기) 거취를 놓고 다투기 위하여 붓과 혀를 놀려 공의公議와 맞붙어 싸우려고 했습니다. …… 이는 온 세상에 사람이 없는 것으로 보고 대간쯤은 손바닥

이나 사타구니 사이에다 버려 버리겠다는 생각입니다. 그 얼마나 공론을 무시한 처사입니까. …… 전하께서는 …… 재상 지위에 있던 자가 대간을 꺾어 버리고도 국가가 안전했던 경우를 보신 적이 있습니까. 지금 말하는 자들 중 혹자는 그를 왕안석에 비유합니다. 그런데 안석의 문장과 절개 있는 행실이 어찌 이이에 비하겠습니까. 그러나 안석이 교만하고 임금을 업신여겼던 것을 지금 이이가 지니고 있고, 말하는 자를 물리쳤던 안석의 버릇을 이이가 지니고 있습니다. …… 이이가 그렇게까지 방자할 줄이야 신들이 처음에 생각이나 했겠습니까.[142]

이이에 대한 삼사의 날선 표현을 빼고 보면, 홍문관 탄핵의 핵심은 이이가 삼사의 독점적 공론 주도권을 공격한 것에 대한 비판이었다.

"이이를 공격하는 자가 소인이다"

다음 날 선조는 직접 세 가지 조치를 취했다. 첫째, 이조 전랑을 뽑을 때 천망薦望하는 규정을 혁파하라고 명령했다. 이것은 동인세력 중심 역량에 대한 직접적 공격이었다. 이것을 이해하기 위해서는 조선의 언관 조직에 대한 약간의 이해가 필요하다.

15세기 성종(재위 1469~1494) 때부터 사림세력이 조정에 진출하기 시작했다. 그 후 오랜 시간 동안 여러 차례 사화를 겪으면서도 사림세력은 살아남았고, 결국 선조 대에 조정의 주류세력이 되었다. 사림이 살아남을 수 있었던 것은 다른 무엇보다 삼사 언관직을 장악할 수 있었기 때문이다. 삼사 언관은 그들이 공격한 대신보다 나이도 어리고 직급도 많이 낮았다. 하지만 공적 원칙에 근거한 말의 힘은 그들이 현실의 권력을 지닌 대신과 당당히 맞설 수 있는 근거였다. 나아가 삼사가 이런 역량을 최대화할 수 있었던 것은 삼사의 결속력에서 나왔는데, 그런 결속력은 이들의 독특한 인사 관행에 기반을 두었다.

조선의 젊은 문관 엘리트들이 가장 선망하는 자리는 홍문관 관원이었는데, 이들은 사헌부와 사간원 관원에서만 뽑혔다. 또, 홍문관 관원이 선망하는 자리는 이조 전랑이었다. 이조 전랑은 정5품 이조 정랑과 정6품 이조 좌랑을 통칭하는 말인데, 반드시 홍문관 관원에서 선출했다. 놀랍게도 이조 전랑은 자기 후임을 자신이 추천했다. 이런 연쇄 고리를 통해서 삼사 조직은 이들의 직속상관인 이조 판서나 참판을 포함한 대신이 개입할 수 없는 폐쇄적 인사 구조로 되어 있었다. 이런 인사 구조는 언관이 대신에 휘둘리지 않고 이들을 비판할 수 있도록 하기 위한 것이었다. 이조 전랑은 그 인사 관행에 근거해서 삼사 관원에 대한 인사상 영향력을 행사했다. 바로 이것이 이조 전랑의 보이지 않는 지휘 아래 삼사가 결속력을 유지할 수 있는 제도적 기반이었다.[143]

후임 이조 전랑을 현임 이조 전랑이 추천하는 관행은 이미 16세기 초부터 시작되었다. 이렇게 형성된 관행은 사림이 중종·명종 대 훈척대신과 맞서 싸우는 과정에서 중심 역량이 되었다. 그 관행은 비록 법으로 규정된 것은 아니지만 묵인되었다.* 이런 관행이 공론의 지지를 받았기 때문이다. 문제는 훈척대신이 모두 물러난 후에도, 이 관행이 그대로 남아 동인이 서인을 공격하는 수단이 되었다는 점이다. 선조는 바로 이 점을 공격했던 것이다. 이조 전랑 임명을 동인세력 내부에서 결정하지 못하게 하려는 의도였다.

---

* '법'과 '제도'는 흔히 혼용된다. 하지만 법은 제도의 일부이다. 일상에서 제도가 작동하는 데에는 관행, '상식'으로 여겨지는 특정한 의식 등의 역할이 크다.

둘째, 이이가 물러나는 것을 허락했다. 북방 사태가 지속되는데 병조 판서 자리를 계속해서 비워 둘 수 없었기 때문이다.

셋째, 비망기로 이 사태에 대한 자신의 생각을 밝혔다.[144]

병조 판서 이이의 말 때문에 대간이 서로 격동하여 쟁변爭辨을 되풀이하다가 급기야 홍문관이 차자를 올려 이이를 나라를 그르친 소인에 비유하기에 이르렀다. 이것은 (이이의) 언어 문제로만 우연하게 발단된 것이 아니다. 전부터 이이는 신진사림이 세상 풍조에 따라 파당 짓는 꼴을 싫어하였다. …… 이 때문에 이이가 그들에게 미움 받은 지 이미 오래되었다. 그러다가 그가 실수하자 이때를 놓칠세라 틈을 타 기필코 탄핵해 제거하려 한 것이다. 다른 공경·대부 중에 임금의 부름을 받고도 오지 않은 자가 많았다. 하지만, 그들이 임금을 업신여겼다고 논한 경우를 듣지 못했다. 왜 대간은 유독 이이에 대해서만 그렇게 말하는가. ……
자기 마음대로 권세를 부리고 임금을 업신여긴다는 것은 신하로서는 극죄極罪의 명칭이다. 분명히 짚고 넘어가지 않을 수 없는 일이다. …… 이왕 그렇게 말했으면 왜 그의 죄를 분명히 밝혀 담당 관리로 하여금 왕법王法을 적용하여 만세토록 신하된 자를 경계하지 않고, 마치 을사년 간신 무리가 상대를 반역으로 지목하고서도 죄로는 기껏 파직이나 물러나게 할 것을 주장했던 것처럼 고작 파직을 청한다는 말인가. …… 대간에게 소중한 것은 공론을 담당하는 것뿐이다. 자기의 사사로움을 달성하기 위하여 배척과 모함을 일삼는다면 그것이 어디 대간으로서 할 일인가. 경들이 만약 이이를 일러 나라를 그르친 소인이라고 한다면 마땅히 죄를 분명히 밝혀 그를 물리쳐야 한다. 그렇게 하지 못하면 그를 공격하는 자가 소인이다. …… 경들은 확실히 가려내지 않고 어물어물해서는 안 될 것이다.[145]

선조는 동인이 이이를 전천·만군의 죄명으로 탄핵하고서 겨우 파직을 요구하는 데 그친 것을, "을사년 간신 무리의 행태"에 비유했다. "을사년 간신 무리"란 을사사화를 일으켰던 훈척정권하의 권신을 가리킨다. 이어서 선조는 이이가 소인인 이유를 밝혀야 한다고 말했다. 그렇게 못하면 이이를 소인으로 규정했던 사람들이 오히려 소인임을 강조했다.

그러자 같은 날 홍문관 전원이 "군부君父가 계신 것만을 알았을 뿐 재상이 있다는 것을 모르고, 함부로 논핵하던 끝에 스스로 소인이 되는 데 빠지고 말았"다며 사직을 요청했다. 결코 선조의 말을 순순히 받아들이는 말이 아니었다. 선조 역시 냉소적으로 "이이가 이미 소인이 되었는데 그 소인을 논한 자들이 어찌 소인이 되겠느냐."고 되받으며 이들의 사직을 허락하지 않았다. 양사는 다시 한번 이이에 대해서 논핵하였으나[146] 곧 이이의 파직을 청하는 상소를 중지했다.[147] 이이는 이미 이틀 전 자리에서 물러나 처가가 있는 해주로 돌아간 뒤였다.[148] 아마도 고향 파주조차 서울과 너무 가깝다고 생각했을 것이다.

좌절된 이이의 꿈

성혼의 상소

선조는 이이의 사직 요청을 받아들였고, 양사는 이이에 대한 탄핵을 중지했다. 이유는 각자 달랐다. 이로써, 6월 초부터 시작되어 조정을 한바탕 소용돌이치게 했던 상황이 종료되는 듯 보였다. 약 20일 만의 일이었다. 그런데 7월 중순 성혼이 이 문제를 재론하는 상소를 올렸다. 이 상소로 인해서 성혼 자신이 본격적으로 당쟁에 빠져들게 되었고, 조정의 정치적 갈등도 더 크게 확대되었다.[149]

성혼은 동인이 이이에게 비할 데 없이 잘못된 형정刑政을 가했다고 주장했다. 이이가 임금을 무시하고 나라를 그르쳤다는 동인이 주장한 탄핵 사유를 가리킨 말이다. 긴 상소 끝에 성혼은 다음과 같이 말했다.

> 오늘날 조정에서 오가는 말이 어찌 모두 일부러 이이를 죄주기 위해서 이렇게 되었겠습니까. 이렇게 된 것은 견강부회하는 무리가 이 시기를 타 빨리 공격을 하여 되도록 이이를 몰아내려 하는 데다가, (이이에게) 묵은 원한을 가진 자들이 함께하여 이렇게 된 것에 불과합니다. …… 원하옵건대 전하께서는 신의 이 글을 공경公卿들에게 내려서 반드시 충忠과 사邪를 변별하고 득得과 실失을 논의하게 하여, 붕당이 참소하여 기이하게 목적을 달성시키는 화가 오늘날 일어나지 못하도록 하신다면 나라의 복이겠습니다. ……

지금 홍문관만이 대간의 잘못을 논의할 수 있고 다른 사람이 대간을 논의했을 때는 곧 흉악하고 사악하다는 죄를 가할 수 있다면, 그런 사리事理는 있을 수 없습니다. 다만 그 말이 간사한지 옳은지에 달려 있을 뿐입니다.[150)]

성혼은 선조에게 시비是非와 충사忠邪를 가리지 않은 채 어물어물 넘어가면 안 된다고 주장했다. 또, 이이가 그랬듯 자기 글도 공경公卿대신들에게 내려서 충사와 득실을 분별해 달라고 요청했다. 성혼의 말에서 핵심은 두 가지이다. 하나는 이이를 탄핵한 사람 모두가 일부러 그를 죄주려 했던 것은 아니며, 일부 "견강부회하는 무리"와 이이에 대해 "묵은 원한을 가진 자들"이 이번 기회를 이용해서 이이를 조정에서 몰아내려 했다는 것이다. 두 번째는 이이도 지적했던 사항으로, 공론의 소재에 대한 것이다. 성혼 역시 공론은 그 말의 옳고 그름에 달렸을 뿐 삼사만의 배타적 소유가 아니라고 주장했다.

선조는 성혼의 상소를 보자 그날로 즉시 영상 박순, 좌상 김귀영, 우상 정지연, 도승지 박근원을 불러들였다. 우상과 도승지는 병 때문에 못 들어오고 박순, 김귀영 두 사람이 입궐했다.[151)] 선조는 이이를 배척한 사람이 누구이며, 간사한 붕당 무리는 누구인지 두 사람에게 물었다. 성혼이 말했던 "(이이에게) 묵은 원한을 가진 자들"과 "견강부회하는 무리"의 정체를 캐물은 것이다. 그러자 박순은 홍문관 전한 허봉과 대사간 송응개 두 사람을 지적했다. 홍문관 차자에 이이를 '나라를 그르친 소인'이라고 규정한 사람이 허봉이고, 당시 이이에 대해 가장 적대적이었던 사람들 중 하나가 송응개였다. 반면에 김귀영은 선조의 집요한 추궁에도 끝까지 아무런 답변도 하지 않았다.[152)]

송응개의 상소

다음 날 대사간 송응개가 상소를 올렸다. 이이가 원래 하나의 중[僧]이
었다는 말로 시작하는 이이에 대한 길고 격렬한 탄핵이었다. 이이가 문과
급제 후 심의겸의 추천 혹은 덕택으로 청현직에 올랐다는 점, 이이와 이준
경 사이의 갈등, 신진사림과 관련해서 정대년이나 김난상에게 있었던 인
사 문제, 선조 8년 동서분당 상황 등에 대한 동인의 생각이 그의 상소에 들
어 있었다.[153]

송응개의 주장과 표현에 극단적인 면이 있었지만, 그가 주장한 내용 모
두가 그 혼자만의 생각은 아니었다. 이이가 일찍이 승려 생활을 했다는 것,
심의겸 추천으로 청현직에 올랐다는 것은 동인 측 다른 언관들도 반복해서
말했던 사항이다. 송응개 상소가 있기 며칠 전에 정희적과 홍적도 경연 석
강夕講에서 이 문제를 끄집어냈다. 그러자 선조는 "너희들이 이 일을 가지
고 다투면 능히 이탕개를 잡을 수 있느냐."며 짜증 섞인 반응을 보였다. 이
에 대해서 우성전은 송응개의 주장이 "매우 지나쳤으니, 그 분격해하는 무
식함이 정희적의 말과 비슷한 듯하다."고 말했다.[154] 석강에서 했던 정희적
의 이이에 대한 탄핵 수위를 짐작케 하는 발언이다. 우성전은 6월 4일자로
사간에 임명되어 복직한 상태였다.[155]

송응개 주장에는 사실이 아닌 사항이 많았고, 사실이더라도 전후맥락
에 어긋난 주장이 적지 않았다. 공적인 주장이 갖추어야 할 기본적인 절제
와 분별을 완전히 상실한 발언이었다. 그런데 이것들보다 더 중요한 것은
송응개 탄핵의 초점이 이이가 제기한 '문제'보다는 이이 그 '개인'이었다는
점이다. 송응개는 이이가 향리에 있을 때 "여러 읍에서 온 뇌물들이 그의
집에 모여들었고, 재물과 이익을 다투는 일이면 송곳 하나 칼 한 자루도 양

보가 없었다."고 주장했다. 그에 따르면 이이는 공유지인 해택海澤에서 나오는 이익을 불법으로 사점私占했고, 관곡官穀 운반하는 일을 사적으로 대행하여 사익을 취했다.

조선시대에 해택에는 산물産物이 많았다. 물고기를 잡을 수 있고, 갯벌에서는 해산물을 채취할 수 있으며, 곳에 따라서는 염전을 설치할 수도 있었다. 이 모두에서 상당한 이익을 기대할 수 있었다. 조선은 원칙적으로 해택을 공유지로 했다.[156] 누구나 이용할 수 있도록 했던 것이다. 또, 백성이 세금으로 납부하는 곡물을 서울까지 운반해 주고 운임을 받는 것은 상당한 수익이 나는 일이었다. 당시 권세 있는 양반들이 공공연히 하던 일이다.

또 송응개는 이이가 자기 형이 연루된 살인사건에 대해 압력을 행사해서 관에서 수사조차 못하도록 했고, 선조 13년 말 조정에 나올 때는 서울로 오면서 지나는 고을마다 곡식 1백 석씩을 받아서 자신의 본가로 보냈다고 주장했다. 이런 주장 끝에 송응개는 마침내 이이를 "매국賣國의 간악한 물건"으로 규정했다. 동시에 그는 성혼, 이이, 박순, 심의겸이 오래 전부터 결탁하여 그 뿌리가 깊을 대로 깊다고 주장했다. 경안령 이요가 선조에게 한 말도 이들 4인이 부탁해서 이루어진 일로 기정사실화했다.[157]

송응개는 이이와 나이가 같고, 같은 해 문과에 합격했다. 얼핏 보면 이이와 생각을 공유할 수 있는 사람으로도 보인다. 하지만 그는 가문이나, 정치적 배경이 이이와는 전혀 다른 사람이다. 그는 대를 이어 세력을 가졌던 관료 집안 출신이다. 아마도 일찍부터 '사회화'된 사람이었던 것처럼 보인다. 송응개 자신도 편찬에 참여했던 『명종실록』은 그에 대해서 다음과 같이 기록하였다.

송기수의 아들이다. 사람을 대하는 데 공손하고 처사가 치밀했다. 하지만 평생에 실제의 학문이 없고 둥글게 일을 처리하는 데만 능하여 자신(의 이익)을 꾀하는 일 이외에는 딴 일이 있음을 알지 못했다. 함께 임금을 섬길 만한 인물이 되지 못하였다.[158]

실록의 말은 오늘날의 사회적 기준으로 보면 그리 부정적인 평도 아니다. 하지만, 이 시대 기준으로 보면 더 나쁘게 말하기 어려운 인물평이다.

이이와 송응개 사이에는 '묵은 원한'이 있었다. 그 내용은 한 세대 전으로 거슬러 올라간다. 명종이 즉위하면서 문정왕후가 대윤 및 사림세력을 몰아내며 을사사화를 일으켰다. 그에 따라 명종 1년(1546)에 위사공신 책봉이 있었다. 송응개도 위사공신 반열의 말석에 끼어 한 자급이 더해졌는데, 후에 위사공신이 폐지되자 그의 품계도 깎였다. 뒤이어 외직에 임명되었다. 실록에 두 사람 관계에 대한 기록이 있다.

송응개는 도리어 시론時論에 아부하여 다시 아장亞長*이 되고는 예전처럼 자급資級이 올라가는 등 행위가 올바르지 못하면서도 태연스럽게 대간의 행위를 하였다. 이 때문에 이이가 (송응개를) 더욱 싫어하여 여러 번 친한 친구들에게 말을 했다. 그런데 그 말을 전하는 자가 "이이는 송응개를 가리켜 '대대로 악을 조성한다.'고 했다." 하니, 송응개가 이이에게 큰 원한을 품었다.[159]

"대대로 악을 조성한다."는 말은, 송응개의 행위를 그의 아버지 송기수

---

* 사헌부나 사간원의 수장 바로 아래 관직인 집의나 사간.

와 연결해서 비난한 말이다. 이 말을 이해하려면 송기수에 대한 약간의 언급이 필요하다.

송기수라는 인물

송응개의 아버지 송기수는 중종, 명종 대에 상당한 존재감이 있던 인물이다. 흥미로운 것은, 그에 대해서 단순한 선악의 평가가 어렵다는 점이다. 그는 불의不義한 시대에 살면서 누릴 수 있는 복을 다 누렸다. 하지만, 그럼에도 도덕적으로 쉽사리 비난하기 어려운 인물이다. 그의 외손자가 신흠이다. 신흠은 다음과 같이 말했다.

> 중종, 인종 두 대왕이 이어서 승하하고, 간신이 국권을 농락하여 명종 초년에 이르렀다. 선비들은 형틀을 밟거나, 그렇지 않으면 도깨비라도 나올 것 같은 장소에 위리안치되었다. 이런 때를 당하여 …… 정상적인 행로를 밟고 바르게 살아, 명망과 실지가 아울러 높고 오복五福** 을 받아 그 지위에서 죽음을 맞아서, 보전하기를 기하지 않았는데도 스스로 보전되었던 사람은 오직 우리 외조부 참찬공일 것이다.[160]

그의 말이 지나친 과장은 아니었다. 물론 그렇다고 해서 말 그대로도 아니다.

** 『서경』 1편인 홍범洪範에 오복이 나온다. 첫째로 장수[壽]를, 둘째로 부富를, 셋째로 강녕康寧을 들었다. 강녕은 건강하고 큰 재난 없이 평안하게 사는 것이다. 넷째는 유호덕攸好德이다. 남을 돕고 덕을 쌓는 복이다. 마지막은 고종명考終命으로, 제명대로 살고 평안하게 생을 마치는 복을 말한다.

송기수 집안은 증조부 때부터 송기수 자신까지 이어서 문과에 급제했다. 그보다 7세 많은 사촌형 송인수는 그보다 더 유명한 인물이었다. 그는 이황과 동문수학했고, 이언적, 김인후, 이항, 정유길, 홍섬, 주세붕 같은 조선전 시대를 통틀어서도 최상급 인물들과 각별한 사이였다. 그는 중종 16년(1521) 23세에 문과에 합격한 후, 20여 년에 걸친 관직 생활 대부분을 언관으로 활동했다. 이 시기는 기묘사화를 일으킨 훈구와 외척이 정국을 주도하던 때였다. 정치적으로 삼엄한 시기였다. 선비들 사기는 크게 떨어졌고, 권력의 하수인으로 전락한 언관도 부지기수였다. 이러한 때에 송인수는 조광조의 기상을 가지고 있었다. 문정왕후의 비호 아래 윤원형이 2품을 건너뛰어 승진하자, 한 달 이상 논핵해서 그것을 되돌려 놓은 인물이 송인수이다. 불의한 시대에 그는 언관의 모범을 보여 주었다. 하지만 그는 결국 을사사화 후 삭탈관직되었다가 1년 후 양재역벽서사건으로 사약을 받았다. 문제는 그가 죽을 때 송기수가 도승지였다는 것이다. 더구나 을사사화로 송기수는 공신록에까지 올랐다.[161] 그 과정에서 그가 취한 입장과 행위에 대해서 여러 가지 말이 엇갈렸다.

송기수는 어린 시절부터 평범하지 않았다. 16세 되던 해에 평생 친구로 지내게 되는 성제원, 사촌형 송인수와 밤낮으로 도학을 토론했다고 한다. 당시는 기묘사화를 겪은 지 얼마 지나지 않은 때였다. 모두가 도학이 화禍의 근본이라고 생각해서 꺼려 했다.[162] 28세에 문과에 급제하여 곧바로 사가독서賜暇讀書*를 했다. 대단히 파격적인 일이었다. 그는 30세가 못 되어

---

* 조선시대 문반 관리들에게는 오늘날 안식년 혹은 장기연수에 해당하는 제도가 있었다. '사가독서賜暇讀書' 제도가 그것이다. 말 그대로 여가를 주어서 독서하게 하는 제도였다. 조선시대 젊은 문관들이 가장 영예스럽게 생각했던 관서는 옥당玉堂이라 불렸던

서 조선 제일의 인물들 중 하나가 되었던 것이다. 그러던 그의 평판이 한순간에 추락했다. 송인수가 죽을 때 그가 도승지였고, 더구나 어떤 이유로든 공신록에 올랐던 것이다.

송기수에 대한 후대의 평가는 냉정했다. 그가 지낸 관직의 호화로움이나 가문이 번성한 정도에 비해서 사후에 그를 기리는 행위는 거의 이루어지지 않았다. 아들 셋이 모두 문과에 합격했지만, 그의 문집은 그가 죽은 지 170년 만에 아주 소략하게 나온다. 그를 기리는 서원이나 사우를 세우려는 노력도 없었다. 무엇보다 그에 대한 후대의 기억과 기록이 몹시 부정적이다. 조헌은 "송인수가 죽던 날 그를 알건 모르건 탄식하고 마음 아파하지 않은 사람이 없었습니다. 그런데, 송기수는 홀로 승정원에 출근했다

홍문관과 호당湖堂이라 불렸던 독서당讀書堂이다. 호당에 뽑힌 사람은 대개 옥당에 소속된 사람들이었다. 두 곳에 든 사람들은 말 그대로 문반 엘리트들 중에서도 정예에 해당했다.

사가독서제는 시대에 따라 다양하게 운영되었다. 세종 8년(1426)에 처음 변계량의 건의에 따라 시작되었는데, 처음에는 출근하지 않고 자기 집에서 독서하게 했다. 정례적으로 이루어지지도 않았다. 세조 때는 부진했고, 성종 때는 활발했고 다시 연산군 때는 폐지되었다. 활성화된 때는 중종 때이다. '동호독서당'이 지어진 것도 이때다. 중종 10년(1515) 동호 월송암月松庵 서쪽 기슭(현재의 서울시 응봉의 동남쪽 기슭)에 건물을 짓기 시작하여 2년 후 중종 12년(1517) 봄에 공사를 마쳤다. 중종 때는 가장 많은 사가독서자가 나왔는데 대략 70명 정도였다. 그 후 명종 대에 대략 35명, 선조 대에 33명 정도가 배출되었다. 임진왜란을 겪으며 독서당이 불타고 사가독서도 단절되었다. 숙종 때 독서당이 재건되고 사가독서제도 부분적으로 시행되지만 그 명성이 예전 같지는 않았다.

사가독서의 자격은 세종 때는 집현전의 문신, 성종 때는 예문관(홍문관)의 문신, 중종 때는 홍문관 관원 중에서 젊고 총명한 자였다. 대개 20~30대가 많았고 30대가 중심이었다. 한 번에 뽑히는 정수는 4~12명이고, 독서 기간도 처음에는 보통 6개월 이상이었으나 나중에 3개월로 바뀌었다. 더 짧은 경우도 있었다. 이종묵, 「윤현과 16세기 동호독서당」, 『한국문화』70, 2015 ; 김중권, 「명종조의 사가독서에 관한 연구」, 『서지학연구』19, 2000. 기묘사화 이후 임진왜란 직전까지의 사가독서자를(472쪽) 정리했다.

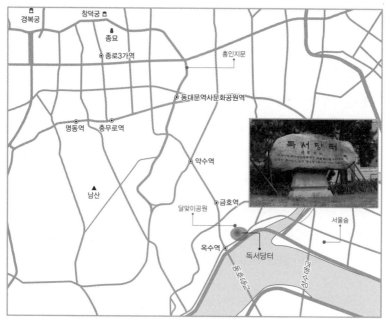

(위) 독서당 위치를 추정한 지도. 지금의 서울시 성동구 옥수동 달맞이공원 인근에 독서당이 있었을 것으로 추정하는데, 이 앞으로는 한강이 흐르고 동호대교가 놓여 있다.

(아래)「도성도」중 독서당 위치 추정. 19세기, 서울대학교 규장각 소장.

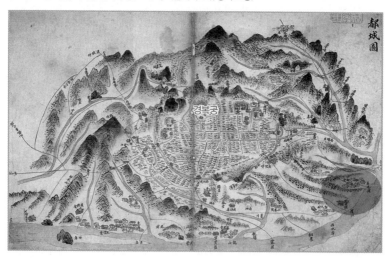

고 합니다. 동료들이 괴이하게 여겨 물으니, 답하기를 '(송인수가) 이미 나라의 적[國賊]이 되었으면 마땅히 속적屬籍에서 끊어야 한다. 그의 죽음에 대한 무슨 애도의 의무가 있겠는가.' 하였습니다. (그런데) 뒤에 송인수를 위해 묘지墓誌를 지을 적에는 찬양을 극도로 하여 공론에 죄를 얻지 않으려 했습니다. 이른바 '평생의 간사함과 거짓됨은 그가 죽은 뒤에야 진성眞性을 알 수 있다.'한 것이 이것입니다."라고 말하였다. 한편 송기수가 송인수의 죽음을 인정했다는 다음과 같은 기록도 존재한다.

> 윤원형이 송기수에게 말하기를, "규암(송인수의 호)이 죄를 얻어 죽으니 마음이 실로 편하지 않다."라고 하니, 송기수가 답하였다. "특별한 곳에 있는 매화가 어찌 오래갈 수 있겠는가. 사람의 생사에 운수가 있는 법이니 어찌 한스러워하랴."[163]

하지만, 송기수에 대한 후대의 기억이나 기록이 실제와 똑같지는 않았던 듯하다. 실제로 송기수는 자신이 공신록에 오른 것이 상이 아니라 너무나 무거운 짐이자 형벌이라는 사실을 잘 알았다. 때문에 여러 차례 자기 이름을 공신록에서 빼 내려고 노력했다. 나아가 이 이후 그의 삶은 자신이 도승지 시절에 사촌형이 죽음을 맞았던 상황을 상쇄하기 위한 노력으로 채워졌다. 송인수의 신원伸寃을 간절히 주청했고, 기묘사화 때 희생된 조광조의 신원을 주청했다. 또 백인걸, 김난상, 노수신, 유희춘 등의 등용을 주청하기도 했다.[164]

하지만 선조 초년 젊은 사류는 송기수의 행위를 평가해 줄 여유를 가지지 못했다. 신진사림이 주도하는 선조의 조정은 더 이상 그가 이해받을 수 있는 곳이 아니었다.

판서 송기수가 입시하여 을사사화 때 사람들이 억울하게 죽어 간 상황을 극언하면서 눈물을 흘렸다. 그러자 상이 말했다. "경은 그때 조정에 없었던가?" 송기수가 조정에 있었다고 아뢰었다. 상이 말했다. "그렇다면 경은 왜 한마디 말도 하지 않았는가?" 송기수가 대답을 못했다. 좌우에서 아뢰었다. "죽고 사는 것도 큰 문제입니다. 몸을 버리고 할 말을 다한다는 것이 쉬운 일이 아닙니다." 상이 이르기를, "그렇다면 백인걸은 어찌하여 지금까지 끄떡없이 살아 있는 것인가?" 하자, 좌우가 역시 대답을 못하였다. [165]*

선조 5년 이이는 다음과 같이 말했다.

기묘년 이후 간신들이 번갈아 권력을 잡고서 제멋대로 지시하였는데 조정 관리들은 모두 그것에 순응했습니다. 그들에게 거역하는 자는 집안이 깨어지고 건드리는 자는 몸이 박살났습니다. 그저 굽실거리고 따르는 자만이 목숨을 부지할 수 있었습니다. 그렇기 때문에 그 당시 벼슬이 높은 자일수록 행실이 비열했고, 요직에 있던 자일수록 재질이 하등下等에 속했습니다. 오늘날 구신이라고 하는 자들은 모두 모난 방망이가 깎여서 둥글게 되고,** 술찌꺼기 먹고 묽은 술을 마시던*** 자들입니다. [166]

명종 대 구시대 정치가 드리운 짙은 그늘과 그것에 저항한 소수의 인물

---

* 이 당시 선조 나이가 19세이다.

** 자신들의 처음 원칙을 잃은 사람들이라는 뜻이다.

*** 간신들 밑에서 구차하게 녹이나 받아먹고 살았다는 뜻이다.

들이 만들어 낸 강렬한 섬광의 대비 속에서, 나름 평가해 줄 수도 있는 사람들을 분별할 여유를 젊은 사람은 갖지 못했다. 당시 30세 전후의 젊은이들에게 그런 고도의 정치적 분별력을 기대하는 것은 어려운 일이었을지 모른다. 이러한 시대적 영향이 이이의 송기수 부자에 대한 부정적인 말에 담겼고, 송응개는 그에 대해 깊은 원한을 가졌던 것이다.

기억의 당파성

한 가지 흥미로운 점은 송응개가 선조 3년(1570) 김난상 및 선조 5년(1572) 정대년 사건을 지적하며 보여 준 관점이다. 특히 김난상과 관련된 문제가 그렇다. 김난상은 중종 23년(1528)에 생원시에 합격하고 중종 32년(1537) 문과에 합격하여 관직 생활을 시작했다. 이황과 같은 해에 소과에 합격했고, 처가가 봉화奉化여서 예안禮安이 고향인 이황과 교분이 두터웠다. 예안과 봉화는 접해 있었다. 인종 1년(1545) 윤원형이 대윤인 윤임, 유관, 유인숙 등을 탄핵하려고 양사를 협박하였다. 이때 정언으로 있던 김난상은 이에 저항하다가 집의 송희규宋希奎, 장령 정희등鄭希登, 지평 민기문閔起文·김저金儲, 사간 박광우朴光佑, 헌납 백인걸, 정언 유희춘, 장령 이언침李彦忱 등과 함께 파직되었다. 2년 뒤 그는 양재역벽서사건으로 남해로 귀양 갔고, 문정왕후가 죽은 명종 20년(1565)에야 감형되어 귀양처가 단양으로 옮겨졌다. 선조 즉위 후 노수신, 유희춘 등과 함께 조정에 복귀했는데, 명망이 대단히 높았다. 이미 나이가 60을 넘었고, 기대승의 요청으로 노수신, 유희춘, 백인걸 등과 함께 짧은 기간에 고속 승진을 했다.

김난상은 선조 3년(1570)에 사간원 수장인 대사간에 임명되었는데, 이때 박점 사건이 일어났다. 박점은 그 전해에 문과에 합격했는데, 무려 6등급을 뛰어넘어서 정6품 사간원 정언에 임명되었다. 김난상이 그의 정언 임명에 반대하자, 사간원 젊은 관원들과 의견이 어긋났다. 이 일로 박점의 정언 임명도 취소되었지만, 김난상도 자리에서 물러났고 그해 말 사망했다.

사실, 박점은 문과 합격 전부터 정국 상황에 깊이 관련되었던 인물이다. 그는 일찍부터 심의겸과 가까웠고 심의겸이 신진사림의 중심이 되는 데 기여했다. 심의겸은 그의 외삼촌 이량이 신진사림의 중요 인물들을 해치려던 것을 막아 냄으로써 신진사림의 중심인물이 되었다. 이량을 탄핵하라고 심의겸에게 강하게 말한 사람이 바로 박점이다. 이 일로 박점은 명성이 높아졌는데, 그것이 그에게는 독이 되었다. 관직에 나가려는 사람들이 그를 통했고, 실제로 그런 시도가 성공을 거두기도 했다. 그에 관한 소문이 좋을 수가 없었다.

이것에 대해서 먼저 행동을 취한 사람이 이준경이다. 그가 김난상에게 이를 말하였고, 김난상이 박점의 정언 임명에 반대했다. 박점의 정언 임명을 두고 실록은 조금 더 자세한 이야기를 전한다.

> **준경이 경연에 입시하여 박점의 죄과罪過를 극구 말하자 상이 "점이 그렇게 제멋대로라 하니 내가 하마터면 속을 뻔하였다." 하였다. 인걸을 돌아보며 이르기를, "무슨 까닭으로 박점을 천거하였는가?" 하니, 인걸이 사죄하며 아뢰기를, "신이 잘못 듣고 망발을 했습니다. 준경의 말이 옳습니다." 하였다.**[167]

선조 즉위 초 이준경 등 구신은 사림 성향의 젊은 관료들과 갈등했다. 이준경 대 기대승·이이의 갈등은 그 대표적인 경우이다. 도학道學으로 무장

한 젊은 사림 성향 관료들의 지나친 자신감이 직접적 원인 중 하나였다.[*]
그런데 여기서 중요한 것은, 상황을 인식하는 프레임이다. 정대년과 김난
상 두 사람은 당시 신진사림과 구신 간의 갈등 구도에서 신진사림에 의해
서 불이익을 받았다. 그런데 송응개는 당시를 심의겸이 주도하는 외척의
전횡이 계속된 시기로 보았다. 선조 초의 신진사림을 심의겸의 당여로 보
는 동서분당 이후 동인의 관점이 소급, 투영되었던 것이다.

"언관들이 간사한 것은 아닙니다"

선조의 명령으로 당일로 인사 발령이 났다. 송응개는 전라도 장흥 부사
에, 허봉은 경상도 창원 부사에 임명되었다. 이어서 선조는 비망기[**]를 내
렸다.

---

[*] 흥미롭게도 주희나 육구연의 제자들도 비슷한 경향을 띠어서 주위의 비판을 받은 바
있다. 이에 대해서 위잉스는 강렬한 종파의식이 이학 문화의 한 구성 부분인 듯하다
며, 종파의식과 정치적 당쟁 사이에 내적 관련성을 지적하였다. 위잉스, 『주희의 역사
세계』, 하, 글항아리, 790~792쪽 참조.

[**] 조선 시대에 왕이 말하는 형식은 다양했다. 교문敎文, 윤음綸音, 비답批答, 판부判付
등이 그것인데, 비망기도 그중 하나이다. 비망기는 대개 내시가 담당하는 승전색이 주
로 작성하여 승정원에 전달되었다. 비망기는 종종 중부터 사용되기 시작하여, 선조 대
에 정착되었다. 중종 때 비망기가 활성화되기 시작한 이유는 사림의 등장과 관련이 있
다. 사림의 등장은 공론을 중시하는 분위기를 조성했고, 이 때문에 조정에서 대간의
역할이 커졌다. 왕에 대한 이들의 의견 개진이 늘자, 왕도 이에 대응했던 것이 비망
기 형식으로 나타났다. 이렇게 비망기가 공론 정치에 대한 왕의 대응으로 시작되었지
만, 나중에는 비망기의 또 다른 가능성, 즉 왕의 적극적 의사표현 수단이 되었다. 왕의
말을 표현하는 다른 방식은 절제된 언어로 작성되었다. 때문에 국왕의 세밀한 심정까
지 전달하는 데에는 한계가 있었다. 비망기는 국왕의 심경이나 의도를 잘 보여 주면서
도 상황에 신속하게 대처할 수 있다는 장점이 있었다. 이 때문에 비망기는 왕이 자신
의 의사를 밝힘으로써 정국을 전환하는 데 중요하게 사용되었다. 이것을 가장 먼저 가
장 적극적으로 활용한 사람이 바로 선조였다. 이근호, 「조선시대 국왕의 비망기 연구」,
『고문서연구』44, 2014.

내가 어제 현사賢邪와 시비是非를 알지 못하여 대신에게 물었는데도 좌상 김귀영은 갑이 그르다 을이 옳다 말하기를 꺼려서, 감히 (동인에게) 아첨하고 남의 비위나 맞추는 태도를 취했다. 예로부터 대신치고 그렇게 한 자가 있었더란 말인가. …… 만약 현사를 알아보지 못한다면 그는 슬기롭지 못한 것이고, 알면서도 바로 아뢰지 않았다면 불충한 것이다. 어떻게 정승 지위에 있을 수 있겠는가.[168]

선조는 김귀영에 대한 불신임을 표했다. 며칠 후 김귀영이 사직 의사를 밝히자 선조는 한 번의 반려도 없이 지체 없이 수리했다.[169]

같은 날 도승지 박근원은 선조에게 면대面對를 청했다. 면대란 면담 신청을 말한다. 선조는 서계書啓하라고 승정원을 통해 말했다.[170] 만나지 않겠으니 글로 올리라는 말이다. 상소에서 박근원은 김귀영에 대한 선조의 마음을 돌리려 애썼다. 또 성혼의 상소 내용을 비판하며 공론은 오직 삼사에 있다고 다시 주장했다. 이에 대해서 선조는 임금이 신하의 현사賢邪를 물을 때 대신이 모른다고 대답한다면, 임금 혼자면 충분하지 무엇 때문에 재상을 등용하겠냐며 박근원의 말을 반박했다.[171]

여기서 잠시 선조가 박근원에게 한 말을 음미할 필요가 있다. 이 말에서 선조는 은연중에 자기 생각을 드러낸다. 선조의 말은 국왕과 신하가 함께 국가를 다스린다는 전통적 관념에서 나왔다. 이것은 당시 조선의 사대부들이 정치의 전범으로 삼은 중국 송나라에서 나왔다. 조선의 사대부들이 존경했던 정이程頤(1033~1107)가 이를 명확하게 말한 바 있다. "제왕의 도는 뛰어난 사람을 선택하여 임명하는 것을 근본으로 삼으며, 사람을 얻은 다음에는 그와 함께 천하를 다스리는 것이다."[172] 아래에 나오듯이 계미삼찬에서 선조가 양사에게 논의를 중단하라고 말하자, 양사는 자신들에게도 국정에 참여할 권리가 있다고 주장했다. 또 선조가 계미삼찬 직후 이이에게 "이제 경卿이 있으니 내 마땅히 모든 것을 맡기겠다."고 말했다. 두 경우 모두 같은 관념에서 나왔다. 군신동치君臣同治의 관념을 왕과 신하가 모두 가지고 있었음을 보여 준다. 그런데 선조의 공신동치 개념은 본래의 뜻과는 미묘하지만 중요한 차이가 있다. 위의 말에서 선조는 대신을 자신에게 도움을 주는 존재로만 인식하고 있기 때문이다. 어디까지나 자신이 정치의 주체라고 생각했던 것이다.

다음 날 정언 이주가 상소를 올렸다. 그는 이경률이 처음 "전천·만군"의 명목으로 이이를 탄핵할 때 함께했던 인물이다.[173] 그의 상소는 당시 동인 언관들이 공유했던 믿음의 내용을 잘 보여 준다.

이이가 사류에게 의심 받은 지는 이미 오래됐습니다. 그러나 지난날 (이이에 대해서) 논했던 것은 공적인 일에서의 잘못에 대해 논핵했던 것에 불과했습니다. 그후 이이가 (시골로) 물러날 즈음 자기가 먼저 불평스런 말을 많이 함으로써 언관과 옳고 그름을 다투려 들었습니다. 그것을 본 삼사가 격분하기 시작하여 사전 모의 없이도 이구동성으로 그의 마음 자취의 의심스러운 점을 비로소 약간 말했던 것입니다. 당초 어떤 사건을 들어 그를 꼭 공격하여 (조정에서) 내치려던 것은 아니었습니다. 그런데 지금 성혼 상소를 보고 또 박순이 경연 중에 아뢰었던 말을 들으니, …… 이는 한 시대의 이름 있는 인물들을 일망타진하려는 것입니다. 그리고 동서의 설도 처음엔 근거 없는 말이었는데 끝내는 사화의 원천이 되고 말았습니다. 심의겸은 서인의 영수인데, 이이와 박순은 의겸에 대하여 잊기 어려운 은혜를 입은 사이입니다. 성혼 역시 의겸의 평생 친구여서 이 몇 사람이 …… 언제나 일치하고 있는 것은 나라 사람들이 다 아는 사실입니다. …… 신들은 이미 배척당했고 또

전 대사간 송응개가 언젠가 완석完席[*]**에서 근원을 추궁하자는 논의를 제시했을 때 신들이 진정시키려 애써 그를 말렸으니 신들의 나태한 죄 더욱 큽니다. 신들을 파면하여 물리치소서.**[174)]

이이를 탄핵했던 사람들 중에는 선조 초 그와 사이가 안 좋았던 사람도 있었고, 명예욕이나 출세욕 때문에 과도하게 공격적인 모습을 보인 인물도 있었다. 하지만 당시 동인 측 인물 모두의 입장과 행동을 이렇게만 설명할 수는 없다. 예를 들어서 이주 같은 인물은 두 가지 어디에도 속한다고 보기 어렵다. 이들의 주장은 자신들이 가진 생각에 대한 강력한 도덕적 확신에서 나왔다. 그들은 자신들을 "한 시대의 이름 있는 인물들"로 확신했다.

이이는 계미삼찬 후 조정에 복귀해서 선조에게 이렇게 말했다.

(그들이) 식견이 없어서 그랬던 것입니다. …… 그것을 간사하다고 한다면 그것은 아닙니다. 간사한 사람은 반드시 임금의 의중을 헤아려 교묘하게 맞춥니다. 그런데, 저들은 주상이 뜻을 돌리지 않을 것을 알면서도 오히려 자기들 주장을 고집하고 있습니다. (이것으로 보면 그들이) 간사한 사람이 아니라는 것을 알 수 있습니다.[175)]

이이는 언관 모두가 정치적 욕망 때문에 자신을 공격한 것은 아니라고 말하였다. 서로 다른 믿음의 차이를 이이는 '시비'나 '정사'가 아닌 '식견'의

---

[*] 언관들이 둘러앉아서 탄핵하는 일, 서경署經에 대한 일 등을 의논하는 자리.

문제로 이해했다. 상황을 파악하는 안목이 떨어진다는 말이다. 이이다운 말이다.

이주의 상소에는 그가 확신하는 두 가지가 보인다. 첫째, 삼사에는 한 시대의 이름난 선비들이 모여 있고, 그런 삼사를 상대로 시비곡직을 따지는 것은 옳지 못하다는 것이다. 그는 삼사가 나라 전체 공론의 독점적, 배타적 주체라고 진심으로 믿었다. 결국 이이와 성혼의 가장 큰 죄목은 언관의 그러한 권위에 도전한 것이었다. 둘째, 서인의 영수는 심의겸이고 이이, 박순, 성혼은 그의 당여라고 믿었다. 이이 상소는 바로 전자를 정면으로 부정한 것으로 인식되었기에, 이주 말대로 삼사 전체가 이구동성으로 이이 비판에 나섰던 것이다. 그리고 선조 16년의 이 사건을 통해서 이들은 심의겸, 이이, 박순, 성혼을 하나의 당파로 더욱더 확신하게 되었다.

다음 날 사간 성락과 정언 황정식이 이주의 주장에 찬동하고 나섰다. 그러고는 대간이 잘못한 것은 별로 없으니 대사헌 이기, 집의 홍여순, 장령 이징·윤승길, 지평 이경률·조인후, 헌납 유영경, 정언 이주 등을 모두 출사하도록 명하라고 요청했다. 선조는 이를 허락했다.[176] 다시 출사하게 된 양사 인물들은 바로 다음 날 합동으로 상소를 올렸다.[177]

양사는 박순, 성혼, 이이를 다시 한번 차례로 탄핵했다. 주목할 것은 이 상소에 심의겸에 대한 탄핵이 빠졌다는 점이다. 그를 서인 영수로 규정하고, 박순, 성혼, 이이의 으뜸가는 죄목이 심의겸과 결탁한 것이라고 했던 주장에서 보면 다소 의외이다. 하지만 다른 측면에서 보면 이것은 자연스럽다. 심의겸은 선조 8년 동서분당 이후, 정치적으로 아무런 영향력이 없었다. 동인 측 김효원 경우도 다르지 않았다. 그들이 영향력을 완전히 잃은 지 이미 여러 해가 지나 있었다.

동인이 심의겸을 지속적으로 서인 영수로 규정했던 것은, 당시의 조정 상황과 전혀 부합하지 않았다. 이 점은 이귀도 지적한 바 있다. 그는 심의 겸이 세력을 가졌을 때 그와 친했던 사람이 많았다고 주장했다. 그가 보기에, 이들이 동인 측 언관이 되었던 것에 대해서는 동인이 모른 척하면서 이이에 대해서는 심의겸과 친했다는 이유로 극도로 탄핵한 것에는 다른 이유가 있었다. 요컨대 동인이 이이를 탄핵한 진짜 이유는 이이가 심의겸과 가까웠던 것과는 무관하다는 것이다.[178]

동인이 이해한 조제보합론

양사는 이이에 대해서도 다시 한번 탄핵했다. 상소는 "이이의 마음은 처음부터 끝까지 자기를 후하게 해 준 자에게 정성스러웠습니다. 겉으로는 공론이 두려워 감히 드러내 놓고 사私를 행하지 못했지만, 동인과 서인 사이에 세력 균형을 기한다는 설에 가탁하여 공公을 내세워 사私를 성취해 보려는 계책으로 삼았습니다."[179]라고 주장했다. 동인은 이이의 조제·보합 주장을 이이가 자신에게 후했던 사람들을 조정에 진출시키는 수단이라고 생각했다.

동인이 이이의 조제·보합론을 이렇게 이해한 근본적 이유는 스스로에 대한 강력한 도덕적 확신 때문이다. 홍문관 응교 홍적*은이 시기에 올린 상소에서 이렇게 주장했다.

> **당초 동인이니 서인이니 하는 말이 있었을 적부터, 그 사이에는 (이미) 사정邪正**

---

* 홍진·홍적 형제는 앞서 상소를 올렸던 이경률과 처남매부 간이다. 형제의 아버지는 유명한 홍인우인데, 이경률이 그의 사위이다.

과 시비是非가 나뉘어져 있었습니다. 그래서 사대부의 공론이 모두 동인 쪽을 정당시하고 서인 쪽은 간사하다고 했던 것입니다. 그런데 이이는 사심에 치우친 나머지 서인을 부추기고 동인을 억제하였는데, 하루도 그 마음을 잊은 적이 없습니다.[180]

이 관점에 서면 조제·보합론 자체가 이이의 사심일 뿐이었다.

양사가 합계한 상소의 주된 현실적 목표는 영의정 박순의 조정 퇴진이었다. 이이는 이미 조정에서 물러나 낙향한 상태였고, 성혼은 정치적 독립 변수가 아니었다. 이런 면에서 박순은 동인의 거의 유일한 현실적 공격 목표였다. 하지만 선조는 양사 요구를 받아들이지 않았다.

김우옹의 뒤늦은 상소

양사 합계合啓가 있던 날, 그동안 침묵했던 대사성 김우옹이 상소를 올렸다. 상소 내용은 그의 복잡한 속내를 반영했다. 한편으로 이이를 변호했고, 그러면서도 이이의 정치적 입장에 반대했다. 정황상 반드시 말해야 할 사항들 중에서 언급을 피한 것도 있었다. 이러한 그의 복잡한 심사는 상소를 올린 시점에도 표현되었다. 6월 초 이경률이 이이를 탄핵하며 촉발된 상황이 이미 두 달 가까이 진행 중이었다. 그는 내내 지켜보면서도 그제야 상소를 올렸던 것이다.

이 기간에 나온 수많은 상소 중에서 이이 입장을 변호한 상소는 성혼의 것 하나뿐이었다. 이이가 오랜 기간 함께했고, 그가 선조 13년 말에 조정에 다시 나오면서 조제·보합의 실현을 위해서 협조를 기대했던 동인의 리더급 인물들은 자신들의 의견을 밝히지 않았다. 홍문관 부제학 류성룡은 말할 것도 없고, 이발과 김우옹 역시 상황에 전혀 개입하지 않았다. 이이에게 개인적 차원에서 모욕에 가까운 탄핵이 가해지는 상황에도 그들은 침묵했다. 그들은 침묵으로써 이이의 조제·보합에 대해 분명한 반대의사를 나타냈다.

송응개는 이이의 조제보합론뿐만 아니라 이이가 중이었던 것까지 싸잡아 탄핵했다. 홍가신이 지적한 것처럼 그것은 확실히 과도한 것이었다. 하지만 아무도 그것에 대해서 공개적으로 제지하고 나서지 않았다. 그것은 류성룡, 이발 등이 이이와 인간적 관계까지 단절되었음을 의미했다. 이이가 그때까지 노력했던 정치적 화합의 노력은 결정적 순간에 아무 힘도 발휘하지 못했다. 늦게나마 유일하게 발언한 사람은 김우옹뿐이다.

지난번 삼사가 병조 판서 이이를 공격하고 나왔을 때, 이이는 일찍이 많은 사람의 기대를 한 몸에 받았던 사람이었던 데다, (삼사가 이이에게 붙인) 죄명이 분명하지 않았습니다. 때문에 위로는 성상께서 매우 노여워하여 소인들이 (이이를) 배척하고 모함한 것으로 의심했고, 아래로는 사람들이 (삼사의 주장을) 용납하지 못하여, 성혼의 상소가 있기까지 했습니다. ……

애석하게도 이이는 …… 자기의 오랜 견해에만 얽매어, 나라 전체의 공론을 모아 천하를 위한 일을 해내지 못했습니다. 다만 자기 개인의 견해를 내세워 온 나라의 인정을 거슬렸습니다. 선비들에게 인심을 잃은 지 오래인데도 깨닫지 못하고, 오히려 빈번히 상소를 올려 자기주장을 강변함으로써 상대를 이기려고 했습니다. …… (이 때문에) 선비들이 비로소 이이에 대하여 실망하게 되었습니다. 그러므로 이이에 대한 공격은 어느 개인의 사사로운 주장[私論]은 아니었습니다. 그러나 이이의 본심이야 무슨 딴 것이 있겠습니까. 요컨대 조정을 안정시켜 국정 현안들을 목적대로 달성해 보려는 것이었습니다. ……

삼사에서 서로의 사이가 어그러질 만큼 논의가 격렬했고, 그를 탄핵하는 글 역시 가파르고 각박하여 듣는 이를 자못 놀라게 했습니다. 하지만, 당초에는 (이이가 저지른) 그릇되고 실정에 맞지 않는 일로 인하여 '주상을 업신여기고 권리를 남용했다.'는 죄목으로 지척했던 것인데, 급기야 (이이가) 스스로에 대한 말 가운데서 (삼사에) 불복의 뜻을 보이자, 이번에는 또 '(이이가 임금의) 사랑을 굳히기 위하여 임금에게 강요하고 공론을 배척했다.'는 이름을 덧붙이고, 심지어 나라를 그르친 소인으로까지 지목하면서 헐뜯고 배척하기에 모든 방법을 사용하였던 것입니다. 아아, 어찌 이것이 이이의 본뜻이겠으며, 이러고서야 (삼사의 주장이) 어떻게 인심을 승복시킬 수 있겠습니까.

이 모든 원인은 근래 이이가 사류와 자못 화합을 잃었고, 괴상한 또 다른 논의가 갑자기 그 사이에서 나왔기 때문입니다. …… 한번 (경안령) 요의 말이 나오자 사류는 안절부절못하였습니다. 성룡 등은 모두 물러나 움츠리고서는 (자신들의) 허물을 살피느라 감히 국정 논의에 참여하지도 못하고 있습니다. 그리하여 이이에 대한 사림의 의혹은 더욱 깊어졌고, 일 좋아하는 들뜨고 성급한 무리들은 이로 인해 함께 떠들고 일어나 비로소 (이이를) 공격할 뜻을 두었던 것입니다. …… 시작은 한두 사람 일 좋아하는 들뜨고 성급한 무리에 의하여 된 것인데, 사류가 모두 이이를 그르다고 여겼기 때문에 억제하지 못했던 것입니다. 또 성룡 등이 이미 가고 없어 대각臺閣의 중론衆論을 진정시킬 만한 무거운 명망 있는 인물이 없기 때문에 저들 멋대로 배격하여 여기까지 이른 것입니다.

성혼의 상소로 말하면, 이이의 본심을 헤아려 말하고 삼사의 잘못된 점만 지적하여 논했더라면 좋았을 것입니다. 그런데 조정 전체를 매도하여 이이에 대해서 억측을 꾀한다고까지 말하여 …… (삼사의) 사람들이 그렇게 말하게 된 원인을 따지지 않았습니다. (성혼의 상소) 역시 한쪽으로 치우친 것으로써, 말다툼의 단서를 더했을 뿐……입니다. 이 때문에 송응개가 그의 피혐하는 말에서 더욱더 어긋난 말을 하여, 심지어 성혼이 심의겸의 친구로서 파당을 꾸밀 계책을 꾀하고 있다고 까지 했습니다. 아아, (성혼이) 어찌 그랬겠습니까.[181]

김우옹은 이이·성혼과 동인 사이의 겉으로 드러난 갈등 양상을 지적하는 데 그치지 않았다. 그 배후 의도까지 살펴서 양자 사이에 감정적으로까지 격앙된 상황을 수습하려 했다.

이 당시 동인이 이이와 성혼을 탄핵하며 내세운 이유는 두 가지였다. 하나는 두 사람이 심의겸의 당여로서 하나의 당파라는 점, 다른 하나는 그들이 언관의 공적 도덕성에 도전했다는 점이었다. 김우옹은 후자에 대해서는 거의 언급하지 않았고, 전자에 관해서는 동의하지 않았다. 송응개가 주장했던 내용에 대해서는 실제와 크게 어긋난 것으로 이해했다. 그러면서 그는 이 사태의 근본 원인을 이이가 동인의 지지를 잃은 데서 찾았다. 때문에 이이에 대한 동인의 공격도 단순히 송응개 같은 한두 사람 때문에 빚어졌다고 보지는 않았다.

그때까지 전개된 상황을 되짚으면서 김우옹은 두 가지 사항을 말했다. 첫째, 그는 이이가 자기의 "오랜 소견"에만 얽매여서, "나라 전체의 공론"을 모아 천하를 위한 일을 해내지 못했다고 비판했다. 그가 말한 이이의 '오랜 소견'은 조제보합론이다. 이 말을 통해서 우리는 김우옹이 더 이상 동서 간 조제·보합에 찬성하지 않음을 알 수 있다. 둘째, 그는 동인의 논의가 과격하게 흘러갔던 원인을 진단했다. 김우옹은 언관의 여론을 진정시킬 만한 중망 있는 인물이 없기 때문에 동인의 논의가 극단적으로 흘렀다고 보았다. 그는 이요의 주장 때문에 류성룡이 조정에서 물러난 것이 사태가 악화된 원인이라고 진단했다.

김우옹 말처럼 류성룡이 조정에 남았다면, 과연 동인 측 주장이 지나치게 과격하게 되는 것을 막을 수 있었을까? 동인의 논의가 과격하게 흘러간 원인에 대한 김우옹의 진단은 절반만 타당했다. 그는 조정에 중망 있는 인물이 없었던 것이 그 원인이라고 보았다. 그의 진단은 대신권의 약화라는 이 시기 조정의 문제점을 정확히 파악한 것이다. 하지만 김우옹이 맞는 것은 거기까지이다. 이 당시 류성룡과 관련된 몇 가지 상황을 살피면 진단의 나머지 절반은 적절해 보이지 않는다.

선조와 동인의 맞대결

이틀 후 홍문관 응교 홍적 등이 상소를 올렸다. 앞서의 주장처럼 이이, 성혼, 박순을 탄핵했고, 김귀영, 송응개를 변호했다. 또 "앞에서는 이이가 상소를 하자 경안령이 (류성룡·이발·김효원·김응남 등을) 지명指名하더니, 뒤에는 성혼이 상소를 하자 박순이 (허봉·송응개를) 지명했다."며 이이·성혼·박순·경안령 이요가 하나의 당파임을 주장했다. 그리고 이이는 "원래 서인의 영수"였다고 주장했다.

상소는 동인 측 당론의 기본 인식을 보여 주었다. 홍적은 "애당초 동·서의 설이 있었을 때, 그 사이에는 벌써 사정과 시비가 있어서, 사대부 공론은 동이 정正이고 서는 사邪라고 했다."고 주장했다. 이러한 입장에서 그는 "이이가 서인을 부추기고 동인을 억누르는 마음을 하루도 잊지 않았다."고 확언했다.

또 6월 19일 홍문관이 올렸던 상소에 대한 선조의 비판에 답변했다. 이

상소는 허봉이 썼던 것으로 이이를 '오국소인誤國小人'으로 규정했던 상소이다. 여기서 이이는 드디어 '나라를 그르칠 소인'으로 규정되었다. 이 상소에 대해서 선조는 권덕여가 전에는 이이를 크게 칭찬하다가 뒤에는 논핵한 것에 대해서 비판했다. 선조는 권덕여가 동인 비위를 맞추느라 그렇게 했다고 생각했다. 이에 대해서 홍적은 이이가 나라를 그르칠 사람이라는 것을 뒤늦게 알게 되어서 그렇게 될 수밖에 없었다고 주장했다. [182]*

동인이 서인을 가리키는 범주와 관련해서 후일 이귀는 흥미로운 말을 했다.

> 동서의 말이 있은 이래로 서인의 명목은 그 말이 네 번 변하였습니다. 처음에는 심의겸의 친구를 서인이라 하였으니 세 윤씨[三尹] 같은 무리가 바로 그들입니다. 다음에는 서인을 구원하는 자를 서인이라 하였으니 정철 같은 무리가 바로 그들입니다. 또 그다음에는 동인도 아니고 서인도 아니며 중립하여 치우치지 않는 사람을 서인이라 하였으니 이이와 같은 무리가 바로 그들입니다. 오늘날에 이르러서는 사림으로서 이이와 성혼을 높이는 사람을 서인이라 합니다. [183]

확실히 동인이 서인에 포함시킨 인물들은 계속 바뀌었다. 그것이 동인의 정치적 프레임이었기 때문이다.

홍적 상소에 대한 선조의 반응은 신속했다. 다음 날 선조는 홍문관 부제학 권덕여를 경상도 성주星州 목사에, 응교 홍적을 황해도 장연長淵 현감에 직접 임명했다. [184] 선조의 조치 직후, 같은 날 양사는 곧바로 상소를 올렸

---

* 후에 정여립도 선조에게 같은 말을 했다. 279~280쪽 참조.

다. 양사는 박순의 죄를 가볍게 물어서 파직만을 청했는데, 주상께서 이마저도 들어주시지 않는다며 박순의 죄를 10가지로 정리했다.[185] 어느덧 갈등은 선조와 동인 강경파 사이에서 진행되고 있었다.

대간의 말이라고 다 옳은 것은 아니다

또 하나의 공론

북방의 군사적 상황이 계속되었다. 8월 1일, 순찰사 보고가 조정에 도착했다. 7월 19일 이탕개와 율보리栗甫里 등이 2만 여 기를 인솔하고 방원防垣을 포위하여 인시(3~5시)부터 미시(13~15시)까지 일진일퇴하며 조선군과 서로 싸웠다는 내용이었다. 조정의 정치적 갈등도 계속되었다.[186]

이이, 성혼, 박순이 차례로 조정을 떠났다. 그럼에도, 조정은 동인 중심으로 안정되지 않았다. 오히려 갈등의 불길이 조정 너머로 번져 나갔다. 여기에 촉매 역할을 한 것이 왕자사부王子師傅 하락의 상소이다. 왕자사부는 왕자의 교육을 맡은 종9품 관직이다.

하락은 이이·성혼·박순 세 사람에 대한 탄핵 근거로 삼사가 제시한 사실들이 근거가 없다고 주장했다. 나아가 이들 세 사람이 붕당으로 결탁했다는 것도 부정했다. 이어서 하락은 다음과 같이 말했다.

지금 인심이 분개하여 세간에서는 (삼사가 세 사람을 탄핵한 것에 대한 반박) 논의가 빗발치고 있습니다. 시론時論*을 무서워하는 부형들이 자기 자제들을 경계시키고 있지만, 사람 본연의 마음은 똑같기 때문에 시비에 대해서 스스로 누르지

---

* 동인의 의견.

못하여 터져 나오는 사례가 흔히 있습니다. 심지어 군인·무부武夫까지 하늘을 불러 자기들의 억울한 마음을 호소하고자 합니다. 상황이 이러니 아아, 이른바 삼사의 공론 외에 또 하나의 다른 공론이 없다고 보장하기는 어려운 일입니다. …… (세 사람에 대한 삼사의) 탄핵 상소가 빗발치듯하는데, 저들이 어찌 구차하게 (조정에) 붙어 있으려 했겠습니까. 오늘은 이이가 가고 내일은 박순이 떠나고, 또 내일은 성혼이 떠나고 하여 …… 성상은 고립되어 감히 (성상을 위해서) 말하는 자가 없게 될 것입니다. 지난날 언관이 (이이 무리를 탄핵하여) 말했던 "(이들이) 일망타진으로 나라를 비게 만들 것이다."라고 했던 것이 바로 이것이 아니겠습니까. 이 어찌 한심할 일이 아닙니까.[187]

하락은 동인 측 주장이 거꾸로 실현되었음을 지적했다. 전에 동인은 이이, 성혼, 박순을 탄핵하며 이들이 조정에 있는 명류名流를 일망타진하여 나라를 비게 하리라고 말했었다. 그런데 이제 남은 사람들은 오히려 동인이기에 한 말이었다. 그런데 하락의 상소에서 주목할 부분은 따로 있다. 작금의 조정 상황에 대한 시비에 대해서, 군인과 무부까지 억울해한다는 말이 그것이다. 그리고 그 말끝에 삼사의 공론 외에 반드시 또 하나의 공론이 없으리라 보장할 수 없다고 주장했다. 삼사의 공론 독점권에 대한 부정이다.

같은 날 성균관 유생 유공진柳拱辰 등 462명이 성혼과 이이를 옹호하는 상소를 올렸다.[188] 그 인원수로 보아서, 준비에 여러 날이 소요되었을 것이다. 이이, 성혼, 박순이 동인에게 탄핵을 받는다는 소문이 조정 울타리를 넘어선 지 상당한 시간이 흘렀던 것이다. 선조는 유공진 등의 상소에 대해서 너그러운 비답을 내렸다.

선조와 승정원의 갈등

같은 날 도승지 박근원은 하락을 반박하는 승정원 명의의 상소를 올렸다. 여기서 박근원은 삼사가 주장하는 것은 모두 공론이라고 말하였다. 또하락 개인에 대한 비판도 빠뜨리지 않았다.[189] 이 상소를 보자, 선조는 상소문을 쓴 승지가 누군지 물었다. 이 일로 선조와 승정원 사이에 실랑이가 벌어졌다. 승지들은 곤혹스러웠다. 승지들이 함께 의논해서 올린 것이라고 답하자, 선조는 그러면 모든 승지가 한 번에 붓을 잡고 공동으로 썼느냐고 되물었다. 그러자 박근원은 공동으로 의논했기에 붓을 잡은 자가 있어도 그의 의견대로 한 것이 아니라고 말했다. 선조는 상소문이 자신의 귀와 눈을 가리려고 한다며 다음과 같이 말했다.

> 대체로 공론이 사람들에게 있는 것은 물이 땅 속에 있는 것과 같다. 따라서 대간의 말이라고 꼭 옳은 것만도 아니고, 나무꾼의 말이라고 해서 꼭 그른 것만도 아니다. 오직 그 사람이 공정하면 그 말도 공정한 것이다. 예로부터 대간과 시종侍從*의 이름이 어느 시대고 없었겠는가. 하지만, 공론이 조정에 있었던 경우는 드물었다. 무릇 공론이 조정에 있으면 다스려지고 조정에 있지 못하면 혼란하게 되는 것이다. 이것이 백세百世토록 잘 다스려지지 못했던 이유이다. 지금 대간 말에 대하여 인심이 승복하지 않고 의사義士들이 소매를 걷고서 장차 사방에서 일어나려 한다. 그대들이 아무리 힘을 다하여 미봉책을 쓴다 해도 모면할 수 없을 것이다.[190]

다음 날인 8월 6일 승정원은 유공진 등이 올린 상소를 반박하는 글을 올

---

* 홍문관, 사헌부·사간원의 대간, 예문관의 검열檢閱, 승정원의 주서注書 등 왕 주변에 있으면서 바른 언론을 펴는 것을 임무로 한 관직자들.

렸다. 도승지 박근원, 우승지 김제갑, 우부승지 이원익, 동부승지 성락이 상소에 참여했다. 성락이 상소 초안을 작성했다. 선조가 유공진 등의 상소에 대해서 충직하고 의기義氣가 있다고 말했던 것에 대해서, 상소는 우려를 표했다. 그러자 선조는 전날에 이어 다시 어느 승지가 초안을 작성했는지 물었다. 승정원은 전날처럼 공동으로 작성했다고 답했지만, 선조는 집필한 승지 이름을 써서 들이라고 명했다.

박근원이 사실대로 답하려 할 때, 이원익이 나섰다. 그는, "하문下問하신 뜻은 그 사람을 죄주고자 하는 데 있는 것 같습니다. 하지만, 신들이 어찌 집필한 자에게 차마 죄를 덮어씌울 수 있겠습니까. 신들이 이에 대해서 감히 대답할 수 없을 뿐만 아니라, 상께서 억지로 대답하게 하시는 것도 옳지 않습니다."라고 말했다. 선조는 더 이상 묻지 않았지만, 승지 4명을 그날로 물러나게 했다. 대신에 이식·이인·박숭원·유영립·김우옹이 새로 임명되었다.[191] 박숭원은 박근원의 사촌동생이다.

"신들 역시 조종조 노신老臣의 후예들입니다"

같은 날 양사 전원이 상소를 올려 선조의 인사 조치에 반발했다. 이들은 탄핵당한 사람들 말고는 모두 양사의 주장이 충직하다고 말하는데, 자신들이 주상의 뜻을 여전히 얻지 못하고 있으니 물러나겠다고 말했다.[192] 그러자 선조는 양사가 이날로 논의를 중단하는 것이 좋겠다고 말했다. 만약 논쟁을 계속한다면 "부득이한 조치가 뒤따를 것이고 그때는 (내가) 아무 것도 돌보지 않을 것"이라고 말했다. 거의 최후 통첩성 발언이었다. 그런데 양사도 물러나지 않았다. 이들은 "신들 역시 조종조祖宗朝 노신老臣의 후예들로서" "신들이 (주상의) 위압에 눌려 이날로 더 이상 말하지 않는다면 신들에게는 이익이 되겠으나 어찌 사직의 복이 되겠습니까."라고 말하며 파직시켜 달라고 요구했다.[193] '조종조'는 역대 국왕들을 뜻하지만, 동시에 역대 국왕의 조정을 뜻한다. 다시 말하면 조선왕조 그 자체를 뜻한다고 할 수있다. 양사의 주장은 조선이 국왕만의 나라가 아니라는 뜻이다. 자신들의 조상도 조선을 구성하는 필수적인 일부라는 뜻이고, 그러기에 자신들도 국가 운영에 대한 발언권이 있다는 뜻이었다.*

이틀 후인 8월 8일 사헌부의 대사헌 이기, 집의 홍여순, 장령 윤승길·이징, 지평 이경률·허감과 사간원의 대사간 박승임, 사간 이희득, 헌납 권협, 정언 심대·이주 등이 상소를 올렸다. 양사의 상소 내용은 똑같이, 선조가 승지를 모두 교체한 것에 유감을 표하는 것이었다.[194] 그러자 선조는 다음과 같이 말했다.

> 지금 우리 태학(성균관) 유생들도 조정 논의가 정당성을 잃고 국사 또한 날로 그릇되어 가는 것을 목격하고 의기를 앞세워 서로 자진하여 대궐문을 두드리고 항거하는 글을 올렸다. …… 태학은 다른 곳보다 모범이 되는 곳이며 공의公議가 있는 곳이다. 조정 시비는 한때 어지러워질 수도 있다. 하지만 태학의 공의야 어찌 없어지겠는가. …… 몇몇 신하가 임금 주위에 있으면서 저들 멋대로 편당을 만들어 자기편을 옹호하고, 남의 말을 중간에서 가로막아 내 귀와 눈을 가리고는 감히 유생들을 어그러지고 어지러운 세력으로 몰고 있다. …… 소인의 짓이다.[195]

며칠 후 인사 개편 내용이 발표되었다. 선조가 직접 내린 명령이었다.

---

* 실제로 종묘에는 공신당이 있다.

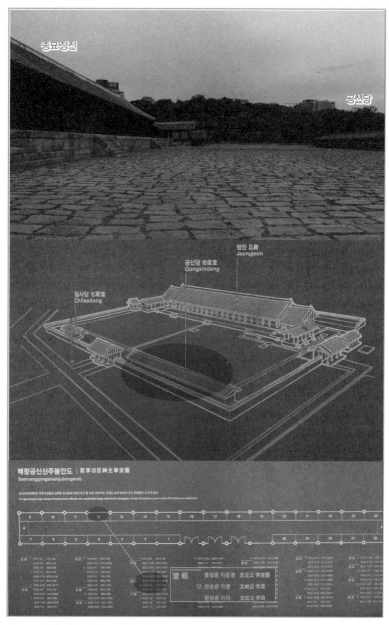

종묘 공신당과 배향공신 신주 봉안도. 역대 왕들의 위패를 모신 정전 앞에 위치한 공신당은 조선시대 공신 총 83명이 배향되어 있는데, 이 중 선조 대 봉향된 인물로는 이준경, 이황, 이이 3명이 있다. 이들의 위패는 위 도표 12번 자리에 위치한다.

홍여순은 전라도 창평昌平 현령에, 홍진은 전라도 용담龍潭 현령에, 김첨은 경상도 지례知禮 현감에, 김수는 이조 정랑에, 정창연·오억령은 이조 좌랑에 임명되었다.[196] 동인 강경파를 억제하려는 선조의 강력한 의지가 반영된 인사였다.

"심의겸이라는 함정"

선조는 삼사에서 동인 강경파를 배제하려 했다. 그는 박순이 심의겸과 결탁했다는 것으로 삼사가 공격의 도구를 삼고 있다며 다음과 같이 말했다.

> 이는 나라 가운데 의겸이라는 함정을 만들어 두고 자기들과 의견을 달리한 한 시대의 명신名臣·현사賢士들을 반드시 그 함정 속에다 몰아넣고 같은 당여라고 성토하려는 것이다. 그 속셈은 일단 그런 이름만 붙여 놓으면 어느 누구도 감히 그들을 구제하지 못할 것이고, 임금도 그들을 의심하게 될 것이라고 여긴 것이다.

이어 선조는 "시비는 양지良知에 바탕을 두고 사람의 마음이 안정된 데서 나오는 것이다. 조정에서 말했다 하여 비중이 큰 것도 아니고 초야에서 거론되었다 하여 가벼운 것이 아니다."라고 말했다.[197] 이 말은 삼사의 공론 독점권을 부정하는 말이다.

이렇게 되자 대간들은 사직을 청했다. 승정원이 이들을 불러들이라고 요청했지만, 선조는 이들을 교체하라고 지시했다. 그에 따라 새로 인사 발령이 이루어졌다. 이양원이 대사헌에, 백유양이 집의에, 정유청·송승희가 장령에, 정윤우·성돈이 지평에, 김우옹이 대사간에, 정사위가 사간에,

홍인서가 헌납에, 유격·박홍로가 정언에 임명되었다. 새로 임명된 사람들은 적어도 당시까지는 강한 당파적 주장을 했던 사람들이 아니다.

사흘 뒤에는 전라도 유생들의 상소가 올라왔다. 송응개의 생질 성균관 박사 한인이 8월 5일에 있었던 성균관 상소에 참여한 유생들 전원을 과거에 응시하지 못하도록 했다는 내용이었다. 선조는 크게 분개하며 이것을 '임금까지 무시한 무도한 정상'으로 규정했다. 그는 의금부에 수사를 지시하며, 무군부도無君不道의 죄목으로 다스리도록 명했다. 아마도 선조는 두 달 전 양사가 이이를 탄핵했을 때의 탄핵 사유를 기억했던 것 같다. 선조는 이어서 대사헌 이기, 대사간 박승임, 집의 최관, 사간 이희득, 장령 윤승길, 지평 허감, 헌납 권협, 정언 이주·심대를 교체하라고 명령했다.[198]

5일 후 선조는 정2품 이상을 창덕궁 선정전宣政殿에 소집했다. 그는 조정이 안정을 잃은 책임을 심의겸과 김효원에게 물어서 멀리 귀양 보내는 것이 어떤가를 먼저 물었다. 모인 사람들은 이들이 이미 외직에 있으므로 그럴 필요까지는 없다고 말했다. 다시 선조는 박근원, 송응개, 허봉을 멀리 귀양 보내는 것이 어떤지 물었다. 역시 좌우에서 이들을 구원하려 했다. 언관이 말한 것 때문에 죄를 입는 것은 온당치 못하다는 이유였다. 이때 정철이 언관이 말했더라도 시비는 가려야 한다고 주장했다. 이에 힘을 받은 선조는 장흥 부사 송응개를 함경도 회령會寧으로, 도승지 박근원을 평안도 강계江界로, 창원 부사 허봉을 갑산甲山으로 귀양 보낼 것을 명했다.[199] 이른바 계미삼찬이다. 이어서 5일 전 물러나게 했던 이기를 송응개 대신 장흥 부사에, 박승임을 허봉 대신 창원 부사에 임명하고, 김응남을 제주 목사에 임명할 것을 직접 지시했다.[200]

3

선조의 시간:

나는 어느 쪽이 옳다고 말한 적이 없다

관점의 현재성

　기축옥사에 대한 기존 관심 사항 중 하나는 그것을 '사화士禍'라 이름 붙이는 것이 타당한지 여부였다. '사화'라 부르면 희생자는 정의로운 피해자로, 반대편은 무도한 가해자로 규정된다. 기축옥사는 사건이 종료된 후에도 오랜 시간 반추되었다. 그것은 매우 현실적인 이유 때문이다. 조선시대 양반들에게 이 사건은 시간이 아무리 흘러도 자신들과 어느 정도는 계속해서 관계가 있는 사건이었다. 자기 조상이 어느 편이었던가는 현재의 자신들에게 중요한 문제이기 때문이다.

　오늘날 이런 프레임 설정은 적절하지 않다. 왜냐하면 그런 프레임이 이 주제를 계속해서 왕조적 울타리 안에 가두기 때문이다. 그 결과로 가장 핵심적인 행위자이자 책임자인 선조를 시야에서 놓치게 된다. 정작 중요한 것은 정치적 측면에서 선조가 어떻게 거의 절대적인 힘을 가지고 '기축옥사'를 밀고 나갔는지 해명하는 것이다. 이 사건이 사화인지 아닌지, 조작된 것인지 그렇지 않은지는 오늘날 우리가 아닌, 조선시대 당쟁 참여자들의 관심이어야 마땅하다.

　사실 선조는 매우 제한된 정치적 자원만을 가지고 자신의 재위를 시작했다. 그는 조선 최초의 군君 출신 왕이다. 즉위 당시 16세에 불과했다. 아버지는 여러 해 전 사망했고, 즉위할 때는 어머니 상중이었다. 아직 결혼도 하지 않은 상태였다. 도움 받을 수 있는 친인척도 없었다. 세자 교육도 제대로 받지 못했고, 선왕 명종의 공개적 육성을 통해 즉위한 것도 아니었다. 재위 초기에는 수렴청정까지 거쳐야 했다. 재위 8년까지는 왕으로서의 권한을 행사할 조건에 있지도 못했다. 그를 왕으로 만들어 준 인순왕후가 살아 있었기 때문이다. 그럼에도 불구하고 동서분당 후 그는 점차 운신의 폭을 넓히면서 자기 힘을 확대하는 데 성공했다. 그것이 어떻게 가능했을까? 또 그가 그렇게 하는 과정에서 조선의 정치구조, 혹은 조정의 세력 구도는 어떻게 변형되었을까?

눈에 잘 뜨이지는 않지만 '계미삼찬'을 통해 정치적으로 분명해진 사실이 하나 있다. 선조가 비로소 정국을 주도하기 시작했다는 점이 그것이다. 엄밀하게 보면 그전까지는 그가 정국의 가장 강력한 행위자이기는 했어도, 조정의 정치적 상황 전개 자체를 주도하지는 못했다. '계미삼찬'에서 선조가 조정 상황을 주도하는 방식이 나타났다. 그것은 특정한 인물을 대리인으로 내세워, 그를 통해서 자기 의도를 관철시켜 나가는 것이다. 그 첫 번째 대리인으로 내세워진 인물이 이이였다. 재위 기간이 쌓이고 나이가 30세를 넘어가면서 그는 드디어 정치제도가 자신에게 부여한 힘을 능숙하게 다루기 시작했다. 기축옥사 과정에서 그는 조정을 완전하게 장악하는 모습을 보여 주었다. 신하들에게 거의 제한받지 않는 독재에 가까운 권력 구축에 성공했다. 이것이 가능했던 가장 중요한 이유는 사림이 분열되었기 때문이다.

5장

불안한 평화

선조 17년~선조 22년

계미삼찬 후 조정 풍경

단호한 선조

선조 16년 8월 말, 송응개, 박근원, 허봉 세 사람이 귀양을 갔다. 선조가 직접 내린 명령이었다. 전라도 장흥 부사 송응개와 경상도 창원 부사 허봉의 귀양지는, 각각 함경도 회령과 갑산이었다. 두 사람은 불과 한 달 전까지, 중앙 관직에서도 핵심인 언관직에 있었다.[1]

조선은 언관을 곧바로 외직으로 발령 내지 않는 관행을 가지고 있었다. 언관을 보호하기 위한 장치였다. 때문에 이들이 외직에 임명된 것 자체가 좌천을 뜻했다. 그런데, 외직 발령에 이어 다시 북방 극변極邊으로의 귀양형에 처해졌다. 현직 도승지 박근원의 귀양지는 평안도 강계였다.[2]

선조 16년, 비등점으로 치닫던 조정의 정치적 갈등이 폭발하면서 직접 피해를 받은 사람들은 이들 세 사람에 그치지 않았다. 동인 측 인물 다수가 외직에 좌천되었다. 홍문관 부제학 권덕여는 경상도 성주 목사에, 응교 홍적은 황해도 장연 현감에 임명되었다.[3] 홍여순은 전라도 창평(현 담양) 현령에, 홍진은 전라도 용담 현령에, 김첨은 경상도 지례 현감에 임명되었다.[4] 또 대사헌 이기는 장흥 부사에, 대사간 박승임은 창원 부사에, 김응남은 제주 목사에 임명되었다.[5] 역시 선조의 명령에 따른 조치였다. 이에 대해서 동인이 반발했다. 처벌의 과중함을 지적하며, 이들에 대한 조치를 철회해 줄 것을 선조에게 요청했다.

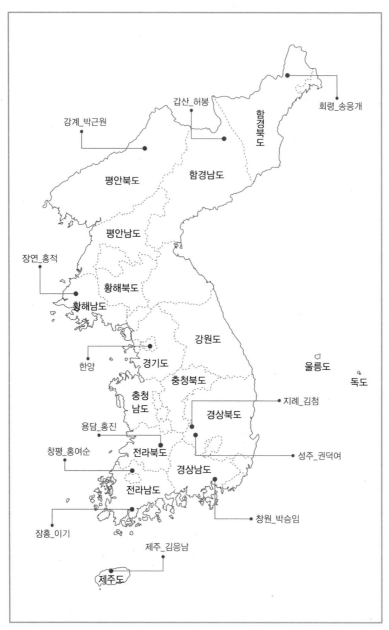

강계_박근원

갑산_허봉

회령_송응개

함경북도

함경남도

평안북도

장연_홍적

평안남도

황해북도

황해남도

강원도

한양

경기도

울릉도

독도

충청북도

충청남도

지례_김첨

경상북도

용담_홍진

성주_권덕여

창평_홍여순

전라북도

경상남도

전라남도

창원_박승임

장흥_이기

제주_김응남

제주도

선조 16년 동인 주요 인물의 귀양과 좌천 상황

한편, 이이는 선조 16년 6월 말 병조 판서에서 물러난 뒤 파주로, 얼마후에는 더 멀리 해주로 물러났다. 계미삼찬 후 선조는 이이를 이조 판서에임명하여 다시 불렀다.[6] 그를 부를 때마다 그랬듯이, 성혼도 함께 불렀다.선조는 이이를 이조 판서에 임명하기 이틀 전에 성혼을 이조 참의에 임명했다.[7] 참의는 참판에 이은 이조의 3번째 고위직이다. 몇 달 전 이이가 조정에서 물러났던 것은, 삼사에 있던 동인 거의 전부가 동참했던 그에 대한탄핵 때문이었다. 때문에 계미삼찬 후 이이가 조정에 복귀한 것은 동인 측에는 커다란 정치적 패배를 의미했고, 서인 측에는 거의 완전한 승리처럼보였다.

선조를 만나자, 이이는 3인에 대한 귀양의 견책이 너무 무거웠다고 말했다. 그는 이 때문에 동인이 불안해하고 있다며 이들에 대해 관대한 법을적용할 것을 요청하였다. 특히 허봉에 대해서는 거듭 관대한 처분을 요청하였다.[8] 평소 이이는 허봉의 뛰어난 글재주와 문학적 재능을 아꼈다. 새로 부제학에 임명된 홍성민과 부수찬에 임명된 백유함도 상소를 올려서이이와 같은 요구를 하였다. 세 사람에게 죄가 있는 것은 사실이지만, 묵혀진 지 20년이 되어가는, 생명을 보존하기 어려운 북방으로 이들을 귀양보낸 것은 지나쳤다고 그들은 말했다.[9] 이렇듯 동서를 막론한 여러 사람들의 요구에도 선조는 자기 결정을 철회하지도 변경하지도 않았다.

"이이를 그르다고 한 것은 온 나라의 공론입니다"

계미삼찬 직후 사간원은 3인의 귀양 철회를 요구하며 다음과 같이 상소하였다. 이때 대사간은 김우옹이었다.

지난날 양사가 병조 판서 (이이)를 탄핵했던 것이, 처음부터 공격에 뜻을 두었던 것은 아닙니다. 그런데 지평 이경률이 원래 가볍고 제멋대로인 사람이어서 동료들과 의논도 않고 자기 혼자 생각으로 '업신여겼다', '멋대로 했다'는 등의 말을 삽입하여 다툼의 불씨를 만들어 놓았습니다. 게다가 또 장령 이징이 피혐하는 계사에서 했던 말이 너무 지나쳤습니다. 사실 그 두 사람이 앞에서 일을 그르쳐 놓았던 것을 송응개·허봉 등이 경망하게 물의를 격발시켜 (더욱) 그르쳐 버렸기 때문에 오늘날의 소요가 있게 되었습니다.[10].

사간원 상소 내용은 타당한 부분도 있고, 실제와는 거리가 있는 내용도 있다. 사간원 주장대로라면 계미삼찬은 우연히 연결된 몇 가지 계기들에 의해서 초래된 것이다. 이에 대해서 선조는 다음과 같이 말하였다.

만약 (사간원) 상소에서 말한 대로 당초에는 이이의 잘못만을 바로잡기 위한 것이고 처음부터 그를 공격할 뜻은 아니었는데 성상소가 자기 말로 '업신여겼다', '멋대로 했다'는 등의 말을 보태 넣은 것이었다면, 그때 삼사는 무슨 어려움이 있었기에 이경률을 비판하여 물러나게 하지 않았는가? …… 더구나 그때 사헌부도 "신들이 당초 아뢴 내용에도 역시 그러한 말들이 있어 이경률의 그것과 별로 다를 것이 없습니다."라고 주장하였다.

성상소는 이경률을 말한다. 선조의 지적은 정확했다.
사간원 상소의 요지는 이 사태가 일종의 말실수로 인한 우연한 사고였다는 것이다. 일부 언관이 동료들 의견과 달리 논의를 과격하게 몰고 가서 상황이 의도하지 않은 방향으로 전개되었다는 말이다. 이에 대해 선조는,

만약 그렇다면 왜 다른 언관들이 당시 이경률의 과격한 발언을 바로잡지 못했느냐고 물었다. 선조는 사간원 주장을 믿지 않았다.

다음 날 대사간 김우옹, 사간 황섬, 헌납 홍인서, 정언 박홍로가 선조의 지적에 대해서 피혐하며 다음과 같이 말했다.

> 이이의 행동이 온당함을 잃었을 때 그를 그르다고 했던 것은 당시 공론이 그러했습니다. 그 일을 논했을 때도 사실 그를 공격하여 (조정에서) 내보내는 데 뜻을 두었던 것이 아닌데, 이경률 등이 자기 생각대로 실정에 지나친 말을 했습니다. 그때 동료들이 이미 함께 일하고 있는 처지라 하여 (이경률이 이미 올린 의견과 다른) 의견을 내세우기 어려워했던 것이니, 이는 잘못된 처사였습니다. 신들 생각으로는 …… 이이를 그르다고 한 것은 바로 (이경률뿐만 아니라) 온 나라의 공론입니다. 때문에 (이경률이 한 말에 대해) 실로 현사賢士를 배척했다는 (명목으로) 죄를 줄 수는 없습니다. 하지만, 그 논의가 너무 지나쳐서 공격으로까지 가게 되었던 점에 대하여는 죄를 받아야 마땅하다고 여깁니다.[11]

김우옹 등은 전날의 주장을 반복했다. 선조의 지적에 대해서는 이경률이 함께 근무하는 동료였기에 바로 잘못을 지적할 수 없었다고 답하였다. 흥미로운 점은 당시 부제학에 임명된 홍성민과 부수찬에 임명된 백유함도 김우옹과 비슷한 주장을 했다는 점이다. "이이를 배척하는 무리 (전체)가 처음부터 어찌 감히 (이이를) 공격할 뜻이 있었겠습니까. (이이에 대해) 오래도록 의심이 쌓인 나머지 한두 사람이 앞장서자, 그 밖의 사람은 거부할 수가 없었기 때문일 뿐입니다."[12]

4월 14일? 4월 17일?

당시까지도 김우옹은 강경파 동인 입장에 동의하고 있지는 않았다. 개인적으로는 이이와 인간적으로 신뢰하는 사이였다. 그런데 이에 앞서 계미삼찬 상황이 진행되던 중에 김우옹이 다음과 같이 말한 것은 흥미롭다.

> 한번 (경안령) 이요의 말이 나오자 (신진) 사류는 안절부절못하고 (류)성룡 등은 모두 물러나 (혹시 있을지도 모르는 자신들의) 허물을 살피느라 감히 국정 논의에 참여하지도 못하고 있습니다. 이 때문에 이이에 대한 (신진) 사림의 의혹은 더욱 깊어졌고, 일 좋아하는 경박한 무리들은 이로 인해 함께 떠들고 일어나 비로소 (이이를) 공격할 뜻을 두었던 것입니다. [13]

김우옹이 보기에는 이요의 상소가 나온 선조 16년 4월 17일 이후에 공개적으로 이이를 공격하려는 인사들이 등장했다. 한편 선조 20년 3월에 올린 상소에서 이귀 역시 거의 동일한 시점을 지적했다. 그는 이요 사건 3일 전에 이이가 올렸던 상소야말로 동인이 이이를 공격하게 된 단서가 되었다고 주장했다.

김우옹은 이요가 선조를 면대하여 주장했던 내용이 동인이 이이를 공개적으로 공격하는 단초가 되었다고 지적했고, 이귀는 이보다 3일 앞선 4월 14일에 있었던 이이의 상소를 그 단초로 지적했다. 동인 김우옹과 서인 이귀는 각자의 당파적 입장에 따라 동인 측이 이이를 공격하게 된 계기를 달리 보았다. 그런데 당시 조정 상황을 되짚어 보면, 이러한 상반된 이해는 충분히 가능한 일이었다.

이이의 4월 14일 상소는 그의 이전 상소와 크게 달랐다. 이전에는 이이의 개혁 요구를 선조가 거의 받아들이지 않았다. 그런데 선조가 이 상소를 전격적으로 수용했던 것이다. 처음 있는 일이었다. 더구나 이 상소에서 이이는 기왕에 요구했던 몇 가지 사항 이외에 다음 내용을 덧붙였다.

> 동·서를 나누어 따지는 버릇을 고치고, 선한 사람은 등용하고 나쁜 사람은 벌주는 것을 한결같이 공도公道로 삼고, 융화시켜 탕평책을 써서 진정하고 조화하게 하소서. 만일 미혹됨을 고집하고 깨닫지 못하는 자가 있으면 이를 억제하고, 사정을 품고 억지로 논변하는 자가 있으면 이를 배척하소서.

듣기에 따라서는 동인에 대한 강제적 조치를 선조에게 요구하는 것으로 해석될 수 있는 주장이다. 동인은 긴장했다. 그런데 이 상소가 있은 후 3일 만에 경안령 이요가 실제로 동인의 좌장급 인물들 실명을 거론하며 직접 탄핵을 감행했다. 당시 분위기에서 두 사건을 연결해서 생각했던 송응개의 주장은 이런 면에서 자연스럽다. 동인 측 좌장들의 실명이 언급된 이상, 동인도 그에 상응하는 조치를 생각했던 듯하다. 그 구체적 내용이 이이 개인에 대한 직접적인 공격이었다.

초조한 이이

그렇다면 이이는 4월 14일 상소에서 실제로 이전에 하지 않았던 말을 했던 것일까? 아니 그 이전에, 상소에서 달라진 내용의 핵심은 무엇인가? 이이가 선조 13년 12월 조정에 나오면서 가졌던 두 가지 목표는 분열된 동서를 통합하여, 그 통합된 힘으로 선조에게 국정개혁을 요구하는 것이었다. 그런데, 4월 14일 상소 내용은 이이가 이제 사림 내부의 자발적 동력으로 동서 화합을 이룩할 수 없다는 점을 인정하고, 그 통합의 권한을 선조에게 넘겼다는 것을 의미했다. 처음 의도했던 두 가지 목표 중에서 하나를 포기했던 것이다. 이이가 이런 선택을 할 수밖에 없었던 이유는 아마도 선조 16년에 있었던 북방 사태 때문이었을 것이다. 이이의 진단에 따르면 그것은 단순히 군사적 문제가 아니었다. 그것은 조선이 처해 있던 위기적 상황의 단면이었다. 당시 이이는 초초했던 것 같다.

김우옹 등은 이이에 대한 공격이 동인 전체가 아닌, 동인 중 강경파 몇몇의 주장이라고 말했다. 이요 사건을 거치면서 이경률, 송응개 같은 인물들이 이이를 공격했던 일을 가리킨 말이다. 하지만 김우옹 말을 그대로 믿기는 어렵다. 이경률의 주장이 동료 언관들 의견과 달랐을 때 왜 그들이 이경률 주장을 바로잡지 못했느냐고 선조가 김우옹에게 물었다. 이때 그의 답변은 좀 궁색했다. "함께 일하고 있는 처지" 때문이라고 말했기 때문이다. 그것은 당시 사헌부·사간원 분위기와 거리가 있었다. 동료와 생각이 다르면 거침없이 피혐했던 것이 당시 양사의 분위기였다. 이경률의 말이 다소 거칠고, 그의 주장에 동의하는 정도에 차이가 있기는 했지만, 동인 다수가 그의 주장에 동의했다고 보아야 한다.

동인이 '이이라는 인물 자체'에 대해 공격했던 것은, 그가 주장했던 조제·보합론의 파산을 의미했다. 이것을 가장 명확하게 느꼈던 사람은 바로 이이 자신이다. 선조 16년 10월 말, 조정에 복귀해서 이이는 선조에게 다음과 같이 말했다.

> 대체로 지금 서西를 옳다고 하는 자라고 하여 그가 군자인 것도 아니요 동東을 옳다고 하는 자라고 하여 반드시 소인인 것도 아니어서, 지금 (군자·소인을) 구별하

여 쓰기란 어려운 일입니다." 하고, 또 아뢰기를, "…… 근래 나이 젊은 무리들이 30여 년이나 조정에서 권한을 잡아 왔습니다. 사물의 이치는 극에 달하면 다시 원래대로 돌아오는 법이어서, 지금은 위에서 총람할 때입니다. 다만 관직이 높은 자가 시론을 주장하면 권간權奸*의 혐의가 있고, 또 비부鄙夫**는 나이 젊은 무리에게 붙어 그것을 벼슬을 탐하는 발판으로 삼으려 합니다. 그것이 정政이 아래로 돌아가는*** 원인이 되고 있습니다. 반드시 (사림 사이에) 두터운 명성과 인망이 있고 여러 사람의 논의를 진정시킬 만한 인재를 얻어야만 조정을 맡길 수 있습니다. 그런데 그런 인재를 얻기란 어려운 일입니다. 신은 인심을 얻지 못하였고 또 저들이 틀림없이 마음으로 인정하지도 않을 것입니다. 성혼이 만약 올라온다면 잘잘못을 서로 도와서 나갈 수 있겠지만 그 사람을 오게 하기가 어디 그리 쉽겠습니까?" 하였다.

상이 이르기를, "이제 경卿이 있으니 내 마땅히 모든 것을 맡기겠다." 하였다. …… 또 (이이가) 아뢰기를, "화평론和平論을 주장하는 자들은 전일 삼사 사람들을 다 써야 한다고 주장합니다. 하지만, 신의 생각에 조정은 하나인데 만약 그 사람들을 모두 쓴다면 논의가 여러 갈래로 갈라져 끝내 하나로 모아지는 때가 없을 것입니다. 모두를 다시 기용해서는 안 됩니다." 하였다.[14]

이이의 조제보합론은 당시 조정 상황에 대한 그의 국정 운영 원칙 내지 방법론이었다. 큰 틀에서 보면 계미삼찬 이후에도 이이는 조제보합론의

---

* 중종·명종 대의 권신과 간신.

** 동인과 결탁한 구신을 가리킨다.

*** 하위직급인 언관들이 인사를 주도한다는 뜻.

기본 원칙에서 벗어나지 않았다. 하지만, 조제보합론을 구체화하면서 기존과는 다소 달라진 입장을 보여 주었다. 동인과 서인 간의 집단적 화합이 아니라, 당파를 배제하고 개인적으로 접근할 필요성을 주장했던 것이다. 그는 동서 간의 시비와 정사, 그리고 군자와 소인이라는 구분 기준 대신에 개인의 역량이라는 새로운 기준을 제시했다.

이이가 새로운 기준을 제시한 데는 목적이 있었다. 이 기준으로 동인 강경파를 배제하려 했던 것이다. "화합론을 주장하며 전일 삼사의 사람들을 다 써야 한다."고 주장했던 사람은 김우옹이다. 이이는 이 주장을 받아들이지 않았다. "조정은 하나인데, 이들을 쓴다면 조정 논의를 하나로 모을 수 없다."는 현실적 이유 때문이었다. 이이는 시급히 해결해야 할 국정 현안이 가하는 압박감에 쫓기고 있었다.

이이의 입장은?

이이의 입장 변화는 상당한 정도까지 당시의 급박한 국정 상황에 따른 결과였다. 계미삼찬 직후 조정의 새로운 인적 구성을 놓고 세 가지 말이 있었다. 서인 측은 동인을 청요직에 임명해서는 안 된다는 입장이고, 동인 측은 이들도 사류의 일부이니 배척하지 말고 전처럼 기용하되 갈등의 단서를 없애야 한다는 입장이었다. 마지막은 문제를 악화시켰던 동인 측 몇 사람을 제외하고 동서 구분 없이 등용해야 한다는 입장이었다. 이이는 마지막 입장이었다. 사실 이것은 이이가 전부터 가졌던 입장이다. 선조 12년에 그가 이발에게 보낸 편지에도 서술한 바 있다.[*]

---

* 100쪽 참조.

그런데, 이러한 이이의 입장은 당시 상황에 의해 일정하게 굴절되었다. 그는 다음과 같이 말하였다. 계미삼찬 직후 잠시, 이이가 조정을 주도하게 되자, "서인은 내가 일찍이 동서를 타파하자는 논의를 했다 하여 차츰 친근하게 나아오고, 동인은 내가 일찍이 들뜨고 조급한 자를 억제하자는 논의를 했다 하여 차츰 멀어졌다. 삼사 여러 사람의 경우에, 다 물러가 움츠리고 서로 눈을 부릅뜨고 이리저리 관망하면서 찾아오지도 않는 사람이 있는가 하면, 출근해서도 직무를 보지 않는 자도 있었다. 국가의 허다한 직무를 이들을 위하여 오래도록 폐기할 수는 없었다. 그렇다고 이른바 서인의 경우에도 한둘 그런대로 쓸 만한 사람이 없지 않았다."[15] 요컨대 이 시기에 이이는 조제론의 원칙과 현실 상황을 절충해야만 했다. 비록 그가 현실 상황 때문에 조제의 원칙에만 집중하지는 못했지만, 그는 반쯤 비워 둔 공간에 동인이 개인적으로, 그리고 자발적으로 들어와 주기를 바랐다. 반면에 동인은 이이의 이러한 입장을, 그가 조제론을 포기한 분명한 증거로 받아들였다.

한편, 이이가 밝힌 또 하나의 정국 운영 원칙은 추락한 대신의 권한을 강화하는 것이었다. 사실 이 문제는 이이가 지속적으로 요청했던 일이다.[16] 그는 대신이 젊은 언관들을 통솔할 수 있을 정도의 명망을 가져야 한다고 생각했다. 이이의 현실적 고민이 여기에 있었다. 대신의 권한 문제는 '역사적' 문제였다. 신진사림에게 대신권 강화 주장은 즉각적으로 중종·명종 대의 파행적인 훈척정치를 연상시켰다. 훈척정치는 정치 운영의 형식면에서 보면, 언관권 축소와 대신의 전횡을 뜻했다. 선조 즉위 후 조정에 나온 신진사림에게 과거의 대신 전횡에 대한 부정적 인식은, 유능한 대신이 필요하다는 정치 현실의 필요성을 압도했다. 그 결과 신진사림은 올바른 대신을 세우는 것이 아니라 대신 자체를 부정하게 되었다. 때문에 그 부정적 역사성을 희석시키고 현실적 필요에 부응하려면, 대신이 언관들의 신뢰를 얻을 수 있는 인물이어야 한다고 이이는 생각했다.

이이는 자신이 이미 동인의 신뢰를 얻지 못하기 때문에 적임자가 아니라고 생각했다. 또 구신은 언관을 통솔하기는커녕 그들에게 정치적으로 투항하여 영합하고 있었다. 그가 보기에 조정의 정치 및 인사행정이 "아래로 돌아가는 원인"이 바로 이들 구신에게 있었다. 이이는 이 역할의 적임자로 성혼을 생각했다. 요컨대 이이는 성혼을 통해서 대신권을 회복하고, 동서를 막론하여 적합한 사람들을 등용하고자 했다. 물론 그것은 이이의 희망일 뿐이었다.

선조는 이이에게 "이제 경이 있으니 내 마땅히 모든 것을 맡기겠다."고 말했다. 하지만, 이이는 선조와 생각이 달랐다. 성혼을 통해서 대신권 회복을 희망했듯이, 인사 문제도 자신이 직접 나설 생각은 없었다. 대신, 그는 이산해를 적임자로 보았다. 이이는 성혼에 대한 기대만큼이나 이산해에게도 기대를 했던 것 같다. 아마도 동인 언관들의 반응까지 고려한 조처였을 것이다.

당시 이산해는 이이는 물론 선조에게도 깊은 신뢰를 얻고 있었다. 그는 선조 14년(1581) 이조 판서에 잠시 재직한 적이 있다. 이때 이이는 이산해의 이조 판서직 수행의 성과를 높이 평가했다. 그는 이산해가 만약 이와 같이 수년만 하면 인심과 세도世道가 거의 고쳐질 것이라고 말하기까지 하였다. 선조 역시 "산해는 재기才氣가 있으면서도, 유능함을 자랑하는 뜻이 없어서 나도 일찍이 덕이 있는 사람이라" 생각했다고 말했다.[17] 똑똑하면서도 잘난 척하지 않는다는 말이다. 이이가 선조를 만난 지 10일이 못 되어서 이산해가 이조 판서에 임명되었다. 이이의 적극적인 추천에 따른 결과였다. 이산해가 이조 판서에 임명된 날, 김우옹은 전라 감사에 임명되었다.[18] 계미삼찬 후 정국 운영방안을 놓고 이이와 김우옹 관계는 악화되었다.

계미삼찬은 정치적으로 동인에게는 패배를, 서인에게는 승리를 의미했다. 하지만 계미삼찬 후의 인사에서 서인만의 독주를 읽어 낼 수는 없다. 예를 들어서 이 당시 예조 판서는 정철이지만, 그가 예조 판서에 임명된 것은 계미삼찬 이전인 선조 16년 3월이다.[19] 선조의 직접 명령에 따른 조치였다. 대사성 윤근수와 집의에 임명되었다가 승지로 자리를 옮긴 이산보는 서인의 진출로 보아도 좋을 것이다. 홍성민과 백유함 역시 서인의 당파성을 충실히 지닌 인물들이다. 반면에 이조 판서와 이조 좌랑에 임명된 이산해와 정창연의 경우에 당파적으로 어느 쪽이라고 말하기 어렵다. 정창연은 집안 대대로 관료적 색채가 짙은 사람이다. 그의 아버지가 좌의정 정유길이고, 증조할아버지가 기묘사화 당시 영의정 정광필이다. 이산해의 경우는 오히려 동인 쪽에 가깝다. 이러한 인사 내용은 이이가 선조에게 말했던 그의 인사 운영 계획과 다르지 않다. 강경파 동인을 배제하고, 당파적 배경이 아닌 개인적 역량에 따른 접근 방식을 취했던 것이다.

계미삼찬 이후 짧은 기간이지만 이이가 취했던 인사의 내용은 동인이 보기에는 서인 측에 치우친 인사였을 것이 틀림없다. 이이는 윤두수를 새로 형조 참판에 추천했고, 이미 대사성이던 윤근수를 바꾸지 않았다. 두 사람은 선조 11년 조정을 떠들썩하게 했던 '3윤사건'의 주역이다. 그들의 독직 혐의가 끝내 사실로 증명되지는 않았다. 하지만, 그 혐의가 깔끔하게 해소되지 않은 것도 사실이었다. 이들을 추천하고 자리를 지켜 주었다는 사실만으로도 이미 동인에게 이이는 서인의 종주라는 혐의를 피할 수 없었다.

조정의 재편

이이의 죽음

선조 17년(1584) 1월, 이이가 갑자기 사망했다.[20] 누구도 예상하지 못했던 일이다. 심지어 이이 자신도 예상하지 못했던 것 같다. 그는 계미삼찬 후 이조 판서로 조정에 복귀한 직후, 자신이 동서 간 조제에 힘쓸 것이라 말하며 의욕에 찬 모습을 보이기도 했다.[21] 그는 이 말을 한 후 불과 3달 후에 사망했다.

이이의 죽음은 조정을 뒤흔들었다.* 그의 사망 소식에 누구보다 큰 충격을 받은 사람은 선조였다. 그는 "이이 사망 소식을 듣고 너무도 놀라서 소리를 내어 슬피 통곡하였으며, 3일 동안 소선素膳을 들었고 위문하는 은전을 더 후하게 내렸다."[22] 소선의 반대는 육선肉膳이다. 소선은 고기반찬을 뺀 식사를 뜻한다. 『선조실록』이나 『선조수정실록』에서 선조가 소선을 했다는 기록은 이때를 제외하면 한 번뿐이다. 그의 정치적 후견인 인순왕후가 죽었을 때였다. 선조가 "소리를 내어 슬피 통곡하였다."는 기술이 서인

---

* 이항복이 쓴 이이 신도비문은 이이의 죽음이 백성들에게도 큰 반향을 일으켰음을 보여준다. "심지어 여염의 백성들이 방아 찧는 일을 중지하기까지 하였다. 선생의 죽음을 슬퍼하는 자가 도성을 기울인 가운데 모두가 이구동성으로 말하기를, '우리는 어찌해야 하는가.'라고 하였다. 발인 때에는 담장 밖으로 나와서 등불을 잡고 장송葬送하는 이들이 모두 방성통곡을 하며 지나치게 슬퍼하였으므로, 군자君子가 말하기를, '(성인의 덕이) 넉넉하고 크도다. 덕德이 대중을 화합하게 하는 것이 이와 같도다.'라고 하였다." 방아 찧는 일을 중지했다는 말은, 밥 지을 나락을 찧지 않았다는 뜻이다.

측의 '해석'은 아니었던 것 같다.

이이 사망 후 그와 선조의 관계에 대해서 『선조수정실록』은 다음과 같이 기록하였다.

> 임금도 처음에는 (이이에 대해서) 견제를 가했으나 늦게나마 다시 (두 사람의) 뜻이 일치되어 (선조의 이이에 대한) 은총과 신임이 바야흐로 두터워지고 있는 때에 (이이가) 갑자기 사망한 것이다.[23]

실제로 선조 13년 12월 이이가 조정에 복귀하기 전까지, 선조가 이이에게 정치적 신임을 보인 적은 없었다. 다만 몇 차례 일시적으로 이이를 따뜻하게 대했던 적이 있었다. 하지만, 말 그대로 그것은 일시적이었고 정치적 신임으로까지 이어지지는 않았다. 요컨대, 선조가 이이에게 처음으로 정치적 신임을 표했던 것은 선조 13년 12월 이이가 조정에 복귀한 때부터이다. 아마도 이것은 선조의 정치적 계획에 따른 것이었던 듯하다. 동인 측으로 치우친 조정에서 동인을 견제하기 위해서 선조는 이이를 선택했던 것이다. 이이 사망 후, 심희수는 이 당시 선조가 이이를 중용했던 양상에 대해 "(선조가) 이이를 (조정의) 중론衆論을 물리치고 등용하였다."고 증언했다.[24] '중론'은 물론, 조정을 지배했던 동인 측 여론이다.

이이의 조정 복귀는 이이가 아닌 선조 관점에서 살펴볼 필요가 있다. 이후 전개된 양상을 보면, 바로 이때부터 선조는 비로소 자기 스타일의 정치를 하기 시작했음을 알 수 있다. 대신 한두 사람을 내세워서 선조 자신의 의사를 관철하는 방식이 그것이다. 그렇게 보면 그 시작은 이이였지만, 선조의 통치 스타일을 온전하게 완성시켜 준 사람은 이산해이다. 물론 그것

260

경기도 파주에 소재한 율곡 선생 유적지 모습. 입구에 들어선 ①기념관과 맞은편에 자리한 ②자운서원, 그리고 묘소로 오르는 길 입구의 ③여현문과 ④묘이다.

은 이이 사망 후 일이다.

현상 유지

이이에 대한 선조의 신임이 더욱 깊어진 것은 선조 15년 말부터이다. 조선 북방 6진에 대한 여진족의 군사 공격이 직접적 계기였다. 이때 선조는 제한적으로나마 국정 개혁의 필요성을 느꼈다.* 이 과정에서 이이가 전부터 주장했던 몇 가지 국정 개혁안을 선조가 적극적으로 수용했다. 계미삼찬은 그 연장선상에서 발생했다.

계미삼찬에 대해서 신응시는 "먼 곳으로 귀양 간 세 사람과 지방 고을로 보임補任되어 나간 자들의 경우는 하나같이 모두 성상의 결정에서 나온 것이다. 조정 신하는 한 사람도 거기에 손을 쓴 자가 없다."고 말하였다. 선

---

* 179쪽 참조.

조도 이 말을 긍정했다.[25] 선조는 이이를 지렛대 삼아 격렬한 동서 갈등에 깊이 개입했다. 그런데 이제 이이가 사망한 이상, 자신의 정국 운영이 전면적으로 재조정되어야 했다. 그것은 선조에게도 몹시 부담스러운 일이었다.

이이 사망은 돌발적인 사건이었기에, 선조는 정치적으로 일단 현상 유지를 택하였다. 이이 사망 후, 이조 판서 이산해와[26] 이조 참판 성혼이[27] 사직 의사를 밝혔다. 그들이 책임져야 할 어떤 문제가 새로 발생했기 때문이 아니다. 그들이 사직 의사를 밝힌 것은 이이와의 관련성, 혹은 그의 추천으로 자신들이 그 자리에 임명되었기 때문이다. 이이가 죽은 이상, 자신들에 대한 정치적 신임을 선조에게 다시 물어야 했다. 이산해 경우에는 더욱 그랬다. 그는 동인의 시선을 의식했을 것이다.

선조는 두 사람의 사직 요청을 일단 물리쳤다. 그런데 그 후속 조치는 두 사람 사이에 차이가 컸다. 성혼은 얼마 후 실제로 이조 참판 직책에서 물러났지만, 이산해의 경우 기존의 이조 판서 직책에 예문관 대제학 직책이 더해졌다. 『선조수정실록』의 사관이 기록했듯, 이이가 겸했던 직책을 이산해가 모두 대신했다.[28] 이것은 성혼과 이산해가 선조에게 다른 정치적 의미와 위상을 가졌음을 뜻한다. 성혼은 어디까지나 이이의 조력자이거나 그의 연장延長이었다. 반면에 이산해는 이이와는 독립적인, 나아가서는 그를 대신할 수 있는 인물로 선조에게 인식되었다.

이이 사망 후에도 약 반년 정도는 조정에서 종전의 정치적 지형이 유지되었다. 주요한 서인 측 인물들이 계속해서 중요한 관직에 새로 임명되고, 종전의 직책을 유지했다. 선조 17년 2월에는 서인 측 좌장에 해당하는 정철이 대사헌에, 윤근수가 대사간에 임명되었다.[29] 정철이 대사헌직 임명을 받아들이지 않자, 선조는 그에게 대사헌직에서 물러나지 말 것을 편지로 직접 권유하기까지 하였다.[30] "무리들이 인정해 주지 않는데도 홀로 버티고 서서 과감하게 말할 수 있는 것은 아무나 할 수 있는 일이 아니다."라고 말하였다. 동인 공격에 굴하지 말라는 말이다. 윤근수 역시 사직을 요청했지만, 선조가 받아들이지 않았다.[31] 이어서 3월에는 서인 이산보가 대사성에 임명되었다.[32] 그는 이산해와 나이가 같은 사촌형제이다.

미묘한 변화

이윽고 선조에게서 미묘한 태도 변화가 감지되었다. 이이 사후 채 두 달도 안 되서, 홍문관 수찬 심희수는 경연 조강朝講에서 선조의 태도 변화를 언급했다. 그는 "상께서 이이를 대우하시는 것이 살았을 때와 죽은 후가 다르니, 필시 그 뜻이 있으신 듯합니다."라고 말하였다. 이어서 "당초 상께서 중론衆論을 물리치고 (이이를) 등용하셨습니다."라고 말하기도 하였다.[33] 선조는 심희수 말에 예민하게 반응했다. 이이가 죽은 뒤 자신이 그를 다르게 대우한 일이 없고, 중론을 물리치고 이이를 등용했던 것은 아니며 자신은 다만 간신들의 사설邪說을 물리쳤을 뿐이라고 주장하였다.[34] 요컨대, 자신은 특정한 사람이 아니라 보편타당한 원칙을 따랐을 뿐이라는 말이다.

하지만 선조의 주장보다는 심희수의 의문이 조정에서 새롭게 전개되는 상황에 좀 더 가까웠다. 송응개, 박근원, 허봉이 북쪽 변방 오지로 귀양 간 직후, 이조 좌랑 김홍민이 선조의 조치를 비판했었다. 그러자 선조는 "나도 주희의 말을 본받아 이이, 성혼의 당에 들어가기를 바란다. 지금부터 너희들은 나를 이이, 성혼의 당이라고 부르도록 하여라."라고 말한 바 있다.[35] 불과 반년 만에 선조는 자신의 이전 말과 크게 다른 주장을 하고 있었다. 이이와의 거리를 벌리면서 선조는 자신이 움직일 수 있는 정치적 공간을 확보해 나갔다. 이이를 추가로 포상하는 은전이 필요하다고 박순이 건의했다. 이에 대해 선조는 대신들과 의논하라고 말했다. 당시 좌상은 노수신, 우상은 정유길이었다. 이들은 박순의 건의에 동의했다. 하지만 선조는 약간의 추가적 은전만을 허락했을 뿐, 관직 추증을 포함해서 박순이 요청했던 수준의 은전을 허락하지 않았다.[36] 이이 사망 후 채 두 달이 못 되었을 때 일이다.

김우옹과 신응시

선조 17년 5월 김우옹이 홍문관 부제학에 임명되었다. 홍문관 부제학은 삼사의 처치에 큰 영향을 미치는 자리였다. 언관의 결정이 매우 중요한 조정에서 부제학의 정치적 역할은 컸다. 이때 김우옹은 고향인 경상도 성주에 머물고 있었다. 선조는 특별히 역말을 타고 올라오도록 명하였다.[37] 사실 이 시기에 선조가 김우옹을 홍문관 부제학으로 부른 것은 그 나름의 계획이 있었다고 보아야 한다. 역말을 타고 올라오라고 한 것도 선조의 호의를 담은 명이었다. 하지만 김우옹은 자신의 부제학 임명을 거절하는 상소를 올렸다. 아마도 미묘하게 바뀐 조정 분위기를 파악하지 못했기 때문일 것이다. 그러고는 상소에 다음과 같은 주장을 보탰다.

> (서인은) 앞으로 자기들 주장을 '국시國是'라고 내세워 기세를 떨치고 올바른 무리들을 억압하면서 천하의 공의公議는 폐기한 채 개인의 사견私見만 자행할 것입니다. 그렇게 되면 성상의 귀는 날로 막히고 여론은 더욱 침울하게 될 것입니다.

아부하는 자는 날로 늘어나고 (서인과) 논의를 달리하는 자는 (전하로부터) 날로 멀어져만 갈 것입니다. …… 재상 중에도 동서의 분당을 타파하고 이쪽저쪽이 하나가 되어야 한다고 주장하는 이가 있습니다. 그 말을 들으면 아름다우나 그 행위를 보면 옳지 않습니다. 그런데 그들이 뜻을 같이하는 무리를 조정에 있게 하고 자기와 의견을 달리하는 자는 배척하여 기염을 토하면서 가까이 가지 못하게 하는 줄이야 전하께서 어떻게 아시겠습니까?[38]

김우옹은 당시 조정의 정치세력을 선과 악의 구도로 구획했다. 그 구획에서 동인은 '올바른 무리'로서 공의公議를 대표하는 집단이고, 서인은 사견私見에 불과한 주장을 '국시'로 내세워 올바른 무리를 억압하는 사람들이다. 서인은 겉보기에 말은 바르게 하는 듯하지만, 그 행위는 옳게 하지 않는 사람들이었다. 그는 정철을 서인의 대표자로 지적했고, 그의 서인 비판도 그 구체적 대상은 정철이었다. 사실, 이이가 살아 있을 때부터 김우옹은 정철을 비판했다.[*] 선조는 김우옹의 주장이 "괴이하고 치우쳐 있다."며 실망감을 표했고, 그에게 내려진 부제학 직책을 거두었다.

김우옹의 주장은 자신의 이전 주장과 상당히 달라져 있었다. 그의 입장이 언제, 어떤 이유로 이렇게 바뀐 것일까? 두 시점이 눈에 띈다. '계미삼찬' 상황이 진행 중이던 선조 16년 7월 19일 상소가 첫 번째 시점이다. 여기서 김우옹은 이이에 대해서, "이이는 …… 자기의 오랜 견해에만 얽매어, 일국의 공론을 모아 천하를 위한 일을 해내지 못하고, 다만 자기 개인 견해를 내세워 온 나라의 인정을 거슬렸습니다."[39]라고 말했다. 김우옹이 말

---

[*] 274쪽 참조.

한 이이의 "오랜 견해"란 조제보합론이다. 김우옹은 이이의 조제보합론이 "일국의 공론"이 아니고, 이이가, "온 나라의 인정을 거슬려서 선비들에게 인심을 잃은 지 오래"라고 주장했다. 요컨대 김우옹은 이미 이 이전 어떤 시점부터 이이의 조제보합론에 동의하지 않게 되었고, 동인의 의견을 '공론'으로 생각하게 되었다.

또, '계미삼찬' 후 조정을 재구성하는 문제에서 김우옹은 이이와 생각을 달리했다. 김우옹은 동인 누구도 배제해서는 안 된다는 입장이었다. 반면에, 이이는 동인 중에서 강경한 몇몇 인물은 배제되어야 한다고 생각했다. 이 문제를 계기로 김우옹이 이이와 가졌던 공감대는 거의 소멸된 것으로 보인다.

한편, 김우옹 상소에 대해 대사간 신응시가 서인을 대표하여 상소를 올렸다.* 신응시 말처럼 김우옹이 주장했던 내용이 김우옹이 아닌 '소인小人' 누군가의 입에서 나왔다면, "괴이하고 치우쳐 있다."는 선조의 언급 한 번으로 충분했을 것이다. 하지만 김우옹은 조정에서 비중이 있는 인물이었다. 그는 "한 시대의 명망 있는 인물들이 중시하는 사람이며, 그와 의기투합하는 사람 또한 한두 사람이 아니었다." 요컨대 그는 조정의 정치 지형에 영향을 줄 수 있는 인물이었다. 김우옹이 상소에서 주장했던 사항들을 신응시는 하나하나 반박했다.

우선 신응시는 계미삼찬과 그 이후 여러 사람들에 대한 인사 조치가, 김우옹 주장과는 크게 다르다는 점을 지적했다. 계미삼찬은 어디까지나 국왕 선조의 독자적 판단이었고, 그 이후의 인사 조치도 동서를 따지지 않고

---

* 정약용은 『목민심서』에서 그를 조선의 명재판관 중 하나로 언급하고 있다. 『목민심서』 형전 6조, 제1조 청송聽訟

266

인물 중심으로 하였으며, 그것은 선조도 이미 알고 있는 사항이라고 말하였다.

김우옹 상소의 핵심 내용은 정철에 대한 비판이다. 신응시는 다음과 같이 말하였다.

김우옹이 "자기와 뜻이 같은 무리만 조정에 있게 하고 의견을 달리하는 자는 배척하여 기염을 토하며 가까이 가지 못하게 한다."고 말한 것은 전적으로 정철을 가리켜 한 말입니다. 그 의도가 마치 어두운 임금이 위에 있어서, 권세를 부리는 간신이 권력을 뒤흔든 것처럼 여기게 하는 것은 알기 어렵지 않습니다. 정철은 ……평소부터 남에게 꺼림을 받아 왔습니다. 그런데 요즈음 (정철이) 특별히 (주상의) 은총을 받고 있습니다. 맑고 충성스러우며 지조가 굳고 곧다는 (주상의) 인정을 받게 되었으므로, 전보다도 훨씬 (동인에게) 기탄의 대상이 되었습니다. 이 때문에 정철에 대한 김우옹의 견해가 더욱 치우치게 되었습니다. ……

동·서를 타파하고 피차를 하나로 하자는 것이야말로 성상께서 듣기 좋아하시는 것일 뿐만 아니라, 중외에서도 오직 이렇게 되기를 기대하고 있습니다. 그런데 (김우옹이) 억지로 말 밖의 뜻을 끄집어내어 허물이 없는 중에서 허물이 있게 되기를 구하였습니다. "말은 아름다우나 행동은 어긋난다."고까지 했습니다. 어쩌면 이토록 진실과 먼 말을 할 수 있다는 말입니까.

더구나 동지끼리 서로 따르는 것은 군자라고 해서 없을 수 없는 일입니다. 또 권력을 마음대로 행사하며 붕당을 일삼는 것이야말로 임금이 매우 싫어하는 것입니다. 때문에 예로부터 소인은 이 (두 가지) 점을 이용하여 임금 마음에 들게 하지 않은 적이 없었습니다. 김우옹의 말이 불행하게도 거기에 가깝습니다. ……

(계미삼찬 당시 주상께서) 선정전에서 (신하들을) 인견引見하시던 날 세 사람을

귀양 보내는 문제로 여러 재상에게 물으셨습니다. 그때, 정철은 다만 시비는 분명하게 밝히지 않을 수 없다는 뜻으로 아뢰면서 끝에 가서는 만약 (세 사람에 대해서) 중한 조처를 내릴 경우 국맥을 손상시킬 우려가 있다는 점도 아울러 아뢰었습니다. 이는 사람들이 함께 들은 사실입니다. 그러나 김우옹은 본래 정철의 뜻을 알지 못하고 생각하기를 '세 사람을 귀양 보낸 것은 오로지 정철의 상소에서 나와 결정된 것이니, 이는 뜻을 잃고 불만을 품은 필부의 소행이다.'고 하면서 음흉한 사람으로 지목하였습니다.[40]

신응시는 사실부터 확인했다. 김우옹 주장과 달리, 정철이 세 사람을 귀양 보내자고 주장했던 것이 아님을 환기시켰다. 정철은 다만 그들 세 사람이 주장했던 사항들에 대한 시비 판단은 필요하며, 동시에 그들을 무겁게 처벌하면 부정적 영향이 있을 것이라고 말했던 것을 지적했다. 신응시는 이 모임에 참석했던 모든 사람이 그것을 함께 들었음도 환기했다. 요컨대 계미삼찬은 정철이 아닌, 선조의 독자적인 결정의 결과였다는 말이다. 그러자 선조는 "그 의논이 정말 옳다. 김우옹이 한 말은 그야말로 망언이니 책망할 것도 없다."고 답했다.

영의정 박순, 탄핵을 받다

선조 17년 12월, 마침내 양사가 영의정 박순을 탄핵하였다.[41] 이이 사후 거의 1년 만이었다. 선조는 일단 양사의 탄핵 요청을 물리쳤다. 하지만, 양사가 박순을 탄핵했다는 사실 자체가 계미삼찬 직후와 크게 달라진 조정 분위기를 보여 준다.

이이가 사망한 선조 17년 1월부터 선조 17년 전반기까지, 조정 분위기

「독서당계회도」. 선조 3년(1570)에 그려진 것으로, 이 독서당 모임의 참석자는 신응시를 포함하여 윤근수,
정유일, 정철, 구봉령, 이이, 이해수, 홍성민, 류성룡 등 9인이었다. 보물 제867호, 서울대학교 규장각 소장.

박순 영정. 선조 대 활약했던 인물들의 실물 영정이 드문 가운데, 박순의 영정은 실물 영정이다. 이 책에서는 거의 언급하지 못했지만, 사실 그는 당대를 대표하는 시인이었다.

는 표면적으로 이전과 별반 차이가 없었다. 하지만 선조 17년 중반을 넘어서면서 분위기가 차츰 바뀌었다. 성혼은 이조 참판직에서 물러난 후에도 서울을 떠나지 못하고 있었다. 그는 계속해서 낙향할 것을 요청했지만 선조의 허락을 받지 못했던 것이다. 선조 17년 6월 선조는 마침내 성혼의 요청을 받아들였다.[42] 두 달 후 9월에는 경상 감사로 재직하던 류성룡이 홍문관 부제학에 임명되었다. 그의 사양에도 불구하고 선조는 오히려 그를 예조 판서 겸 홍문관 제학에 임명하고 자신이 직접 쓴 편지를 내렸다. 그는 자신과 류성룡이 비록 임금과 신하의 의義로 맺어지기는 했지만, 정분으로 보면 친구와 같다며 극진한 신임을 표시했다.[43] 이어서 선조는 정철을 우찬성으로 승진시켰다.[44] 이로써 출사를 거부했던 김우옹을 제외하면 선조는 정철, 이산해, 류성룡을 모두 조정에 불러 모았다. 계미삼찬 후 이이를 중심으로 조정을 구성했던 선조는, 이이 사후 1년이 못 되어 조정을 새롭게 재편하는 데 성공했다.

계미삼찬 직후부터 이때까지를 『선조수정실록』은 다음과 같이 정리하였다.

양사가 다시 영의정 박순을 탄핵했으나 상이 허락하지 않았다. (계미삼찬 직후) 처음에 이이가 전형銓衡을 맡았을 적에 신구新舊 인물을 참작해서 채용하여, 구인舊人 이산보·홍성민 등이 다시 삼사에 들어갔다. 또 (이이는) 보합론을 기본 원칙으로 했는데, 오직 정철의 논의가 준엄했으나 또한 (정철 역시) 마음대로 하지 못하였다. 그 뒤 이산해가 이이를 대신하여 전형을 맡았을 때에도 한결같이 옛날 정사대로 처리하니 뭇사람이 (이산해를) 의심하기도 하였다. (이이 사후) 1년이 되자마자 (이산해가) 자기 쪽 사람으로 대각臺閣을 모두 채우니, 정철 등이 피하여 물러갔다. 이로 인하여 시론이 산해의 묘한 기지에 탄복하였다. 이에 양사가 다시 발론하여 박순 등을 공격하였다.[45]

선조의 정치

"내 뜻을 말하겠으니 사관은 기록하라"

이이 사후에도 겉으로는 보합론에 기초한 조정의 인사人事 원칙이 달라진 것처럼 보이지는 않았다. 그럼에도 선조 17년 12월 박순에 대한 양사의 탄핵이 돌발적이었던 것은 아니다. 그 사이에 조정의 인사 흐름에 변화가 있었던 것이다. 사실, 정철이 이 문제를 이미 제기했었다. 그는 선조 17년 5월에 "근래 대간과 시종 중에 시원찮은 사람이 많은데도 이조에서 전혀 인재를 골라 쓰지 않는다."고 선조에게 직접 말하였다.[46] 왕과 직접 대면하는 시종신과 대간의 당파적 구성이 달라지는 것에 대한 불만 토로였다. 이것은 동시에 인사를 책임진 이조 판서 이산해에 대한 비판이기도 했다. 선조 16년 10월부터 이조 판서에 재직하기 시작한 이산해는 선조 18년 4월 정탁에게 자리를 잠시 내준 기간이 있었지만 4년 넘게 이조 판서에 재직했다. 당시는 인사 교체가 빈번했다. 그의 긴 이조 판서 재직은 대단히 이례적이다. 그것은 전적으로 선조의 계획과 의지에 따른 것이었다고 보아야 할 것이다.

선조 17년 12월 『선조수정실록』 기사는 조정이 다시 동인 중심으로 재편된 이유를 이산해에게서 찾았다. 하지만, 조정과 삼사의 재편 이유를 그렇게만 보기는 어렵다. 이이 사후에 먼저 선조에게서 이전과 다른 분위기가 감지되었다. 이이 사망 후 두 달이 못 되어서 홍문관 수찬 심희수는 "상

께서 이이를 대우하시는 것이 살아 있을 때와 죽은 후가 다르다."고 말한 바 있다.[47]

선조 17년 7월, 전 성균 박사 정설鄭渫이 심희수가 말했던 것과 같은 맥락의 상소를 올렸다. 기용하는 인물에 대한 선조의 호오好惡가 일정하지 않아, 내리 누르거나 부추겨 올리는 폭이 너무 지나치다는 지적이었다. 선조가 동인과 서인 사이에서 원칙 없이 왔다 갔다 한다는 말이다. 그의 말은 현상적으로는 맞았지만, 꼭 정확한 말은 아니다. 선조에게는 분명한 원칙이 있었다. 자신의 정국 주도권을 확대하는 것에 시종 초점을 맞추었다. 정7품 전 성균관 박사에 불과한 정설의 상소에 대해서 선조는 예민하게 반응했다.

나는 처음부터 호오나 애증 없이 신하들을 한집안처럼 보아 왔다. 오직 어진 사람이면 등용하였다. …… 또 왕실 외척에 의지해 세도 부리는 자들은 (나의) 성품에 더욱 좋아하지 않는다. 이이와 성혼 이 두 사람은 실로 국가에 빼어난 인재요, 온 조정이 함께 추대했던 사람들이다. …… (내가) 편벽된 사심으로 그들을 등용한 것이 아니요 사견으로 그들을 천거한 것도 아니다. 아, (임금으로서) 예부터 어찌 어진 신하를 예禮로써 대우하지 않은 경우가 있었던가.[48]

선조의 주장은 분명했다. 자신이 이이와 성혼을 어진 신하에 대한 예로 대우했던 것은 온 조정이 함께 이들을 추대했기 때문이라는 것이다. 자신은 다만 어진 사람을 등용할 뿐 누구에게도 사적인 호오나 애증을 갖지 않았다고 주장했다. 그러면서도 그의 메시지는 분명했다. 왕실 외척과 결탁하여 세도 부리는 자들을 자신이 더욱 좋아하지 않는다고 말하였다. 심의 겸과 관계 맺은 사람들에 대한 자신의 부정적 입장을 분명히 했다. 선조의 이 말이야말로 동인 입장을 수용한 것이었다. 이 시기에 이산해가 동인의 세력 확대에 일정한 역할을 했던 것은 분명하다. 하지만, 그렇다고 해서 그가 선조의 의중과 관계없이 독자적이거나 선도적으로 그렇게 했다고 보기는 어렵다. 그는 결코 그런 사람이 아니다.

　조정이 동인 중심으로 재편되었음을 보여 주는 또 다른 예가 있다. 선조 18년에 들어서 김우옹이 홍문관 부제학에 복귀한 것이다.[49] 그는 이이와 상당한 정도로 인간적 신뢰를 공유했던 인물이다. 그는 다음과 같이 말하였다.

> 어떤 사람은 이이가 소신을 배척했다고 말하지만 사실은 그렇지 않습니다. 신과 이이는 서로 안 지 매우 오래되었습니다. 처음 그의 됨됨이를 보니 학식이 있고 성품이 평탄하고 막힌 곳이 없어 믿고 사귀었습니다. 그 뒤에 소견이 같지 않고, 또 그가 하는 일에 잘못된 것이 많아 사람들은 그를 많이 의심했지만 신만은 그의 마음에 딴 생각이 없다는 것을 (이이를 의심하는 사람들에게) 보증하였습니다. 이이도 신과 교분이 깊었기에 의견은 서로 달랐어도 오히려 수습하고자 했습니다. 신이 정철을 공격함에 이르러서 비로소 (이이가) 신을 '사리에 어둡다.'고 했을 뿐 별로 배척한 일이 없습니다.[50]

　김우옹은 이이가 주장했던 동서 간 조제·보합에 대해서 본래는 찬성하는 입장이었다. 하지만 계미삼찬 이전 어떤 시점부터 그는 점차 동인 측 당론으로 기울었다. 조정 복귀 후 김우옹의 주장은 일관되었다. 정철, 박순, 이이, 성혼이 심의겸과 가까운 사이였다는 것을 그는 반복해서 주장했다.[51] 여러 가지 면에서 그가 동인 편에 서서 출세하려고 그랬던 것으로 보이지는 않는다. 그럼에도 그의 당파적 입장은 눈에 띄게 강경해졌다.

선조 17년 12월 이후 조정의 정치적 무게중심이 동인 쪽으로 확연히 이동했다. 이것이 더 분명하게 드러난 것은 선조 18년 4월이다. 전부터 그랬듯이, 삼사가 중요한 역할을 했다. 특히 홍문관 전한典翰 백유양의 역할이 두드러졌다. 새로 홍문관 수찬에 임명된 정여립도[52] 일정하게 힘을 보태었다.

경연에서 백유양은 두 가지 사항을 집중적으로 발언했다. 먼저 그는 "척리戚里에 연줄을 대거나 권간權奸에게 빌붙어" 벼슬을 구하는 자들을 척결할 것을 주장했다. 척리는 왕실 외척을 말하는데 그가 말한 척리는 심의겸이다. 권간은 박순, 정철 등을 가리켰다. "삼대三代* 때 군주는 벼슬과 녹봉을 하늘의 것이라 여겨 공적公的으로 하였습니다. 때문에 덕 있는 사람이 그 지위에 있었습니다만, 후세의 군주는 그렇지 못했습니다. 작록을 자기 소유로 여겨 사사롭게 했기 때문에 어질지 못한 자가 그 지위를 차지했습니다."라고 말했다. 당시 조정에 서인이 적지 않다는 주장이고, 그것을 허락한 선조에 대한 우회적인 비판이었다.

두 번째로 백유양은 귀양 간 송응개와 허봉의 사면을 요청했다. 그는 한漢나라 말기에 직언한 사람이 죄를 받은 것이 한나라 패망의 원인이었다고 주장했다.

이런 이야기가 이어지던 끝에 선조는 대단히 중요한 발언을 했다.

---

* 중국 고대 하夏, 은殷, 주周 세 왕조 시대를 가리킨다. 역사와 전설이 섞여 있는 시기이다. 이상적 통치자들에 의해서 이상적 정치가 실시되었다고 일컬어지던 시대이다.

상이 이르기를, "내 뜻을 말하겠으니 사관史官은 기록하라. 경연 석상에서 동서의 얘기로 분분하게 다투었을 때도 내가 특별히 대답한 일이 없다. 또 동서라는 두 글자를 들어서 내가 특별히 동쪽은 옳고 서쪽이 그르다거나 서쪽이 옳고 동쪽이 그르다고 한 일이 없다. ……

그때에 내가 "좌우는 각기 말을 다해 보라. 대저 이이와 성혼의 됨됨이를 내가 어찌 알겠는가." 하니, 지위에 있는 사람들이 칭찬하기를 "이이는 재주 있는 선비요 성혼은 덕이 높은 은둔한 사람이니, 이珥는 크게 써야 될 사람이고 혼渾도 마땅히 초빙해야 한다." 하여 그들을 등용하고 초빙하였다. 그런데 이제 이이는 소인이라고 배척하고 성혼은 간당奸黨이라 지목하니, 이것이 어찌된 것인가? 내가 이이를 오활하고 경솔하다 하였는데도 당시 좌우의 측근이 그를 추천하더니, (이제는) 하루아침에 매우 배척한다. 저 두 사람이 과연 소인이라면 그들을 논박한 자에게 죄를 주지 않아야 할 뿐만 아니라 마땅히 크게 표창하고 기용함으로써 곧은 선비[直士]의 기풍을 장려해야 할 것이다. 내 뜻이 이와 같으니, 그대들은 면전에서는 복종하고 물러가 뒷말이 있어서는 안 될 것이다." 하였다. …… 상이 이르기를, "이이가 의겸과 서로 사귀는 것을 나는 일찍이 그르다고 여겼다." 하니, 유양이 아뢰기를, "상의 분부가 이와 같은데 누가 감격하지 않겠습니까." 하였다. 언신彦信이 아뢰기를, "성상께서 진실로 이 마음을 끝까지 보존하신다면, 조정이 안정되지 않는 것을 걱정할 것이 있겠습니까?" 하였다.[53]

선조는 동인과 서인의 갈등에서 자신이 어떤 편을 지지한 적이 없고, 이이와 성혼도 단지 자신의 의사와 무관하게 신하들 추천에 따라 등용했을 뿐이라고 주장했다. 오히려 자신은 이이가 오활하고 경솔하다고 생각했다고 말했다. 그의 주장은 사실이 아니다.* 하지만 그는 국왕이었고, 누구도 공개적으로 그의 말이 자신의 이전 발언과 다르다고 따져 묻기는 어려웠다.

심지어 선조는 이이가 심의겸과 사귀는 것을 자신이 늘 그르게 여겼다고 말하였다. 선조의 이 말에 백유양과 정언신은 더할 수 없이 고무되었다. 왜냐하면 이 말이야말로 동인이 서인을 공격하기 위해 가장 힘써 주장해 온 내용이자, 사실상 거의 유일한 주장이었기 때문이다. 선조는 동인이 듣고 싶어 하는 말을 정확히 해 줌으로써, 동인에게 힘을 실어 주었다. "내 뜻을 말하겠으니 사관은 기록하라."라는 말은 자신의 정치적 선택을 분명히 보여 주려는 행동이었다.

이즈음 조정에서는 동·서 양 진영에서 중요한 인물들의 진퇴가 이어졌다. 대사헌에 임명되었던 서인 이산보가 사간원 탄핵을 받아 물러났고, 정언신이 그 자리를 차지했다.[54] 또, 대사간직에 이식李拭이 임명되었다. 류성룡과 가까운 구봉령이 대사성에,[55] 서인 박점이 도승지에 임명되었지만,[56] 전반적으로 동인 측은 계미삼찬 이전의 세력을 완전히 회복하였다. 같은 시기에 황해도 안악安岳 군수로 있던 김효원에 대해서, 선조는 품계를 올려서 서용하라고 직접 명령을 내렸다. 김효원이 도에서 가장 잘 다스렸다는 황해도 암행어사의 보고에 따른 조치였지만, 이 조치는 선조의 정치적 입장 변화를 보여 주는 명시적 행위였다.[57] 이즈음에 영의정 박순과, 우찬성 정철도 조정에서 물러났다.

---

* 계미삼찬 직후 이조 좌랑 김홍민이 이이와 성혼을 비판하자 선조는 자신도 이이, 성혼의 당에 들어가기를 바란다고 말할 정도였다. 263쪽 참조.

선조의 이상한 하문

박순은 먼저 조정을 떠난 후 나중에 사직 상소를 올렸다. 박순이 조정을 떠난 때가 정확히 언제인지는 분명치 않다. 선조 18년 4월 18일에 세 번째, 4월 26일에 네 번째 사직상소를 올린 기록이 실록에 있다. 이때 박순은 여전히 서울에 있었다. 그가 서울을 완전히 떠나서 포천으로 간 것은 이로부터 다시 1년 이상이 지나서였다. 선조 19년 7월 실록 기사는 다음과 같다.

> 전 영의정 박순이 영평永平(현 포천)의 산중으로 물러갔다. 박순이 오랫동안 강
> 촌江村에 있었으나 상이 다시 부르지 않았다. 이에 초천椒泉에 목욕 간다는 핑계
> 로 영평현永平縣으로 떠날 때, 상이 내시를 보내 도성 문 밖에서 술을 내렸다.[58]

아마도 두 번째 상소까지는 선조가 사직을 허락하지 않는다고 답변했을 것이다. 세 번째 상소에 대해서 선조는 두 번째와 다른 지시를 했다. 그는 영의정 박순을 "물러나게 해야 할지 여부를 사관을 보내어 대신에게 하문하라."고 지시했다. 우의정 정유길, 좌의정 노수신, 영중추부사 김귀영 모두 그 결정은 오로지 임금의 몫이라고 답했다. 그러자 선조는 이 문제를 다시 승정원에서 의논해서 보고하라고 말하였다.* 승정원 역시 "대신의 진퇴는 마땅히 상께서 결정해야 합니다."라고 답변했다.[59] 선조는 결국 박순이 물러나는 것을 허락하지 않는다는 답변을 주었다.

영의정 교체 여부를 다른 대신들에게 자문하거나 심지어 비서기관인 승정원에 자문하는 사례를 실록에서 확인하기는 어렵다. 대신들과 승정원

---

* 당시 승정원은 부재중인 도승지를 제외하고 좌승지 박점, 우승지 한준, 좌부승지 정윤
복, 우부승지 이성중, 동부승지 이로로 구성되어 있었다.

의 답변처럼 상식적으로 볼 때, 영의정 교체 여부는 오로지 임금이 결정할 사항이었다. 아마도 선조는 박순을 물러나게 하는 결정에 따른 정치적 책임을 혼자 감당하는 것에 부담을 느꼈던 듯하다. 만약 선조가 박순의 사직을 원하지 않았다면 사직 요청을 허락하지 않는다고 말했을 것이다. 그런데 그렇지 않았다.

사실 박순을 물러나게 하는 것은 선조 자신의 기왕의 정치 운영 원칙에 비추어도 적절하지만은 않았다. 선조는 동인과 서인 중 한쪽으로 조정이 과도하게 치우치는 것을 경계했고, 정치적으로 온건한 인물을 선호했다. 박순은 원칙에 투철했지만 개인적 기질과 성정性情이 드센 인물이 아니었다. 그러면서도 그는 서인을 대표했다. 선조가 동인을 견제하는 데 필요했던 인물이다. 이것이 박순 문제에 대해서 선조가 많이 망설인 이유였다. 계미삼찬에서 이이의 죽음까지의 일련의 정치적 경험은, 선조를 신중하게 만들었다.

조정 밖 목소리

박순이 조정을 떠난 직접적 계기는 정여립의 탄핵 때문이다. 정여립은 몇 년 후 기축옥사의 단서를 제공한 인물이다. 그에 대해서는 뒤에 자세히 다루었다. 여하튼 이즈음에 정여립이 홍문관 수찬에 임명되었다. 경연에서 그는 "박순은 간사한 무리들의 괴수이고, 이이는 나라를 그르친 소인이고, 성혼은 간사한 무리들을 편들어 상소를 올려 군부君父를 기만"했다고 주장하였다. 또 자신이 "도성에 들어와 성혼을 찾아가서 (그가) 간인들을 편들어 임금을 기만한 죄를 질책했고, 또 이이와 절교하였다는 뜻을 말하니 성혼은 이의 없이 (자기) 죄를 자복하였습니다."라고 말하였다. 이 말을 들은 선조가 정여립에게 왜 이이에 대해서 이전과 입장이 달라졌는지 물었다. 선조는 정여립이 본래 이이를 추종했던 것을 알고 있었다. 그러자 정여립은 처음에 이이의 심술心術을 몰랐다가 나중에 알게 되어서 그가 죽기 전에 절교했다고 답했다.[60]

정여립 답변과 관계없이 그는 선조가 좋아하는 유형의 인물이 아니었다. 그는 기질적으로 거센 인물이었다. 정여립이 박순, 이이, 성혼을 비판하자 선조는 별다른 반응을 보이지 않았다. 이 때문에 정여립은 곧바로 조정을 떠나 낙향하지 않을 수 없었다. 그의 주장이 동인을 기쁘게 하기는 했지만, 그가 조정에서 동인세력을 회복하는 데 기여했다고 보기는 어렵다.

선조 12년 말 이후 동인세력이 지속적으로 확대되었지만, 조정 안에서 그에 대응하는 서인 측 인사들의 반격은 좀처럼 보이지 않는다. 사실 서인은 그럴 만한 세력을 형성하지도 못했다. 동인 측 주장에 대한 반론은 오히려 조정 밖에서 나왔다. 선조 18년 5월 말에는 의주 목사 서익이, 다음 달 중순에는 이이의 친조카 이경진李景震이 이이를 옹호하고 정여립을 비판하는 상소를 올렸다.

서익은 먼저 정여립이 경연에서 이이를 공격하고 이를 박순과 정철에까지 확대하여 두 사람이 물러가게 된 상황을 지적하였다.

신이 계속 조보朝報를 보니 한두 대신이 서로 잇따라 휴가 중에 있고, 몇몇 어진 재상이 함께 비방과 배척을 당하였습니다. 신은 이를 보고 한탄스러움을 금할 수 없어 저도 모르게 눈물을 흘렸습니다. 바야흐로 서로를 조화시켜 보합을 이룸으로써 사류를 안정시키려 하고 있는데, 어떤 불량한 자가 있기에 다시 이 단서를 여는 것입니까.[61]

긴 상소문에서 서익은 정여립이 이이에게 보낸 편지를 인용하며, 그의 말이 사실과 다르다고 주장하였다. 서익의 주장은 얼마 후 이경진 집에 있던 정여립 편지를 통하여 다시 입증되었다. 편지 내용에 따르면 자신의 말과 달리 정여립은 이이가 살아 있을 때 절교했다고 보기 어려웠다. 또, "성혼이 (정여립에게) 이의 없이 죄를 자복"했다는 말도 거짓이었다. 말하자면 정여립은 이이를 일방적으로 배반했고 왕에게 거짓말을 했던 것이다. 이어서 서익은 정철, 이산보, 박첨 등 동인의 집중적 탄핵을 받은 서인 측 인사들을 옹호하였다. 동시에 아직 귀양에서 풀리지 않은 허봉과 송응개를 방면할 것을 요청하였다. 요컨대 선조 18년 상황을 서익은 이이가 주장했던 동서 보합이 좌초되는 것으로 보고, 그 회복과 유지를 주장했던 것이다.

서익의 상소에 대해서 선조는 "괴이하고 현란하고 미묘하여 헤아리기가 어렵다."고 말했다. 동인과 서인 어느 한쪽만을 편드는 주장이 아니었기 때문에 한 말이다. 그럼에도 이이와 성혼에 대해서는 다음과 같이 말하며 선조 자신이 이전에 천명했던 입장을 포기하지 않았다.

> 내가 등용한 현인은 이이와 성혼이다. 때문에 무릇 이 두 사람을 공격하는 자는 반드시 간사한 자라고 생각된다.[62]

말하자면 선조는 이이와 성혼이 심의겸과 가까이 지낸 잘못을 지적하면서도 두 사람에 대해서는 수용하는 입장을 취했다. 당파적으로는 동인 손을 들어주면서도, 이이와 성혼을 개인 차원에서 수용하는 태도를 유지했다.

선조 18년 9월 2일 선조의 전교

며칠 후 사간 이양중, 헌납 정숙남, 정언 송언신·전경창이 서익의 상소를 비판하는 차자를 올렸다. 그 내용은 차자에 있는 "권문權門에 그 자취를 더럽혔거나 왕실 외척을 통해서 이름을 얻었다면 아무리 무거운 명망이 있더라도 다른 것을 볼 것이 있겠습니까."라는 말에 압축되었다.[63] 결국 이이를 비롯한 서인들은 심의겸의 당여일 뿐이라는 말이다. 이 사간원 차자에 대해서 선조는 "이 차자의 내용을 보니 만세토록 바뀌지 않을 정론定論이라 할 만하다. …… 경들은 마땅히 국사에 마음을 다하여 혹시라도 말할 만한 일이 있으면 곧바로 말하고 꺼리지 말라."고 말하였다.[64]

선조의 요구에 대한 동인 측 반응은 신속했다. 다음 날 홍문관이 차자를 올렸다.

부제학 이식, 직제학 김수, 전한 백유양, 응교 윤선각, 교리 이덕형·유근, 저작 유대진 등이 차자를 올렸다.

"신들이 삼가 전 목사 서익의 상소를 보건대, 거짓말을 괴이하게 늘어놓아 그 음험한 계책을 이루려고 한 것이 참혹하기 그지없습니다. 다행히 전하께서 실상을 통촉하심에 힘입어 윤음이 한번 내리니, 보고 들음에 감격스럽기만 합니다. …… 10여 년 이래 이처럼 시끄럽게 된 것은 모두 (심)의겸 때문입니다. 그가 결탁하고 추천한 실상은 전하께서도 익히 잘 알고 계십니다. 그런데 한때의 고관高官으로서 의겸과 친교가 두터웠던 자들은 "의겸이 무슨 죄가 있는가? 재주가 쓸 만하다. 사림에 공이 있어 그 은혜를 잊을 수 없다." 하여, 이른바 명류名類라 불리는 자들까지 모두 출세하기 위해 행실을 더럽혔으니, 다른 사람들이야 말해 무엇 하겠습니까. ……

282

지금 시비가 정해지지 않고 인심이 안정되지 못해서 괴변으로 참소하는 간악한 괴수들이 그 틈을 타고 일어나고 있습니다. 전하께서는 늘 진정시키는 것을 급선무로 여기고 있습니다만, 괴리된 것을 거의 수습할 수 없는 지경입니다. …… 전하께서는 시비의 근원을 밝게 통촉하시고 호오好惡의 바름을 분명히 보이시어 청의淸議가 크게 시행되고 참설讒說이 영원히 사라지게 한다면 조정과 종묘사직에 큰 다행일 것입니다." 하였다.

답하기를, "차자 내용을 보건대 분명하고 곧아서 매우 가상하게 여긴다. …… 이제 사람들의 뜻을 살펴보건대, 혹 일종의 이설異說을 주장하는 자가 있기 때문에 나의 뜻을 분명히 말해서 곧은 신하들로 하여금 두려움이 없도록 하지 않을 수 없다. 대저 괴설怪說이 분분한 것이 시비를 진정시키려는 것인가, 아니면 조성하려는 것인가? 홍문관은 나를 위해 논사論思하여 생각나는 것이 있으면 이제 숨기지 말고 극언極言하라." 하였다.[65]

홍문관 요구는 분명했다. 선조에게 동서 중에서 한쪽을 선택하라고 요구했던 것이다. 말하자면 서인을 정치적으로 배제하는 것에 동의할 것을 선조에게 요구한 셈이다. 그러자 선조는 동인에게 서인에 대해 숨기지 말고 '극언'하기를 요구했다. 선조는 자신의 정치적 파트너를 분명히 하는 데 따른 책임을 동인에게 전가했던 것이다.

선조 18년 6월 5일 홍문관 차자가 그 정치적 결론에 도달하는 과정에서 몇 가지 변수가 발생했다. 6월 5일 차자의 요구에 해당하는 선조의 결정은 약 3달 후인 선조 18년 9월 2일에 나온 선조의 전교이다. 그 사이에 몇 가지 사건으로 인해 선조의 결정이 늦어졌다.

홍문관 차자가 있은 지 11일 후인 6월 16일에 이이의 친조카 생원 이경진이 상소를 올렸다. 집안에 보관되었던 정여립 편지를 인용하여 정여립이 한 말이 사실이 아님을 증명했던 것이다. 그러고는 "여립과 관련된 일의 자취가 환히 드러나 원근에 소문이 났습니다. 어떻게 조정 신하들만 (그것을) 모를 수 있습니까. 그런데도 (그들 중) 혹자는 증거할 수 없다 하고, 혹자는 사실무근이라 말하고 있습니다."라고 말하였다.[66] 서익이 주장했던 내용에 대해 6월 4일 사간원 차자와 5일 홍문관 차자에서 "떠도는 소문에서 들은", "증거가 없는 것"이라고 말했던 것에 대한 비판이었다.

이경진이 상소를 올린 지 6일 후 대사간에 최황이 새로 임명되었다. 그는 곧바로 상소를 올렸다. 여기서 그는 이경진 상소에 나온 내용을 들어서 정여립이 거짓말을 했다는 것을 지적하였다. 하지만 그의 주장의 초점은 정여립이 아니라, 6월 4일자 사간원 차자에 맞춰졌다. "사간원 차자에 '이는 떠도는 말에서 나온 것으로 실제로는 근거가 없다.' 하였습니다. 이것은 여립을 보호하기 위하여 자신들의 마음을 속인 것입니다. …… 조정이 안정되지 않는 것은 실로 이 같은 일들에서 연유된 것입니다. 동료라 하여 서로 용납할 수 없습니다."라고 말하며 사직을 요청한 후 물러났다.[67]

그러자 6월 4일 사간원 차자에 참여했던 사람들이 즉각 반발했다. 사간 이양중·한웅, 헌납 정숙남, 정언 송언신·전경창 등이 그들이다. 특히 정숙남은 최황이 사간원 사람들을 인물답게 여기지 않았다며 강하게 반발했다.[68] 이들이 피혐하고 물러나자 사헌부가 처치에 나섰다. 결국 홍문관이 대사헌 구봉령 이하와 정언 정숙남을 모두 물러나게 하고 최황·이양중 등을 출사시킬 것을 요청했다. 선조가 이를 받아들였다.[69]

비록 최황이 사간원 차자에 대해서 그 당파적 치우침을 비판했고, 그 비판이 받아들여졌지만 이 당시 진행 중이던 동인세력 회복의 큰 흐름을 바꾸지는 못하였다. 이를 잘 보여 준 것이 계미삼찬 관련 인사들에 대한 조치였다. 홍문관 처치가 있던 날, 영의정 노수신이 송응개와 허봉의 해배解配, 즉 귀양 해제 조치를 요청했다. 그 사이에 박순이 물러나고 노수신이 영의정이 되어 있었다. 선조는 노수신의 요청을 받아들였다.[70] 박근원은 이미 그전에 해배되었다.

선조 17년 12월 동인 측으로 기울기 시작한 조정과 삼사의 인적 구성이 보다 분명해지고 공식화되는 데에는 시간이 걸렸다. 선조 18년 8월에서 9월 초에 걸쳐서 그러한 흐름이 분명해졌다. 그 선두에는 삼사가 있었다. 8월 18일 양사는 선조에게 기왕에 주장했던 심의겸의 몇 가지 죄를 다시 환기시키며 그의 처벌을 요구하였다. 그러자 선조는 심의겸 한 사람의 시비를 가리는 것은 어려운 것이 아니라며 다음과 같이 말하였다.

"그가 어떤 사람과 결탁했는지에 대하여 내가 알 수 있게 하라. 애당초 그 근원을 분명히 분변하여 결정짓지 않았던 까닭에 조정調停하고 진정시킨다는 말이 상하의 마음을 현혹시켜 마침내 나라를 그르치는 화를 조성하였다. …… 그러나 지금 내가 묻는 것은 다른 뜻이 있어서가 아니다. 그것을 알아서 훗날 일을 처리하는 원칙으로 삼고 싶어서이다. ……"하였다.

이에 양사가 아뢰기를, "의겸이 박순·정철·이이·박응남·김계휘·윤두수·윤근수·박점·이해수·신응시 등과 사생死生의 교분을 맺고 권세에 서로 의지하여 조정을 어지럽히며 형세를 엿보았습니다. 그 뜻이 장차 무엇을 하려 함이었겠습니까." 하였다. 또 아뢰기를, "성혼이 산림처사로서 또한 의겸의 농락을 받아 마침내 조정의 상하로 하여금 두 갈래로 갈라져 불안하게 하였으니 이는 모두 그가 빚어 낸 일입니다. 의겸의 붕당으로서 살아 있는 자는 파직시키고 죽은 자는 삭직토록 하소서." 하였다.

상이 이르기를, "이들은 너그럽게 봐주지 않을 수 없다." 하였다. 이에 양사가 연계하고 홍문관도 잇따라 차자를 올려 논하니, 상이 의겸은 파직만 시키고 그의 붕당들은 논죄하지 말되, 다만 두 전조銓曹*에 명단을 비치하여 다시는 등용하지 않는 뜻을 보이도록 하였다.[71]

양사가 심의겸에 대한 처벌을 요구하자, 선조는 동인에게 그가 어떤 사람들과 '결탁'했는지 말할 것을 요구하였다. 이어서 당초에 동서를 조정하고 진정시킨다는 말이 나라를 그르치는 화를 조성했다고 말하였다. 조제보합론에 대한 자신의 부정적 입장을 분명히 했던 것이다. 물론, 선조는 심의겸이 어떤 사람과 '결탁'했는지 모르지 않았다.[72] 선조는 계미삼찬 직전에 동인이 박순을 탄핵하면서 그가 심의겸과 결탁했다고 주장하자, 다음과 같이 말한 바 있다. "이는 나라 가운데 의겸이라는 함정을 만들어 두고 자기와 의견을 달리한 한 시대의 명신·현사들을 반드시 그 함정 속에다 몰아넣고 같은 당여라고 성토하려는 것이다. 그 속셈은 일단 그러한 이름만 붙여 놓으면 어느 누구도 감히 구제하지 못할 것이고 임금도 의심하게 될 것이라고 여긴 것이다."[73] 선조는 '결탁'한 사람들이 누구인지는 물론, 그 '결탁'의 방법과 목적까지 정확히 알고 있었다.

선조는 동인이 지배하는 삼사에게, 심의겸이 어떤 사람들과 '결탁'했는지 말할 것을 요구했다. 사실 이 시점에 이르기까지 선조는 동인이 서인을 탄핵할 기회를 몇 차례 마련해 준 바 있었다. 그러면서도 거의 마지막 순간

---

* 전조란 6조 중 인사권을 가진 이조와 병조를 말한다. 이조는 문관 인사권을, 병조는 무관 인사권을 가졌다.

까지 자기 입으로는 서인에 대한 정치적 배제를 말하지 않았다. 결국 그는 동인의 요구를 적절히 억제하면서 서인을 정치적으로 배제하는 데 성공하였다. 자신이 감당해야 할 정치적 책임을 피하면서 자신이 원하는 방향으로 정국을 운영하였던 것이다. 이를 통해 그의 정국 주도권이 더욱 강력해졌던 것은 물론이다.

이발의 복귀

며칠 뒤 8월 25일, 아버지 이중호의 삼년상을 치르고 이발이 조정에 복귀했다. 대사간에 임명된 그는 선조에게 숙배하며 다음과 같이 말하였다.

> 전일 본원에서 심의겸의 죄를 논할 때 위에서 (심의겸과) 결탁한 자가 누구냐고 하문하셨습니다. 간관 된 자는 하나도 남김없이 모두 아뢰어 성상으로 하여금 그 무리를 모두 아시게 해야 됩니다. 예조 판서 홍성민, 부제학 구봉령은 모두 의겸의 친우입니다. 논척論斥 받은 자들과 다를 것이 없는데도 (사간원 간원들이) 낱낱이 아뢰지 않았습니다. 이는 임금을 섬김에 숨김이 없어야 한다는 도리가 아닙니다. 그들과 같이 지낼 수 없으니 사직을 청합니다.

물론 이발의 사직은 받아들여지지 않았고, 그의 요구는 받아들여졌다.[74]

이에 앞서서 8월 18일에 이이의 제자 생원 이귀의 상소가 접수되었다. 이이와 성혼이 심의겸과 서로 결탁했다고 대간이 말한 일은 억울하다는 내용으로, 이이와 성혼을 옹호하는 상소였다.[75] 이 상소에 대해서 선조 역시 대간이 그렇게 말한 것은 우연한 실수라고 답하였다. 이발이 선조와 만

이귀 영정. 이귀는 학문적으로보다는 정치 활동 측면에서 이이의 충실한 제자이다. 그런 면에서 후일 그가 인조반정의 중심인물이 되었던 것은 자연스런 일로 보인다. 국립중앙박물관 소장.

났을 때, 그가 며칠 전 이귀의 상소에 대해서 몰랐을 것으로 보이지는 않는다. 때문에 이발의 8월 25일 상소는 이이와 성혼에 대한 그의 입장을 분명히 한 것으로 볼 수 있다. 그는 이이와 성혼에 대해서 아무런 말도 하지 않았다. 그러고는 오히려 양사 상소에 이름이 언급되지 않았던 홍성민, 구봉령 두 사람을, 심의겸과 결탁한 자로 지적하였다. 조정에서 배제해야 할 사람으로 추가 지목한 것이다.

당색으로 보면 홍성민은 서인이고, 구봉령은 남인이다. 두 사람 모두 자신의 당색을 넘어 조정에서 상당한 명망을 지니고 있었다. 홍성민은 고위 관료를 여럿 배출한 집안 출신이다. 아버지는 황해도 관찰사를 역임했고, 큰형 홍천민은 도승지를 5번 역임했다. 그 자신도 진사시에 장원한 후 이이와 같은 해에 문과를 통과하였다. 아버지와 큰형을 포함해서 홍천민의 아들 홍서봉, 그리고 홍성민 자신까지 3대에 걸쳐서 사가독서를 하였다.[76] 홍성민이 서인 색채를 분명하게 띤 것에 비해서, 구봉령은 이황의 문인이다. 고향이 안동이어서 가까이 지내던 인물도 정탁이나 류성룡, 조목 같은 안동·예안 및 예천 지역 인물들이었다. 성균관 대사성과 대사헌을 거쳐 이조 참의를 역임하며 비교적 중립적인 인물로 평가되던 사람이다. 두 사람 모두 이발과는 가깝지 않았다. 이와 관련해서 구봉령 문집에는 흥미로운 일화가 소개된다. 그가 전라도 관찰사로 있던 시기에 이발이 아버지의 상중이었다. 평상시에 교유가 없어서 조문을 가지 않았는데, 그것이 이발이 구봉령을 심의겸의 문객으로 지목한 이유였다는 기록이다.[77]

선조 18년 9월 2일에 선조는 전교를 내려서 동인이 오랫동안 주장해 왔던 것들을 공식화해 주었다.[78] 어떤 면에서 이날 결정은 계미삼찬과 그 형식에 있어서 다르지 않다. 계미삼찬이 그랬듯, 이날 결정도 선조가 내린 것이었다. 하지만 계미삼찬과 달라진 점도 뚜렷했다. 그는 조정 내 당파의 무게중심을 이동하는 데 있어서 대단히 신중해졌다. 특지特旨를 통해서 자기 목소리와 감정을 드러내는 대신, 조정 내 당파 간 목소리를 이용하여 자신의 생각을 관철시켰다. 선조도 계미삼찬과 이이의 죽음을 통해서 배운 것이 많았다.

6장

기축옥사 발발

선조 22년

고변에서 체포까지

고변서 접수 직후

선조 22년(1589) 10월 2일 밤 두 개의 비밀문서가 조정에 잇달아 도착했다. 앞서 올라온 것은 황해도 재령 군수 박충간의 상소로 그의 아들이 가져왔고, 뒤의 것은 황해도 감사 한준의 장계였다. 안악 향교 학생 조구趙球를 고발자로 하여 박충간, 안악 군수 이축, 신천 군수 한응인 이름으로 올라온 고변서告變書였다. 두 문서 모두 전 홍문관 수찬 정여립이 모반을 꾀했다는 내용을 담고 있었다. 고변서가 즉각 선조에게 전달되었다.

선조는 곧바로 3정승, 6승지, 당직 중인 도총관都摠管 2명과 역시 당직 중인 홍문관 상·하번 2명, 사관史官 2명을 소집하였다. 도총관은 오위도총부에서 군무를 총괄하는 정2품 벼슬이고, 오위도총부는 중앙의 최고 군사기관이었다. 당시 영의정은 유전, 좌의정은 이산해, 우의정은 정언신이었다. 사관 중 1명인 예문관 정9품 검열 이진길은 회의에 참석하지 못하게 했다. 그는 정여립 누이의 아들, 즉 정여립의 조카였다. 대략 12명 정도 되는 인원이 창덕궁 선정전에 소집되었다. 고변 상황을 접한 선조의 반응은 극히 신경질적이었다.

상이 여러 신하에게 '여립이 어떠한 사람인가?' 물었다. 영상 유전, 좌상 이산해는 '그의 인품은 모른다.'고 대답하였다. 우상 정언신은 아뢰기를, "그가 독서하는 사람이라는 것만 알고 다른 것은 모릅니다." 하였다. 상이 손으로 고변서를 들어 상 아래로 내던지며 말했다. "독서하는 사람 하는 짓이 이와 같단 말인가." 왕이 승지를 시켜 읽도록 하니, 흉악한 음모가 상소에 가득했다. 좌우 신하들이 모두 목을 움츠리고 등에 땀이 배었으나, 언신은 홀로 나지막한 소리로 킬킬 웃었는데 상이 그 소리를 들었다. 대신大臣이, 금부도사를 나누어 파견하여 여립 등을 체포하는 한편, 고변한 자들까지 아울러 잡아오게 할 것을 청하였다. 유전이 토포사討捕使를 나누어 파견하여 비상사태에 대비하기를 청하니, 상이 따랐다.[79]

영문도 모르고 한밤중에 소집된 사람들은 자신들이 소집된 이유를 선조가 상 아래로 내던진 고변서 내용을 듣고서야 알았다. 그런데 그 내용은 쉽게 믿겨지지 않았다. 무엇보다 역모 주모자로 지목된 사람이 전 홍문관 수찬 정여립이었기 때문이다. 홍문관 수찬은 비록 정6품에 지나지 않지만, 엄격하게 검증된 문관 엘리트로 채워지던 자리였다. 고위직 진출이 보장된다고 여겨지던 요직 중의 요직이었다. 더구나 정여립은 당시 집권 동인 중에서도 개인적으로 영향력이 있던 사람이다. 이런 지위에 있었고 그런 영향력을 가진 사람이 역모를 꾀했다는 것은 조선 건국 이래 없었던 일이다. 상식적으로 이해하기 어려웠다.

고변서 내용만으로는 상황 판단이 어려웠다. 때문에, 이날 밤 몇 가지 조치가 함께 취해졌다. 먼저 금부도사를 보내서 정여립은 물론 고변한 사람들까지 붙잡아 오도록 했다. 무고誣告의 가능성 때문이었다. 의금부는 왕명을 직접 받아서 주로 왕족의 범죄, 국사범國事犯·반역죄, 자손의 부조父祖에 대한 죄나 노비의 주인에 대한 죄 등 무거운 죄를 처리했다. 금부도사는 의금부의 도사이고, 의금부 실무책임자들이다.

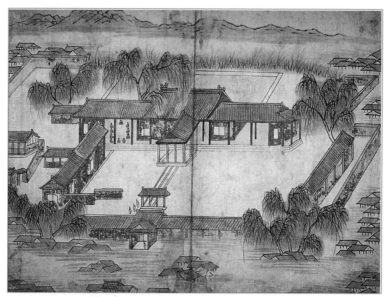

(위) 의금부 관원의 모임을 그린 「금오계첩도」(1739, 고려대학박물관 소장).

(아래) 의금부 터. 서울 종로구 종각역 1번 출구에 위치해 있으며, 대각선 맞은편에는 보신각이 있다.

다른 한편으로 정여립 무리가 반란을 일으킬 가능성에 대비하여 토포사도 동시에 파견했다. 이때 정여립을 체포하기 위해서 파견할 금부도사로 선정된 사람은 유담이었다. 토포사 선정에는 시간이 좀 더 걸렸다. 처음에는 전라도 토포사에 윤섬, 경상도 토포사에 유희서가 뽑혔다. 윤섬은 당시 나주 목사 윤우신의 아들이고, 유희서는 영의정 유전의 아들이다. 곧 사간원 주장에 따라 전라도에 이대해, 경상도에 정윤우, 충청도에 정숙남이 토포사로 다시 결정되었다. 이들 모두 이날 인정人定 시간을 넘겨서 밤늦게 출발했다. 인정은 야간 통행을 금禁하기 위해 밤 10시에 28번 종을 치던 일이다. 인정과 함께 성문이 닫혔다.

고변서가 올라오기까지

예나 지금이나 정치 사건은 소문이 많고 관련자들 사이에 말이 엇갈린다. 기축옥사의 여러 국면에 관한 증언들은 엇갈리고, 심지어 상충하는 경우가 적지 않다. 정여립 사건의 고변서가 올라오는 과정에 대한 기록부터 그렇다. 그 내용이 각각 『연려실기술』과 『선조수정실록』에 나온다. 두 사료가 전하는 내용은 거의 정반대이다.

『연려실기술』이 전하는 내용은 다음과 같다. 박충간이 이축에게 달려가서 "여립의 역모가 이미 드러났으니 속히 도모해야겠다." 하였다. 하지만 이축은 마음이 소심하여 동조하지 않았고, 한응인은 기미를 미리 알고 술이 취해서 못 알아듣는 척했다. 자칫하면 무고죄에 걸릴 수 있었기 때문이다. 무고란 허위고소를 말하는데, 만약 무고했다는 것이 밝혀지면 고소한 내용에 상응하여 처벌을 받았다. 박충간은 이렇게 하기를 두어 차례 한 끝에, 이축과 한응인을 협박하여, 감사에게 보고해서 장계를 올리게 했다.

『연려실기술』. 조선 후기에 이긍익이 찬술한 사서로, 이긍익 당시부터 전사본이 많아 특별히 정해진 정본이 없다. 이긍익은 『대동야승』 등 야사류 문적의 산만한 서술과 빈약한 자료, 균형 잃은 서술과 동서분당 이후 왜곡된 역사서술을 극복하고자 이 책을 편찬했다고 하였다.

요컨대, 『연려실기술』에는 어디까지나 박충간이 고변에서 중심 역할을 한 것으로 기술되어 있다.

반면에 아래 『선조수정실록』 내용은 이와는 많이 다르다.

해서海西 구월산 중[僧] 가운데 (정여립에게) 호응하는 자가 있었다. 중 의엄義嚴이 그 정상을 염탐하고 재령 군수 박충간에게 비밀히 말하였으나, 충간이 망설이며 감히 고발하지 못하였다.

안악 군수 이축의 먼 친척에 동생뻘 되는 진사 남절南截이 군내郡內에 살고 있었다. 민간에서 전하는 말을 듣고 이축에게 알리자 이축이 남절을 시켜 실상을 좀 더 살피게 하였다. 남절이 교생 조구가 항상 (스스로) 여립의 제자라고 하면서 무리를 많이 모아 술을 마시는데, 종적이 평소와 다른 것을 보고 이축에게 알렸다. 이에 이축은 (조구를) 엄습하여 잡아다 실상을 캐물었다. 조구 집에 여립의 서간書簡

으로 별호別號를 오산鰲山이라 쓴 것이 몇 장 있는 것을 보았다. 그 대다수가 호초胡椒*와 부채를 그 무리에게 나누어 준 것으로, 그 수가 거의 1백 명 가까이 되었다. 이축이 그것을 가지고 캐물으니, 조구는 속일 수 없음을 알고 역모의 실상을 모두 실토했다. …… 이축이 편지로 박충간을 오게 하여 만났다. 신천 군수 한응인은 명사名士로서 조정에서 (고변서 내용을) 믿게 할 수 있다 하여,** 조구를 신천에 보내어 연명하여 감사 한준에게 장계로 보고하게 하였다.

충간은 그날로 급히 달려 재령으로 돌아와서 같은 (정여립의) 당여로 읍내에 사는 사람 이수李綬를 잡아다가 물었다. 이수가 말하는 것도 조구의 말과 같았다. 곧 전에 의엄에게 들은 것까지 아울러 거론하여 소장을 갖추어 그의 아들에게 부쳐 급히 달려 대궐에 나아가 먼저 변란 음모를 올렸다. 황해 감사의 장계가 뒤따라 도착하였다.[80]

『선조수정실록』에서는 박충간이 아닌 안악 군수 이축이 고변의 중심인물로 기술되어 있다. 몇 가지 점에서 『연려실기술』보다는 『선조수정실록』 내용이 사건 실상에 더 가까워 보인다. 우선 『선조수정실록』의 관련 서술이 『연려실기술』의 그것보다 훨씬 구체적이다. 더구나 이미 감사 한준이

---

* 후추

** 한응인은 일찍부터 문명文名을 얻어서 선배들과 선조의 인정을 받았다. 선조 12년에 승정원 주서로 있으면서 선조에게 재주를 인정받았고, 선조 17년에는 이이가 뽑아서 홍문록에 올랐다. 이때 같이 선발된 사람들은 오억령, 정창연, 김여물, 심희수, 이덕형, 신응명, 임제 등이다. 선조 18년에는 조선왕조의 오랜 외교적 숙제이자 선조의 숙원인 종계변무를 성사시킨 사행에서 서장관을 지냈다. 그의 셋째 아들 인급仁及의 딸이 선조의 열째 아들 흥안군興安君과 결혼했고, 한응인 자신은 선조의 고명을 받은 유교칠신遺敎七臣 중 하나가 된다. 하영섭, 『백졸제 한응인의 생애와 시세계 연구』, 고려대학교 한문교육전공 석사학위논문, 2003.

올린 고변서에 자신의 이름이 들어 있는데, 박충간이 자기 이름의 별도 고변서를 올린 것은 역모를 먼저 알린 공을 노린 행위로 보인다. 고변에 미온적인 이축과 한응인을 애써 설득한 후, 박충간이 자기 이름의 고변서를 별도로 급히 올렸다고 보는 것은 자연스럽지 않다.

한편 감사 한준은 고변서를 올린 후, 10월 8일에 역모에 참가했다는 황해도 백성 두어 사람을 서울로 압송하여 보냈다.[81] 선조가 이들을 직접 신문했다. 모두 "빌어먹는 곤궁한 백성들"이었다. 행색이 초라하고 어리숙하여 이들 모습을 본 선조는 어이가 없어서 웃지 않을 수 없었다. 선조가 이들을 보고는, 비록 여립이 반역을 했다고 해도 어찌 이런 무리와 공모했겠느냐고 말하였다. 이어서 그들에게 "너희들이 반역을 했느냐."고 묻자, 그들은 "반역하는 것은 모르겠지만 반국叛國을 하고자 했다."라고 답했다. 선조가 반국이 무슨 뜻이냐고 묻자, "먹고 입는 것이 넉넉한 것입니다."라고 답했다.[82]

정여립 체포에 실패하다

『선조실록』 22년 10월 7일 기사에는 금부도사 유담이 정여립이 도주했다는 보고를 올렸다고 나온다. 그런데 유담의 보고는 이 날짜보다는 며칠 늦게 이루어졌을 것으로 판단된다. 정여립 시신을 직접 거두고 그의 아들을 체포했던 민인백의 기록에 따르면 그렇다.

조선왕조실록 중에서도 『선조실록』은 다른 실록에 비해서 양적인 면에서나 질적인 면에서 대단히 부실하다. 주로 임진왜란 이전 기록이 그렇다. 일차적으로는 임진왜란으로 평소에 기록, 보관해 놓은 실록 편찬의 기초자료가 대부분 없어졌기 때문이고, 치열한 당쟁으로 당파적 관점이 기록에 많이 투영되었기 때문이다. 실록을 보완하는 또 하나의 실록인 수정실록이 이때 처음 나온 것도 이런 이유 때문이다. 어쨌든 이러한 사정 때문에 이 시기 『선조실록』 기사는 전개되는 상황의 내용과, 그것이 일어났음 직한 시간의 대응이 일치하지 않은 경우가 많다. 정여립 체포 실패에 관한 정황도 여기에 해당한다.

아래는 민인백의 기록이다.

> 8일에 감사가 또 각 고을에 명을 내려서 포도막을 설치하고, 외지인을 기찰하여 잡아 가두게 했다. 나는 비로소 여립의 모반을 알고, 즉시 경내에 첩문을 돌려서 포도막을 엄중히 설치하였다. 이어서 들으니, 6일 저녁에 금부도사와 선전관宣傳官* 이 전주에 들어와 대각大角** 을 불고 종을 쳐서 군사들을 모았다. 한밤중이 된 후에 동곡銅谷의 적가賊家에 가서 습격하니, 여립과 아들 옥남은 없었다. 다만 지경함池景涵(지함두)을 여복汝復의 집에서 붙잡았다.[83)]

금부도사 유담과 선전관 이응표[84)]는 10월 2일 밤늦게 서울을 출발하여 6일 저녁 무렵 전주에 도착하였다. 서울에서 전주까지 대략 3일 반에서 4일 정도 소요되었다. 이응표는 정언신과 개인적으로 가까웠다. 유담은 전주

---

* 선전관은 세조 3년(1457)에 성립되었다. 왕위 찬탈로 즉위한 세조에게 궁중 숙위, 시위 등은 중요할 수밖에 없었다. 선전관은 국왕을 지근거리에서 모시는 '근시지임近侍之 任'의 무관이었다. 때문에 '서반승지西班承旨'로 불렸다. 선전관은 부장과 함께 서반직 중에서는 유일하게 청요직으로 꼽히는 관직이었다. 16세기 정치 상황 속에서 선전관은 점차 문음 출신들이 벼슬에 나오는 통로로 활용되었다. 조선 전기에는 8명의 선전관이 활동했다. 박홍갑, 「조선전기의 선전관」, 『사학연구』41, 1990 참조.

** 나무로 만든 관악기. 주둥이가 비교적 크고 길이는 두세 자 정도로 길쭉하다. 군대에서 사용했다.

에 도착하여 군사를 모아 금구金溝 동곡銅谷의 정여립 집을 습격했지만, 정여립과 그의 아들 정옥남은 이미 몸을 피한 후였다. 다만 인근에 있던 정여립의 수하 지함두를 체포하였다.

한편 전주에 도착한 유담은 동곡의 정여립 집을 습격하기에 앞서, 전라감사 이광에게 고변서 내용을 알렸다. 그에 따라 이광이 진안현 수령 민인백에게 정여립 체포를 명령했다. 민인백은 10월 7일에 군사를 이끌고 정여립 체포를 위해 진안현 내 죽도竹島(현 진안군 진안읍 가막리)서당으로 갔지만 체포하지 못했다. 이때까지도 민인백은 감사가 여립을 체포하라고 한 이유를 알지 못했다.[85] 그가 그 이유를 안 것은 다음 날인 8일이다.

정여립 체포에 실패했다는 소식은 가장 빠른 파발로 전달되었을 것이다. 따라서 유담 일행이 전주에 도착하는 데 걸렸던 3, 4일보다는 짧은 시간에 소식이 서울에 전달되었을 것이다. 정여립 체포 실패 사실을 알리기 위해서 10월 7일 밤늦게 전주에서 출발하여 10일경에 그 소식이 선조에게 전달되었을 가능성이 높다. 10월 11일에 조정에서 물러나 있던 노수신이 돈화문 밖에 와서 선조에게 안부를 물었던 것이나, 같은 날 정철이 숙배하고 역적을 체포하고 경외를 계엄하라는 내용의 차자를 올렸던 것은 이런 상황을 반영하는 듯이 보인다.[86]

정여립의 도주와 관련해서도 기존 연구에 혼선이 있다. 정여립은 도망을 간 것이 아니라 그의 수하 변숭복의 꼬임에 빠져서 유인된 것이라는 주장이 그것이다.[87] 이를 통해서 정여립 옥사가 서인이 조작한 것이라는 결론이 유도되기도 했다. 관련 사료들도 정확하지 않다. 『선소수정실록』과[88] 『연려실기술』[89] 모두 잘못된 내용을 전한다. 이들 기록에는 조구가 고변했다는 말을 듣고 변숭복이 황해도 안악에서 정여립의 집이 있는 금구 동곡까지 4일 혹은 3일 반 만에 달려가서 여립에게 사실을 알려 도망하게 했다고 나온다.

이들 주장과 기록은 정여립 아들 정옥남의 증언과 다르다. 옥남은 10월 14일 정여립 사망 이후에도 살아남아서 사건과 관련된 몇 가지 중요한 증언을 했다. 옥남을 체포한 후에 민인백은 "어떻게 금부도사와 선전관이 (동곡에) 와서 체포할 줄 미리 알고 도망했느냐."고 물었다. 누구라도 가장 궁금한 문제가 아닐 수 없다. 그러자 옥남은 "금구의 저리邸吏가 우리 집 비부婢夫입니다. 도사 등이 전주에 들어와 군대를 모집한다는 소문을 먼저 알려왔으므로 도주할 수 있었습니다."라고 답하였다.[90] 비부란 말 그대로 여자 노비의 남편이다. 동곡은 행정구역상으로 현재는 금구면이 아닌 김제시 금산면 청도리에 속한다. 전주에서 직선거리로 15~16킬로미터 정도 떨어졌는데, 금평 저수지 북단에 위치한다.

저리에는 경저리京邸吏, 영저리營邸吏 등이 있었다. 일종의 행정기관 파견 근무자이다. 예를 들어서 전라도 감영이 있는 전주는 행정적으로 서울과 긴밀하게 연결되어 있어서, 서울에서 전주 관련 행정업무를 처리할 사람이 필요했다. 그 역할을 하는 사람이 서울에 있는 전주 경저리이다. 금구의 (영)저리란, 관찰사 감영이 있는 전주에서 금구 관련 행정업무를 처리하는 사람을 말한다. 조선은 잘 짜인 행정망을 운영했다.

변숭복이 소식을 전해서 정여립이 도피한 것이 아니었다. 10월 6일 저녁에 유담과 선전관이 전주에 도착하여 대각을 불고 종을 쳐서 군대를 모았다. 그동안에, 정여립 집 비부가 관군에 한발 앞서서 상황을 정여립에게 전달했던 것이다. 금부도사와 선전관이 군대를 모으고, 모은 군대를 이끌어 금구 동곡에 도착하는 데 시간이 걸렸다.

정여립의 도피는 매우 급박하게 이루어졌던 것으로 보인다. 이후 정여립 사건과 관련해서 체포된 많은 사람들의 초사招辭 즉 진술에 나오듯이 지함두는 정여립의 중요한 수하였다. 그럼에도 그는 정여립 집에서 그리 멀지 않았을 것으로 보이는 여립의 형 여복汝復의 집에 있다가 관군에게 붙잡혔다. 정여립에게서 상황을 전달받지 못했던 것이다.

여러 사료가 전하듯이 정여립이 도피했다는 소식은 정여립이 정말로 모반을 꾀했다는 확실한 증거로 받아들여졌다. 실록은 "그의 도피 소식이 전해지자 서울 도성 안이 진동하였다."고 기록했다.[91] 황해도 감사 한준이 압송해서 서울로 보낸 백성들에 대해서도, 조정은 처음에 "사건에 실상이 없어서 곧 놓아 보내려고 여립이 잡혀 오기만 기다렸다."[92] 여립의 도피 소식이 전해졌던 것으로 보이는 선조 22년 10월 10일경에 기축옥사가 정식으로 시작되었다. 11일에 포도어사 이대해와 선전관 이인남李仁男이 전라도에 들어왔다.[93]

다복, 10월 14일 저녁에서 밤까지

정여립 사망에 대해서 관련 사료 대부분이 그가 자살했다고 말하지만, 모두 그렇지는 않다. 정여립이 죽도에 있는 절에서 놀고 있을 때, 선전관이 현감과 같이 두들겨 죽이고는 자살한 것으로 보고했다고 적혀 있는 사료도 있다. 하지만 정여립과 대치하다가 그의 사체를 직접 거둔 진안 현감 민인백이 이 상황에 대해 상세한 기록을 남겼다.

정여립 체포에 실패한 10월 7일 이후에 전주 부윤 윤자신은 도직盜直을 설치하였다. 도직이란 도적을 잡기 위해서 중요한 지점마다 세운 검문소이다. 도피한 정여립 일행을 붙잡기 위해서 전주 일대 경비가 삼엄했던 것이다. 민인백은 인근 장수현에서 발생한 살인 사건 때문에 13일에 장수현에 갔었다. 사건을 처리하고 14일 해 뜰 무렵 장수현을 출발하여 진안현을 20리 앞두고 숙박하려던 중에 진안현 아전이 와서 급한 소식을 전했다. 수상한 사람들이 진안현 서면西面에 나타나서, 면민面民 박장손朴長孫 등이 동네 사람 9명을 인솔하여 위장衛將 이희수李希壽에게 알리고 함께 추적하고 있다는 내용이었다.

민인백은 곧바로 진안현 객관客館으로 가서 사람들을 소집하였다. 객관이란 조선시대에 외부 방문객을 위해서 마을에 설치한 일종의 공용 숙소이다. 모인 사람들이 대략 150여 명이었다. 이들을 인솔하여 서면의 산척점山尺店으로 달려갔다. 산척은 산에서 사냥이나 약초 캐는 것을 업으로 삼는 사람이고, 점店은 특수한 기능을 가진 사람들로 주로 구성된 마을이다. 현장인 다복多福(현 진안군 부귀면 오룡리 다복동)에서는 이미 점인店人과 마을에서 간 촌민村民 36명이 정여립 일행을 포위하고 있었다. 민인백은 이 상황을 생생히 묘사한 기록을 남겼다.

이에 해가 이미 저물기 시작하여 저녁때가 되었다. 높은 언덕에 말을 세워서 적의 소재를 살핀 즉, 적적賊 4명이 다복 동쪽에 있었다. 뒤는 절벽이 가파르고, 좌우에는 나무가 울창했다. 앞쪽도 또한 나무가 울창했는데, 숲 앞쪽으로 물이 얼마 없는 작은 개울이 있었다. 적들은 일어서면 얼굴이 보이고, 앉으면 보이지 않았다. 그중 1명이 칼을 가끔씩 휘두르며 위용을 보이고 있었다.

내가 말 위에서 여립의 이름을 불러 크게 꾸짖었다. "너는 경연에 참석했던 근신近臣으로 반역을 도모했다. 임금의 명으로 너를 체포하니 마땅히 손을 묶어 죽어야 할 것이다. 어찌하여 칼을 빼들고 체포를 거부하는가?" 여립은 답하지 않았고,

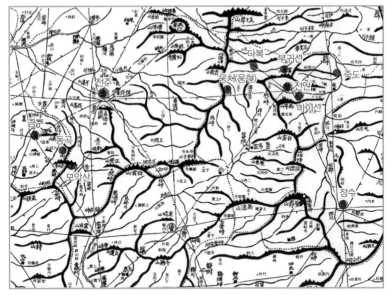

(위) 「대동여지도」에 나타난 정여립 사건 관련 주요 지역

(아래) 위 지역을 현재의 지도에 표시한 모습

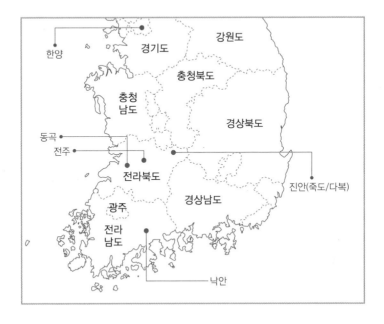

4명은 곧 앉아 버려서 그 모양을 볼 수 없었다. 점인·촌민이 활을 당기고 쏘게 해줄 것을 요청했지만, 내가 제지했다. 생포할 요량이었다. 머뭇거리고 있는 중에, 해가 서쪽 산봉우리에 걸렸다.

놓칠까 두려워 가까운 사람 2명을 몰래 보내서 정탐케 했다. (그들에 따르면) 검을 짚고 있던 자가 "전주의 천만군千萬軍 중에서도 오히려 능히 몸을 빼내어 탈주했다. 지금 이 군대는 많아야 2백 명이다. 만약 이 검을 휘두르면 탈출할 수 있다."고 말하였다. 여립이 말하길 "저들 모두가 활을 힘껏 당기고 있는 상황이다. 만에 하나라도 탈출할 이치가 없다. 어찌 무고한 양민을 함부로 죽일 것인가. 우리들이 빨리 자결함만 못하다." 하고 곧 한 사람의 장검을 뺏어 들고 자기 턱 밑에 괴어서 찢고, 다시 그 사람에게 나아가니 그 사람이 목을 내어 칼을 받아 한칼에 쓰러졌다. 또 한 사람을 찔러 쓰러뜨렸고, 또 한 사람을 번개처럼 찔러서 쓰러뜨렸다. 여립이 마침내 땅에 검을 꽂고 목을 늘어뜨려 넘어지면서 칼을 받았다. 곧바로 병사를 재촉해서 다다르니 여립이 몸을 뒤집으며 크게 부르짖었는데 소 울음소리 같다가 목숨이 끊어졌다. 검을 뽑으니 피가 검을 따라 구멍에서 나왔다.[94]

10월 14일 해가 저물기 시작했지만 대치 상황이 계속되었다.* 정여립 일행 4명과 이를 포위한 약 2백 명은 비교적 가까운 거리에서 대치했다. 얼굴을 식별할 수 있고, 큰 목소리가 들리고, 활 공격이 가능한 거리였다. 민인백 일행이 위치한 곳은 정여립 일행이 있는 곳보다 높은 지대여서 부분적으로 관찰이 가능하였다. 민인백은 이때까지도 일행 4명 중에서 전에 안면이 있던 정여립 이외 3명에 대해서는 신원을 파악하고 있지 못했다. 그

---

* 선조 22년(1589) 10월 14일은 양력으로 11월 21일이다. 이 무렵 전주 지역 일몰 시간은 오후 5시 20분쯤이다.

의 일기에 나오는 기록과 다른 기록을 참조하면 칼을 들고 시위하다가 민인백의 칼을 순순히 받은 사람은 변숭복이고, 나머지 두 사람은 그의 아들 옥남과 박연령朴延齡의 아들 박춘룡朴春龍이었다.

온 산을 태워서라도 체포하라

민인백과 정여립 일행의 대치 상황이 끝났을 때 날은 이미 캄캄했고, 달빛도 희미했다. 관솔불을 만들어 비추니 정여립과 변숭복은 사망했고, 갓[冠]을 쓴 자는 우측에 칼날을 맞아 중상이었다. 쌍상투[丱]를 튼 자는 좌측 옆구리에 칼날을 맞았지만 중앙은 아니었다.** 살아 있는 사람에 대한 응급조치를 하는 한편으로, 10월 7일 죽도서당 습격 시 체포하여 현옥縣獄에 가둬 둔 중 지영志永을 압송해 오게 했다. 정여립 외 3인의 신원을 확인하기 위해서였다. 밤 4경(1~3시)이 지나서 지영이 도착했다. 의도적인지 여부는 모르지만, 그는 죽은 두 사람이 정여립과 그 아들 옥남이라고 말했고 나머지는 모른다고 했다.

조금 있다가 한 사람이 의식을 회복했다. 상처가 가벼웠던 쌍상투 튼 젊은이였다. 그는 "죽은 자 한 사람은 여립이고 한 사람은 옥남이다. 산 자 한 사람은 박연령의 아들 춘룡春龍인데 여립에게 공부를 배웠다. 나는 여립의 노奴 물금勿金의 아들 검금撿金"이라고 말했다.[95] 그런데 다음 날 밝혀지듯이 이렇게 말한 사람이 사실은 옥남이었다. 그는 거짓 진술을 했던 것이다.

민인백은 즉시 상황 보고서를 작성하여 감사, 병사, 독포어사, 선전관 등 4명에게 통보했다. 이어서 쌍상투 튼 자를 제외한 나머지 3인에 대한 자

** 갓[冠]은 성인, 쌍상투[丱]는 미성년을 뜻한다.

세한 검시 기록을 작성했다.

> 여립의 몸은 무명저고리를 입고 속저고리는 복부를 덮고, 삼피 끈으로 매었다. 발
> 에는 짚신을 신었는데 짚신은 구멍이 뚫려 있고 버선 또한 구멍이 나서 양쪽 발 엄
> 지발가락이 노출되어 있었다. 가슴에는 자기로 만든 넓적한 접시를 안고 있었는
> 데, 접시 입 쪽이 피부에 붙어 있었다. 죽은 자 한 사람은 보통 옷을 입고 왼쪽 어깨
> 에는 가죽 주머니를 달고 오른쪽 어깨에는 가죽으로 싼 작은 칼을 매어 가죽으로
> 감쌌다. 한 사람은 등에 풀로 만든 꾸러미를 지고 있는데 단직령單直領[*]을 벌려서
> 작은 전대를 만들었다.⁹⁶⁾ 하나는 메밀 2, 3승을 담고 또 하나는 팥 1, 2승을 담고
> 있었다. 휴지로 소금 수 홉을 담았는데, 그 종이가 호남재상경차관 홍종록洪宗祿
> 과 관련이 있었다. 피 묻은 것들과 함께 불 속에 던져 넣었다.⁹⁷⁾

일부 사료가 전하는 것과 달리, 다복 현장에는 선전관은 물론 독포어사
도 없었다. 외부 병력의 도움 없이 민인백이 진안현 내 인력만으로 상황에
대처했던 것이다.

15일 날이 밝자, 민인백 일행은 다복을 떠나 감사가 있는 전주로 출발했
다. 두 시신을 말에 각각 싣고, 살아 있는 두 사람도 각각 말에 태우고 군사
들로 둘러쌌다. 웅현熊峴에 이르러 복병의 공격이 있었다. 그들은 활을 난
사하며 시신과 살아 있는 두 사람을 빼앗으려 했지만 성공하지 못했다. 정
여립과 관련된 무리가 있었던 것이다. 웅현은 곰티재 혹은 웅치熊峙라고도
불리는데, 전주와 진안을 잇는 옛길이다. 완주군 신촌 마을을 지나는 도로

---

* 직령은 오늘날의 두루마기와 같은 형태의 의복이었다. 17세기 전반 이후 도포가 보편
  화되기 전까지 대표적인 편복이었다.

근처 험준한 고개이다.

일행이 전주읍성 내 전라감영에 도착하자 미리 체포되어 있었던 정여립 조카 정집이 끌려나왔다. 잡혀온 4명에 대한 신원을 재확인하기 위해서였다. 이 자리에서 경상을 입은 사람이 옥남이고 중상을 입은 사람이 박춘룡이며 신원미상 사망자가 변숭복임이 확인되었다. 이 사실이 보고서에 담겨서, 진안현 형리刑吏와 전주부의 하리下吏가 함께 그것을 가지고 서울로 떠났다.[98]

이날 감사 이광은 15일 당일에 자신이 선조에게 받은 명령 하나를 전했다. 이 사태에 대한 선조의 생각을 엿볼 수 있는 내용이다. 전라도 내 명산名山과 사대부 가문의 묘가 있는 산을 막론하고 모두 불사르라는 것이 그것이다. 선조는 10일경 금부도사 유담의 보고를 통해, 정여립이 산 속에 피신해 있는 것을 알았다. 선조의 의지는 분명했다. 전라도 내 온 산을 불살라서라도 정여립을 잡거나 죽이라는 말이었다. 이광 말대로 만약 정여립 체포가 하루만 늦었어도 전라도 내 온 산이 불탔을 것이다.

진안 형리와 전주 하리가 소지한 상황 보고서와 별도로, 정여립 등 4인을 압송해 갔던 사람은 내관內官인 승전색承傳色 김양보金良輔라고 민인백은 전한다.[99] 승전색이란 내시부內侍府에 속한 직책으로, 왕의 명령을 전달하는 임무를 띠었다. 여기에 관한 내용은 『선조실록』 22년 10월 17일 기사에 등장한다. "선전관 이용준·내관 김양보 등이 정여립을 찾아서 체포하기 위하여 급히 전주에 내려갔다가, 정여립이 그 아들 옥남 및 같은 무리 두 사람과 진안 죽도에 숨어 있다는 말을 듣고 군관들을 동원시켜 포위 체포하려 하자, 정여립이 손수 그 무리 변사邊泗(변숭복)를 죽이고 아들을 찔렀으나 죽지 않자 스스로 목을 찔러 자살하므로, 그 아들 옥남만을 잡아 왔

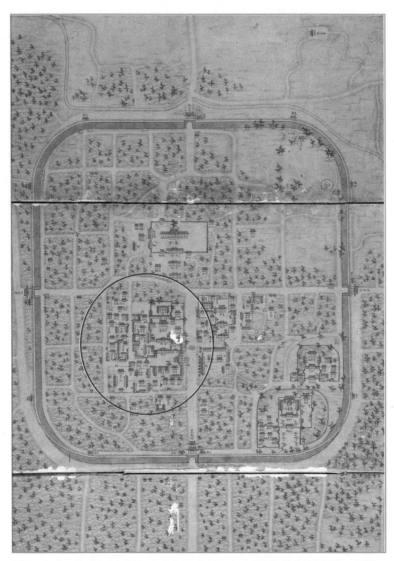

「완산부지도십곡병풍」 중 전라감영 부분. 국립전주박물관 소장. 전라감영은 현재의 전라남북도와 제주도를 관할하던 조선시대 행정기관이다. 지도에서 객사와 전주성 남문인 풍남문을 잇는 대로大路 왼쪽에 위치한다. 맞은편에 전주관아가 있다. 전라감영 정문인 포정문布政門(포정루布政樓 혹은 포정사布政司라고도 했다)이 대로에 면해 있다. 감영 내에는 감사의 집무공간인 선화당宣化堂, 감사의 주거공간인 연신당燕申堂, 감사 가족의 처소인 내아內衙, 비장들의 사무소인 막부幕府 등 많은 건물이 있다. 정여립 일행에 대한 처리는 널찍한 선화당 앞뜰에서 이루어졌을 것이다. 선화당에는 1894년 동학농민전쟁 당시 농민군 자치 기구인 집강소의 총본부 대도소大都所가 설치되기도 했다. 전라감영 자리에 전북도청이 있다가 2005년에 다른 곳으로 이전했다. 현재 전라감영 복원공사가 진행되고 있다.

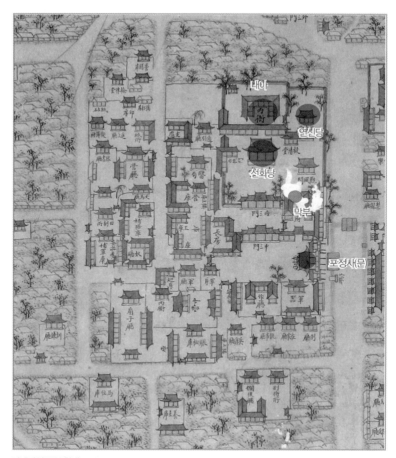

내아

內衙

연신당

당상청

선화당

막북

門三內

門二中

군고

포정사(문)

전라감영 부분 확대도.

다."는 내용이 그것이다.

위 기사 내용이 정확하게 표현된 것은 아니다. 이용준과 김양보는 정여립 체포 현장에 없었다. 하지만, 이 기사는 중요한 사실 하나를 알려준다. 위에서 감사 이광은 전라도의 온 산을 불태워서라도 정여립을 체포하라는 선조의 명령이 15일 당일에 내려왔다고 말했다. 아마도 이 명령은 김양보와 이용준이 가지고 온 것이었을 것이다. 정여립 체포에 실패했다는 소식을 접한 선조가, 이들을 곧바로 파견하여 15일에 전주에 도착했던 것이다. 이들이 정여립 일행 4명을 압송하여 서울로 출발했다. 선조가 정옥남을 창덕궁 선정전에서 친국한 것이 4일 후인 10월 19일이다.[100]

주목할 것은 선조가 정여립 체포 실패 소식을 접하자 선전관 이용준과 내관을 보냈다는 점이다. 이용준은 중종의 서장자 복성군福城君(?~1533) 이미李嵋의 증손 이질李礩의 아들로, 선조 16년 무과에 합격한 인물이다. 말하자면 그는 종실의 후예였다. 정여립 사건이 본격화되면서 선조는 자신이 신뢰하는 내관과 종실 후예인 선전관을 별도로 보내서 정여립 일행을 압송해 오도록 했다. 이 사건에 대한 선조의 태도를 보여 준다.

죽음을 부르는 '적가문서'

기축옥사는 정여립 집에서 수거한 문서, 즉 정여립이 다른 사람들과 주고받은 편지 내용에 기초해서 심문이 진행되었다. '적가문서賊家文書'가 그것이다. 사건 주모자로 지목된 정여립이 사망한 상황에서, 그가 주고받은 편지는 역모 참여자들을 확인할 수 있는 가장 확실한 물증으로 여겨졌다. 하지만 엄밀하게 보면 그 편지들은 편지를 주고받은 사람들의 역모 참여 여부가 아닌, 정여립과의 친소 관계만을 보여 줄 뿐이다. 역모에 참여했다는 것과 정여립과 친했다는 것은 엄연히 다른 문제이다. 이것은 재판 진행 과정에서 정철이 언급한 사항이고, 후일 이항복도 선조에게 주장한 내용이다. 하지만 선조는 의도적이든 그렇지 않든 두 가지를 구분하지 않았다. 실제로 선조는 "역적과 교분을 맺은 사람들은 그 서찰이 남아 있어 정상이 뚜렷하니, 아무리 중죄를 입더라도 그들에게 무슨 유감이 있으며 무슨 할 말이 있겠는가."라고 말하였다.[101]

여기서 잠시 생각해 볼 사항이 있다. 적가문서에 대한 인식 차이가 앞에서 살펴보았던 정철과 심의겸 관계를 둘러싼 논란과 유사한 면이 있다는 점이 그것이다. 이이는 정철을 변호하여 심의겸과 정철이 정분이 두터웠지만 취향과 심사가 달랐다고 말했고, 정철을 공격하는 측은 정분이 두터웠는데 어떻게 취향과 심사가 다를 수 있느냐고 주장했다.* 두 경우 모두에 대해서 분명한 것은 정치적 갈등이 고조되면, 따져 보아야 할 사항을 따지지 않고 쉽게 피아彼我로만 구분하는 힘이 증가한다는 점이다.

'적가문서'에는 정여립이 역모를 꾸민 구체적인 내용이 전혀 나오지 않았다. 그럼에도 선조는 위 두 가지 사항을 동일하게 인식하였다. 그 결과 사건 처리를 과도하게 몰아 간 두 가지 결과가 나타났다. 하나는 사건 관련 인물들의 범위가 지나치게 확대되었다는 점이다. 다른 하나는 적가문서에 등장하는 인물들에 대한 법적 처리가, 편지 내용에 대한 선조의 자의적 판단에 의존하게 되었다는 점이다.

적가문서를 근거로 기축옥사를 서인의 정치적 음모라고 주장하는 연구들이 있다. 다시 말해서 정여립의 역모 기도가 사실이 아니라는 말이다.

---

* 143쪽 참조.

문서가 노출될 경우 엄청난 정치적 희생이 예상되는데, 정여립이 도피 전이를 처리하지 않은 것은 음모 때문이라는 주장이다. 하지만 몇 가지 정황으로 볼 때, 이 주장에는 무리가 있다. 10월 6일 정여립이 금구 동곡 집에서 몸을 피하는 과정은 매우 급박했다. 이미 금부도사와 선전관이 전주에서 군사들과 함께 동곡으로 오고 있는 가운데, 전주 현장에 있던 정여립 집비부가 한발 앞서 소식을 전해온 상황이었다. 상황의 다급함은 인근에 있던 지함두에게조차 연락을 못하고 정여립 일행이 몸을 피하는 것으로 나타났다.

그런데, 정여립이 피신 과정에서 문서를 없애지 않은 이유가 단순히 상황의 급박함 때문만도 아니었던 것 같다. 그의 행동을 보면, 그는 그 문서들이 노출되었을 때 나타날 결과에 대해서 그렇게 예민하게 인식하지 않았던 듯하다. 이를 뒷받침하는 두 가지 근거가 있다. 우선 그가 역모를 위해서 연락을 주고받았던 사람들이 동인 측 인물들이 아니었다는 점이다. 정여립은 평소 동인 측 최고위 문관들과 가까웠지만, 역모와 직접적 관련이 확인된 인물들은 양반이 아닌 사람들이다. 물론 역모사건의 성격상 역모에 실제로 관련된 경우에도 은폐되었을 가능성이 있다. 하지만, 사건 및 관련 인물 전체를 보아도 그의 문관 엘리트 관료 친구들과의 관련성은 전혀 나타나지 않는다. 애초에 정여립은 문관 엘리트 관료들에 대해서는 자신의 계획과 관련해서 대단히 제한적으로만 고려했을 가능성이 높다.

또 하나는, 그가 실제로는 이들 문서를 처리할 충분한 시간을 가졌다는 점이다. 여러 사료에 등장하는 대로 선조 22년 9월에 이발의 동생 이길은 고향 남평南平(현 나주 남평읍)에서 서울로 가는 길에 정여립을 방문했다. 평소 친분으로 보아서 자연스러운 일이다. 그런데 두 사람이 헤어지는 자리에서 정여립은 이길에게 역모와 관련된 자신의 의사를 은근히 드러냈다. 놀란 이길은 서둘러 자리를 끝마치고 서울 길을 재촉하였다. 도중에 그는 이미 정여립의 계획을 듣고 자리를 어색하게 마쳤으므로 그가 자신을 뒤쫓아 와서 살해할 것이라는 데 생각이 미쳤다. 이길은 충청도 은진에 들러서 호송군을 구해서 길을 재촉하였다. 실제로 그를 추적하던 역사力士 몇 명이 있었다. 하지만 그의 무장 호위를 확인하고 발길을 돌렸다. 두 사람 만남의 정황이 위와 같다면, 정여립 입장에서는 만약의 경우를 대비할 시간이 있었다고 보아야 한다. 그럼에도 그는 자신이 보관하던 문서와 관련해서 어떤 조치도 취하지 않았다.

처음부터 정여립 편지에 주목했던 사람은 선조이다. 민인백에 따르면 선조는 처음 금부도사 유담과 선전관 이응표를 파견할 때 이미 적가문서를 가져오도록 명령했다.[102] 두 사람은 당시 익산 군수 김영남金穎男을 입회시켜서 적가문서를 수거했다. 이 문서가 언제 선조 손에 들어갔는지는 확인되지 않는다. 하지만 전후 상황으로 볼 때, 이 문서는 10월 10일경 정여립 체포 실패를 전하는 소식과 함께 선조에게 전달되었을 가능성이 높다. 정여립은 도주하고 선조는 정여립 대신 그 문서 내용을 보게 되었던 것이다. 거기에는 선조가 도저히 용납할 수 없는 말들이 다수 적혀 있었다.

기축옥사 피의자들에 대한 초기 수십 일간의 심문은 전적으로 선조가 주도했다. 그는 '적가문서'를 독점했고 그것을 자료로 심문을 진행했다. 그리고 필요할 때마다 자기 주장을 뒷받침하는 내용이 담긴 편지들을 신하들에게 내려주었다.

백유양이 여립에게 보낸 편지에, 임금에게 대하여 부도不道한 말이 많이 쓰여 있

었다. 임금이 그중 가장 심한 것만 골라내어서 국청鞫廳에 내려보냈다. 그 편지에, "이 사람(선조)이 시기심이 많고 모질며 고집이 세다." 하였고, 또 "이 사람은 조금도 임금의 도량이 없다." 하였다. 때문에 임금은 백유양을 역적으로 처단하라고 명하였으나 정철이 아뢰기를, "경악經幄*에서 여립 같은 역적 하나가 난 것만도 큰 변고입니다. 백유양이 비록 못되었으나 어찌 다시 여립 같은 역적이야 되겠습니까." 하였다. 이에, 임금이 크게 노하여 대신이 권력을 제 마음대로 한다고 말하였다.[103]

선조가 정철에게 크게 화를 낸 이유는 무엇일까? 아마도 정철이 선조에 관해 중요한 점 하나를 간과한 듯하다. 백유양은 선조를 임금감으로 인정하지 않았지만, 그렇다고 역모를 꾀했던 것은 아니다. 그런데 이런 방식의 인식은 자연인 선조와 국왕 선조를 구분할 수 있어야 가능하다. 아마도 선조 자신은 스스로에 대해 그런 구분을 하지 못했을 것이다. 사실 이것은 지금도 일상에서 볼 수 있는 양상이다. 어느 정도 사회적 지위에 있는 사람들이 드물지 않게 보이는 모습이다. 백유양의 말이 선조에게는 충격적인 것이 아닐 수 없었고, 반역과 전혀 다르지 않았다. 그는 인격적인 차원에서도 스스로를 왕으로 생각했을 것이다. 반면에 정철은 모반 행위 여부만을 기준으로 생각했던 것 같다.**

---

* 경연經筵.

** 기축옥사에서 가장 비극적인 대목 중 하나는 이발의 노모와 어린 두 아들의 희생이다. 이 문제를 오항녕이 다루었다. 그런데 여기서 오항녕은 더 생각해 보아야 할 사항 하나를 지적했다. "반역 사건을 다루면서 체제 권력은 자신을 과시한다. …… 처벌 속에는 항상 한 가지 몫, 군주의 몫이 있어야 한다. 상처받은 군주권을 회복하는 의식, 그리고 본질적 불균형과 우월성을 확인하는 의식이다. …… 이런 선조의 태도는 선조의

선조는 임금의 지위에 더하여 신뢰성 높은 정보를 독점한 채, 자신의 정치적 목적과 판단에 따라 정보를 선택적으로 활용했다. 이 때문에 재판 책임자인 위관 정철의 역할은 크게 위축될 수밖에 없었다. 제대로 된 심문이 이루어지기 어려운 조건이었다.

주륙誅戮과 은택恩澤

선조 22년 10월 19일, 창덕궁 선정전 앞에서 선조의 친국이 시작되었다. 대상자는 정옥남과 박춘룡, 그리고 황해도에서 잡혀 온 몇몇 사람이었다. 이때 옥남의 나이는 17세였다. 선조는 무엇보다 이 사건에 누가 관련되었는지 궁금했다. 당쟁 진행 과정에서 그가 늘 궁금해한 것은 사람들의 관계 혹은 배후였다.

> 임금이 묻기를, "너의 집에 왕래하던 사람은 누구였는가." 하니 (옥남이) 대답하기를, "주모자는 길삼봉이고, 고부에 사는 한경韓憬, 태인에 사는 송간宋侃, 남원에 사는 조유직趙惟直·신여성辛汝成, 황해도에 사는 김세겸金世謙·박연령朴延齡·이기李箕·이광수李光秀·박익朴杙·박문장朴文長·변숭복邊崇福 등 10여 명이

개인 인격문제가 아니라, 체제의 정점에 있는 국왕이기 때문에 발현되는 대응이다." (『유성룡인가 정철인가』, 너머북스, 2015, 252~253쪽) 물론 개인은 제도 속에서 어떤 역할을 수행하며 제도의 일부로 기능하며 존재한다. 그런데 위 서술은 자칫 개인이 소거되어 제도로 완전히 대체되는 것을 정당화할 가능성을 열어 놓는 것처럼 보인다. 실제로 현실에서 그런 경우가 많은데, 그럴 때 제도는 변화의 가능성을 닫은 밀폐된 것이 될 수 있다. 그렇게 될 때 개인의 행위에 대해 어떤 수준에서의 평가도 어려워진다. 더구나 변화는 대개 제도와 일체화되지 않은 개인들에서 시작되는 경우가 적지 않다. 오항녕의 서술이 상황을 설명하는 것이라면 적절하지만, 평가를 위한 것이라면 부연 설명이 필요한 이유이다.

항상 찾아 왔습니다. 지함두와 중 의연義衍은 어디에서 왔는지 알지 못하나 함두
는 항상 집안에 있었고, 중 의연은 밤낮으로 같이 거처했습니다. 연령은 서울 소
식을 탐정하려고 황해도에 갔습니다." 하였다. 모두 체포되어 자복하고 죽었으며
송간·조유직·신여성은 불복하고 죽었다. [104]

선조의 물음에 옥남은 전주 인근 지역 출신 4명과 황해도 출신 7명, 그리
고 출신을 모르는 2명 등 모두 13명의 이름을 열거했다. 사건 주모자가 길
삼봉이라는 것은 그 역시 전해들은 말이었다

10월 19일부터 시작된 선조의 친국은 같은 달 27일에 이미 사망한 정여
립과 변숭복 시신의 사지를 찢는 것으로 일단락되었다. 모반을 인정한 사
람들은 처형되었고, 인정하지 않은 사람들은 고문 받다 죽었다.

흥미로운 것은 전주 인근 지역 인물들이 대부분 혐의를 인정하지 않은
반면, 황해도 인물들은 대부분 혐의를 인정했다는 점이다. 또 하나 흥미로
운 점은 이진길, 정여복, 그리고 정여립에게 수학한 한경을 제외하면 모두
가 상민이었다는 점이다. 요컨대 10월 27일까지 처형된 인물들은 모두 황
해도 출신의 비사족 인물들이다.

10월 27일 백관이 차례대로 늘어선 가운데 군기시 앞에서 정여립과 변
숭복의 시신이 능지처사에 처해졌다. 앞서 이기, 이광수, 박연령의 형이 집
행되었던 곳이다. 정여립의 머리는 철물시교두鐵物市橋頭에 효수되었다. *

---

* 조선왕조에서는 『대명률』에 근거하여 중국처럼 반역자, 흉악한 살인범과 패륜아 들을
  능지처참으로 처단하는 것을 원칙으로 했다. 하지만 그 집행 방법에서 조선은 중국과
  는 좀 달랐다. 중국의 능지형은 여러 차례 칼질하여 신체를 여러 조각으로 잘라 냈다.
  19세기 기록에 따르면 조선의 능지처사 방법은 먼저 목을 베어 죄수의 숨을 끊었다.
  그 후 대개 소나 말이 끄는 수레에 죄인의 팔다리와 목을 매달아 찢어 죽이는 거열車

(위)「동궐도」중 선정전 부분.

(아래) 지금의 선정전 외관. 선조는 선정전 앞에서 정여립 사건에 연루된 인물에 대한 본격적인 친국을
  실시하였다.

한편 이날 선조는 사죄死罪 이하 도형徒刑·유형流刑·부처付處·안치安置·충군充軍된 자의 죄를 모두 면제했다. 관직에 있는 자들에게 한 자급씩 올리고 자궁資窮*된 자는 대가代加**하는 조치를 취했다.[105] 며칠 후에는 경기·충청·전라·황해 등 대로大路에 면해 있는 군읍郡邑의 공물을 삭감하는 조치를 취하였다.[106] 정여립 사건 때문에 오갔던 관리 및 군사 들을 대접하느라 고생했던 이들 군읍의 노고를 치하하는 의미이다.

裂로 대신했다. 거열 후 절단된 머리는 효시라 하여 3일간 매달아 두었고, 잘라 낸 팔과 다리는 각 지역에 돌려 보였다. 모든 관리들을 군기시 앞길에 둘러서서 거열하는 장면을 보아야 했다. 국왕은 이를 관리들에게 경각심을 갖게 하는 수단으로 삼았다. 능지처사는 도성 안 군기시, 저자거리, 무교 등에서 행해졌다. 가장 많이 행해진 장소는 지금의 서울시청 프레스센타 근처 군기시 앞길이다. 조선 후기에 죄인의 머리를 내거는 장소로 자주 쓰인 곳은 지금의 종로 2가 보신각 근처에 있던 철물교였다. 심재우, 「조선시대 능지처사형 집행의 실상과 그 특징」, 『사회와 역사』90, 2011 참조.

* 당하관 중에서 제일 높은 벼슬. 정3품 당하관.

** 대가代加는 나라에서 관원에게 내려준 별가別加(특별 가자加資. 가자란 관료의 품계를 올려주는 것)를 자신이 받지 못하고 대신 아들, 사위, 동생, 조카 등에게 주는 제도이다. 나라에 경사가 있을 때 백관에게 별가를 내렸고, 크고 작은 일이 있을 때에도 이에 참여한 관원들에게 별가를 내렸다. 별가를 받은 관원으로서 당상관과 자궁資窮(정3품 당하)에 이른 당하관은 별가 받은 산계散階를 자신에게 더하지 못하고 가까운 친족에게 대신 주도록 되어 있었다. 이 제도는 세종 31년(1449)에 시작되어 1890년대까지 계속되었다. 백관에게 자주 별가가 내려졌으므로 현감縣監, 주부主簿 등 종6품 정도의 관직에 있더라도 쉽게 자궁에 이르러 대가를 할 수 있었다. 최승희, 「조선시대 대가 관련 고문서와 문과방목 급제자의 문·무산계기재」, 『조선시대사학보』63, 2012 참조.

국면의 전환

전주 생원 양천회의 상소

정여립 사건은 발생과 동시에 이미 그것이 갖는 정치적 의미를 누구나 알 수 있었다. 『연려실기술』 기록은 조정은 물론 조정 밖에서 형성되었던 당시 분위기를 잘 보여 준다.

이전에 여립이 이이를 배반하고 시론時論***에 아부하여 입장을 바꾸었던 것을 서인이 항상 분통하게 여기던 차에, 이때 여립이 역적이 되자 서인은 기뻐 날뛰지 않은 이가 없었다. 갑신년 이후****부터 서인은 동인의 공격을 받아 벼슬자리에 서지 못한 지 무릇 5, 6년이었다. 울분이 쌓여 있던 나머지, 무식하고 음험하기가 귀신과 물여우 같은 (서인) 무리들이 이때를 당하여 서로 손뼉을 치면서 크게 기뻐하며 역적이 동인에서 나왔다 하였다. 그 후로부터 동인은 다시 일어설 길이 없었고, 서인은 여립을 동인을 빠뜨리는 함정으로 삼아서 공공연히 떠들기를, '누구는 누구의 일족一族이요, 아무는 아무의 친구'라 하였다. 역적과 친분이 두터운 자만 스스로 반드시 죽임을 당할 줄 아는 것에 그치지 않았다. 비록 역적 얼굴을 알지 못해도 동인 명목이 붙은 자에게는 조정의 관리나 벼슬하지 않은 유생을 막론

*** 동인의 여론을 뜻한다.

**** 선조 17년 이이 죽음 이후를 의미한다.

하고 다 의심을 받았다. 이로 인한 그들의 비참한 기상을 차마 보고 들을 수 없었다.[107]

10월 27일, 사건의 직접 관련자들에 대한 처형이 이루어지고 사건 전개가 한 단락을 이루려는 시점에, 상소 하나가 올라왔다. 전주 생원 양천회가 올린 것이었다. 잘 쓴 글이었다. 선조 입장에서는 특히 그랬다.

정여립이 여기에 이르게 된 근원을 따지면, (조정에 있는) 당국자와 이미 통하고 결탁하여 상하上下(임금과 신하들)를 의논하고 명성과 위세를 서로 의지했기 때문입니다. 그리하여 여립이 비록 밖에 있으면서도 멀리서 조정의 권력을 잡아 의기가 양양하고, 기염이 성대하여 그 위엄이 시골을 휩쓸고, 권력이 주현州縣을 눌러 제 마음대로 거리낌이 없었습니다. 그와 친한 자는 서로 엄폐하여 악惡을 함께 하고, 생소한 자는 그의 위력에 눌려 감히 잘못을 비판하지 못한 채 그를 떠받들고 양성시켜 오늘에 이르렀으니, 그 유래가 매우 깊고 먼 것을 알 수 있습니다.
이에 당국자를 몰래 권하여 (도망 노비) 추쇄推刷*하는 일을 적극 주장하게 함으로써 민생을 술렁거리게 하여 그들의 환심을 상실시킨 뒤, 인사를 담당하는 관리들 중 자신에게 친절한 자에게 몰래 부탁을 넣어 황해도 막료의 자리를 도모하게 하여 일을 꾸밀 계략을 세웠습니다. 하지만 주상의 승낙을 얻지 못하여 그 소원이 이루어지지 않자, 다시 봉명신奉命臣을 사주하여 일시에 부윤府尹과 판관判官을 파직시켰습니다. 이는 모두 허점을 타서 반란을 일으키려는 계략이었습니다.
……

---

* 도망간 노비를 찾아내어 본래 주인에게 돌려보내던 일.

다행히 흉악한 괴수는 이미 베어져 죽었고 남은 무리가 점차 체포되어 가니, 이는 깊이 염려할 바가 아닙니다. 다만 신이 오늘날 크게 걱정하는 바는, 8도의 기근이 한창 더하고 민생의 곤고困苦가 더욱 심한 일입니다. 신이 옛일을 두루 관찰하니, 국맥國脈이 왕성하고 민심이 단결되었을 때는 역모와 반란의 싹이 일어날 수 없었습니다. 혹 사소한 도적이 발생해도 마치 부스럼이나 옴딱지 같아서 가슴과 배의 해가 될 수 없었습니다. 하지만, 국세國勢가 약해지고 인심이 흩어진 뒤에는 아무리 사소한 재앙과 난리가 발생해도 토붕와해土崩瓦解**할 형세가 무언중에 잠재해 있었습니다. …… 근래 하늘의 재앙이 유행하고 수재와 한재가 거듭되는가 하면, 밖으로는 변방의 싸움이 계속되고 안으로는 토목 공사가 많습니다. …… 금년 한재는 예전에 없었던 바로 적지천리赤地千里에 풀 한 포기도 없습니다. 신이 집에 있을 때 보니, 시골 백성은 추수 때가 돌아와도 끼니 이을 형편이 못 되는 실정입니다. 그런데도 조세와 사채私債를 위아래서 독촉합니다. 이 때문에 백성은 원망에 찬 마음으로 하늘에 호소하다가 그만, 살던 곳을 떠나 정처 없이 떠돌아다니며 빌어먹습니다. 겨우 남은 백성도 모두 죽어 길거리에 흩어져 거리를 메우니, 흉년이 지난 뒤에는 도적이 극심해집니다. …… 그렇다면 오늘날 걱정거리는 여립에게 있지 않고 궁핍한 백성에게 있는 것이 분명합니다. ……

신이 크게 두려워하는 바가 이보다 더한 것이 있습니다. …… 여립의 일은 실로 고금 천하에 없던 변입니다. 모든 신하된 자가 마음 아파하고 뼈에 새겨 그 살을 뜯어 먹고 싶어 해야 할 것입니다. 그런데 조정 신하들이 처음에는 이 변을 듣고 도리어 역적 구출에 전력했습니다. 혹자는 이이 제자들이 무고하여 사건을 일으켰다 하고, 혹자는 여립의 됨됨이는 충성이 태양과 같다 했습니다. 심지어 (황해도

** 흙이 무너지고 기와가 산산이 깨어진다는 뜻으로, 사물事物이 여지없이 무너져 나가 손댈 수 없이 됨을 가리키는 말이다.

감사) 한준을 그르다고까지 했습니다. …… 태학의 많은 학생들 중에 (정여립) 구출론을 제의하여 소疏를 올려 구출하려고까지 한 자가 있었습니다. 심문관 또한 사실대로 심문하지 않는다고 여론이 자자했습니다. 심지어 억수億壽의 진술서에, 경중京中의 가까운 친족 중에 서로 가깝게 왕래한 사람이 나뿐만이 아니었다고 하자 정언신이 속히 곤장을 세게 치라 하고 심문하는 바가 전혀 없었습니다. 심문관 중에 캐물으려는 이가 있으면 (정언신이) 문득 언짢아하는 기색을 보였다는 말까지 있습니다. 대개 역적이 그 사당私黨(동인) 중에서 나온 터라 …… 사람들이 다 지목하니 부끄럽고 두려울 뿐 아니라, 혹 그 단서가 탄로되어 동류同流들에게 누가 미칠까 염려했기 때문일 것입니다. (이렇게) 한결같이 엄폐만 일삼다가 자신도 모르게 악에 빠지게 되었습니다. 아, 삼공은 전하께서 신임하여 심복이나 팔다리처럼 여기는 바인데 소행이 오히려 그러했습니다. 이는 온 조정이 다 나서서 군부君父를 잊어버리고 만 것입니다. 어찌 통탄스런 일이 아니겠습니까. ……

신이 또 생각하건대, 역적을 토벌하는 의리는 지극히 엄중하여 조금도 태만히 하거나 소홀히 할 수 없습니다. 원흉이 오형五刑*에 처해졌고, 친당이 연좌율에 처해졌으며, 그 문생이나 친구에게 경중에 따라 죄를 적용한 것은, 그들이 모두 역모에 참여했기 때문은 아닙니다. 다만 평소 역적과 친밀한 사이였다면 오늘의 사리나 형편으로 보아 약간 허물을 물어 처벌함으로써 악을 미워하는 의리를 엄격히 하지 않을 수 없습니다. 이는 곧 역란逆亂의 싹을 봉쇄하고 미연의 화를 막자는 것입니다. 지금 역적이 죽음을 함께할 수 있는 벗으로 결탁하여 심복이나 형제 같은 사이로는 이발·이길·백유양 등이 있습니다. 종족으로서 친밀한 사이로는 정언지·정언신 등이 있습니다. 이것은 길 가는 사람도 다 아는 사실입니다. 그런데

---

* 다섯 가지 형벌로 태형笞刑, 장형杖刑, 도형徒刑, 유형流刑, 사형死刑이 있다.

도 조정 녹을 먹고 대궐에 드나들며 길거리에서 물렀거라 소리치는 등 의기양양한 기세가 평일과 다름이 없습니다. 한 사람도 소장疏章을 올려 스스로를 탄핵하는 자가 없으므로, 인심이 저마다 원통하게 여깁니다. …… 지금 이미 잡아온 (여립의) 문생이나 친구 중 가까운 고을에 있는 자는 가두어 죄를 논하면서, 조정 신하들만은 일체 심문하는 바가 없습니다. 이는 국법이 미천한 자에게만 행하여지고, 주상 가까이 있는 신하들에게는 행하여지지 않는 것입니다. 어찌 이런 이치가 있을 수 있습니까.

신이 또 생각하건대, 옛날 성왕聖王들은 모두 총명을 넓히고 직언을 수렴하는 것으로 급선무를 삼았습니다. 가끔 사리에 맞지 않는 망령된 진언進言이 있어도 죄를 주지 않았습니다. 이렇게 한 것은 언로가 막히면 아래쪽 실정이 (위쪽으로) 통하지 못하고, 편벽되게 듣게 되어 간사함을 키워서 임금이 위에서 고립되기 때문입니다. 전날 조헌이 여러 차례 상소를 올려 주상 가까이 있는 신하들을 논박했습니다. 비록 그 말이 우직하고 과도했지만 그 본심을 따져 보면 충군애국에서 나온 것입니다. 그가 죄를 얻고 먼 곳에 유배되어 …… 역적들의 마음을 유쾌하도록 만든 것 같으니, 국맥을 손상하고 사기士氣를 좌절시킴이 너무 심합니다. 지금이라도 속히 (귀양을 간) 조헌을 소환하여 말을 다한 것에 대한 상賞을 내리신다면 매우 다행이겠습니다.[108]

『선조실록』은 양천회의 긴 상소를 소개한 후, 이 상소가 정철 등이 양천회를 사주하여 올린 것이라는 말을 덧붙였다. 이 말에 대해서『선조수정실록』에 별다른 반박이 없는 것으로 보아서『선조실록』의 주장은 상당한 설득력을 지닌 것으로 보인다.[*] 10여 년 이어온 동서 간 갈등 관계를 고려할 때 충분한 개연성을 지닌 주장이다.

하지만 당시 상황에서, 양천회의 주장은 당연한 바가 있었다. 상소가 올라올 때까지 한 달 가까운 시간 동안 사건 처리를 실무적으로 주도한 쪽은 동인이었다. 그 사이에 동인으로 알려진 중요한 인물들 중 누구도 조사조차 받지 않았다.

상소 내용은 논리정연하고 논지 전개도 균형이 잘 잡혀 있었다. 더욱이 그 주장은 단순히 동인에 대한 공격에 그치지 않았다. 선조를 설득하는 데 크게 성공하였던 것이다. 상소는 마치 선조의 심중을 꿰뚫어 보는 듯이, 선조 입장에서 정여립 사건의 전반적 상황에 대한 명료한 분석을 펼쳐 보였다. 이 상소를 접한 후 선조는 "양천회의 상소가 아, 늦었도다."라는 전교를 내렸다.[109]

양천회 상소는 정여립 사건의 외연을 확대하는 촉매가 되었다. 그의 상소를 기점으로 정여립 사건은 본격적으로 정치적 성격을 띠게 되었다. 양천회가 주장하는 바는 명료했다. 정여립이 반역을 꾀할 수 있었던 것은, 조정에 있는 당국자들과 결탁했기 때문이라는 것이 그것이다. 비록 그들이 정여립의 반역을 알았거나 참여했다고 말할 수는 없지만, 그렇다고 해서 그들의 정치적 책임을 완전히 피할 수는 없다는 것을 분명히 했다. 그의

---

[*] 『선조실록』은 동인에서 분파된 북인이 권력을 잡았던 광해군 대에 만들어졌다. 『선조실록』은 관점의 편향성뿐만 아니라 사실 관계 오류가 계속 지적되었다. 그에 따라 인조반정(1623) 후 서인이 『선조실록』을 수정하였다. 처음에는 완전히 새로운 실록을 만들려 했지만, 결국 『선조실록』에서 미흡하거나, 오류라고 판단된 부분만을 수정하는 수준에서 『선조수정실록』을 만들었다. 이들은 『선조수정실록』 완성 후에도 『선조실록』을 남김으로써 서로 비교해 볼 수 있도록 했다. 오항녕, 「『선조실록』 수정고」, 『한국사연구』123, 2003.

주장이 당파적인 것은 분명했지만, 그렇다고 일방적으로 편파적이거나 무리하다고 하기도 어려웠다. 더구나 그 주장은 선조가 볼 때 대단히 설득력이 있었다.

선조의 구언

양천회 상소는 조정에 큰 파장을 일으켰다. 현직 관리도 아니고 지방 지식인에 불과한 인물이 상소 한 번으로 중요한 정치적 사건의 흐름에 큰 영향을 줄 수 있는 것이 조선 정치의 특징이다. 우의정 정언신은 자신이 정여립과 무관함을 주장하며 위관직에서 물러났다. 이조 판서 이양원도 사직했다. 정여립을 황해도 도사로 추천할 때 그가 인사 담당자였기 때문이다. 선조는 두 사람의 사직상소를 일단 반려했다.

일개 지방 출신 생원의 상소가 정여립 사건의 전개에 이렇듯 큰 영향을 미쳤던 것은, 선조가 그 상소에 크게 영향 받았기 때문이다. 그는 양천회 상소를 읽은 후 구언교서를 내렸다. 선조가 여기서 "(정여립 사건의) 연유를 추구해 보면 죄가 실로 나에게 있다."라고 말했지만, 그가 구언교서를 내린 이유는 어렵지 않게 짐작할 수 있다. 자신의 주변 인물들에게서만 사건 관련 정보를 얻는 것으로 충분하지 않다고 생각했을 것이다. 사실 선조 18년부터는 조정이 동인으로 채워져 있었다. 선조는 "대소 신료와 아래로 초야의 선비에 이르기까지 각각 마음속에 품고 있는 생각을 펴서 숨기지 말고 극언하"기를 원했다. 이어서 조헌을 귀양 보낸 것은 자기 뜻이 아니니 석방하라는 전교를 내렸다.[110]

양천회 상소가 가져온 직접적 결과는 선조가 우의정 정언신을 내친 것이다. 선조는 이산해를 이조 판서에, 정언신을 병조 판서에 오랫동안 중용했다. '이탕개의 난' 이후 정언신은 도순찰사로서 북도의 안정에 공이 많았다. 선조도 정언신에게 "북도를 수비한 것은 오직 그대의 공이다."[111]라고 말한 바 있다. 그가 조정에 복귀한 이후 기축옥사가 일어난 해 초, 우의정에 승진하기까지 병조 판서를 지낸 것은 선조가 그 공을 평가한 결과였다. 양천회 상소가 접수된 직후 제출되었던 정언신의 사직상소는 반려되었다. 하지만, 며칠 만에 그에 대한 선조의 태도는 크게 바뀌었다.

> 전교에, "적변賊變이 일어난 날부터 우상이 했던 바가 매우 마땅하지 않았다.* 하지만, 내가 어찌 갑자기 대신에게 말이나 기색에 나타내겠는가. 처음부터 나도 추국이 너무 소루한 것을 의심하고 있었다. 양천회의 상소도 너무 늦은 것인데, 도리어 우상으로서 지금에야 소를 올려 변명하는 것은 심히 온당하지 않다. (우상이) 여립과 서찰을 통한 일이 없다고까지 했는데, 나는 눈이 없는 줄 아는가." 하고, 봉한 편지를 승정원에 내려 보내며 이르기를, "이것은 모두 어떤 사람의 서찰이란 말이냐. 그 글에 "시원치 않은 세상일을 말하자니, 지리하고 또 가소롭다."는 따위의 말이 있다. 이러고도 오히려 여립과 친하지도 않고 서찰도 통한 일이 없다고 하면서 허다한 말을 꾸며댄단 말인가. 대신으로 있으면서 감히 나를 면대하여 속이니 분통함을 이길 수 없다. 내가 벌써 이 편지를 드러내지 않은 것은 몰랐기 때문이 아니다. 염려되는 것이 많아서 그랬던 것이다. 생각이 못 미쳐서 하지 않은 것이겠느냐. 20년이나 대신을 대우해 온 나의 뜻이 이로써 다 상실되었으니, 더욱 마음이 아프다." 하였다.[112]

---

* 11월 2일 소집에서 반정 소식을 듣고 웃은 것을 가리킨다. 294쪽 주79 참조.

선조가 정언신에 대한 자신의 감정을 밝히자 11월 7일에 양사가 우상 정언신, 이조 참판 정언지, 김우옹, 백유양 등을 탄핵하고 파직을 요청했다. 이이 사망 이후 조정의 중추를 이루던 인물들이다. 선조는 이를 한 번의 반려도 없이 즉각 허락했다.[113]

동인 측 주요 인물들이 탄핵되고 파직되었지만, 그것이 서인 측의 정치적 공세 때문은 아니다. 이때까지도 대부분의 언관이 동인이었다. 당시 홍문관 부제학 이성중도 서인은 아니다.[114] 선조가 정언신에 대해서 극도의 배신감을 공개적으로 표명한 상황이었다. 양사 입장에서 그에 대한 탄핵 및 파직 요청 외에 다른 선택의 여지는 생각하기 어려웠다. 그를 변호할 수 있는 분위기가 아니었다.

다음 날인 11월 8일에 중요한 인사 조치가 이루어졌다. 양천회 상소의 결과였다. 정철이 우상에, 성혼이 이조 참판에, 최황이 대사헌에, 백유함이 헌납에 임명되었다.[115] 선조는 정철과 성혼이 서인의 좌장임을 알고 있었다. 이들을 통해 동인을 견제하려 한 것이다. 성혼은 이것을 사양했다.[116] 양천회 상소는 중요한 동인 측 인사들을 퇴진시켰고 서인의 중심인물들을 조정으로 불러들이는 계기가 되었다. 이로써 이 사건을 처리하는 조정의 입장이 비로소 정치적 색채를 띠게 되었다. 정여립 사건이 발생한 지 한 달여가 지난 시점이었다.

널리 알려진 것과 달리, 새로 조정에 들어온 사람들 중에서 동인에 가장 엄격한 입장을 보인 사람은 정철이 아니다. 오히려 백유함과 최황이 정철보다 훨씬 강경한 의견을 주장했다. 백유함은 숙배 후 올린 최초 상소에서 김우옹, 이발, 이길에 대한 처벌을 주장했다.[117] 백경白卿이 훌륭한 후사를 두었다고 선조가 말할 정도였다.[118] 백경은 강직한 것으로 유명했던 백유함의 아버지 백인걸을 말한다. 백유함은 사촌형 백유양과 정치적 입장이 달랐다. 하지만 그 정치적 강경함에서는 백유양에 못지않았다. 그는 기축옥사로 백유양과 그의 세 아들, 즉 그의 사촌형과 조카들이 함께 죽임을 당하는 상황에서도 냉정했다. 그의 이런 태도는 주위에서 좋은 평가를 받지 못했다. 최황의 말과 입장은 특별히 준엄하였다. 그는 정언신을 신문하는 자리에서 그의 처형을 주장했다.[119]

최황은 강직하기만 한 인물은 아니다. 오히려 그는 '정치적' 감각을 가진 인물이었다. 이 당시에 홍여순도 동인으로 거론되며 탄핵을 받았다. 그 내용이 모두 맞던 것은 아니지만, 홍여순은 전에도 이미 여러 차례 부패 혐의로 탄핵된 적이 있었다. 사헌부 지평 황혁이 대사헌 최황에게 홍여순을 문제 삼았다. 그러자 최황이 황혁에게 보인 태도를 황혁은 다음과 같이 전한다. "신이 (홍여순에 대해 주상께) 사유를 갖추어 말씀드리려고 대사헌 최황에게 통문通問했더니, 대답하는 말이 공손하지 않을뿐더러 낭료郞僚를 낭리郞吏 대하듯 했습니다."[120] 지평은 정5품 벼슬이다. 최황이 자신을 마치 말단 하급관리 대하듯 했다는 말이다. 최황은 단순히 권위적인 것에 그친 것도 아니었다. 관련해서 다음과 같은 기록이 있다. "이때 대간의 장관으로서 역적을 심문하는 데 대한 논의에서 최황과 홍성민이 가장 준엄했다. 하지만 여순의 탐학을 논하는 데에는 최황이 따르지 않았으므로 마침내 후일의 화를 면하게 되었다. 이 때문에 공의公議가 최황을 정직하지 못하게 여겼다."[121] 홍여순에게는 강력한 보호막이 있었다. 선조의 후궁 정빈 홍씨貞嬪 洪氏(1563~1638)가 홍여순의 사촌형제 홍여겸의 딸이다. 최황은 선조의 마음을 읽고 있었다.

정철의 복귀

　새로 임명된 인물들 중에서 최황과 백유함이 정치적으로 더 강경했지만, 11월 8일 인사의 주인공은 역시 정철이다. 그는 정언신 대신에 우의정에 임명되어, 정여립 사건의 위관이 되었다. 서인 내 그의 위상으로 볼 때, 예상되었던 일이다.

　뜻밖에도 정철을 우의정에 추천한 사람은 좌의정 이산해였다. 그는 정철을 추천함으로써 그의 탁월한 정치적 감각을 보여 주었다. 평소에 정철이 직언을 하는 인물이라는 생각을 가지고 있던 선조는 이산해의 추천을 받아들였다. 더구나 선조는 정철과 동인 사이의 오랜 갈등을 잘 알고 있었다. 그는 늘 그 갈등을 이용했다.

　이산해가 이발이나 정언신과 표 나게 결탁하지는 않았다. 정치적 연배로 볼 때 차이가 있어서 그렇기도 했겠지만, 무엇보다 그는 그렇게 단순하고 표 나게 행동하는 사람이 아니다. 하지만 그들과 오랫동안 친밀한 관계를 유지했던 것 역시 사실이다. 때문에 정여립 사건으로 그가 직접적인 탄핵을 받을 정도는 아니었지만, 완전히 안전한 입장도 아니었다. 실제로 이 시기에 올라온 서인 측 인사들의 상소에서 이산해는 동인으로 거론되며 탄핵되었다. 정여립 사건으로 어차피 동인은 수세에 몰리고, 서인은 세력을 회복할 것이며, 이이와 박순이 사망한 마당에 정철이 서인을 대표할 수밖에 없었다. 정철이 조정에 들어올 상황이라면 차라리 그를 추천하는 것이 이산해로서는 득이 되었다. 더구나 정여립 사건은 누가 보기에도 큰 정치적 폭발력과 휘발성을 지닌 사건이었다. 그 원만한 처리가 몹시 어려울 것이 쉽게 예상되었다. 이산해가 자신이 맡게 될지도 모르는 위관 자리를 정철에게 추천한 것은 정치적 공격과 방어를 한 번에 한 것이었다.

정철은 선조 8년 동서분당 이래 늘 동인의 표적이었다. 그는 4차례나 낙향해야 했다. 그 사이사이에 관직에 나오기도 했지만 서울보다는 주로 관찰사로 외직에 있을 때가 많았다. 이때 그가 조정에 들어온 것은 선조 18년 8월에 동인의 탄핵으로 물러난 이후 4년여 만이었다. 이해 8월에 장남 기명起溟이 죽었고, 그는 할아버지 정유침鄭惟沈 무덤 근처에 묻혔다. 무덤은 경기도 고양에 있었다. 정철도 고양에 머물고 있었다. 아마도 이것이 그가 정여립 사건에 대해 신속하게 반응할 수 있었던 이유 중 하나였을 것이다.[*]

이산해의 추천이 있기는 했지만 정철의 조정 복귀와 위관직 임명은 무엇보다 선조의 판단에 따른 것이다. 그는 서인 인물들로 동인을 견제하고자 했다. 정철이 우의정직을 몇 차례 사양하자 선조는 하루에 세 차례나 사람을 보내서 출사를 강권했다. 역적의 국문이 지체된다는 논리였다. 결국 정철은 선조의 요청을 받아들였다. 아마도 이 결정은 자신의 생애 전체에서 정철이 한 가장 큰 오판에 해당할 것이다. 이와 관련해서 정철이 조정에 들어오기 전에 그와 이귀 사이에 나눈 대화는 시사적이다.

유생 이귀·신경진辛慶晉[**]은 모두 이이의 문인이었다. 맨 먼저 정철을 찾아가 보고 말하기를 "…… 이러한 때에 죽은 스승(이이)이 이 일을 담당한다 해도 오히려 진정시키기 어려움을 염려할 터인데 하물며 영공令公(정철)이겠습니까. 설사 영공의 처사가 십분 결함이 없어도, 동인 쪽에서 보면 반드시 (자신들의) 뜻을 만족

---

[*] 정유침 무덤의 현 소재지는 고양시 덕양구 신원동 298-26번지이다. 현재 지도로 경복궁과 위 소재지와의 직선거리는 14km이다. 도로로 계산해도 20km 미만일 것이다.

[**] 이 책에는 한자가 다른 신경진이라는 이름의 인물이 두 명 나온다. 辛慶晉은 신응시의 아들이고, 申景禛은 신립의 아들이다.

하지 못할 것입니다." 하였다. 정철이 말하기를 "그대 말이 바로 내 생각과 부합된다. (하지만) 내가 어찌 감히 힘을 다하지 않겠는가." 하였다. …… 옥사가 점차 번지고 탄핵이 더욱 준엄하게 되자 정철이 진정시킬 수 없었다. 수일 뒤 이귀가 정철을 찾아가 보고 시론이 잘못된 것을 극력 말하니, 정철이 머리를 흔들며 말하기를 "전일 그대의 말이 아주 옳았다. 과연 내가 진정할 수 있는 것이 아니었다." 하였다.[122]

사건 발생 직후 형성된 정치적 구도와 그것이 작동하는 힘의 방향은 명확하고 강력했다. 이귀의 예견대로 정철은 그 상황을 통제할 수 없었다. 정철은 이귀의 상황 판단에는 동의했지만, 그래도 자신이 일정하게 역할을 할 수 있을 것으로 예상했다. 하지만 그가 조정에 나갔을 때 상황은 이미 그가 통제할 수 있는 형편이 아니었다. 선조가 상황을 장악하고 있었다. 사실 선조의 정국 장악 의지와 능력은 이미 선조 16년 '계미삼찬'과 이이 사망 후 조정의 재구성에서 확인되었다. 정철은 그것을 인식하지 못했다.

그런데 한마디 보태자면, 이러한 판단 착오를 정철 개인에게만 돌리는 것도 적절하지 않다. 사건 소식을 접한 후 성혼과 송익필은 정철에게 입궐하도록 권했다. 어차피 성혼이나 송익필은 나설 수 없는 처지였다. 7월에 박순마저 사망한 상태였다. 정철의 출사는 개인적인 행위라기보다는 서인을 대표한 것이었다.[123] 성혼이나 송익필의 제안도 그런 맥락에서 이루어진 것이다. 그 판단은 서인 입장에서 전략적으로 잘못된 것이었지만, 정철 혼자 책임질 성질의 것은 아니다.

정집의 진술, 김천일의 상소

선조 22년 11월 12일 창덕궁 선정전 앞에서 정언신, 정언지, 홍종록, 정창연, 이발, 이길, 백유양 등에 대한 신문訊問이 이루어졌다.[124] 이들 이름이 정여립 조카 정집의 초사에 나왔기 때문이다. 하루 전인 11일에 김우옹은 함경도 최북단 회령으로 귀양 가는 것이 이미 결정되었다. 선조의 특명이었다. 선조는 특히 김우옹에 대해서 그 정상이 마치 쥐새끼 같다고 말하며 분개하였다. 자신이 "무심코 한 말도 (김우옹이) 다 엿들었을 뿐만 아니라" 자신의 "마음을 억측하여 여립과 몰래 통했"다는 이유였다.[125] '적가문서'를 보고 한 말이었다.

정집에 대한 신문은 선조가 직접 진행했다.[126] 정집은 고문을 당하면서 무려 120명에 달하는 사람들의 이름을 끌어댔다. 그중에서 50명 정도는 선조의 명으로 배제되었다. 그가 보기에도 사건과 무관한 사람으로 보였던 것이다.[127] 정집뿐 아니라 정여립 조카 정약鄭約과 중 의연義衍도 많은 조정 인사들을 끌어다 댔다. 때문에 투옥된 사람은 더 늘어났다. 바야흐로 정여립 사건은 통제하기 어려운 혼란스러운 국면으로 접어들고 있었다. 정창연만 석방되고 나머지 인물들 모두 처벌을 피하지 못했다.[128] 정창연 집안은 증조할아버지 정광필 이래 대대로 최고위 관료를 배출하였다. 정언지는 강계江界, 홍종록은 구성龜城, 이발은 종성鍾城, 이길은 희천熙川, 백유양은 부령富寧 등 여진족이 출몰하는 극변極邊 이역으로 귀양을 갔다.[129]

정집이 끌어다 댄 70여 명 중에서 가장 중요한 사람은 역시 정언신이었다. 더구나 정집은 공초供招에서 "정언신 등이 역모에 같이 참여하여 장차 내응하려 했다."고 말하였다.[130] 공초란 진술서이다. 말하자면 정언신이 정여립과 함께 모반의 주역이라는 말이다. 그럼에도 그는 죄명에 비해 가

종성_이발

회령_ 김우옹

강계_정언지

부령_백유양

함경북도

희천_이길

평안북도

함경남도

구성_홍종록

평안남도

황해북도

황해남도

강원도

한양

울릉도

경기도

독도

충청북도

충청
남도

경상북도

전라북도

경상남도

전라남도

제주도

정여립 사건으로 귀양 처분을 받은 동인 측 인사들

벼운 형인 중도부처中途付處에 처해졌다. 부처는 일정한 지역을 정하여 머물러 살게 하는 것이다. 어떤 구속 조치를 취하지는 않았고, 부처된 지역 수령이 관리 책임을 맡았다.[131]

그나마 그 정도로 처리된 데에는 정철의 힘이 컸다. 그는 "여립과 교분이 친밀한 여러 사람들은 (정여립을) 좋아하면서 그의 악한 점을 알지 못한 데에 지나지 않습니다. 천하에 어찌 두 사람의 여립이 있을 수 있겠습니까." 하였다.[132] 정언신에 대한 변호였다. 물론 그것이 전적으로 정철의 힘이었다고만 볼 수는 없다. 만약 선조가 정언신에 대한 정집의 주장을 정말로 믿었다면 정철의 노력도 아무 소용이 없었을 것이다. 선조가 정언신을 처벌한 것은 그의 모반 행위 때문이 아닌, 자신이 느낀 배신감 때문이었다.

정철 못지않게 정언신을 구호하는 데 힘을 보탠 사람은 성혼이다. 이때 대간들은 정언신이 임금을 속였다는 이유로 그를 탄핵했다. 선조가 지적한 사항, 즉 정언신이 이발과 편지를 주고받은 일이 없다는 말을 가리키는 것이었다. 성혼은 편지를 보내서 대간의 주장이 적절하지 않음을 지적하였다. 그는 송나라 조정의 사례를 들어, 대신의 한마디 말이 사실과 어긋났다 하여, 갑자기 무거운 형벌을 주면 왕도정치에 손상이 된다고 말했다.[133] 성혼이 이러한 주장을 한 것에는 이귀의 영향도 있었던 것으로 보인다. 이귀는 정언신에 대한 처벌이 대단히 무리한 것이라고 생각하였다. 상소를 올려서 막아 줄 것을 성혼에게 강력히 요구했었다.[134]

바야흐로 옥사가 그 귀결을 예측하지 못할 정도로 어지럽게 확대되는 즈음인 11월에 군자감 정軍資監正 김천일의 상소가 올라왔다. 임진왜란 때 의병장으로 이름 높은 그 김천일이다. 군자감은 군수품 비축을 담당하는 기관으로, 군자감 정은 정3품 벼슬이다.

상소는 옥사의 확대를 경계하는 내용이었다.

잇따라 들으니 남쪽 지방 백성의 소요가 전날보다 더 심하고, (정여립 사건에) 연
좌되어 갇힌 사람이 여러 고을들의 감옥에 가득 차고, 체포하는 군졸이 원근 도로
에 가득하다 합니다. 이처럼 추운 때에 (정여립 사건 수사가) 그칠 기약이 없습니
다. 옥중에는 얼어 죽는 원망이 응당 많을 것이고, 길에는 반드시 굶어죽는 자가
즐비하게 될 것입니다. 나라의 근본이 흩어져 무너지는 근심이 이처럼 극심한 지
경에 이르렀는데, 역적이 나라에 재앙을 끼치려 했던 계책은 오히려 (그들이) 이
미 죽은 뒤에도 행해지고 있으니 더욱 한심합니다. …… 저 적당賊黨의 초사招辭
가 사대부에게 언급되어 무고당하는 원통함이 있을까 염려됩니다. …… 이 무리
들은 사적으로 사리분별을 못하는 어둠에 빠져서 마침내 정여립의 술책에 떨어
진 것입니다. 망령되이 서로 추천하고 권장함으로써 역적으로 하여금 이들 세력
을 의지하여 위엄을 펼쳐 반역의 화를 선동하게 하였습니다. 진실로 그 죄를 피할
수는 없습니다. 하지만, 역모에 같이 참여한 것으로 죄를 추궁하여 극형에 처한다
면 아마도 실제 사실과는 어긋날 것 같습니다. 더구나 (신문 받는 자들 중에는) 정
여립과 원수가 되었던 사실을, 온 나라 사람이 모두 아는 자도 있습니다. 이것으
로 보아서 (정집, 정약 등의) 초사에 나온 말이 거짓임을 증명할 수 있습니다.[135]

양천회가 지적했던 대로 이 사건으로 처벌을 받은 사람들이 모두 역모
에 실제로 관련된 것은 아니라는 인식이 처음부터 있었다. 그럼에도 역모
사건으로 인한 피해자는 늘어만 갔다. 이를 두고 김천일은 "역적이 나라에
재앙을 끼치려 했던 계책은, 오히려 그들이 죽은 뒤에도 행해지고 있다."
고 탄식하였다.

이 시점에 김천일이 위와 같은 상소를 올렸던 것은 음미할 필요가 있다. 그는 호남을 대표하는 사림 중 하나인 일재一齋 이항李恒(1499~1576)의 제자이다. 그는 스승을 통해 김인후, 노수신과도 친분이 있었다. 또 정철의 3남이 그의 사위였고, 나주가 고향인 박순과도 일찍부터 친분이 있었다.[136] 그리고 이 시기에는 나주의 서인세력을 대표했다. 더구나 10여 년 전 정개청과 갈등이 있기도 했다.* 그럼에도 불구하고 그는 기축옥사가 더 이상 확대되어서는 안 되겠다는 생각을 했다.

얼마 후 선조는 비망기를 내려 "역적의 문도門徒 중에 적당의 진술에 관련되지 않은 자는 중한 율律로 다스리지 말라. 차라리 형벌이 적절하지 못한 한이 있어도, 참작해서 처리하는 것이 옳다. 경들은 나의 이 뜻을 알아야 한다."라고 말하였다.[137] 선조는 김천일 주장에 결과적으로 동의했던 것이다.

낙안 교생 선홍복

이발, 이길, 백유양, 이진길, 이급, 유덕수 등 동인 핵심인물들의 죽음을 불러온 직접적 원인은 낙안 교생校生 선홍복의 진술이다. 그런데 선홍복 사건에 대한 객관적 진술 자료는 현재 남아 있지 않다. 아마도 사건 당시에도 관련 사실들이 자세하게 파악되지 않았을 가능성이 높다. 그러면서도, 사건 직후부터 사건의 숨겨진 배후에 관한 당파적 확신은 강력했다. 사건 후 만들어진 기록들은 대개 위관 정철이 음모를 꾸며서 이들을 죽였다는 내용으로 채워졌다.

---

* 389쪽 참조.

선홍복에 대해서는 그가 낙안 향교 학생이라는 것 이외에는 알려진 것이 없다. 향교 학생이라고 기록된 것에서 짐작할 수 있듯이 생원시나 진사시에도 합격한 적이 없어서 가족 관계도 전혀 알 수 없다. 진사시나 생원시 합격자는 기초적인 가족 사항이 파악된다. 선홍복 역시 "역적의 초사에 나왔다."고 기록된 것으로 보아서, 다른 관련자들의 진술서에 등장했기에 붙잡혀 왔던 것으로 보인다. 그에 대한 널리 퍼진 기록은 대개 다음과 같다.

> 선홍복이 처음에 정여립의 당이라 하여 세 차례 형신을 당하고 석방되어, 낙안 경주인京主人 집에 머물고 있었다. 금부도사 한 사람이 와서 꾀이기를, "네가 옥에 있을 때에 만약 한때의 명사名士 두서너 명만 무고하여 끌어들였으면 자연히 풀려났을 것이다. 어찌 형을 받기에까지 이르렀느냐." 하였다. 선홍복이 옳게 여기고 역옥逆獄의 초사에 재차 나가서 스스로 승복하면서, "나와 함께 모의한 자는 백유양, 이발, 이길 등 수명입니다." 하였다.[138]

위 내용에 따르면 선홍복은 처음에 붙잡혀 들어가 신문을 받았지만, 무혐의로 일단 풀려났다. 서울에 잠시 머물고 있던 중에 한 금부도사의 꾐에 빠져서 백유양, 이발, 이길을 고발했다. 그런데 이 내용은 『선조수정실록』은 물론 『선조실록』 내용과도 좀 다르다. 두 기록은 모두 금부도사 신경희가 전라도 낙안에서 그를 붙잡아 왔고, 이때 그의 낙안 집에 있던 문서를 수색하여 의심스런 문서를 가져왔다는 내용을 담고 있다.

그런데 위 내용에 이어서 『선조실록』은 선홍복 집에 있던 문서 자체가 정철이 금부도사를 시켜서 위조한 것이라고 말한다.

그때 정철 등이 자기들과 친한 금부도사를 시켜, 거짓으로 선홍복의 가서家書를 만들었다. 선홍복에게 은밀히 전하면서 "만약 이발·이길·백유양 등을 끌어넣으면, 너는 반드시 살아날 수 있다." 하고, 큰 버선을 만들어 통을 넓게 하여 밖으로 제치게 하고, 그 말을 버선 안쪽에 써 두었다가 그가 결박되는 때 거기에 쓰인 대로 잊지 않고 진술하게 하였다. 선홍복이 그 말을 믿고 낱낱이 그대로 진술하였는데, 자백이 끝난 뒤에 즉시 끌어내 사형에 처하려 하니, 선홍복이 크게 부르짖기를 "가서와 버선 안의 글에 이발·이길·백유양 등을 끌어 대면 살려 주겠다 하고 어찌 도리어 죽이려 하느냐?" 하였으니, 정철 등이 사주하여 살육한 것이 이토록 심하였다. [139]

위 내용과 비슷한 정철 사주설이『연려실기술』에 또 하나 전한다.

선홍복이 형을 받을 때에 말하기를, "내 죄는 마땅히 죽어야 옳다. 조영선趙永宣의 말을 듣고 죄 없는 사람을 모함하였으니, 부끄럽고 한스러워 어찌하랴." 하였으니, 그것은 대개 정철이 몰래 의원醫員 조영선을 시켜서 홍복을 사주한 것이었다. [140]

두 사료가 그리는 정황은 약간 차이가 있다. 『선조실록』은 선홍복이 자신의 억울함을 끝까지 주장하다가 죽는 모습을 그렸고,『연려실기술』은 자신이 다른 사람들을 무고한 것을 후회하며 죽는 모습을 그리고 있다. 위 내용이 연속선상에 있는 것인지, 아니면 서로 상충하는 것인지는 두 사료만으로는 판단이 어렵다. 다만 두 사료에서 정철의 하수인 역할을 했던 사람이 서로 다르게 나온다.

선홍복과 정철이 어떤 관계인가를 짐작하는 데 매우 중요한 사람이 신경희이다. 신경희는 신급의 아들로, 신급은 신립의 형이다. 이탕개의 난에서 이름을 떨치고, 임진왜란이 발발했을 때 충주의 탄금대에서 싸우다 사망한 바로 그 신립이다. 말하자면 신경희는 신립의 조카이다. 신급은 선조 16년 계미삼찬 당시에 유생 신분으로 이이를 옹호했다. 아마도 이 이유로 신경희가 정철의 사주를 받았다고 당시에 인식되었던 듯하다. 하지만 신립이나 신급이 특별히 당파적인 인물임을 보여 주는 사료는 보이지 않는다.

신경희는 민인백의 기록인 「토역일기」에 등장한다. 「토역일기」에 따르면 민인백은 신경희와 어릴 적부터 친구였다. 이때 신경희는 진안 현감 민인백에게 자신이 현재 전 홍주洪州 목사 유덕수를 추적하고 있다고 말했다.[141] 유덕수 이름이 선홍복의 초사에 나와서, 신경희가 선조 22년 11월 13일 현재 유덕수를 추적하고 있는 상황이었다. 낙안에 있던 선홍복을 체포해 서울로 압송한 사람도 신경희였다. 선홍복을 낙안에서 체포해서 서울에 압송해 가고, 그를 신문하여 정보를 얻고, 여기서 나온 유덕수 이름을 쫓아서 전주까지 오는 데에는 상당한 시간이 소요되었을 것이다. 때문에 신경희가 낙안에서 선홍복을 체포했던 시기가 정철이 조정에 들어온 11월 8일 이후였을 가능성은 거의 없다. 정철이 조정에 들어오기 이전부터 선홍복의 체포와 심문 과정을 통제했다고 보기는 어렵다.

신경희 혹은 조영선을 통해서 정철이 사건을 조작했다는 주장은, 이러한 조작을 통해서 정철이 무고한 이발, 백유양 등을 죽었다는 결론으로 이어진다. 고문 끝에 이발은 12월 18일, 이길은 12월 29일에 사망했다.[142] 그런데, 설사 정철이 그런 사주를 했었다고 해도, 일개 지방 유생 선홍복의

이발·이길 형제의 묘. 경기도 광명시 소재. 형제가 죽자 공포 분위기에 아무도 와 보지 못했다고 한다. 홍가신이 자기 옷을 벗어 시신을 수습했고, 이원익이 자기 집 선산에 묘를 쓰도록 했다. 묘소가 이발과 아무런 연고가 없는 소하동 설월리에 조성된 연유이다.

주장이 동인의 좌장급 인물들인 이발, 백유양 등을 죽음으로 몰아간 가장 중요한 근거가 되었다고 보기는 어렵다. 실제로 정언신이 정여립 사건 주모자라는 정집의 주장이 있었지만, 선조는 그것을 믿지 않았다. 비록 『선조수정실록』이 서인 주도로 편찬되기는 했지만, 아래 서술은 선홍복 사건에 대한 좀 더 설득력 있는 설명으로 보인다.

이발 등의 이름이 처음에는 고변서에 나오지 않았는데, 정집·선홍복이 처형에 다다라 어지럽게 (이발 등을) 끌어대었다. 정상에 적확한 근거가 없었고 단지 (이발 등이) 여립과 편당을 지어서 추천하고 비호하였으며 논의가 구차했다는 이유뿐이었다. 하지만 상의 (이발 등에 대한) 의심이 없지 않았다. 그런데 역적[정여립]

의 가서家書를 보게 되어서는 그중에 이발의 서찰이 가장 많았고, 시사를 통합해 논하되 꺼리어 삼가는 바가 없었으며 주상의 동정을 모두 통보하였다. 이 때문에 죄를 받은 것이 가장 혹독하였다.[143]

위 서술은 완곡하지만, 논지는 명확하다. 이발 등은 정여립 모반과 관계가 없지만, 적가문서에서 드러난 내용이 선조를 분노하게 했다는 것이다. 그리고 바로 그것이 그가 잔혹하게 죽은 이유라는 말이다. 기축옥사가 종료되고 10여 년이 지나서 백사白沙 이항복과 선조가 나눈 대화는 이를 다시 한번 보여 준다.

(선조 34년) 5월 상이 대신을 불러 대면하였다. 백사가 나아가 아뢰기를 "지난 기축옥사에 신은 문사랑問事郎*으로 처음부터 끝까지 참석했습니다. 좌상(김명원) 또한 같은 시기에 함께 참석했습니다. 이외에는 (옥사를) 아는 자가 없습니다. 소신들에게 병이 많아서 조석으로 죽으려 하니 누가 다시 (기축옥의) 곡절을 알겠습니까. …… 이발 형제와 백유양 등이 죄를 입어서 적과 모의를 같이한 듯하지만, 내밀한 정황으로 보면 합당하지 않습니다. 그들이 식견이 어두워 그(정여립)의 흉악함을 알지 못하고 감히 추천한 죄가 있으니 진실로 핑계 댈 수 없습니다. (하지만) 역모에 이르러서는 생각건대 (그들이) 결단코 알지 못했습니다. 처음에 (그들 이름이) 정집의 공초에서 나오고 다시 임언린任彦獜과 선홍복 공초에 나왔습니다. 언린은 미혹되고 물정에 어두운 천인賤人입니다. 엄한 형벌 아래에서 어지

---

* 죄인을 문초할 때에 기록과 낭독을 맡은 낭관. 낭관은 각 관사官司의 당하관의 총칭.

러운 말이 없지 않았습니다. 역적은 만고의 으뜸 되는 악입니다. 어찌 진신縉紳[*] 중에 다시 나오겠습니까. 범범하게 교류한 것을 가지고 틀림없이 (역적과) 함께 (반역을) 모의했다고 말한다면 극히 애매합니다. …… 이 적賊은 몸이 시골집에 있으면서 몰래 무뢰배들과 결합하여 모의가 실행에 옮겨지기 전에 일이 먼저 드러났습니다. 사대부들이 어찌 알 수 있었겠습니까. 차제에 이들이 소통한 편지가 드러나 사람들이 모두 분노할 만하여 그것으로 죄를 정했으니, 누가 감히 (이에 관해서) 의논하였겠습니까. (하지만) 함께 (반역을) 모의했다고 하는 것은 사실에 가깝지 않습니다. 정언신의 죄명에 이르러서도 실로 원통합니다." 하였다.

상이 거친 목소리로 말하였다. "경은 이렇게 말하는 것이 옳지 않다. 옥사를 다스리는 모양은 (그 정상이) 나타나는 대로 죄를 정하는 것이다. 이발은 비단 정집에 게서만 나온 것이 아니고 다른 사람 공초에서도 많이 거명되었다. 이발이 적과 친밀한 것을 누가 모르겠는가. 백유양이 적과 통혼通婚한 것은 말할 필요도 없다. 경이 말한 것은 경의 억측에서 나온 것이다. 저들은 모두 한 몸이다." 백사가 아뢰기를 "정집과 같은 사람은 제정신이 아니었습니다. 당시 다행히 주상께서 그만하고 더 묻지 말라고 명했기 때문에 어지럽게 끌어들인 자들이 여기에 그쳤습니다. 집이 만약 오래 있었으면 상한 사람들이 틀림없이 더 많았을 것입니다. 이것으로 보면 어지럽게 끌어들인 것이 틀림없습니다." 하니, 상이 말하였다. "반신叛臣이 진신에서 다시 나오지 않는다는 말은 더욱 옳지 않다. 반신에게 어찌 함께하는 당이 없겠는가? 만약 경의 말대로 하여 너그럽게 한다면 난신적자를 어떻게 징벌할 수 있겠는가? …… 여립이 어디서 나왔는가? 사대부 사이에서 나온 것이 아닌가?"⁴⁴⁾

---

[*] 고위高位 고관高官. 문신. 벼슬아치.

공포의 정치

조정을 지배한 공포

기축옥사가 일어나자 공포가 조정을 지배했다. 그 중심에 선조의 분노
가 있었다.

> 주상이 (적가문서를) 손에 가지고 국청에 있는 여러 신하들에게 보이는데 그 위엄
> 이 우레와 같고 그 음성이 막히어서 목소리를 내지 못했다. 여러 신하들이 별별 떨
> 었다.[145)

정여립 집에서 가져온 '적가문서'를 읽고 선조는 큰 충격을 받았다. 매일
보다시피 하는 가까운 신하들의 속마음을 보게 된 것이다. 그들의 사적 대
화에서 선조는 국왕으로는 말할 것도 없고 인간적으로도 낮게 평가되었
다. 그가 받은 충격은 그대로 신하들에 대한 분노로 바뀌었다. 위 사료는
선조가 받은 충격과 분노가, 신하들에게 얼마나 두려운 것이었던가를 보
여 준다.

기축옥사가 끝나고도 여러 해가 지나서 이항복이 경연에 참석했던 때
일이다.

> 경연이 파하고 좌우 사신史臣이 모두 물러났는데 이상李相 홀로 머물러 일어나

절하며 말하였다. "신이 일찍이 한번 아뢰려 했지만 그러지 못한 지 여러 해가 되었습니다." …… 상이 말하기를 "경은 그렇게 장황하게 말하지 말고 그냥 말하시오." 하니, 이상이 일어나 절하고 앉아서 상세하게 기축옥에 대해서 아뢰었다. "신이 문랑問朗이 되어서 처음부터 끝까지 이발 형제의 원정原情*과 형신刑訊 공사供辭**를 상세하게 알고 있습니다. 진실로 (그들은) 역모에 동참한 사람들이 아닙니다. 대저 흉변이 진신縉紳 가운데 일어나 천위天威***가 진노震怒하여 사람들이 두려워 부들부들 떨지 않은 사람이 없어, 그 원통한 상황을 말한 사람이 없었습니다. 대개 주상의 분노가 두려워서 그랬습니다. …… 신에게 하고 싶은 말이 있었지만 두려워서 아뢰지 못한 것이 이것입니다." 상이 웃으며 말하기를 "이런 말이 경의 입에서 나오다니 뜻밖이요."라고 하였다.[146]

선조 말처럼 이항복은 소심한 사람이 아니다. 선조 24년 세자를 정하는 문제를 꺼냈다가 선조의 노여움을 산 정철이 귀양을 갔다. 아무도 정철을 배웅하지 못하는 삼엄한 분위기에서도 이항복만은 나가서 배웅을 했을 정도로 배포가 있는 사람이다. 임진왜란이 일어났던 당시 도승지로서 흔들리지 않는 모습을 보였던 것도 그였다. 그런 그에게도 기축옥사는 두려운 경험이었다. 실제로 그는 가까이 지내던 정율이 죽었을 때 다음과 같은 시를 남겼다. 정율은 정언신 아들이다. 기축옥사 때 아버지 정언신의 공초를 잘못 짓게 한 것을 자책하여 스스로 음식을 끊고 죽었다.

---

* 사건을 물어서 진술케 한 것. 혹은 그 진술된 것을 일컫는다.

** 죄인의 범죄 사실을 진술하는 말.

*** 제왕의 위엄.

이항복 영정. 서울대학교 박물관 소장.

자네를 위하여 슬퍼하지만

내 아직 속됨을 면하지 못하여

입이 있으나 말할 수 없고

눈물이 쏟아져도 소리 내어 울 수도 없네

베개를 어루만지며 남이 엿볼까 두려워서

소리를 삼켜 가며 가만히 운다

어느 누가 잘 드는 칼날로

내 슬픈 마음을 도려내어 주리[147]

기축옥사 발생 후, 정철은 조정에 복귀했다. 이귀 등 몇몇 사람이 이 결정에 반대의사를 표했지만 정철은 기축옥사 정국에서 자신이 일정한 역할을 할 수 있으리라 생각했다. 하지만 그것은 치명적인 오판이었다. 상황을 장악한 사람은 선조였다.

> 정철이 같은 반열의 대신에게 말하기를, "이발의 죽음이야 어쩔 수 없지만, 이길 도 아울러 사형에 처해야 하는가." 하고, 곧 단독으로 아뢰어 다시 품의하였다. 하 지만 마침내 형이 가해지는 것을 멈추게 하지 못했다. 백유양이 역적에게 보낸 서 찰 가운데 위(선조)를 범한 말이 더욱 많아 이미 고문 받다가 죽었다. 상이 역적으 로 처단하려 하자 대신(정철)이 아뢰기를, "경악經幄 사이에서 하나의 정여립이 나온 것도 이미 불행한 일입니다. 유양이 망령되고 방자하기는 하지만 어찌 다시 여립으로 삼을 수 있겠습니까?" 하니, 상이 아래에서 전단專斷한다고 질책했으므 로 감히 다시 말하지 못하였다.[148]

정철이 백유양에 대해서 선조와 다른 입장을 취하자 선조는 정철이 전 단한다고 비판했다. 이 말은 왕의 뜻과 무관하게 정철이 제 마음대로 한다 는 뜻이다. 선조의 말은 의미심장했다. 그의 말은 역사적 함의를 지녔다. 사림이 탄압받던 중종과 명종 시기에 정치적 파행 구조의 핵심은 '대신의 전단'이었다. 선조는 역사적 교훈을 자기 식대로 사용했다. 오히려 전단하 는 사람은 선조였다.

선조, 사건을 일단락 짓다

선조 22년 12월에는 사건을 확대하는 요인들과 상황을 마무리 지어야 한다는 주장이 상충하였다. 12월 7일에 선조는 이산해에게 전교를 내렸 다. 더 이상의 사태 확산을 통제하라는 내용이었다. 이산해는 당시 선조가 자신과 "함께 국사를 처리할 단 한 사람"이라고 말할 정도로 전폭적인 신뢰를 표시했던 인물이다.

> 지금 언관이 역적과 교분을 맺은 사람들을 논란하는 것도 사실 옳은 일이다. 그러나 요즘 양상을 살펴보면, 사건이 번져 갈 조짐이 있다. 이는 내가 매우 원하지 않는 바이다. …… 역적이 조정의 반열에 끼어 있어 평범하게 서로 만나 알게 되는 것은 인지상정이다. 만약 이번 기회를 타서 평소 언론이 (자신들과) 같지 않은 사람들을 모조리 적의 무리로 지척한다면 그 해독은 이루 말할 수 없을 것이다. …… 만약 그러한 경우가 있을 적에는 경이 힘써 말려야 한다. 만약 말려도 내가 듣지 않으면 면대面對해서 바로 아뢰어라. 이것이 경이 오늘날 이리저리 주선해서 사태를 진정시켜야 할 일이다.

하지만 이어지는 말에서 선조는 자신의 혼란스러운 심정을 내비쳤다.

> 나는 요즘 심기가 크게 상하여 처사가 어긋나고 언어가 거꾸로 뒤집혔다. (방금 한) 이 말 또한 옳은지 모르겠다. 경이 잘 참작하여 나의 본의에 어긋나지 않게 이해하도록 하라. [149]

이런 상황에서 12월 14일에 전라도 유생 정암수를 대표로 50명 이름으로 상소가 올라왔다. 상소는 11월 초 내렸던 구언에 대한 응답 형식을 띠었다. 그 내용은 조정 안팎의 이름 있는 여러 인사에 대한 전방위적 탄핵이었다. 가장 먼저 거명하여 비판한 사람이 이산해였고, 류성룡도 비판을 피하지 못했다. 이산해와 류성룡에 대한 의혹도 제기하였다. 상소에 따르면 정여립 집에서 문서를 수거할 때 익산 군수 김영남은 이산해의 편지를 수거하여 소각했다. 또, 이발이 이산해에게 편지를 보내 정여립과의 관계를 아뢰고 처벌을 기다리는 것이 어떨지 문의하자, 이산해는 경솔히 움직일 필요가 없다는 답을 하기도 했다. 계속해서 상소는 류성룡이 비록 역모에 가담하지는 않았지만, 나라의 어려움은 돌보지 않고 자신의 당파적 이익에만 골몰했다고 주장하였다.[150] 선조가 우려했던 일이 일어난 셈이다. 자신이 가장 신뢰하던 두 사람이 사건 영향권에 들어가고 있었다.

정암수의 상소에 자기 이름이 거론되자 이산해는 선조에게 사직서를 올렸다. 그러자 선조는 다음과 같이 말하였다.

> 경은 충성스럽고 삼가고 너그럽고 후하여 만석을 싣는 배처럼 도량이 넓어서 옛날 (훌륭했던) 대신의 모습과 태도가 있다. 류성룡은 학문이 순정純正하고 나랏일에 마음을 다하여 바라보기만 해도 공경할 마음이 생긴다. …… 나는 이 두 사람이 나라의 주석柱石이고 사림의 영수임을 잘 알고 있다. 따라서 내가 평소에 가장 무겁게 의지하는 바이다. 그런데 지금 간인들이 국가에 변이 생긴 틈을 타서 기필코 경들 두 사람을 몰아내려고, 나를 어린애처럼 보아 손아귀에 넣고 희롱하려 하였으니 통분함을 이길 수 없다.[151]

선조는 이산해와 류성룡에 대해서 전폭적 신뢰를 표했다.

이어서 새로 인사를 실시했다. 예조 판서 류성룡을 이조 판서에, 정암수의 상소에서 역시 탄핵을 받았던 권극례를 예조 판서에 임명했다.

정암수 등의 상소에 대해서 선조는 크게 분개하였다. 그는 상소를 읽은 직후에 "(이들을) 잡아들여 추국하고 율에 따라 죄를 적용하라."고 지시했다. 이에 대해서 양사는 여러 차례 그 지시를 철회할 것을 요청하였다. 구언에 응해서 올린 상소에 대해 책임을 묻는 것이 옳지 않다는 이유였다. 이 요청을 선조는 계속해서 거부했다.[152] 결국 12월 27일 성균관 유생들의 요청을 받아들이는 형식으로 선조는 자신의 지시를 철회했다. 정치적으로 영리하고 명분 있는 처신이었다.

사건을 마무리하기 전에 선조가 지시한 조치가 있다. 그것은 전주에서 정여립의 흔적을 완전히 지우는 것이었다. 선조는 "전주에 있는 정여립 조부 이상의 무덤을 낱낱이 파내어, 그 족인族人으로 하여금 이장하도록 하고, 또 그의 멀고 가까운 족류族類도 모두 전주에서 내쫓아 딴 고을에 살도록 하라."[153]고 지시했다. 선조의 이런 모습은 사건 발생 이후 그가 보여 준 모습과 겹쳐진다. 전라도 내 모든 산을 태워서라도 정여립을 죽이라고 할 때의 그 모습이다.

선조는 공신 책봉에 대해서도 직접 전교를 내렸다.

> 박충간·이축·한응인·민인백·이수·강응기를 공신으로 삼고 대신과 상의하여 공이 있는 사람들을 참작 녹훈錄勳*하되, 대신 이하 추관推官까지 아울러 녹훈하라.[154]

이수와 강응기는 정여립 사건 밀고인이다. 그에 따라 정여립 사건과 관련해서 22명이 평난공신平難功臣에 책봉되었다.[155]

---

* 녹훈이란 공로를 장부나 문서에 기록하는 것.

이산해, 용 같은 사람

　이산해는 남들에게 탄핵받을 때마다 늘 직접 선조에게 자신에 대한 신임을 물었다. 이산해의 정치적 행위는 이 당시 정치적으로 비중이 있던 다른 인물들의 행위와 차이가 있었다. 이산해는 나중에 특정 정파를 대표하는 인물이 되었지만, 그의 행위는 통상적 의미에서 '정파적'이라고 하기에도 어렵다. 그 결과 그와 정치적으로 대립했던 당파가 그에 대해서 비판적이었던 것은 물론이고, 그가 영수였다고 알려진 대북세력으로부터도 평가는 호의적이지 않다. 대북세력이 편찬한『선조실록』에서도 그에 대한 평가는 박하다.

　이산해는 철저하게 국왕 선조를 추종했다. 그것은 국왕으로 상징되는 어떤 대의나 이념에 대한 헌신과 달랐다. 예를 들면 이원익의 행위와 선명히 대비된다. 이원익은 임진왜란 때 피난길에서 선조에게 올리는 음식을 자신이 먼저 시식했다. 독살에 대비하기 위해서였다. 하지만 선조가 중국으로 망명하려 하자, 결연히 반대하고 나섰다. 왕은 사직社稷을 위해서 죽어야 한다고 그는 주장했다. 이원익의 선조에 대한 충忠은 선조 개인에 대한 것이 아니었다. 반면, 이산해의 충은 개인 선조에 대한 추종에 더 가까웠다. 그런 맥락에서 그의 충성은 조선시대에 강조되던 충忠 개념과 달랐다. 오늘날, 국가의 정체政體와 특정 정권은 구분된다. 조선시대에 이는 종묘사직과 금상今上 즉, 현재 왕의 관계와 비슷하다. 이산해는 양자를 구분하지 않았고, 사실은, 그랬기 때문에 선조도 그를 좋아했다.

　선조가 자기 구상에 기초하여 조정을 움직이기 시작한 것은 선조 13년 말 이이의 복귀로부터였다. 그가 30세를 목전에 둔 시점이다. 물론 인순왕후 사망 후 선조는 자신의 정치를 시작했지만, 정국 운영 자체를 주도하지

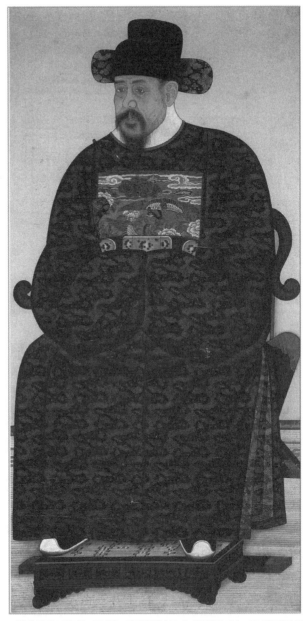

이산해 영정. 이산해는 이이와는 달리 국왕 선조에게 반발하거나 그를 설득하려 하지 않았다. 이산해는 선조를 철저하게 추종하는 것으로 신임을 얻었다.

는 못했다. 이이의 복귀는 이이의 의사와 무관하게 선조의 구상 속에서 진행된 일이었다. 하지만 선조와 이이 관계는 선조를 독립변수로, 이이를 종속변수로 하는 것이 전혀 아니었다. 계미삼찬 직후 선조는 이이에게 "이제 경卿이 있으니 내 마땅히 모든 것을 맡기겠다."고 말했다. 말 그대로는 아니겠지만, 선조가 일정하게 정국 운영에서 이이 몫을 인정한 것으로 보아야 할 것이다.

선조와 이산해 관계는 선조와 이이 관계와는 전혀 달랐다. 말 그대로 이산해는 선조의 종속변수였다. 그는 무언가를 주장하며 선조를 설득하거나 그에게 반발한 적이 없다. 사실 이산해의 행동이 지금의 현실에서는 오히려 익숙하다. 공적이든 사적이든 어떤 조직 안에서 논리와 당위로 상급자와 부딪히는 것을 감수하는 것에는 신념과 용기가 필요하다. 당연히 이이보다는 이산해 유형의 사람이 많기 마련이다. 공동체의 이상을 위해서 분투하기보다는 개인의 보상을 위해서 애쓰는 것이 더 현실적인 것은 예나 지금이나 다름이 없을 것이다.

이산해에 대해서 한 가지만 더 말한다면, 그의 그런 행동이 그에 대한 사후 평가와 연결되었다. 사실 이산해의 일찍부터 시작된 화려하기 그지없는 관력, 그보다 더 일찍 어린 시절부터 시작된 드높은 문화예술적 명성을 생각하면, 사후에 그가 기려진 정도는 이해하기 어려울 정도로 미미하다. 그를 제향하는 서원이 단 한 곳도 없었다.[156] 그 이유에 대해서 이미 조선시대에 두 가지 사항이 언급되었다. 하나는 임진왜란 책임론이고, 다른 하나는 당파적 이해관계에 따른 평가이다. 하지만 두 가지 모두 그에 대한 부정적 사후평가에 대한 충분한 설명이 되지 못한다. 임진왜란 발생 시 그가 영의정이기는 했지만, 후일 정조正祖의 말대로 그것이 그 혼자 책임질 문제는 아니었다. 또 그는 당쟁의 주인공이기는 했지만, 1600년 이후에는 정치에 거리를 두었고, 광해군 원년(1609)에 사망했다. 인조반정(1623)의 명분으로 내세워진 '폐모살제廢母殺弟'에 대해 정치적인 책임이 없었다. 그것들은 그의 사망 이후에 벌어진 일이다. 다음은 『광해군일기』에 나오는 그의 졸기이다.

> 아성부원군 이산해가 죽었다. …… 이산해는 어려서부터 지혜롭고 총명하여 일곱 살에 능히 글을 지어서 신동이라 불리었다. 자라서는 깊은 마음에 술수가 많아서 밖으로는 비록 어리석고 둔한 듯하지만, 임기응변을 할 때에는 변화무쌍함이 귀신과 같았다. 오래 이조 판서에 있다가 재상이 되었다. 그가 처음 여러 관직을 임명할 때에는 청탁을 완전히 끊어서 (그의 집) 문 앞이 엄숙하니, 사람들이 그가 사심이 없음을 칭송했다. …… 그 마음의 술수는 대개 임금의 뜻을 받들고 영합하여 교묘히 아첨함으로써 먼저 임금의 뜻을 얻은 뒤에, 몰래 역적이란 이름으로 남을 모함하였다. …… 기자헌奇自獻(1562~1624)이 일찍이 말하기를 "이산해는 아마 용龍과 같은 사람이다. 붕당이 있은 뒤로 이와 같은 사람을 처음 보았다."고 했다. 아마도 그 지혜와 술수에 깊이 감복하여 상대하기 어려움을 꺼려서 한 말일 것이다.[157]

그는 조선시대 사림이 상정한 대신大臣의 이상理想보다는 권력 유지 자체를 목표로 하는 세속적 정치가의 모습에 더 가까운 사람처럼 보인다. 아마도 그런 점이 그의 사후 평가를 박하게 한 이유일 것이다.

이산해는 일찍부터 조정에서 독특한 존재감을 가진 인물이었다. 그는 명종 대 권신 윤원형이 그가 신동이라는 소문을 듣고 사위를 삼으려 할 정도로 어려서부터 유명했다. 이 때문에 그의 아버지 이지번이 어린 이산해를 데리고 서울을 떠나서 단양으로 거처를 옮기기까지 하였다. 그는 23세 이른 나이에 문과에 합격했고 그 비상한 문학적 재능으로 주목받았다. 그럼에도 불구하고 그는 주변사람들을 긴장시키는 인물이 아니었다. 사위 이덕형이 지은 이산해 묘지명은 다음과 같이 말한다.

> 일찍이 재지才智를 가지고 남 앞에 나서는 일이 없었다. 말도 유창하지 않았고 몸 놀림도 느려서 마치 무능한 사람처럼 보였다. …… 평소 사람을 상대하는 태도가 매우 자상하고 신중하였다. [158)]

때문에 선조 역시 "산해는 재기才氣가 있으면서도, 유능함을 자랑하는 뜻이 없어서 나도 일찍이 덕이 있는 사람이라고 생각했다."고 말했다. [159)] 후에 이산해가 이조 판서에 있으면서 어떤 사람의 공격을 받자 선조는 이렇게 말했다.

> 이조 판서는 순후한 덕과 탁월한 재주를 겸비했으며 넓은 기국과 아량에다 충절 까지 남다르다. …… 말은 마치 입에서 나오지 않은 듯하고 몸은 마치 옷도 가누지 못할 것처럼 나약해 보이지만 …… 자기주장을 고집하여 조정을 마음대로 하는 것은 비록 상을 주더라도 하지 않을 것이다. [160)]

선조는 재주 있고, 충성심 강하고, 자기주장이 없는 듯 보이는 이산해가 좋았다. 이이가 대표적인 경우였지만, 다른 사람들은 선조를 가르치려 했다.* 물론 그것은 이상적 정치에 대한 바람에서 나온 것이었지만 자존심 강한 선조가 좋아할 리 없었다. 이산해는 결코 그렇게 하지 않았다.**

성혼의 상소

선조 23년 2월 정여립 사건에 대한 1차 마무리가 이루어지고 얼마 지나지 않아, 성혼이 상소를 올렸다. 장문의 상소였다. 그 어투는 완곡했지만, 그 내용은 선조에 대한 신랄한 추궁에 가까웠다. 당시 조정을 지배했던 공포감 같은 것은 전혀 묻어 있지 않았다.***

"하늘을 대신하여 백성을 기르는 것이 군주의 직책입니다. …… (전하가) 직책을 제대로 수행하지 않는다면 …… 천하에 대란大亂이 일어나게 됩니다. 어찌 경계

---

* 73쪽 참조.

** 설석규는 논문(「선조 대 정국과 이산해의 정치적 역할」, 『퇴계학과 유교문화』46, 2010)에서 이산해의 정치적 행위의 원인에 대해서 흥미로운 설명을 제시한다. 이산해의 정치적 행위가 그의 집안 내력 때문이라는 것이다. 즉 이산해 가문은 도학적 의리에 근거한 수기修己를 앞세우기보다 사장詞章을 발판으로 한 경세에 비중을 두었다. 이것이 이산해가 엄격한 출처의리에 얽매이지 않고 현실에 유연하게 대응하는 자세를 가졌던 이유라는 것이다. 요컨대 이산해의 행위가 정치적 욕망 때문이라기보다는, 독자적 정치 신념의 산물이었다는 설명이다.

*** 피에르 클라스트르Pierre Clastres(1934~1977)는 그의 책 『국가에 대항하는 사회』(홍성흡 옮김, 이학사, 2015)에서 말하기와 권력의 관계에 대해 흥미로운 통찰을 보여 준다. 그에 따르면 말하기와 권력은 밀접하게 관련된다. 둘은 서로를 기반으로 해서만 유지되며 각각이 상대편의 본질을 이룬다. 주인과 노예, 군주와 신하의 분리에 기반을 둔 사회에서는 주인과 군주만 말할 수 있고, 노예와 신하는 존경, 숭배, 또는 공포로 인해 침묵한다. 오늘날 지도자와 시민의 관계 역시 본질적으로는 다르지 않다. 이것은 오늘날 우리도 일상에서 경험하는 일이다. 수직적 위계가 있는 집단에서는 말이 독점되는 것을 쉽게 볼 수 있다. 여기서 성혼이나, 위에서 이항복의 모습은 그들이 복종만 하는 신하가 아니었음을 보여 준다. 계미삼찬 당시 동인이 선조의 최후통첩성 명령에 대해서 굴지지 않았던 것 역시 같은 맥락으로 볼 수 있을 것이다. 233~234쪽 참조.

하지 않을 수 있겠습니까. …… 만일 원하는 바를 얻지 못한다면 사람들은 모두 노여움을 품고 전하를 원망하기를, 마치 빚을 상환하라고 독촉해도 돌려주지 않아서 원망하는 것과 같을 것입니다. 전하께서는 어찌 이 점을 근심하시어 직책을 다할 것을 생각지 않을 수 있겠습니까." 하였다.

또 아뢰기를, "오늘날 백성이 (전하의) 보살핌을 잃은 지 오래입니다. …… 백성이 그 혜택을 입지 못하는 까닭이 무엇이겠습니까? 그것은 은혜를 확대해 감이 백성에게까지 미치지 않고, 백성을 기르는 법에 바른 방법을 다하지 못했기 때문입니다. …… 그리하여 적신賊臣이 그의 도당을 보내어 백성들을 불러서 권유하기를 '남방에 이인異人이 나와서 너희들로 하여금 부역이 없게 해 주려고 한다.' 하니, 그 말을 들은 자는 모두 좋아서 사람마다 그들을 융숭하게 대접했습니다. 예로부터 생각과 행동이 의심스러운 무리는 반드시 민심이 근심하고, 걱정하고, 원망하는 것을 이용하여 때를 노려 난을 일으킬 생각을 꾸밉니다. 백성이 원망하지 않는다면 어느 누가 난을 따르려고 하겠습니까." 하였다. ……

"지금 역적을 이미 토벌하여 주모자와 추종자들이 섬멸되고 뿌리가 뽑혔으니, 걱정할 것이 없습니다. 다만 근년 이후 천재天災가 유행하여 이변異變이 계속 나오고, 잘못된 소문이 선동하여 온 나라 사람이 불안해합니다. 이런 때를 당해서는 정말로 안민安民의 계책을 급히 시행하여 사방을 다독여서 안정시켜야 합니다. …… 역적이 화심禍心을 품은 지 오래되어 (백성을) 널리 속이고 유인하였습니다. 항상 백성을 사랑하는 말로 어리석은 백성을 선동하였으므로, 그들이 기쁜 마음으로 그를 믿어 물 흐르듯이 난역亂逆을 따랐다고 신은 들었습니다. 그런데 이는 주현州縣 행정기관이 조정의 덕의德意를 베풀지 못하고 끝없이 가혹하게 거둬들였기 때문입니다. 그 결과 그들은 옷과 음식을 빼앗기고 굶주림과 추위로 죽게 되어, 하루아침만이라도 살아보겠다는 생각에서 여기에 이르게 된 것일 뿐입니다. 그러므로 역적이 이미 목 베어졌는데도 백성이 난을 기대하는 마음은 없어지지 않았습니다. 정여립이 죽지 않았다느니, 그의 죽음이 아깝다느니, 큰 군사가 일어날 것이라느니, 반역의 죄상이 밝혀지지 않았다느니 하는 유언비어가 꼬리를 물고 일어나 도처에 떠들썩합니다. 이 또한 인심을 동요시키기에 충분합니다. …… 인심이 일단 동요되면 요원의 불길 같아서 막을 수 없습니다. 오늘날 어찌 미리 태평성대가 되었다고 자처하면서, 난을 평정한 뒤의 무마하고 안정시키는 계책을 깊이 생각하지 않을 수 있겠습니까. ……

전하께서는 유의하소서. …… 전하께서는 완악한 백성의 악역惡逆에만 허물을 돌리시어, (자기) 몸을 살피고 사심을 극복하는 실제 마음에 미진한 점이 있어서는 안 됩니다. 『주서周書』에 '백성에게 허물이 있으면 그 책임은 나 한 사람에게 있다.'고 한 말을 전하께서는 유념하소서. …… 엄한 형벌은 간사함을 그치게 할 수 없고 법률은 악을 징계하기에 부족합니다. 오직 관대한 정사를 시급히 베풀어 보살피고 사랑하는 실상을 가하여, 모든 사람들이 따뜻하게 옷 입고 배불리 밥 먹는 속에서 안정을 누리게 하소서. 이렇게 하여 원망과 불평한 기운이 사라지게 하는 것이 참으로 시무時務의 대강이자 양민養民의 요체이니, 먼저 행하지 않을 수 없는 것입니다."[161]

성혼은 정여립 사건의 근본 원인이 국정과 민생 문란에서 비롯되었고, 백성의 악함에 있지 않음을 분명히 했다. 심지어 백성이 처해 있는 상황에서 그들의 행위는 당연하다고 말했다. 결국 이 사건의 책임은 정여립이나 백성이 아니라 당국자들과 국왕 선조에게 있다는 뜻을 분명히 했다. "전하께서는 완악한 백성의 악역惡逆에만 허물을 돌리시어, (자기) 몸을 살피고 사심을 극복하는 실제 마음에 미진한 점이 있어서는 안 됩니다."라는 말은

①~③우계기념관과 ④성혼 묘역 및 ⑤사당. 경기도 파주시 향양리에 있다.

이 긴 상소를 요약하는 말이다. 선조에게는 가장 언짢은 말이 아닐 수 없다. 하지만 선조는 이 상소에 평범한 말로 답했고 성혼은 사직하고 고향으로 돌아갔다. 당시 성균관에 있던 이정구가 소장을 올려서 그를 만류할 것을 청했지만, 선조는 아무런 응답도 내리지 않았다.[162]

4 파국

책임

　선조 대에 활약한 인물들의 생각과 행동을 이해하는 데 핵심적인 개념이 '책임'이다. 사실, 그들만 그런 것은 아니다. 지금 우리도 마찬가지이다. 무엇에 대해 책임감을 느끼는가가 바로 그 사람 정체성의 좌표이고, 그가 맺은 사회적 관계의 액면가이다. 유학에서도 책임은 중심 주제이다. 지식인의 사회적 책임을 성리학만큼 강조한 사유 체계도 드물다. '수기치인'에서 치인은 세상에 대한 사대부의 책임감으로 설명된다.

　선한 의도나 윤리가 정치를 대신할 수는 없다. 이이는 이것을 정확히 지적했다. 그는 자신의 본격적 정치론인 「만언봉사」를 이렇게 시작한다. "정치는 시의時宜를 아는 것이 귀하고 일은 실공實功을 힘쓰는 것이 중요합니다. 정치를 하면서 시의를 모르고 일을 당하여 실공을 힘쓰지 않으면, 비록 성군聖君과 현신賢臣이 서로 만나도 성과가 이루어지지 않을 것입니다." 시의는 바르게 설정된 시대적 과제를, 실공은 현실에서의 가시적 성과를 뜻한다. 그는 개인의 선한 신념이나 의도가 아닌 사회적 결과에 대한 책임이야말로 정치적 책임의 요체임을 분명히 했다.

　개인적 신념에 대해서 책임을 지는 것과 사회적 결과에 대해서 책임을 지는 것은 현실에서 종종 상충한다. 단정적으로 말하기 어렵지만 조선 사회는 치인보다 수기를 더 강조하는 편이었다. 이런 분위기에서 책임은 흔히 개인적 신념에 대한 것으로 이해되었다. 그런 면에서 조광조와 이이는 주목된다.

이이는 조광조와 비슷한 운명을 맞았다. 조정에서 물러나고자 했지만 사림에 대한 책임 때문에 물러나지 못하고 죽음을 맞은 사람이 조광조였다. 이이는 조광조처럼 귀양처에서 사사되지는 않았지만, 후배들에게 '소인' 소리를 들었고 갑자기 사망했다. 이이는 자신이 주장한 조제보합론이 동료와 후배 들에게 거부되었을 때 물러나지 않았다. 그것은 사림과 국가에 대한 그의 책임감 때문이었다.

선조는 계미삼찬을 거치면서 행동이 조심스러워졌다. 그렇다고 그가 자기 생각을 바꾼 것은 아니다. 정치적 행위가 초래하는 권력과 책임 사이의 함수관계에 눈을 떴기 때문일 것이다. 그는 계미삼찬 이후 조정의 다수 의견을 수렴하는 듯한 방식을 취했는데, 그것은 자신이 부담해야 할 정치적 책임을 줄이기 위한 것이었다.

기축옥사에서 위관 정철에 대한 책임론이 비등하자 류성룡은 다음과 같이 말했다.

> 그 근원은 진실로 근년 이래 조정이 분열되고 피차의 당색을 나누어…… 상소를 올려, 무고한 사람을 모함하는 자가 관서 앞에 잇달았습니다. …… 한 사람도 이같은 사실을 임금 앞에 아뢰는 자가 없었습니다. 이는 나라를 저버린 죄에 여러 신하에게 그 책임이 고루 있는 것이요, 오로지 한 사람만 허물할 수는 없습니다.

선조 대 조정에서 여러 정치적 행위자들은 정치적 책임을 지는 데 결국은 모두 실패했다. 이이는 개인으로는 책임질 수 없는 것을 책임지려 했고, 대간들은 사회적 결과가 아닌 자신의 신념에 충실했다. 책임져야 하는 의무와 지위에 있었음에도 그래야 한다는 의식이 부족했던 사람은 선조였다.

개인적 희생을 감수하는 것은 자신의 신념에 대해서만 책임지는 방식이다. 오늘날 우리 실정에서는 그마저도 소중하다. 하지만 궁극적으로 정치적 책임은 사회적 결과에 대한 책임이어야 할 것이다. 그렇다면 책임은 개인적 감투정신의 문제가 아닌, 책임지는 사회적 방식의 문제, 즉 사회제도의 문제일 수밖에 없다.

7장

정개청 옥사

정암수와 배명의 상소

호남의 중심, 나주

기축옥사로 많은 무고한 희생자들이 나왔다. 확인되는 직접 희생자만 사망자 115명, 귀양 간 사람 29명, 수감자 54명, 파직자 34명에 이르렀다.[1] 이들 중에서도 대표적인 두 사람이 사망(1590)과 출생연도(1529)가 같은 전라도의 정개청과 경상도의 최영경이다.

정개청 옥사에서 특히 주목되는 것은 사건의 동인動因이 중앙정치가 아닌 지방사회 내부 갈등이었다는 점이다. 이 사건은 계미삼찬 이후, 나주 지방에서 주도권을 장악해 가는 동인세력을 서인세력이 공격하는 과정에서 빚어졌다.[2] 당시 호남 지역에는 동인세력과 서인세력이 병존했다. 동인 쪽은 해남, 남평, 무안, 화순, 영광 등에, 서인 쪽은 광주, 장성, 보성, 순천 등에 많이 거주했다. 두 세력 모두에게 중요했고, 또 두 세력이 공존했던 지역이 바로 호남의 중심 나주였다.

지금은 나주가 광주의 외곽도시같이 되었지만, 조선시대까지는 전혀 그렇지 않았다. 전주와 나주를 합해서 전라도라는 이름이 만들어진 것은 우연이 아니다. 나주는 넓게 펼쳐진 평야지대 중심에 위치했고, 바다배가 영산강을 통해서 직접 도달할 수 있는 곳이었다. 물산과 운송이 풍요롭고 활발했다. 경제적 풍요는 사람을 모으고 인재를 낳는 터전이다. 그런 곳에는 자연히, 갈등도 생겨나는 법이다. 나주는 호남 사림 간 갈등의 중심지

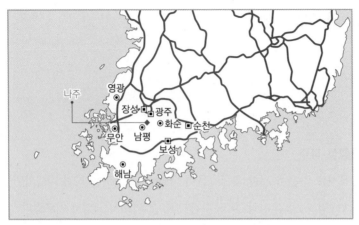

정개청 옥사 당시 호남지역의 동인세력과 서인세력 현황(◉: 동인 ▣: 서인)

였다.[3]

나사침 부자와 그 가문의 내력

선조 22년 12월 14일 전라도 유생 50명이 진사進士 정암수를 대표로 하여 조정에 상소를 올렸다. 그런데, 정암수가 상소를 주도한 것은 아니었다. 단지 나이가 제일 많다는 이유로 첫머리에 이름이 올랐을 뿐이다. 상소를 주도한 사람은 따로 있었다. 양천경, 양천회, 강해 같은 사람들이 그들이다. 양천경과 양천회는 형제이고, 두 사람의 아버지는 양자징梁子澂(1529~1593)이다. 그는 소쇄원 주인 양산보梁山甫의 아들이자, 하서河西 김인후金麟厚(1510~1560)의 사위이다.[4] 김인후는 전라도 출신으로는 유일하게 문묘에 배향된 인물이다.

상소가 제일 먼저 거명해서 탄핵한 사람은 이산해였다. 정언신, 류성룡, 정인홍 등 여러 사람이 뒤를 이었다. 그런데 이들과 함께 거명된 사람들이 또 있었다. 나사침과 그의 아들 덕명德明, 덕준德峻, 덕윤德潤 등과 정개청이 그들이다. 이때 정개청 이름이 기축옥사와 관련해서 처음으로 등장했다. 이산해 등이 조정 중신이거나 전국적인 인물이라면, 나사침 부자와 정개청은 그들과 다른 범주의 인물들이었다. 재야에서 특정 인물을 비판할 때는 대개 이름이 널리 알려진 조정 중신이 대상이 되는 것이 자연스럽다. 지역사회에 있는 특정한 인물들을 중앙에 탄핵하는 것은 잘 나타나지 않는 현상이다. 이를 통해서, 상소에서 진짜 탄핵하려는 대상은 나사침 부자임을 알 수 있다.

나사침은 당시 나주 지역 동인을 대표했다. 나사침 집안의 동인 계보는 전라도 사림의 뿌리에 닿아 있다. 조선시대 호남지방 학맥을 보면 그 연원에서 5개 그룹이 주목된다. 김굉필(1454~1504), 최부崔傅(1454~1504), 송흠(1459~1547), 박상(1474~1530), 이항(1499~1576)이 그들이다. 김굉필, 최부는 김종직에게 직접 가르침을 받은 절친한 동학同學이다. 마르코 폴로(1254~1324)의 『동방견문록』, 일본 승려 옌닌(794~864)의 『입당구법순례행기』와 함께 중국에 대한 3대 기행문으로 알려진 『표해록漂海錄』의 저자가 최부이다. 그는 성종 19년(1488) 도망간 죄인을 잡으러 제주도에 갔다가, 나주에 사는 아버지의 사망 소식을 듣고 돌아오던 중에 풍랑을 만나 중국까지 표류한다. 중국에서 조선으로 돌아오는 도중에 보고 들은 것을 귀국 후에 정리한 기록이 『표해록』이다. 후에 그는 무오사화(연산군 4, 1498) 때 함경도 단천에 유배되었다가 갑자사화(연산군 10, 1504) 때 그곳에서 사사賜死되었다.

최부는 나주 출신이었는데 결혼 후 처의 고향 해남에 살면서 제자 몇을 키웠다. 이들은 해남을 대표하는 사족들이었다. 그중 유계린柳桂鄰과 나질

羅眰이 그의 사위가 되었다. 유계린의 아들이 유희춘이고, 나질의 아들이 나사침이다. 최부의 또 다른 제자가 윤효정尹孝貞인데, 그는 해남 윤씨의 중시조격 인물이다. 그는 최부에게 익힌 학문을 구, 항, 행, 복 등 아들 넷에게 물려주었다. 나중에 장남 윤구의 사위가 된 인물이 이중호이다. 이중호는 이발, 이길의 아버지이다.[5] 나사침의 아들들은 정개청의 문인으로서 유명하지만, 처음에는 이종숙姨從叔인 유희춘에게 배웠다.[6]

구절의拘節義 대 배절의排節義

나사침 부자와 정개청에 대한 탄핵 상소 내용은 매우 구체적이었다. 그에 따르면 덕명 형제들은 선조 21년 가을 고향 나주에서 과거를 보러 한양을 가던 길에 정여립을 방문했다. 정여립은 이들에게 몇 해만 지나면 태평성대를 보게 될 것이라고 말하며 시험에 응시할 필요가 없다는 뜻을 넌지시 비쳤다. 모반을 암시하는 말이었다. 시험 결과가 좋지 않자 덕명 형제들은 정여립 말을 듣지 않았던 것을 후회했다고 상소는 주장했다.

정개청에 대해서 상소는 또 아래와 같이 말하였다.

> 정개청은 일찍이 배절의설排節義說을 만들어 후배나 제자 들을 현혹시켰습니다. …… 정개청은 글을 읽는 데 힘써, 유민流民 출신*으로 사대부 서열에 참여한 뒤에는 감히 터무니없는 말을 마구 만들어 스스로 역란逆亂의 길에 빠졌습니다. 임금과 어버이를 망각하고 버리는 마음이 뚜렷합니다.[7]

---

* 여기서 정개청을 '유민 출신'이라고 지칭한 것은 정개청이 양반 신분이 아닌 것을 부정적으로 표현한 말로 보인다.

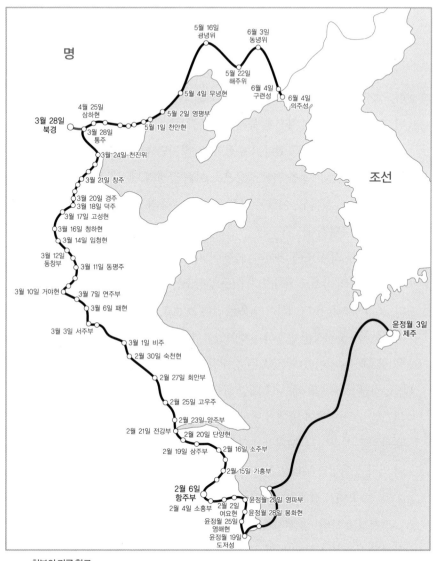

최부의 귀국 항로

'배절의설'로 지칭된 정개청의 글 한 편이 집중적인 공격 대상이 되었다. 이 글의 의미와 관련해서 선조 23년 5월 옥사 진행 과정에서 정개청을 공격하는 측과 정개청 사이에 치열한 논쟁이 있었다. 양측 주장은 정반대였다. 정개청을 공격하는 측이 그 의미가 절의에 반하는 것이라고 주장한 반면, 정개청은 오히려 자신을 음해하는 사람들이 "배排—"라는 말을 붙여서 글의 본래 취지를 왜곡했다고 주장했다. 하지만 류성룡의 말처럼, '배절의' 한 단어는 정개청을 결국 죽음으로 이끈 결정적 단서가 되었다.[8] 이것은 서너 달 후 일이고, 어쨌든 이 말은 정암수 등의 상소를 통해서 조정에서 처음 언급되었다.

정암수 등의 상소에 뒤이어, 12월이 지나기 전에 정개청 문인 유학幼學 배명裵冀 등의 상소도 올라왔다. 이들의 상소는 정암수 등의 상소와 판이했다. 조정 중신들을 탄핵하는 내용은 전혀 없었고, 오직 두 가지에만 집중했다. 하나는 정개청을 변호하는 것이었고, 다른 하나는 나사침과 그 아들들을 변호하는 것이었다. 상소는 정개청이 "주자朱子의 동한절의東漢節義와 진송청담晉宋淸談의 폐단"에 대한 글을 보고, 도내에 퍼져 있는 "장황하게 의기만 발하여 예법 밖에서 방탕"한 양상을 탄식했다고 말했다. 또 "호남 유생 한두 사람이, 유포된 뜬소문을 그릇되게 믿고 감히 생각 없이 '정개청이 역적 정여립과 두터운 친분이 있다.' 하여 '구절의球節義' 일설을 '배절의排節義'로 고쳐서 정개청 이름을 상소에서 거론한 원통함"을 호소하였다.[9]

정개청의 문인, 즉 제자는 4백여 명에 달했다. 당시 전국적으로 이름이 알려진 사림 수장들의 문인 규모와 비교해도 대단한 수준이었다. 나덕준羅德峻, 나덕윤羅德潤, 나덕현羅德顯 등 나사침 아들들을 비롯해서 안중묵, 최홍우 등 당시 호남의 유력 가문 출신들이 다수 포함되었다. 정개청이 처음 제자를 가르치기 시작한 무안에서 강학할 때부터, 나덕준 형제는 안중묵 등 다른 몇 사람과 함께 문하생으로 들어갔다. 이들은 후에 나주 대안동(현 나주시 대호동 대안마을) 서실書室에서도 공부를 계속했다. 정개청 사건으로 나사침의 여섯 아들 중 다섯 명이 유배되었다.[10]

당시 정암수 등의 요구는 조정에서 받아들여지지 않았다. 이유가 있었다. 선조는 정암수 등의 상소가 올라오기 얼마 전인 12월 7일에 이산해에게 사건 확대를 통제하라는 지시를 내렸다. 사건의 파장이 급격히 확산되자, 그것을 진정시켜야 할 필요를 느끼던 참이었다.[11] 더구나 정암수 등의 상소에서 가장 먼저 거명되어 탄핵된 사람이 이산해였다. 거기에 류성룡까지 포함되어 있었다. 선조가 가장 신뢰하는 두 사람이 역모사건 영향권에 들어간 셈이다. 정암수 등의 상소에 대해서 선조는 크게 분개하였다. 선조는 상소를 읽고는 "(이들을) 잡아들여 추국하고 율에 따라 죄를 적용하라."고 지시했다.[12] 선조가 정암수 등에 대해서 강경한 자세를 취하자, 정개청에 대한 탄핵도 묻히고 말았다.

심문의 쟁점들

홍여순이란 인물

홍여순이 선조 23년 3월에 전라도 순찰사로 부임했다. 정개청 문제는 그가 부임하면서 다시 시작되었다. 홍여순은 문과 출신이었고, 일찍부터 평판이 안 좋았다. 관직 생활을 하는 동안 언관의 탄핵을 10번도 넘게 받았다. 그럼에도 늘 탈 없이 넘어갔다. 그에게는 두 가지 강력한 정치적 자산이 있었다. 하나는 선조의 후궁 정빈 홍씨貞嬪 洪氏(1563~1638)가 홍여순의 사촌형제 홍여겸의 딸이다. 그녀는 선조 13년 5월 26일 민사준閔士俊의 딸(훗날의 정빈 민씨), 정순희鄭純禧의 딸 등과 함께 종2품 숙의淑儀에 책봉되어 궁에 들어왔다. 실록의 임진왜란 발발 기사에 그녀를 정1품 정빈貞嬪으로 칭하고 있는 것으로 보아서 그 이전 어떤 시점에 정빈이 된 듯하다. 선조 28년(1595)에 정정옹주貞正翁主(1595~1666), 다음 해에 경창군慶昌君(1596~1644)을 낳았다. 선조와의 관계가 계속 괜찮았던 것 같다.

또 하나의 정치적 자산은 개인 선조에 대한 조건 없는 충성이다. 이런 면에서 이산해와 비슷한 면이 있었다. 하지만, 그와도 분명한 차이가 있다. 홍여순은 주위의 눈도 별로 의식하지 않았다. 조선시대에 왕에 대한 충성은 원칙적으로 왕 개인을 위한 것은 아니다. 그것이 당연시된 유일한 사람들이 내시이다. 때문에 그들에게는 공적 책임을 묻지 않았다. 사실 국왕은 개인이면서 동시에 하나의 제도였다. 이때 충성은 왕이라는 제도, 그 역할에 대한 원칙 있는 헌신이어야 했다. 그런데, 홍여순의 원칙은 가장 강력한 개인에 대한 아무 조건 없는 충성이었다. 나중에 이원익은 이런 사람을 쓰다가는 나라에 화를 미치겠다고 말하기도 했다. 그렇게 말할 만했던 것이다. 널리 알려졌듯이 『선조실록』과 『선조수정실록』은 서로 갈등했던 북인과 서인에 의해서 각각 편찬되었다. 후자는 전자의 서술에 동의할 수 없는 사실이나 부족한 부분에 대해서 반박하거나 보완하였다. 특히 『선조실록』의 인물평을 수정하였는데, 흥미롭게도 두 실록이 의견의 일치를 본 사람이 두 사람이다. 둘 다 비판을 받았는데, 그중 하나가 홍여순이다.[13]

홍여순은 기축옥사 발생 이전만 하여도 동인 측과 가까웠다. 동인이 조정의 주류였기 때문이다. 실제로 서인세력이 주축이 된 정암수 등의 상소에서 그의 이름이 거명되며 탄핵되기도 했다.[14] 기축옥사 발생 직후 동인이 극도의 정치적 곤경에 빠지자, 그는 자신의 이전 친분 관계에 대해서 은근히 두려워하고 있었다. 그는 옥사와 관련해서 공을 세우는 방식으로 자신에 대한 혐의를 벗어나려 하였다. 그는 엄한 명령을 내려서 전라도 내 경비를 삼엄하게 하는 한편, 은밀히 고발하는 길도 열어 놓았다.[15]

또 홍여순은 이전에 정개청에 관한 상소가 있었던 것을 기억하여, 나주 인근에서 관련 사실을 조사하였다. 그리고 이 과정에서 정개청이 정여립과 교분이 두터웠다는 말을 듣고, 그것을 조정에 전하였다. 이런 보고를 감사가 지방에서 올려 보내면, 대간들 입장에서는 서울로 압송하여 수사하라고 요청하지 않을 수 없다. 대간의 요청에 따라, 각 고을에 역적 정여립과 친했던 사람을 수색하라는 명령이 정식으로 하달되었다.

고발 사유는 사라지고

조정 명령이 처음 내려왔을 때, 나주에서는 유생 90여 인이 모여서 의논한 후 본 고을에는 그런 사람이 없다고 보고했다. 하지만 얼마 후 나주 사람 정여릉鄭如陵이 홍천경洪千璟 및 좌수座首 유발柳潑을 이끌고 가서 나주 목사 윤우신을 위협하였다. "역적 무리들이 고을 안에 있으니 지금 적발하지 않으면 뒤에 (윤우신에게) 반드시 죄가 미칠 것"이라고 주장하였다. 윤우신도 고을 안에 역적 무리가 없다고 장담할 수는 없었다. 불확실한 일에 자기 자리를 걸 수는 없는 일이었을 것이다. 역적이 없다고 보고했다가, 나중에 '역적'이 나주에서 하나라도 발견되면 그 책임에서 자유로울 수 없었다. 역적이 없다고 보고하는 것은 결국 역적의 유무에 대해서 자신이 책임지는 행위였다. 결국 윤우신은 정여릉 무리의 주장을 따랐다. "정개청에게 배운 고을 사람 조봉서趙鳳瑞가, 그를 따라서 정여립 집에 가서 집터를 보아주었다."고, 홍여순에게 보고했다.[16] 물론 윤우신 자신도 꼭 그렇다고 생각한 것은 아니었을 것이다. 하지만 이 보고에 따라 정개청과 조봉서가 4월 말 혹은 5월 1일에 서울 의금부 옥에 갇혔다.

선조 23년 5월 2일 정개청에 대한 최초 심문이 의금부에서 실시되었다. 정여립·최영경의 경우처럼 정개청에 대해서도 선조는 의금부 관리를 시켜서 그의 집에 있던 모든 문서를 가져오게 했다. 정개청에 대한 심리는 위관 정철이 맡았다.

최초 심문에서 정개청은 자신에게 씌워진 혐의를 부인했다. 그 혐의가 나주 지역에서 자신을 둘러싼 여러 해 계속된 갈등에서 빚어진 것임을 강조하였다. 그는 특히 선조 15년(1582) 자신이 나주 훈도訓導로 재직할 때 홍천경과 있었던 갈등이 투옥의 직접적 원인이라고 주장했다. 훈도는 한양의 사학四學과 지방 향교의 교관이다.

정개청은 자신이 의금부에 압송된 이유를 세 가지로 요약했다. 첫째는 자신이 쓴 글 「동한절의진송청담설서東漢節義晉宋淸談說序」(이하 「절의청담변」)가 자기 뜻과 반대로, 절의를 배척한 것으로 지목되었다는 것이다. 둘째는 자신이 윤원형과 심통원 집에 몸을 의탁했다는 근거 없는 말이 통문으로 도내에 퍼졌다는 것이며, 셋째는 자신과 자신의 문생 조봉서가 정여립 집터를 보고 갔다는 죄목이 그것이다. 이를 통해서 나주 사람들이 자기들 마음대로 죄목을 늘려서 모함하고, 자신을 죽이려 했다는 것을 알 수 있다고 말했다. 이것은 나주 유향소에 있는 몇 명과 향교의 교생 6, 7명이 공모하여 꾸민 것이니, 나주 유향소와 향교 유사 당장堂長 등을 불러서 자신과 대질시켜 달라고 요구했다.[17)]

유향소는 수령守令에 대한 고을 유력자들의 자발적 자문기관이었다. 좌수座首, 별감別監 등 직임을 두고 운영되었다. 마을 풍속을 바로잡고, 수령의 수족인 향리鄕吏를 감찰하며, 고을 안에 수령의 명령을 전달하고 민의를 대변하는 것을 자임했다. 마을 풍속을 바로잡는다는 것은 자신들에게 불손한 백성에 대해 처벌 권한을 갖는다는 것을 뜻했고, 향리를 감찰한다는 것은 행정을 빌미로 자신들에게 무례하게 구는 향리 즉, 아전을 통제할수 있다는 뜻이다. 조선시대에 지방 수령은 아무런 개인적 연고가 없는 지역에 임명되는 것이 원칙이었다. 따라서 수령 입장에서는 지역 유지들의 도움이 필요한 것도 사실이었다. 따지고 보면 유향소라는 이름의 조직은 없지만, 오늘날도 이런 모임 내지 인간관계망은 지역마다 존재한다.

주목할 것은 유향소에 있는 몇 명과 교생 6, 7명이 자신을 죽이기 위해서 공모했다고 정개청이 주장한 점이다. 이 주장을 과장으로만 보기는 어렵다. 그의 설명에 따르면 기축옥사가 발생하기 2년 전인 선조 20년(1587)에 세워진 경현서원에 자신이 원장이 되자, 전부터 자신에게 원한을 품은 자 한두 명이 동류를 끌어모았다. 그들은 수령에게 고하지도 않고 자신의 원장직을 빼앗았는데, 그 행위의 의도가 자신을 죽이고자 함에 있음을 쉽게 알 수 있다고 정개청은 말했다. 그가 지적한 원한을 품은 자 한두 명은 홍천경 등을 가리켰다. 그리고 기축옥사가 터지자 이들이 혀를 놀려서 거짓을 퍼뜨리는 등 자신을 모함했다고 주장했다.[18] 경현서원이 세워진 곳은 정개청 집안이 향리직을 수행하며 대대로 살아온 곳이다.*

정철 역시 둘째와 셋째 사항에 대해서는 정개청 주장을 수긍했다. 그 결과 이 두 가지는 곧 바로 정개청에 대한 혐의 사항에서 빠졌다. 가장 문제가 되었던 것은 그가 지은 「절의청담변」이었다. 홍천경 등의 최초 고발 사유에 이 문제는 애초 언급조차 없었다. 하지만, 결국 이것이 곧 정개청 사건의 핵심 문제가 되고 말았다. 사실 이 점이야말로 정개청 사건의 정치적 성격을 잘 보여 준다.

최초 심문 후, 정철은 선조에게 심문 결과를 보고했다. 그는 최초 고발 사유인, 정개청이 정여립 집터를 봐주었다는 주장이 사실이 아닐 가능성이 높다고 말했다. 대신에 그는 '절의를 배척한다는 논설'을 지어서 후배들을 현혹시킨 것의 폐해를 들어서 정개청에게 형벌을 가할 것을 요청했다.

---

* 경현서원은 선조 17년(1584)에 나주 목사 김성일이 나덕준, 덕윤과 함께 강당, 동재, 서재를 갖추어 '錦陽(금양)'이라 이름하였다. 선조 20년(1587)에는 김성일의 후임 임윤신이 원조하고 김굉필, 정여창, 조광조, 이언적, 이황 등 5현을 제향함으로써 서원의 모습을 갖추었다. 이름도 금양서원에서 오현서원으로 바꾸었다. 광해군 원년(1609)에 '景賢(경현)'이라는 이름으로 사액되었다. 이에 관해서는 다음 논문 참조. 김문택, 「호남지역 서원의 지역적 특성과 정치적 성격: 나주 경현서원을 중심으로」, 『국학연구』11, 2007.

그러자 선조는 정철의 요청을 받아들이는 것은 물론, 두 가지 사실을 더 지적했다.[19] 하나는 정개청이 정여립과 함께 교정청 낭관으로 있을 때 서너 번 얼굴을 본 것뿐이라는 것이 거짓에 가깝다며, 두 사람이 주고받은 서신을 내려주었다. 정개청이 보낸 서찰에는 "일찍이 덕의德義를 흠앙하여 그리워하는 마음이 있다.", "도道를 고명하게 본 사람은 오직 존형尊兄뿐이다." 등의 말이 있었다.[20] "덕의"는 정여립의 덕의이고, "존형" 역시 정여립을 가리켰다.

선조가 지적한 또 하나는「절의청담변」에 대한 것이었다. 선조는 정개청의 논설을 보고 매우 미워하여, 홍문관으로 하여금 정개청이 논변한 설을 조목조목 공파攻破하여 각 고을 향교에 게시하도록 했다. '배절의' 문제는 단순히 정철의 왜곡된 전언 때문에 불거진 것은 아니다.

정개청 옥사가 성립되는 과정은 '필연적인 우연'이 작동하는 방식을 잘 보여 준다. 처음에 역적을 고발하라는 조정 명령이 내려왔을 때, 다수의 나주 유생들은 지역 내에 역적이 없다고 보고했다. 하지만 사사로운 목적을 가진 소수의 유생들이 그런 다수의 의견을 간단히 뒤집어 버렸다. 소수가 홍여순 같은 고위층의 사적 욕망에 호응하고, 윤우신 같은 중간 책임자들이 무책임할 때 조직은 곧 사적 욕구를 충족시키는 도구로 전환되었다. 조직 내에서 고위층의 사적 욕망에 부응하는 소수는 언제 어디에나 존재하기 마련이다. 또, 정개청이 의금부 옥에 있을 때, 그의 죄목이 변질되는 과정 역시 전형적이다. 그에 대한 심문은 최초 고발 사유에 대한 심문이 아닌 표적수사로 진행되었다. '사안事案'이 아닌 '사람'이 심문 대상이 되었던 것이다. 우연을 필연으로 바꾸는 요인은 결국 사람이고, 그러한 전환을 정치적인 것으로 볼 수 있을 것이다. 비록 혼자 져야 할 책임이라고는 할 수 없지만, 적어도 이런 면에서 정철은 정개청 사건에 대해서 책임을 피하기 어렵다.

「절의청담변」을 둘러싼 오해

1차 심문 후 정개청은 자신의 변론이 미흡했다고 생각되는 사항들에 대해서 다시 서술하여 올렸다. 그 초점은 두 가지이다. 하나는 그와 정여립 사이에 주고받은 편지에 대한 것이고, 다른 하나는 「절의청담변」에 대한 것이다. 두 가지 모두 선조가 추가로 제기한 사항이다.

편지에 대해서 정개청은 보통 친밀한 사이의 편지글은 말이 많고 존경하는 뜻이 없으며, 소원한 관계라면 말을 공경히 하고 칭찬을 많이 하는 것이 고금의 통례라고 주장했다. 자기 편지글이 공손한 것은 정여립과 자신의 관계가 소원한 것임을 보여 줄 뿐만 아니라, 존경의 말도 두 번에 지나지 않으니 사귀고 왕래한 것이 아니라는 것을 증명한다고 말했다.

「절의청담변」에 대해서는 당시에 두 가지 논점이 있었다. 하나는 내용에 대한 것이다. 정암수 등의 주장처럼 그 글이 절의를 배척한 것인가, 아니면 정개청과 그의 지지자들 말처럼 오히려 절의를 추구한 내용인가 하는 것이다. 이와 관련해서 정개청 지지자들이 반복해서 주장한 사항이 있다. 정철이 '구절의'의 본래 내용을 '배절의'로 만들어서 정개청에게 보복했다는 내용이 그것이다. 이것은 정황상으로나 내용적으로 사실과 거리가 있다. 기축옥사가 발생하기 5년여 전에 지어진 「절의청담변」은 정철이나 정암수뿐 아니라 여러 사람이 보았다. 심지어 기축옥사 발생 후 선조도 이 글을 검토하였다. 정철 혼자 그렇게 말했다고 하여, 그 글의 성격을 그렇게 규정할 수는 없는 상황이었다.

정개청은 「절의청담변」의 '배절의' 혐의에 대해서, "신이 아무리 무식하나, 어찌 절의가 세상을 가르치는 데 관계되는 줄을 모르겠습니까."라고 말하였다.[21] '배절의'의 혐의가 자신의 본의와 배치된다는 주장이다. 절의는 기묘사화 이후 형성된 조선 사림의 중심적 가치였다. 이러한 사림의 분위기를 고려할 때, 그의 말이 자신에게 씌워진 불리한 혐의를 피하기 위한 변명이었다고 보기는 어렵다.

그럼에도 그 글 자체만 놓고 볼 때는 그런 혐의의 근거가 전혀 없지도 않았다. 정개청 자신도 "(그 서술에) 분명하지 못한 데가 있다."고 말했듯이, 서술 자체에 오해의 여지가 있었다고 보아야 할 것이다. 이와 관련해서 안방준 역시 "정개청이 저술에 능숙하지 못하여 그 말을 구사한 것이 도리어 절의를 배척하였다."고 말하였다. 그는 정개청이 "(절의와 청담 모두) 그 나라를 망하게 하는 것은 한 가지이다."라고 말함으로써 전부터 "많은 선비가 비평하고 공격했다."고 기록하였다.[22] 이를 보면 '배절의' 문제는 정암 수 등이 상소에서 처음 제기했다기보다는 이전부터 있었던 주장이라고 보아야 한다. 물론 정치적 갈등과 반목이라는 강력한 외적 조건을 전제로 그런 오해와 혐의가 설정된 것이 사실이다.

「절의청담변」의 또 하나 논점은, 정개청이 이 글을 지은 동기가 무엇인가 하는 점이다. 이와 관련해서 정철이 다시 거론된다. 정개청 문인들은 "우리 스승이 이런 논의를 한 것은 정철이 호남의 사습士習을 무너뜨리고 있기 때문"이라고 말했다. 이에 대해서 실록의 사관도 "정철이 절의를 숭상하면서도 (다른 한편으로 개인적으로는) 방탕한 기질이 있어 조정을 오만하게 대하는 면이 있었기 때문"이라는 말을 덧붙였다.[23] 요컨대 「절의청담변」이 정철을 공격하기 위해서 지은 것이라는 말이다.

이와는 반대로 정개청이 정철을 공격하려고 한 것은 아닌데 정철이 먼저 오해했다는 주장도 제기되었다. 정개청 문인 안중묵은 "그 말(「절의청담변」)의 은미隱微한 뜻의 소재는 (특정한 누군가를 지적한 것이 아니고) 일도一道의 폐습을 지적한 것에 불과합니다. 그런데 정철이 이를 보고서 자기를 비난하는 것이라고 여겨 주먹을 휘두르고 눈을 부라리며 분노했습니다. 그래서 매일 틈을 엿보다가 역변逆變이 있던 처음에 날듯이 뛰어 일어나 (스승의) 죄상을 낱낱이 찾아내어 스스로 '배절의'라는 3자를 지어서 위로 임금께 아룀으로써 옥사를 완성시켰던 것입니다."라고 말하였다.[24] 비록 정개청 문인들과 안중묵이 주장한 내용은 다르지만, 「절의청담변」이 정철과 관련되었다는 주장이다.

한편 윤증(1629~1714)은 후일 이 문제에 대해 좀 더 객관적으로 보이는 평가를 했다.

「절의청담변」에 대해서는 거기에 관한 전후 기록과 나덕윤 등의 소疏로 보아, 홍천경 무리를 두고서 지은 것이 틀림없다. 홍은 문인재자文人才子였다. 어찌 훈도(정개청)의 구속하에 머리를 굽히고 있었겠는가. (홍천경이 정개청에 대해서) 일찍이 조롱으로 농담을 하다가 개청 때문에 매를 맞는 벌까지 받았으니, (홍천경이 정개청에게) 분노했던 것을 이상하게 여길 것이 없다. 홍천경 무리가 그때의 정치를 비판하고 당시 권세 잡은 자들을 비방하며, 스스로 절의라고 자처했다. 이에 개청이 이 글을 지어서 주자의 말을 근거로 하여 이들을 배격한 것이다. 그러나 주자는 절의 자체는 높이면서 그 말류에서 생긴 폐해만을 말했다. 그런데, 개청의 이 논설은 절의의 말류에서 생긴 폐해를 들어서 절의 전체를 배척하여 청담과 같이 취급해서 결국 나라를 망치는 죄로 돌렸다. 그러므로 이것은 그릇된 견해라 하겠다.[25]

윤증의 말은 정개청이 옥중 상소에서 스스로 밝힌 내용과도 부합한다.

평상시 정개청과 그 문인들이 정철을 부정적으로 인식했던 것은 분명하다. 하지만 정개청 자신이 밝힌 대로라면, 그가 「절의청담변」을 지은 의도는 그런 인식과는 별개로 홍천경 등 무리들에게 맞춰져 있었다. 학생에 불과한 '절의지사節義之士'가 그 지위에 합당하지 않게 조정을 탁하게 여기고 천하를 경시하는 말을 일삼는 것을 경계하려는 것이었다. 학생이란 아직 과거에 붙지 못한 유생을 말한다. 정개청은 당시 상황을 절의의 이름만 알고 그 실제를 모르는 것으로, 학생이 국명國命을 잡고 있는 것으로 이해했다.

정개청과 박순

'배사론背師論'

　정개청을 공격한 측의 핵심 논리 두 가지는 '배절의'와 '배사론背師論'이었다.[26] 절의와 스승을 배반했다는 말이다. 절의와 스승에 대한 존중은 조선시대 사림이 가장 중시한 사회적 가치였다. 전자가 드러난 공격의 논리였다면, 후자는 드러내지 않은 공격의 이유였다.

　기묘사화 이후 50년 가까이 지속된 훈척세력을 물리치고 사림이 집권하는 데, 박순은 큰 공을 세운 사람이다. 또 그는 시대를 대표하는 문학적 재능에 더하여 청렴하기까지 했다. 재상직에 15년간이나 있었지만 사후에 청백리로 선정되었다.[27] 이 때문에 후배의 폭넓은 존경을 받았다. 물론 사림이 분열되기 이전 일이다. 그는 사림 분열 이후 비록 동인에 의해 서인으로 규정되지만, 그럼에도 정철은 물론이고 어떤 면에서는 이이보다 더 넓은 신망이 있었다.

　정철뿐 아니라 많은 서인이 정개청을 미워했다. 여기에는 기축옥사 발생 두 달여 전에 사망한 스승 박순을 그가 배신했다는 인식이 큰 원인으로 작용했다. 죽은 사람에게 너그러운 것은 인지상정이다. 1차 국문에서 정개청이 "내가 지은 설은 본래 주자가 논했던 것이다. 고의로 절의를 배격하려 했던 것은 아니"라고 하자, 위관 정철은 "주자도 스승을 배반했던가."라고 즉각 반박했다. 나중에 거의 통설처럼 받아들여진 '정개청이 정철로 말미암아 죽었다.'는 인식은 정철의 이 말에서 비롯되었다. 그런데 정개청이 박순을 배반했다고 생각한 사람은 정철만이 아니다. "호남의 사인士人으로서 박순을 존경하는 자들은 모두 스승을 배반하고 이익을 취한 정개청의 행위를 배척"했다.[28]

흥미로운 것은 정개청이 10여 년 전에는 같은 주제로 공격하는 입장이었다는 점이다. 선조 9년(1576) 김천일이 경기도 도사都事*로 있을 때 스승 이항이 세상을 떠났다. 김천일은 즉시 달려와 문상했다. 하지만 임지를 오래 비울 수 없어서 장례가 끝나기 전에 돌아가야만 했다. 그러자 나주 사족 사이에 김천일의 스승에 대한 예가 너무 가볍고 소홀한 것이 아닌가 하는 논란이 일었다. 제자 나덕명의 물음에 정개청은 김천일의 경우 부모를 일찍 여의고 스승을 부모처럼 따랐기 때문에 부모상에 준하거나 심상心喪** 3년은 해야 한다고 말했다. 그리고 한마디 덧붙였다. "스승이 돌아감에 마침내 잊고 거스르니 인의를 잊은 자이다." 대단히 모진 말이다. 스승과의 관계 및 그 예에 대한 문제는 이처럼 예민한 사항이었다.

정개청은 선조 시대에 명멸했던 수많은 인물 중에서도 이채를 띤다. 그 특색은 단순히 개인적 특성에만 기인한 것은 아니다. 시대 상황과도 긴밀히 연결되었다. 어찌 보면 그는 19세기 초 격렬한 이념적, 사회적 변동을 바탕으로 스탕달이 쓴 소설 『적과 흑』(1830)에 나오는 주인공 쥘리앵 소렐과 비슷한 면이 있다.[29] 선조 시대는 새로운 학문 '도학道學'이 학문적 현실

---

* 각 도에 있는 종5품 외관 문관직.

** 상복은 입지 않지만, 상중에 있는 듯이 처신하는 것.

적 권위를 공인받은 시기이다. * 새로운 권위는 새로운 인물을 통해서 기존 권위를 무력화시키는 경향이 있다. 그는 극히 보잘것없는 집안에서 태어났지만, 중년 이후 최고 수준의 학자이자 선생으로 떠올랐다. 그의 제자들이나 그가 친교를 맺은 인물들이 대개 명문名門 혹은, 적어도 양반 가문 출신이었던 것은 그의 신분적 배경과 뚜렷이 대비되었다. 새로운 학문 경향이 등장하지 않았다면 그의 이름이 『선조실록』에 나오는 일은 결코 없었을 것이다.

그런데 새로운 권위가 기존 권위를 갈등 없이 대체하는 경우 역시 별로 없다. 더구나 새로운 권위가, 존중받지 못하는 사회 계층 출신 인물을 통해서 등장할 때 그 갈등은 더욱 심하게 나타나는 것이 보통이다. 도학의 등장과 정개청이란 한미한 집안 출신 인물이 결합된 것이 정개청 사건의 본질적 측면 중 하나이다.

저마다의 기억

정개청 생애에 대해서는 39세 이후 삶에 대해서만 알려져 있다. 그의 유일하게 남은 저서 『우득록愚得錄』이 선조 즉위년인 1567년부터 기록되었기 때문이다. 그 앞 시기 그의 생애에 대해서는 정확하게 밝혀진 것이 별로 없다. 문제는 그를 중심으로 일어난 여러 사건이 그가 세상에 이름을 알리기 이전과 깊이 연관된다는 점이다. 박순과 정개청 관계도 그렇다.

『우득록』에 따르면 1567년에 정개청은 전라도 무안(현 전남 함평군 엄다면 남다리 제동부락) 아버지 집에 돌아와서 제자들을 가르치면서 박순과 편지

---

* 선조 6년에 『심경부주』가 선조의 명령으로 공식적으로 간행되었다. 419쪽 참조.

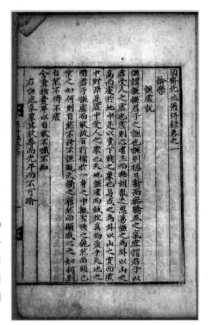

『우득록』. 정개청 문집은 원래 『수수기』와 『우득록』 12권으로 되어 있었으나 전란으로 소실되고, 『우득록』 3권만이 발견되어 부록 상·하권을 첨가하여 간행하였다. 정개청의 저서 중 유일하게 남은 것이며 그를 배향한 자산서원(전라남도 함평 소재)에 그 목판이 소장되어 있다.

를 주고받고 있었다. 『우득록』은 학문적으로나 사회적으로, 정개청이 박순으로부터 이미 독립한 이후를 보여 준다.

정개청의 39세 이전 시기에 대해 비교적 신뢰할 수 있는 기록은 정개청이 무안에서 박순에게 보낸 편지이다. 이 편지가 언제 작성됐는지는 기록되어 있지 않다.

저는 처음에 학문이 이익과 벼슬을 취하여 자기 한 몸을 영화롭게 하는 데 쓰이는 것일 뿐이라고 생각했습니다. 학문하는 것이 어떠해야 하는 바를 알지 못했던 것입니다. 독서를 하고서야 학문이 인륜人倫을 밝히는 것이라는 것을 거칠게나마 알게 되었습니다. 그 요령을 얻자 그것을 밝힐 방법이 무엇인가를 밤낮에 걸쳐 마음을 쏟아 땀을 흘리며 생각했습니다. 하지만 어리둥절하기만 하고 조급하기만 할 뿐 그 요점을 얻지 못했습니다. 『대학』을 읽고야 비로소 격물치지格物致知 성의정심수신誠意正心修身을 알았으니, 이것이 인륜을 밝힐 방법인 것입니다.

하지만 부여받은 기품이 탁하고 부여받은 재질이 잡박雜駁하여 신독愼獨*함이 순수치 못하였습니다. 안으로는 의지가 약하고 밖으로는 물욕에 유인되어, 스스로 마음을 속임을 면치 못했습니다. 잠깐 얻었는가 하면 곧 잃어버리고 혹 동작을 했는가 하면 그쳐 버렸습니다. 목표에 반쯤 올라가다가 도중에서 떨어진 사람이 됨을 달갑게 여기고, 스스로 반쯤 살고 반쯤 죽은 벌레 같았습니다. 이와 같이 하기를 5~6년에 그럭저럭 시간을 보내며 거의 금수禽獸의 영역에 이르렀습니다.

서울에서 노닐다 선생님을 뵙게 되었습니다. (선생님께서) 『대학』을 숙독하라고 가르쳐 주시고, 또 『혹문或文』도 숙독하라고 가르쳐 주셨습니다. 그 명命을 들은 이래 쉼 없이 읽고 생각하였습니다. 세월이 이미 오래되니 공부가 많이 되어 전날의 그릇됨을 알게 되었습니다. …… 저의 반생半生은 형극과 같았습니다. 곤고함이 극심했습니다. 오늘날은 평탄한 길이어서 다행히 돌아갈 곳을 알게 되었습니다. 선생님이 주신 것이 어찌 크지 않겠습니까, 어찌 무겁지 않겠습니까.[30]

위 내용을 다음과 같이 정리할 수 있다. 첫째, 정개청은 처음에는 다른 사람들처럼 현실적인 목적으로 공부를 시작했다. 이 당시 그에게 공부는 곧, 입신출세를 위한 과거공부를 뜻했다. 둘째, 공부가 어느 정도 이루어지자 공부의 본래 목적이 과거 합격이 아니라 인륜을 밝히는 것이라는 점을 알게 되었다. 셋째, 처음 가졌던 공부에 대한 세속적 목적과 독서 후에

---

* 홀로 있을 때, 남이 보지 않을 때에도 도리道理에 어그러짐이 없도록 삼가한다는 뜻이다. 사림 등장 이후 조선 성리학에서 대단히 중시했던 가치이다.

얻은 깨달음이 혼재된 상태로 5~6년 정도를 보냈다. 그 사이에 더 깊은 공부를 향한 돌파구를 발견하지 못하면서도, 약간은 그 상태를 "즐기는 마음도 있는 짐승 같은 영역"에 처해 있었다. 넷째, 서울에서 박순의 가르침에 따라 학문의 새로운 돌파구를 마련하였다. 다섯째, 자신의 반생半生은 가시밭길이었고 곤고함이 극심했다. 오늘날 학문적으로 평탄한 길로 들어서게 된 것은 박순 덕분이다.

정개청 생애에 대한 가장 구체적 서술은 안방준이 쓴 「기축기사己丑記事」에 나온다. 안방준은 17세기 호남을 대표하는 학자 중 하나이다. 19세에 스스로 성혼을 찾아가서 배우고 조헌을 존경한 것에서 알 수 있듯이 당파적으로는 서인이다. 그는 16세에 향시鄕試**에 응시했다가 시험장의 문란함을 본 후 평생 과거에 응시하지 않았다. 인조반정 후 서인이 집권하자 그에게 여러 번 벼슬이 내려졌다. 반정을 주도한 인물들과 친분이 두터웠기 때문이다. 하지만 그는 한 번도 관직에 나가지 않았다. 그가 절의로 유명한 포은 정몽주와 중봉 조헌을 존경하여, 이들 호에서 뒷글자 한 자씩을 따서 자기 호를 은봉으로 했던 것도 같은 맥락으로 볼 수 있다. 그는 당시 학술적으로 유행하던 이기론理氣論에 대해서는 거의 저술하지 않았다. 대신 역사 서술에 힘을 쏟았다. 「기축기사」는 그가 쓴 여러 역사 기록물 중 하나이다.[31]

「기축기사」는 안방준이 71세 되던 인조 21년(1643)에 썼다. 당시 조정에서는 『선조실록』을 수정해야 한다는 논의가 제기되었다. 조선시대 '한문 4대가'로 일컬어지는 4명 중 한 사람인 이식李植(1584~1647)이 이 사업

** 생원·진사시의 1차 시험. 지방에서 실시했다. 여기에 붙으면 서울에서 2차 시험인 한성시를 치렀다.

의 책임을 맡았는데, 기초 사료가 너무 부족해서 안방준에게 당시 상황을 물었던 것이다. 「기축기사」는 이런 분위기에서 집필되었다.

안방준은 전라도 보성 출신이다. 때문에 기축옥사에 대해서 상세하게 파악할 수 있는 위치에 있었다. 더구나 정개청의 중요한 제자 안중묵과는 재종백숙부 관계였다. 안방준이 17세 되던 해에 기축옥사가 발생했다. 그의 자형이 상소문 작성을 위해 소집된 모임에 참가하려 하자, 안방준은 장차 일어날 정치적 갈등을 예견하여 참석을 만류했다고 한다.[32] 이것은 당시에 안방준이 전개되는 상황의 추이와 맥락을 상당한 수준에서 이해하고 있었음을 뜻한다. 아래는 「기축기사」에 있는 정개청에 대한 내용이다.

정개청의 본명은 유청惟淸인데 대대로 (그의 집안은) 나주 고을 향리였다. 그의 아버지가 향리를 그만두고 무안 땅에 이사하여 살면서 심의겸의 농사農舍를 지켜주고 그것으로 생활을 꾸려 갔으나 경제적으로 몹시 어려웠다. 그래서 정개청은 아내를 버리고 중이 되어 풍수風水로서 여러 곳을 두루 돌아다니다가 보성군 북촌 김석남金錫男의 선산 재사齋舍에 이르러 수년 간 머물러 있었다. 마을 사람이 권고하여 머리를 기르게 하고 개청介淸으로 이름을 고쳤다. ……

정개청은 이어 안씨 문중의 종, 이름은 은이銀伊에게 장가들어 그 집 밑에서 여러 해 살았다. 안씨 문중은 기대승과 일가였기에, 정개청에게 지시하여 기대승을 찾아뵙고 스승으로 섬기게 하였다. (중략: 기대승이 정개청을 제자로 받아들이는 것을 거절한 내용) 정개청은 부끄러움을 이기지 못하여 즉시 상경하여 심의겸, 홍인경을 통해서 박순을 뵈었다. 그는 정개청을 행랑방에 머물게 하고 사위 이희간李希幹과 아들 조카들을 가르치게 했다. 정개청도 박순에게 글을 배웠다. 박순이 그를 친자제처럼 사랑한 지 거의 10년이 되어서야 천거하여 참봉이 되었다. 정

개청과 박순은 의리로 말하면 스승과 제자요, 은혜로 말하면 아버지와 아들 같았다. [33)]

자기 생애에 대한 정개청 자신의 함축적 서술과, 안방준의 구체적인 서술 사이에는 얼핏 큰 차이가 있는 것처럼 보인다. 하지만 큰 흐름을 보면, 두 내용은 상당히 부합한다. 정개청 서술에 따르면 그는 박순을 만나기 이전에 이미 긴 기간 공부에 정진하여 상당한 수준에 도달해 있었다. 그 상태에서 5~6년 정도가 다시 흐른 뒤에야 서울에서 박순을 만나게 되었다고 말한다. 안방준의 서술에도 "보성군 북촌 김석남의 선산 재사齋舍에 이르러 수년 간 머물"렀고, 후에 안씨 문중의 종 은이에게 장가들어 그 집 밑에서 여러 해 살았다고 나온다. 그 후에야 서울에서 박순과 만난다. 재사란 산에 있는 여러 분묘를 관리하고 제사를 지낼 수 있도록 세운 건물이다.

한편, 「곤재선생행장」에는 정개청의 젊은 시절이 다음과 같이 서술되었다.*

처음에는 세상 사람들이 과거를 보아서 어버이를 기쁘게 하는 것을 보고는 과거 공부를 하여 초시에 여러 번 합격하였다. 일찍이 사서四書를 읽어 정미精微한 것을 강구하여 의리 있는 바를 깨닫고, 오로지 학문에 힘써 책상을 짊어지고 영주산瀛州山 절에 들어갔다. 절 북쪽 인적이 끊긴 곳에 흙을 쌓아 집을 만들고 홀로 단정

___
* 「곤재선생행장」(『우득록』)을 언제, 누가 썼는지 분명하지 않다. 내용 중에 정개청이 중년 이후 살았던 무안현 엄담淹潭의 "윤암輪岩 옛 집터에 사당을 세웠다."는 기록이 나온다. 사당은 자산서원紫山書院을 가리키는데, 사당이 세워진 것은 정개청이 신원된 광해군 8년(1616)이다. 결국 행장은 그의 사망 후 최소한 26년 이후에야 작성되었던 것이다.

하게 앉아서 …… 정밀히 공부하지 않은 것이 없었다. …… 일찍이 거처하는 곳이 먼 벽촌임으로 견문이 고루하다 하여 서울로 여행하여 널리 서적을 구하였다.[34]

「곤재선생행장」에도 정개청에게 정진하는 시기가 있었고, 그 후에 서울로 갔다고 기록하고 있다. 다만 「곤재선생행장」에는 홀로 정진하는 시기와 서울에서 박순을 만나게 된 시기 사이에 '5~6년'(정개청이 박순에게 보낸 편지), 혹은 '여러 해'(「기축기사」)의 시간차가 빠져 있다.

주목할 것은 행장에 정개청이 처음에 정진해서 공부했던 곳이 '영주산'으로 나온다는 점이다. 영주산이라는 이름의 산이 제주도, 전남 보성, 금강산에 있고, 이 세 곳 중에서 금강산을 가리킨다고 주장하는 의견도 있다.[35] 하지만 안방준이 지적한 "보성군 북촌 김석남의 선산"이 바로 영주산이고, 이것은 전남 보성의 영주산이라고 보는 것이 합당할 것이다.*

정개청이 박순을 만난 이후, 두 사람이 어떤 관계였는가에 대해서 정개청 자신과 안방준이 각각 기록을 남겼다. 정개청에 따르면, 자신이 서울에 있다가 박순을 만나게 되었는데, 박순이 『대학』과 『대학혹문』을 숙독하라고 말했다고 한다. 박순 말에 따라 열심히 읽고 사색을 오래한 끝에 공부가 쌓여서 자신의 그릇을 알게 되었다고 그는 기록하였다.

주자는 사서집주四書集註를 완성한 후 다시 사서혹문四書或問 39권을 남겼다. 제가諸家의 학설과 해석이 서로 다른 이유에 대해 주자가 제자들과 문답한 내용이다. 특히 『대학혹문』은 사서혹문 중에서도 주희가 가장 정성을 쏟은 책이다.[36] 정개청이 그때까지 보지 못했던 책들로, 더 높은 수준의

---

* 송준호도 영주산을 보성군에 있는 산으로 보았다. 『조선사회사연구: 조선사회의 구조와 성격 및 그 변천에 관한 연구』, 일조각, 1987.

『대학혹문』

학문으로 가기 위해서는 반드시 보아야 하는 책들이었다.

한편, 안방준의 기록은 정개청의 기록과는 다소 차이가 있다. 정개청은 심의겸, 홍인경을 통해서 박순을 만나게 되었다. 박순은 정개청을 자기 집 행랑방에 머물게 하고 사위 이희간과 아들, 조카들을 가르치게 했다. 정개청도 박순에게 배웠다. 박순을 거의 10년간이나 정개청을 친 자식처럼 아꼈고, 후에 천거하여 참봉이 되도록 했다고 기록하고 있다. 정개청이 박순을 만났을 당시에 정개청의 학문은 이미 상당한 수준이었다. 때문에 두 사람 관계가 어린 학동과 선생의 모습 같은 것일 수는 없다. 다만, 높은 수준에서 박순이 정개청을 지도했다는 것은 정개청 자신의 서술을 통해서도 확인된다.

정개청 자신의 서술에는 그의 오랜 숙독과 사색이 어떤 생활 조건에서 이루어졌는지 언급되어 있지 않다. 이 오랜 기간 동안에 정개청이 계속해서 박순 집에서 신세를 졌다고 볼 수는 없다. 그는 아래로 3명의 남동생을 둔 장남이다. 또, 그의 아버지는 정개청보다 31년 위이고 이미 상당히 연로한 나이였다. 아마도 자기 말대로 서울과 무안을 오고가며 박순에게 배웠다고 보는 것이 옳을 것이다.[*] 하지만 별다른 연고가 없었기에, 서울에 묵는 동안에는 박순에게 신세를 지지 않을 수 없었을 것이다. 또, 정진하기 위해서는 많은 서적이 필요했다. 이를 위해서도 박순 집에 머무는 것 이외에 별다른 방도를 갖지 못했을 것이다. 후일 박순에게 보낸 편지에 정개청은 "소생을 오랫동안 굽어 살피시어 평가하고 잘 대해 주신[知遇] 공"에 감사한다고 말하였다.[37]

정개청의 서술이 포괄적이고 우회적인 것에 비해서 안방준의 그것은 구체적이다. 박순이 안방준을 자기 집 행랑에 머물게 하면서 한편으로 자신의 사위와 자식, 조카 들을 가르치게 했고, 다른 한편으로 정개청도 자신에게 지도받게 했다고 말했다. 정개청은 "세월이 이미 오래되었다."고 말했고, 안방준은 그것이 10년 가까운 시간이었다고 말했다.

후일, 윤선도는 박순과 정개청 관계가 스승과 제자 관계는 아니었다고 말했다. 그러니 정개청에게 스승을 배신했다는 혐의 자체가 성립하지 않는다는 말이다. 두 사람 나이 차이가 불과 6세밖에 안 되므로 스승과 문인의 의를 맺어 수학할 리 없다는 것이 그 추론의 근거이다. 그 증거로 정개

---

[*] 위에서 단편적으로 언급된 몇 가지 사실과 박순의 생애를 통해서 두 사람이 처음 만난 시점을 추론하면 다음과 같다. 박순은 명종 8년(1553) 문과 합격 후 31세에 서울에서 벼슬살이를 시작했고, 명종 16년(1561) 어떤 사건으로 조정에서 쫓겨나 고향 나주의 옛집으로 내려갔다. 다음 해 한산 군수에 임명되었고, 41세인 명종 18년(1563)에 의정부 검상으로 서울로 복귀했다. 요컨대 31~39세에 8년간 서울에 있었고, 39~41세에는 지방에 있었다. 41세부터는 계속해서 서울에 머문다. 두 사람이 처음 만난 것이 서울이고, 그것이 상당 기간 지속되었고, 두 사람의 나이 차가 6세라는 조건을 충족하려면, 두 사람의 첫 만남 당시 정개청은 25~33세 사이여야 했을 것이다.

청이 박순에게 보내는 편지에서 스스로를 "후생後生"이라고 말했고, '문생門生'이라 하지 않았음을 지적하였다. 후배이지 제자가 아니라는 말이다. 때문에 김장생이 정개청에게 "박 재상을 아는가."라고 물었을 때, 정개청이 "그 집에 서적이 많다는 것을 알고 왕래하며 상고해 보았다."라고 답변한 것이 그가 박순을 배반한 것이라고 볼 수는 없다고 말하였다.[38] 김장생은 이이의 문인이고, 김계휘의 아들이다.

박순과 정개청 관계가 흔히 연상되는 스승과 제자의 모습이었을 것이라고 할 수는 없다. 하지만 책을 빌려 보는 정도의 관계라고 말하는 것은 더욱 적절하지 않다. 윤선도는 정개청의 박순에 대한 자칭自稱과 나이 차를 들어서 두 사람이 스승과 제자 관계일 수 없다고 말했지만, 설득력 있는 말이라고 하기는 어렵다. 두 사람은 각자의 가문 배경이나 사회적 지위 등으로 보아서 나이 차이 이상의 사회적 차이를 지닐 수밖에 없었을 것이다. 박순 아버지 박우朴祐는 진사에 장원하고 문과에 급제했으며, 박우의 형은 '신비복위소愼妃復位疏'**로 유명한 박상朴祥이다. 더 중요한 것은 박상이

** 중종 10년(1515) 8월 전라도 순창 삼인대三印臺에서 담양 부사 박상朴祥(1471~1530), 순창 군수 김정金淨(1486~1521), 무안 현감 유옥柳沃(1485~1519)이 중종반정 공신들에 의해서 억울하게 폐위된 신비愼妃를 복위復位시키라고 요청하는 상소를 올렸다. 이것은 조정에 즉각적인 파장을 불렀다. 상소가 비판하는 대상이 결국 권력을 가진 반정공신들이었기 때문이다. 이 상소로 8월 24일 박상은 남평에, 김정은 보은에 즉각 유배되었다. 이 과정에서 이들을 사면하라고 요청하는 상소가 이어졌다. 그러다가 11월 22일에 사간원 정언에 막 임명된 조광조가 상소를 올렸고, 그것은 큰 정치적 반전을 불러왔다. 그는 상소에서 "재상이 죄를 청해도 대간은 구제하여 언로를 넓혀야 했거늘 오히려 (대간이 나서서) 죄를 청한 것은 심히 잘못된 것"이라며 대사헌 권민수와 대사간 이행을 탄핵하고 양사를 파직할 것을 청했다. 중종은 조광조의 요청에 따라 대간을 대폭 교체했다. 결국 다음 해 4월 중종의 유배 해제 명이 내리면서 사건이 일단락되었다. 이 사건은 사림파의 정치적 성장에 결정적 계기를 제공했다. 중종 초 신진사림은 정치적 학문적으로 심정적 연대만 있었을 뿐, 아직 정치집단으로 세력화된 상태는 아

야말로 호남 사림 계보에서 중요한 인물이었다는 점이다. 박순 역시 문과에 장원했다. 더구나 그는 이미 선조 초 등장한 신진사림의 좌장 격 인물이다. 두 사람이 만났을 때의 학문적 수준 차이까지 감안하면, 사람들이 두 사람 사이를 스승과 제자 관계로 본 것은 당연하다.

진실은?

많은 서인들이 정개청에 대해서 깊은 반감을 갖고 있었다. 아마도 절의를 배반한 것보다 스승 박순을 배반한 것이 더 큰 원인이었을 것이다. 그런데 정개청은 정말 박순을 배반했을까? 서인은 "박순이 영의정에서 파직되자 (정개청은) 동인 이발, 정여립과 교분을 맺음으로써 스승을 배반했다는 비난을 받았고, (그가) 「절의청담변」을 지어 자기 처지를 변명"했다고 생각하였다. 결론부터 말하면 이런 인식은 실제와 거리가 있다.

「절의청담변」은 선조 17년(1584) 3월 1일에 작성되었다.[39] 선조 16년 이후 조정에서는 이이를 중심으로 한 서인 우위의 정치적 지형이 지속되고 있었다. 선조 16년 '계미삼찬'으로 동인은 정치적으로 큰 타격을 받았다. 비록 선조 17년 1월에 이이가 갑자기 사망하며 조정에 큰 충격을 주었지만, 선조 17년 중반 무렵까지는 서인 중심의 세력 구도에 눈에 띄는 변화는 없었다. 선조 17년 2월에는 서인 측 좌장에 해당하는 정철이 대사헌에, 윤근수가 대사간에 임명되기도 했다.[40] 정철이 대사헌직 임명을 받아들이지

니었다. 이러한 신진사림이 '사림파'라는 집단세력으로 결속하고 방향성을 가진 의식적 노력을 하게 되는 계기가 바로 신비복위소였다. 신비복위소는 조선전기 사림정신을 상징하는 대표적인 사건으로 사림파의 결속력과 정치 참여의 계기를 마련한 사건으로서 큰 역사적 의미를 지닌다. 이해준, 「신비복위소 논란과 재평가의 성격」, 『유학연구』 28, 2013 참조.

않자, 선조는 그에게 이 직책의 수용을 강력히 권유하기까지 하였다.[41] 사헌부와 사간원의 인적 구성이 바뀌어 박순이 양사의 탄핵을 받은 것은 선조 17년 12월이다.[42] 박순이 영의정 직책에서 물러난 것은 그로부터 다시 몇 달이 지난 선조 18년 4월이다. 「절의청담변」은 그 작성 시기와 당시 조정 상황으로 보아서, 정개청의 박순에 대한 '배반'의 근거가 될 수는 없는 글이다.

그렇다고 서인의 정개청에 대한 부정적 인식에 근거가 전혀 없지는 않다. 비교적 확실한 두 가지 사실이 있다. 하나는 앞서 언급했던 김장생의 증언이다. 정개청은 이이 제자 김장생에게 자신과 박순 관계를 책을 빌려 보는 정도로 말했다. 정개청은 왜 그렇게 말을 했을까? 한미하고 고단했던 자신의 지난 시절을 감추고 싶어서였을까? 모를 일이다. 하지만 어찌 되었든지 그것은 너무 지나친 말이었다. 정개청 자신이 박순에게 편지로 했던 말과도 다르다. 김장생은 서인 사이에 영향력이 있었다. 정개청이 김장생에게 한 말은 서인 사이에서 정개청에 대한 부정적 인상을 형성하는 데 적지 않은 영향을 미쳤을 것이다.

김장생이 전한 말보다 더 확실하게 정개청에 대한 서인들의 부정적 인식을 굳힌 것은, 어쨌든 그가 전라도 곡성 현감을 지낸 일이다. 정개청은 이산해의 도움으로 선조 21년에 곡성 현감을 8개월가량 지냈다.[43]* 선조 21년은, 선조의 총애를 한 몸에 받던 이산해 세력이 박순을 조정에서 축출한 이후였다. 박순이 서울을 완전히 떠난 것은 선조 19년이다.[44] 당시 박순

---

* 정개청 자신도 곡성 현감 재직 시인 1588년 6월에 이조 판서 이산해에게 보낸 사직 요청 편지에서 이산해가 자신을 "장려 발탁"했던 것에 감사를 표하고 있다(『우득록』권3, 「상이아계산해서上李鵝溪山海書」).

은 포천에 머물고 있었다. 고향 나주가 아니라 포천으로 물러난 것은, 사위 이희간의 집이 그곳에 있어서였다. 박순은 적손으로 딸 하나를 두었는데 딸 집으로 은거했던 것이다.[45]

정개청이 동인에게 붙어서 박순을 공격했다는 주장은 사실이 아니다. 그가 접촉했다고 알려진 사람도 이산해 정도였다. 그가 무슨 이유로, 그리고 어떤 방법으로 곡성 현감을 지내게 되었는지는 불분명하다. 여러 정황으로 짐작하면, 정개청이 이산해에게 먼저 접근했다고 보기는 어렵다. 오히려 그 반대일 가능성을 배제할 수 없다. 어찌되었든지 당시는 당파 간의 정치적 전선戰線이 선명한 때였다. 그가 곡성 현감을 지낸 이유와 방법이 무엇이든, 정개청이 비록 우회적으로라도 이산해를 통해서 곡성 현감을 지냈다는 사실 자체가 서인을 분노케 하기에 충분했다.

향리 가문 출신 서원 원장

정여립이 서울 의금부 옥에 수감되는 데 가장 크게 역할을 한 사람이 홍천경이다. 그는 나주 지역 사족이었다. 광해군 원년(1609)에는 문과에 우수한 성적으로 합격하기도 했다. 두 사람의 갈등은 둘 사이의 개인적 관계 차원을 넘어서, 당시 나주 지역의 복잡한 정치적, 학문적 분위기를 반영했다.

정개청 집안은 나주 향리직을 대대로 세습했다. 향리는 조선시대에 지방관청에 속하여 행정을 맡아보던 토착적이고 세습적인 하급관리이다. 흔히 '아전'이라 불리던 사람들이다. 이들은 사회적 지위 면에서 백성들보다는 우위에 있었지만, 사족 아래 위치한 존재였다. 나중에 정개청 아버지는 향리를 면하고 무안 땅에 옮겨 살았다. 그는 심의겸의 농사農舍를 관리하여 생계를 근근이 유지했다. 하지만, 집안 형편은 계속 어려웠다. 때문에 정개청은 젊은 시절에 집을 나왔다. 거처를 위해서 불가佛家에 입문하기도 했고, 몇 년 후 환속해서는 남의 집 비부婢夫가 되어 살기도 했다.[46] 지역 명문 사족 가문 출신이 보기에, 그는 근본이 미천한 사람이다.

하지만 정개청은 의지가 굳고 명민했다. 박순은 정개청의 이런 점을 높이 평가했던 것 같다. 그는 정개청에게 끝까지 관대했다. 심지어 나중에 정개청이 이산해 도움으로 수령이 된 것을 알고 난 후에도 이전 태도를 바꾸지 않았다. 정개청이 본인의 미천한 신분 때문에 그럴 수밖에 없었으리라고 그의 불우한 처지를 이해해 주었다. 정개청은 박순 집을 드나들며 그의 학문적, 경제적 보살핌을 받았다. 그 결과 정개청은 높은 수준의 공부를 위한 도약대를 얻었고, 당시 확산되던 새로운 학문 경향인 도학道學에 대해 높은 식견을 갖게 되었다. 이 과정에서 학문적으로는 물론 경제적으로도 박순의 도움이 적지 않았던 것으로 보인다. 서경덕(1489~1546)은 중종(1506~1544) 말엽 사림 중에서 이기론理氣論에 대한 최초의 성과를 보여 주었다.[47] 그것은 사림이 새로운 학문적 지향에서 처음 획득한 돌파구였다. 박순은 그런 서경덕에게 배웠다.

정개청의 공부가 어느 정도 이루어지자 정개청에게 선조 10년 무렵부터 낮은 벼슬이 제수되기 시작했다. 박순이 추천한 결과였다. 선조 10년에는 북부 참봉에, 선조 13년에는 연은전 참봉에 임명되었다. 선조 14년에는 동몽교관에 임명되기도 하였다.[48] 동몽교관은 서울의 사학四學과 각 지방에서 학동들을 가르치던 종9품 관직이다.

시점을 정확히 확인하기는 어렵지만, 정개청은 박순 집에서 나와 무안 본가本家로 돌아왔다. 그러고는 제자들을 가르치기 시작했다. 나덕윤 등 나사침의 아들들, 안중묵·최홍우·나덕원 등의 배움이 특히 깊었다. 먼 곳에서 그에게 공부하러 온 사람들도 있었다. 수년 후 북인 당파에서 활약하게 되는 남이공南以恭과 종실宗室의 화천정花川正 이수붕李壽鵬 등이 그들이다. 남이공은 나주 목사로 재직하는 유몽정柳夢鼎이 처외숙이어서 나주를 방문했었다. 이수붕은 정개청이 사망하자 3년간 상복을 입고 술과 고기를 먹지 않는 문인의 예를 지켰다. 또 정개청이 고례古禮를 가져와서 관혼의 예법을 새로 행하자 인근 지역 사대부 집안에서 본받는 사례가 적지 않았다. 이 무렵 정개청에게 내려진 벼슬은 낮았으나 그의 이름에 대한 사회적 평판은 훨씬 높았다.[49]

선조 15년(1582)에 나주 목사 유몽정은 정개청을 나주 훈도로 추천하였다. 계기가 있었다. 정개청 문인 나덕준이 나주 대안동大安洞에 서재를 세우고 정개청을 빈賓으로 삼아서 '향음주례鄕飮酒禮'를 실시했던 것이 바로 그 계기였다.

간단히 말하면 향음주례란 지방 고을에서의 술자리이다. 향촌 유생들이 향교나 서원에 모여 학덕과 연륜이 높은 이를 주빈主賓으로 모시고 술을 마시며 잔치를 하는 의례였다. 이를 통해서 어른을 존중하고 노인을 봉양하며, 효제孝悌의 행실도 실행할 수 있으며, 귀천의 분수도 밝힐 수 있다고 여겨지며 중시되던 행사이다. 대개 규범은 공식적일 때보다 사적일 때 개인에게 더 깊이 영향을 준다. 겉치레가 아니라 진짜라는 느낌을 주기 때문이다. 향음주례가 아니라도 어차피 술자리는 있게 마련이다. 이상理想의 이름으로 사적 차원에서 규범적 가치를 집행함으로써 지배이념의 공고화에 기여할 수 있다고 믿었던 것이다. 어쨌든 나주 목사 유몽정은 이 행사에 참여하여 깊은 인상을 받았다. 이를 계기로 상소를 올려 정개청을 나주 훈도에 임명했다.

정개청은 처음 심문 받는 자리에서 다음과 같이 진술하였다.

저의 성품은 몹시 어리석어서 시세에 맞추지 못하였습니다. 하지만 '시세는 아무리 옛날과 지금에 차이가 있어도, 사람 본성은 차이가 없다.'고 여겼습니다. 『소학』, 사서四書, 『근사록』 등을 부지런히 가르치고, 날마다 의관을 정제하고 읍양진퇴揖讓進退*를 고례古禮대로 따랐습니다. 간혹 태만한 자가 있으면 종아리를 쳐서 벌하니 믿고 따르는 자가 많았습니다. 하지만 (일부) 몸가짐 단속하기를 좋아하지 않는 사람은 교만하고 방자함이 날로 심하여 (저를) 원수같이 시기하였습니다. 교생 홍천경 같은 자는 면전에서 저에게 욕까지 했습니다. 이에, 이 몸에 성의가 부족하여 사람을 감화시키지 못하고 그들과 더불어 선善을 다하지 못함을 헤아리고 스스로 그만두고 돌아왔습니다. 하지만 영의정 박순이 글을 보내 이르기를, "모욕당하는 일은 공자나 맹자께서도 면하지 못하였다. 더구나 지금은 말세이니 개의치 말고 다시 가르쳐 인재를 성취시키라." 하였습니다.
그 후에 목사가 저를 본주 서원 원장을 시켰습니다. 그러자 전날에 원한을 품은 한두 사람이 목사에게 말하지도 않고 동료를 주장하여 거느리고 와서 자의로 원장에서 제 이름을 지웠으니 그 뜻을 알기 어렵지 않습니다. 반드시 (저를) 죽이고자 한 것입니다. (정여립) 역변逆變 뒤에는 혀를 놀리고 거짓말을 펼쳐서 (저에 대한) 모함을 다하였습니다.[50]

처음 나주 훈도에 임명되었을 때, 정개청은 사양했다. 그 이유를 "이 몸이 본주 사람으로서 여러 선비를 제대로 가르칠 수 없고 시기하는 고을 사

---

* 읍하는 동작과 사양辭讓하는 동작, 나아가는 동작, 물러나는 동작. 총칭하여 예의에 맞는 행동.

람이 많아"서라고 말하였다. 완곡하게 표현했지만 의미는 분명하다. 그의 집안은 대대로 나주 금성산 아래 대곡동大谷洞(현 나주시 경현동)에 살았고, 정개청도 그곳에서 태어났다. 집안 대대로 나주 향리를 지냈기에, 정개청을 하대下待했던 사람들이 여전히 그곳에 살고 있었다. 자신이 훈도 역할을 제대로 할 수 있을지 걱정되었을 것이다. 더구나 그가 배운 도학은 단순히 머리만 쓰는 이론 지식이 아니다. "날마다 의관을 정제하고, 읍양과 진퇴를 고례대로 따르고", "검속", 즉 엄중하게 단속함을 주로 하는『소학』의 실천적 가르침이 도학의 핵심이다.[51] 이 시기 도학은 추상적 이론이나 정치적, 사상적 대의에 대한 단순한 지지를 뜻하지 않았다. 그것은 몸으로 익히고 행동으로 표현해야 하는 것이었다.

정개청은 자기 가르침을 순순히 따르지 않는 사람들이 있으리라 예상했다. 그것이 곧 현실로 나타났다. 정개청 측 기록에 따르면, 글솜씨를 자부하던 자들이 다투어 정개청을 조롱했다. 특히 홍천경은 향교에 한 번도 들어오지 않았다. 정개청이 이 사실을 목사에게 알려서 홍천경 종아리를 치도록 했다.

이 상황을 홍천경 입장에서 생각해 볼 필요가 있다. 그의 입장에서 정개청의 행위는 자신에 대한 납득할 수 없는 공격이나 다름이 없다. 신분제 사회에서 자신보다 훨씬 낮은 신분의 인물을 스승의 예로 대하지 않았다는 이유로 모욕적인 체벌을 당한 상황이었다. 홍천경이 정개청과 20여 년 나이 차이에도 불구하고 정개청 면전에서 그에게 욕까지 했다 하여 이상할 것은 없다. 1960, 70년대는 한국에서 전통사회가 일상에서 마지막으로 해체되던 시기였다. 이 시기까지도 지역에 따라서는 드물기는 해도 '주인집' 어린아이가 '하인'이었던 노인에게 반말을 하고, 노인이 말을 높이는 경우가 있었다. 신분제 사회에서 다른 신분 사이에 나이는 별로 중요하지 않다. 정개청 행장이 말하듯, 그에 대한 기축년의 모함이 여기서 비롯되었다.[52]

　나주에서 비롯된 정개청을 둘러싼 갈등은 그가 가진 두 가지 특성에서 비롯되었다. 하나는 그가 미천한 향리 가문 출신이라는 점이고, 다른 하나는 그럼에도 불구하고 높은 수준의 도학 이해에 도달했다는 점이다. 그가 획득한 새로운 학문은 신분상 약점에도 불구하고 많은 명문 사대부 가문 제자들을 불러 모을 수 있었던 이유였다. 하지만 여전히 사장詞章과 문사文詞는 과거 급제를 위해서 중요한 학술적 기능이었다. 학문의 목적이 과거급제이고, 도학 이해가 아닌 관료 지위가 지배신분의 조건이라면 새로운 경향인 도학은 필수적이지 않았다. 다수의 유생들이 그렇게 생각했을 것이고, 홍천경은 그렇게 생각하는 사람들 중 하나였다. 정개청을 둘러싼 갈등은 향권鄕權, 즉 지방 고을 내의 주도권을 둘러싼 지역적 갈등일 뿐만 아니라, 신분적 갈등임과 동시에 당대의 학문적 경향 사이의 갈등이기도 했다.

8장

최영경 옥사

기축옥사 이전의 최영경

성혼과의 만남

최영경은 중종 24년(1529) 서울에서 태어났다. 그는 대대로 벼슬을 지낸 집안 출신이다. 증조부는 문과 출신으로 전라도 관찰사를 지냈고, 조부는 경상도 언양彦陽 현감을 지냈다. 아버지 세준世俊 역시 문과 출신으로 병조 좌랑을 지냈다.[53]

최영경 자술自述에 따르면 그는 "어릴 때 부친을 잃고 한양에 있는 선인先人의 허물어진 집에서 40년을 살았다."[54] 그가 나중에 진주로 거처를 옮기기 전까지 살았던 한양 원동리院洞里 집이 그 집이다. 역시 그의 진술에 따르면 같은 동네에 정언지·정언신 형제가 살았다. 자신보다 두 살 많은 정언신은 어린 시절 친구였다. 우의정으로 기축옥사 첫 위관을 맡았다가 사건에 휘말려 죽은 바로 그 정언신이다. 정개청이 박순 말고는 저명한 인사들과의 사회적 관계가 극히 빈약했다면, 최영경은 비록 과거에는 합격하지 못했지만, 상대적으로 풍부한 인적 네트워크를 가지고 있었다.

부친상을 마친 후에는 과거 공부에 힘썼다. 약관의 나이에 초시에는 몇 차례 합격했다. 하지만 2차 시험인 복시에 계속 실패했다. 결국 문과는 물론이고 생원시나 진사시에도 합격하지 못했다. 아버지의 이른 사망과 본인의 시험 불합격 등 요인이 겹치면서 그의 초년 시절에 대해서는 알려진 것이 거의 없다.

최영경 이름이 주위에 조금씩 알려지게 된 것은 모친상을 치른 후부터였다. 정확히 말하면 모친상 때문에 알려지게 되었다. 부친의 경우처럼, 그의 모친도 정확히 언제 사망했는지 확인되지 않는다. 모친은 낙상落傷이 원인이 되어 사망했던 것으로 보인다. 모친이 사망하자 장남인 최영경은 가산家産을 털어, 유회油灰*를 구비하고 석곽石槨을 써서 장사지냈다. 장례 후에는 3년간 여막에서 시묘하였다.

모친 장례를 과도할 정도로 성대하게 치르면서 그의 집안은 경제적으로 어려움에 처하게 되었던 듯하다. 마을 사람들 대부분이 그것을 어리석게 여겼다. 이 일이 주변에 알려졌고, 같은 마을에 살던 안민학이 그 소문을 듣게 된다. 호기심을 느낀 그는 직접 최영경 집을 방문하여 그와 이야기를 나누었다. 이때 최영경에게 받은 인상이 무척 강했던 것 같다. 그는 최영경 집을 방문했던 일을 성혼에게 전하였다.[55] 두 사람은 7세 차이로 서로를 형, 동생으로 부르는 가까운 사이였다. 성혼 역시 직접 최영경 집을 방문하였다. 당시 상황을 성혼은 다음과 같이 그렸다.

> 한양에 들어가서 일부러 찾아가 (최영경 집) 문을 두들겼다. 한참 만에 맨발의 작은 여종이 나와서 맞이하였다. (집 안에) 들어갔더니 뜰에 향기로운 꽃과 풀이 가득했다. 조금 뒤 영경이 나왔는데 베옷에 떨어진 신을 신은 궁한 차림이었다. 하지만 그 얼굴은 엄중하여 남이 범할 수 없는 기상이 있었다. 앉아서 이야기하니 한 점 티끌도 없었다. 성혼이 (돌아와서) 매우 기뻐서 백인걸에게 말하기를, "제가

---

* 석회와 들기름 혼합물. 회는 보통 왕릉에 사용되었고, 이는 식물의 뿌리가 광중으로 침투하지 못하도록 하고, 빗물이 침투되지 못하도록 하는 기능을 했다. 장순용, 「조선시대 의궤의 유회에 관한 고찰」, 『건축역사연구』Vol.10 No.2, 2001.

최영경을 보고 돌아왔는데, 홀연히 맑은 바람이 소매에 가득함을 깨달았습니다.”
하였다.[56]

성혼의 방문 이후 두 사람은 서로의 집을 왕래하며 친교를 나누었다. 중요한 것은 성혼이 백인걸에게 말을 전하면서 최영경 이름이 조정 고위층 인사들 사이에도 알려졌다는 점이다.[57] 백인걸과 성혼 모두 당시 사림의 신구 세대를 대표하는 인물들 중 하나였다. 백인걸은 성혼에게는 아버지 친구이고, 17세의 성혼에게 『상서』를 가르쳐 준 스승이다. 성혼도 젊은 시절부터 신진사림 사이에서 영향력이 있었지만, 백인걸은 조광조에게 직접 배운 문인이다. 조광조는 당시 사림에게는 '북두칠성' 같은 존재감을 가진 인물이었다. 선조가 즉위하면서 조정을 구성했던 인사들이 이들과 이렇게 저렇게 연관된 사람들이었다. 요컨대, 최영경은 성혼을 통해서 세상에 비로소 알려졌다.

스승을 빼닮은 제자

최영경이 조식을 처음 만난 때는 그가 37세 되던 명종 20년(1565)이다. 지금도 그렇지만 당시에도 누군가의 제자가 되기에 늦은 나이였다. 그는 진주에 있던 조식을 찾아서 배움을 청하였다.[58] 첫 만남에서 조식은 최영경을 높이 평가했다. 어떻게 한 번 보고 그럴 수 있었을까? 아마도 성혼이 처음 최영경을 만나서 그에게 보았던 것을 조식도 볼 수 있었던 것 같다. 사실 최영경에 대한 여러 사람의 기록에 공통점이 있다. 그의 인상과 생김새가 범상치 않다는 것이 그것이다. 이 후 두 사람의 간헐적 만남이 기록으로 확인된다. 39세(선조 즉위년, 1567)에는 그가 김우옹과 함께 덕천 산천재에서 조식에게 가르침을 받았다. 산천재는 조식이 세운 학당으로 그가 만년을 보내다 죽은 곳이다. 다시 2년 후인 1569년 봄에도 최영경이 김우옹과 『심경』을 함께 공부했던 것이 확인된다.[59]

이 시기 적지 않은 사람들이 그랬듯이, 최영경도 모친 사망 후 어떤 시점부터 과거시험이 아닌 도학道學 공부에 전념하였다.[60] 그가 30대 중반을 넘어서는 시점이다. 조식을 방문한 것은 그런 최영경 내면의 결심이 확고해진 이후의 일이었을 것이다.

최영경이 『선조실록』에 처음으로 등장하는 것은 선조 6년(1573)이다.

> 삼공三公과 이조吏曹가 같이 의논하여 이조의 낭청이 아뢰기를, "지금 학문과 행실이 두드러지게 알려진 전 참봉 조목趙穆, 학생 이지함, 생원 정인홍, 학생 최영경·김천일 5인을 초계抄啓합니다. …… 참상參上의 상당한 벼슬에 임명하는 것이 어떠하겠습니까?" 하니, 아뢴 대로 하라고 전교하였다.[61]

참상은 종6품 이상부터 정3품 당하관 사이를 말한다. 선조 5년과 6년에 조정에서는 정치세력 변동이 진행되고 있었다. 최영경을 비롯한 5명에 대한 초계 역시 그런 변화의 일환이었다. 초계란 인재人材를 가려 뽑아 왕에게 추천하는 것을 뜻한다.

선조 즉위는 조정에서 정치세력 변동을 크게 촉진했다. 하지만, 그렇다고 해서 그것이 반정反正처럼 기성 정치세력이 일거에 단절된 것은 아니다. 구세력은 비록 세력은 잃었지만 다수가 여전히 고위직을 차지하고 있었다. 예나 지금이나 관료조직에서 '자리'는 그 자체로 힘을 갖는다. 때문에 선조 즉위와 동시에 사림세력이 곧바로 조정에서 최고위직을 차지하지

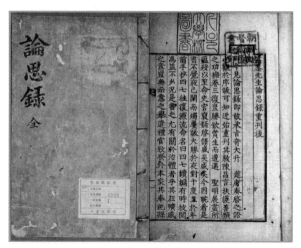

『논사록』. 기대승이 경연에서 강론한 내용을 가려 모은 책으로, 『고봉집』에 전한다. 장서각 소장.

는 못했다.

한편, 선조 5년에는 조정과 재야를 망라해서 영향력 있는 인물들이 잇달아 사망했다. 이황이 선조 3년 12월에 이미 사망했고, 선조 5년 2월에는 조식이, 7월에는 이준경이, 11월에는 기대승이 사망했다. 특히 기대승은 사망할 때까지 선조의 경연을 주도했다. 조정에 진출해 있는 신진사림의 스승, 선배, 혹은 우호세력에 해당하는 인물들이 줄지어 사망했다. 이런 상황에서 신진세력은 자신들 세력의 유지, 확대를 위해서 노력하지 않을 수 없었다. 문과 출신이 아니어도 대간臺諫이 될 수 있게 하자고 이이가 요청했던 것도 그 연장선상이다.[62]

위에서 초계된 5명 모두 당시 조선의 대표적 사림파 수장의 재야 수제자들이다. 조목은 이황, 이지함은 서경덕, 최영경과 정인홍은 조식, 김천일은 이항의 제자이다. 요컨대 이미 선조 6년에 최영경은 정인홍과 더불어 조식의 많은 제자 중에서 으뜸으로 인식되고 있었다.

정인홍이 명종 5년(1550) 15세에 조식의 제자가 되었던 것에 비하면, 최영경과 조식의 만남은 늦게 이루어졌다. 최영경이 조식에게 수학한 것도 지속적인 것은 아니었다. 조식이 사망할 때까지도 최영경은 서울에서 살았다. 그럼에도 조식은 최영경을 높이 평가했다. 아마도 최영경에게서 자신과 비슷한 면모를 보았기 때문일 것이다. 조식은 최영경을 정인홍 다음으로 대우했고,[63] 외부에서의 명예는 오히려 최영경이 정인홍보다 높았다.[64] 그것은 아마도 학문을 대하는 태도, 현실 정치에 대한 입장, 그리고 무엇보다 인간적 기질 등에서 그가 스승과 대단히 비슷한 면모를 가졌기 때문일 것이다. 실천을 강조하는 비타협적인 처사處士의 면모가 그것이다. 처사란 지금으로 말하면 현실 권력에 비타협적인 재야 지식인을 뜻한다.

『심경』이라는 책

역사를 돌아보면 한 시대의 정신적, 정서적 특징을 담고, 나아가 그 시대 자체를 빚어낸 것처럼 보이는 책들이 있다. 16세기 조선에서 『심경心經』[65]이 그런 책이다. 이 책은 16세기 전반에 형성된 조선 사림의 특징을 대표하며, 그들이 사회적으로 형성되고 성장한 과정과 함께하였다. 동시에 이황과 그의 초기 제자들이 함께 연구하고 분석하여, 그 안에서 조선 성리학의 DNA를 획득한 책이기도 하다.

『심경』은 주희의 제자 진덕수眞德秀(1178~1235)가 심心의 수양을 목적으로, 여러 유학 경전에서 마음과 관련된 이론 즉, 심설心說만을 모아 놓은 성리학 책이다. 1492년에는 명나라 학자 정민정程敏政(?~1499)이 원래의 『심경』에 해설을 덧붙인 『심경부주心經附註』를 펴냈다. 『심경부주』는 『심경』에 주석을 붙인 것이었기에, 『심경』 본문을 모두 포괄한다. 16세기 조선의 학

『심경부주』. 중국 송나라 때 학자 진덕수의 『심경』에 명나라의 정민정이 주를 붙인 책이다.

자들이 『심경』으로 부르며 탐독한 책이 바로 『심경부주』이다. 그 대표적인 인물이 이황이다.

흥미로운 것은 이 책이 정작 중국에서는 별로 주목을 받지 못했는데, 유독 조선 학자들이 몹시 중시했다는 점이다. 이것은 성리학 그 자체의 문제 때문이라기보다는, 거의 전적으로 16세기 전반 조선의 정치적 사회적 상황 때문이었다. 철학의 문제가 아닌 현실의 문제였던 것이다.

조선의 사림은 16세기 전반에 정치사회적으로 훈척세력과의 대결을 현실 조건으로 하여 형성되고 성장하였다. 당시의 현실을 가장 집약적으로 보여 주는 것이 사화士禍이다. 많은 무고하고 올바른 사림 성향 인물들이 사화에서 희생되었다. 이 과정에서 사림의 학문이자 조선의 성리학인 도학道學이 태동하고 형성되었다. 사림은 그 무고한 희생자들의 희생이 헛된 것이 아님을 증명해야 했고, 현실에서 막강한 힘을 가진 무리들이 올바르지 않음을 증명해야 했다. 이러한 현실의 필요에 따라 도학에 몇 가지 특징이 각인되었다.

도학은 개인에게 도덕적 주체성을 강조했다. 성리학적 언어로 말하면, 그것은 기氣의 불완전성을 극복하고 인욕人慾에 빠질 위험을 제거함으로써, 선한 인간 본성인 이理의 확립과 그 실현을 추구하는 것이다. 이러한 노력은 결국 인간의 내면세계, 특히 그 도덕적 측면에 대한 수양을 강조하게 된다. 그 결과 수양의 주체인 심心을 중시하게 되었고, 수양 방법으로 경敬에 주목하였다. 요컨대 정치적 현실이 엄혹하기에, 그것을 이겨나가기 위해서 강력한 정신무장이 필요했던 것이다. 경은 '삼감', '절제' 같은 것이다. 개방적이고 자유로운 것의 반대편에 있는 태도이다. 경은 이후 조선 성리학의 핵심 가치가 되었다. 그에 따라 특정한 인간형이 형성되었다. 경을 내면화한 인간형이다. 그것은 매우 절제하고, 비타협적이고, 역경을 헤쳐 나가는 굳센 의지를 지닌 인간형이다. 이러한 인간형을 길러 내는 데 적합한 책이 바로 『심경』이다.

『심경』을 이해하는 데에는 오랜 시간이 걸렸다. 어려운 책이기 때문이다. 『심경』을 접하고 그 가치에 주목한 이른 시기 인물로는 조광조와 김안국을 꼽을 수 있다. 특히 김안국과 그의 제자들에 의해서 1530년대 초반부터 『심경』이 전파되기 시작했다. 이 시기 『심경』에 대해서 비교적 높은 이해를 했던 사람은 이언적, 주세붕 같은 인물이다. 이들 이외에도 이준경, 허엽, 홍인우, 노수신, 성수침 등 당대 사림, 혹은 사림 성향을 지닌 주요 인물들이 포함되었다. 조식과 이황도 일찍부터 이 책을 접했다. 1531년 조식이 과거 공부를 포기하자, 이준경은 그에게 『심경』을 보내주며 격려했다. 이황은 자신이 33세 무렵에 『심경』을 처음 얻어 보았다고 말하였다. 하지만 이 시기만 해도 이 책의 의미나 중요성에 대한 인식, 소개, 정리 차원에 머물렀을 뿐 본격적인 탐구에는 미치지 못했다.

『심경』에 대한 집중적인 관심이나 본격적인 연구는 명종 15년(1560) 전후에 시작되었다. 1560년대에 접어들면서 『심경』에 대한 관심이 더욱 높아지자, 필사해서 돌려보는 것으로는 그 수요를 충당하지 못했다. 간행을 통한 보급이 나타나기 시작했다. 주로 이러한 지적 분위기를 이해한 관찰사들이 자신들이 재직한 감영에서 간행했다. 명종 19년(1564) 평안도 관찰사 정종영이 평양에서 『심경』을 간행했고, 류성룡 아버지 류중영도 같은 해에 황해도 감사로 있으면서 『심경』을 간행하여 다음 해에 이황에게 보내주었다.

1560년대 『심경』 학습 열풍의 중심에는 이황과 그의 초기 제자들이 있다. 이들의 『심경』에 대한 집중적, 집단적 학습은 조선의 『심경』 이해 수준을 일거에 비약적으로 높여 놓았다. 사실상 조선 최초의 학파 성립이 가져온 결과였다. 이황이 명종 21년(1566)에 쓴 「심경후론心經後論」이나 제자들과의 강론 자료를 기록한 책들은 그전까지의 『심경』 관련 자료와 차원을 달리했다. 그 후 선조 6년(1573) 조정에서 「심경후론」을 포함한 『심경』의 간행이 논의되었다. 유희춘, 노수신의 요청을 받아들여서, 선조는 「심경후론」을 『심경』 뒤에 덧붙여 펴내도록 명령했다. 이로써 『심경』은 국가적 차원에서 공인되고 간행되었다.

선조 대 당쟁 과정에는 최영경과 비슷한 유형의 인물들이 적지 않았다. 이들은 도덕적 원칙에 투철하고, 시비 분별에 민감했다. 이 시대의 이상적, 혹은 표준적 인간형을 만들어 내는 데 가장 크게 기여한 한 권의 책을 고르라면 『심경』을 들어야 한다.

최영경이 진주로 간 이유는

최영경 생애에서 가장 큰 변화는 선조 8년(1575)에 거처를 서울에서 진주로 옮긴 일이다. 그의 나이 47세 때였다. 진주 도동의 만죽산萬竹山, 지금의 선학산 기슭이다. 이때부터 택호宅號 수우당守愚堂을 자기 호로 사용했다. 지금 여기에는 도강서당道江書堂이 세워졌고, 최영경이 배향되어 있다.

최영경이 진주행을 결심한 이유에 대해서는 몇 가지 해석이 있다. 먼저 류성룡의 해석이다.

> 친상親喪(모친상)을 당하여 슬픔을 감당하지 못하여 몸을 해칠 정도였던 것으로 소문이 났다. 석곽을 사용하여 후하게 장사 지냈기에 가산家産이 기울었다. 그래서 집은 더욱 궁핍하여져 스스로 보존할 수 없어 처자를 거느리고 진주로 내려갔다.[66]

최영경은 모친상을 극진히 치른 후 경제적으로 어려웠다. 하지만 그것이 그의 진주행의 직접적 원인이라고 보기는 어렵다. 왜냐하면 정확한 시기 확인은 어렵지만, 최영경 모친상과 그의 진주행 사이에는 여러 해의 간격이 있기 때문이다. 순전히 생활하는 것이 어려워서였다면 훨씬 전에 내려갔어야 했다.

심문 받는 자리에서 최영경은 자신의 진주행에 대해 다음과 같이 말했다.

> 시국이 위태롭고 사론士論이 둘, 셋으로 나누어지며 명예와 이익의 경쟁은 날로 심하여졌습니다. 이 몸은 화가 제 몸에 미칠까 두려워서 을해년(선조 8, 1575) 4월

도강서당(위)과 서당 내 위치한 선조사제문비(아래). 선조 24년(1591) 최영경이 무죄로 판명되자 선조 27년 선조가 그의 넋을 위로하기 위해 제문을 내린 것을 돌에 새겨 세웠다. 원래 조식에 대한 정조사제문비와 함께 덕천서원에 있던 것을 옮겨 왔다. 경상남도 진주시 상대동 소재.

경에 진주 동생 집으로 가서 의지하였습니다.[67]

당쟁은 최영경이 서울을 떠난 직후인 선조 8년 7, 8월경 촉발되었다. 명종비 인순왕후가 선조 8년 1월 사망하고 그 장례 절차가 마무리된 직후였다. 최영경이 서울을 떠나 진주로 옮긴 4월에는 인순왕후 장례 절차가 진행 중이었다. 물론 당쟁이 실제로 발생되기 전에도 그 기미가 전혀 없지는 않았다. 선조 5년 이준경이 사망하기 직전, 그 가능성을 언급한 것도 그 한 예이다.

선조 5년에 이준경은 마지막 상소에서 선조에게 4가지 사항을 요청했다. 큰 논란을 일으킨 것은 마지막 네 번째였다. 붕당의 사론私論을 없애야 한다는 주장이었다. 이준경은 신진들이 다른 사람에게 잘못이 없고 또 법에 어긋나지 않아도 자신들과 한마디만 맞지 않으면 배척하여 용납하지 않는다고 말했다. 스스로 절제하고 독서하는 데에는 힘쓰지 않고 고담대언高談大言으로 친구나 사귀는 자를 훌륭하게 여기는 허위 풍조가 생겨났다고 주장했다.[68] 이이는 이준경의 이 지적을 격렬하게 비판했다. 그러고 나서 붕당의 존재 여부가 문제가 아니라, 그 당이 군자당인지 소인당인지를 구분하는 것이 중요하다고 주장했다.[69] 스스로에 대한 대단한 도덕적 자신감이었다.* '군자'들은 당을 지어도 문제가 안 되고, 자신들 모두가 군자라는 말이다. 이때만 해도 이이는 공격하는 측의 선봉장이었다.

---

* 유교 왕정에서 붕당은 본래 철저한 금기 사항이었다. 이런 기존의 인식과 다른 논리를 편 사람이 중국 송나라의 구양수(1007~1072)이다. 나중에 주희(1130~1200)도 그의 붕당 인식을 이어받는다. 이이가 한 말은 본래는 구양수의 말이지만, 당시 조선 조정의 정치적 맥락에서 나온 이이 자신의 생각이라고 보아야 한다.

조금 더 말하자면, 젊은 이이는 이준경의 말을 비판했지만, 이준경의 말은 그렇게 쉽게 부정되고 말 성질의 것은 아니었다. 사실 신진들에 대한 이준경의 비판은 정확했다. 자신만만하고 경험 없는 신진들의 태도와 활동의 핵심을 지적한 것이었다. 이준경의 말은 신진들 다수의 선생인 이황의 말과도 상통했다. 이황은 명종 15년(1560) 기대승에게 보낸 글에서 "강직한 성품으로 악을 미워하는 자는 자기 자신에 힘쓰지 않는 자가 많고, 유순하고 두려움이 많은 자는 아첨하는 태도만 보일 뿐"이라고 말했다.[70] 이때 이황의 나이가 60세였고 기대승의 나이가 34세였다. 선조 5년 당시 이이의 나이는 37세였다. 선조 초년에 신진 전부는 아니지만 적어도 일부는 지나칠 정도로 '악'을 미워했다. 그리고, 그들은 구신 전부를 싸잡아서 "유순하고 두려움이 많은 자들"로 매도하였다. 구신 중에서 유순하지도 두려움이 많지도 않은 자들은 대개 신진사류와 불화했다. 대표적인 인물이 이준경이고, 많지는 않아도 그와 비슷한 부류의 인물들이 있었다.

선조 8년 4월까지 최영경은 두 차례 낮은 관직에 임명되었을 뿐이다. 당쟁의 가능성은 기미로만 예상되었다. 그 낮은 가능성이 자신에게까지 화를 미칠 것을 예측해서, 거의 50년 가까운 생활의 거처를 옮기는 결단을 했다는 것은 쉽게 수긍하기 어렵다. 그가 "사론士論이 둘, 셋"으로 갈라졌다고 말하는 것에서도 짐작할 수 있듯이, 그의 진술에는 동서분당 이후 더욱 격화되었던 갈등의 경험이 소급되어 투영되었다. 사론이 둘, 셋으로 갈라지는 것은 선조 8년 이후 여러 해 뒤의 일이다.

최영경의 진주행에 대한 결심은 확고했던 것으로 보인다. 그가 진주로 내려가려 할 즈음에 종6품 벼슬이 내려졌다. 그는 잠시 벼슬에 나아갔다가는 곧 사직했다. 그러자 그와 7촌 친척 간이던 우의정 노수신이 만류했

덕천서원. 남명 조식의 학덕을 추모하기 위해 그의 제자 최영경, 하항 등이 주도하여 그가 강학하던 자리에 건립한 서원이다. 경상남도 산청군 소재.

다. 그 만류에도 불구하고 최영경은 결국 진주로 내려갔다. 가장 중요한 원인은 아니어도 그의 진주행에는 동생 최여경이 진주에 이미 살고 있었던 점, 당쟁의 조짐이 있었던 점 등이 어느 정도 고려되었을 것이다. 하지만 그의 진주행은 그가 진주에 가서 했던 일을 통해서 짐작할 수 있다. 그가 진주로 거처를 옮긴 후, 해를 넘기지 않고 착수했던 일은 죽은 스승 조식을 기리는 서원을 세우는 일이었다.

덕천서원 건립 과정을 기록한 『덕천서원지』에 따르면, 선조 8년 겨울에 최영경이 주도하여 덕천에 서원을 건립하기로 결의하였다. 장소는 조식이 만년에 살았던 산천재 서쪽 3리쯤* 되는 곳이 선정되었다. 조식의 제자

---

* 두 곳은 약 1.6㎞ 떨어졌다. 도보로 25분 정도 걸린다. 산천재 옆에 2004년에 세워진 남명기념관이 있고, 그 안에 송시열이 비문을 지은 조식의 신도비가 있다. 기념관 뒤편에 조식의 무덤이 있다. 경상남도 산청군 시천면에 있다.

하항, 유종지, 그리고 목사 구변과 경상 감사 윤근수가 뜻을 함께했다. 서원 건립 과정에서 최영경은 온 정성을 다했다.『덕천서원지』는 다음과 같이 기록하였다.

> 선생(최영경)이 몸소 뒷일을 감당하여 비록 돌 하나, 기와 한 장까지도 점검하지 않음이 없었으며, 가지런히 함에 온 힘을 기울였다. 또한 시냇가에 푸른 소나무 1백여 그루를 심었다. 시내 가까이에 있는 한 그루는 선생이 손수 심었다. 때문에 지금도 수우송守愚松이라고 부른다.[71]

　극진한 노력의 결과 다음 해 봄에 서원 건립을 보았고, 가을에는 조식의 위패를 봉안했다. 서원 봉안문과 조식의 제문은 최영경이 직접 썼다. 서원 건립 후에는 정구와 함께 서원 규칙인 원규院規를 정하고 공부 모임인 강회講會를 개최하였다.[72] 서울에서 진주로 내려와 그 해를 넘기지 않고 서원 건립에 착수하고, 비상한 노력을 기울여 다음 해에 완공을 보았던 것을 우연으로 보기는 어렵다. 이것은 최영경이 진주로 내려오기 전에 계획했던 것으로 보아야 할 것이다.

"미움이 규모를 달리하고"

　진주로 거처를 옮긴 이후 최영경은 정치적으로 점차 강경한 방향으로 나아갔다. 몇 가지 원인이 중첩한 결과이다. 먼저 조정에서 동서 갈등이 시간이 갈수록 더욱 증폭되었다. 선조 8년에 촉발된 동서 갈등은 일과성 사건이 아니다. 그것은 그 후 여러 계기들을 매개로 하여 계속해서 이어졌다. 그때마다 갈등의 골도 깊어졌다. 처음에는 이이조차 갈등 구조 아래에 있는 힘의 크기를 감지하지 못했다. 여러 해가 지나서 이이는 이렇게 말했다.

> 동·서란 두 글자는 본래 민간의 속어에서 나왔습니다. 그래서 신이 일찍이 황당
> 무계한 것이라고 웃었습니다. 어찌 오늘날에 이르러서 이렇게 엄청난 근심거리
> 가 될 줄이야 생각이나 했겠습니까?[73)

그는 갈등 당사자인 심의겸과 김효원을 지방에 내려 보내는 것으로 상
황이 수습되리라 생각했다. 하지만 결과는 전혀 그렇지 않았다. 오히려 이
이 자신이 다음 해 2월에 홍문관 부제학을 내놓고 낙향하게 된다.[74) 이어서
사림의 좌장으로 인식되던 박순마저 그해 말에 조정을 떠났다.[75)

이이의 판단 착오는 단순히 조정 상황에 대한 그의 이해 부족 때문에 빚
어진 일은 아니다. 그보다는 사림에 대해서 이이가 가진 인식과 믿음이 판
단 착오를 일으키게 한 근본적 원인으로 보인다. 이이는 일종의 인지부조
화cognitive dissonance 상태에 있었다. 이이에게 사림은 부패하고 부도덕한
구세력을 물리친 정의로운 집단이다. 그 집단 구성원 사이에 사소한 오해
와 갈등은 있을 수 있지만, 근본적인 입장 차이는 있을 수 없다고 생각했
다. 그에게 사림은 정치집단이라기보다는 오히려 도덕적 실천 공동체에
가깝다. 하지만 현실의 사림집단은 이미 이이의 그런 인식을 넘어서 정치
화되고 있었다. 이이는 그것을 몰랐거나 혹은, 인정할 수 없었을 것이다.
냉정하게 말하면 이이의 사림에 대한 인식 역시 과거 특정 시기에 고착되
어 있었다.

동서가 갈등했지만 주도권은 대개 동인이 쥐고 있었다. 이 과정에서 서
인 측에서는 이이 대신에 정철의 의견이 점차 존중되었다. 이이가 그것을

확인해 준다. 이이는 동서분당 상황을 조정하는 데 실패한 후 선조 9년 초 조정을 떠났다. 이때 이이는 사람들이 자신의 의견보다 정철의 선명한 정치적 입장에 기울고 있다고 말했다.[76] 그가 말한 사람들이란 서인이다. 늘 그렇듯이 집단 간 갈등이 고조되면, 집단 내에서 강경파가 힘을 얻게 마련이다.

성혼과 최영경 관계도 어긋나기 시작했다. 최영경에게 성혼과의 친교는 그가 맺은 여러 관계 중 하나에 불과한 것이 아니다. 그는 성혼과의 교류를 통해서 비로소 세상에 자기 이름을 알렸다. 그런데 이 문제를 살피기 전에 두 사람 관계에 대해 널리 퍼져 있는 일화를 살펴볼 필요가 있다. 정인홍이 지은 최영경 행장에 나오는 내용이다.

공(최영경)의 성품은 엄정하고 욕심이 적었으며 악을 미워하여 조금도 용서치 않았고, 사람을 사랑하고 어진 이를 좋아하는 것이 또한 공의 천성이었다. 아무리 고관高官이라도 탐오한 행동이 있는 자는 비록 만나자고 청해도 피했고, 만약 시세에 붙어 아부하는 사람이 있으면 진흙 묻은 돼지처럼 보았다.

한성에 있을 때 성혼과 친교가 있었는데 성혼이 파주에서 서울로 왔으므로 그를 방문하고자 가다가 길에서 성혼 집에서 나온 친구를 만났다. (그가 말하길) "방금 성혼의 집을 방문하였더니, 성혼이 심의겸과 이야기하면서 문을 닫고 찾아오는 손님을 받아들이지 않아서 만나지 못했다." 하니, 공은 그대로 돌아서고 다시는 가지 않았다. 며칠이 못 되어 온 (도)성 안 선비들이 (이 사실을) 모르는 자가 없게 되어, 공의 명성은 더욱 높아졌고 성혼의 무리들은 (공을) 깊이 미워하였다.[77]

위 일화는 최영경과 성혼 두 사람 관계에 대한 정인홍의 이해를 보여 준다. 여기서 "고관"은 정철을, "시세에 붙어 아부하는 사람"은 성혼을 가리킨다. 요컨대, 성혼이 힘 있는 외척 심의겸과 가까이 지내자 최영경이 성혼과의 교분을 끊었다는 말이다.

그런데 최영경과 성혼 관계에 대해서, 위와 전혀 다른 이야기가 전한다.

> 일찍이 양홍주梁弘澍가 조식을 이황보다 더 높였더니, 성혼이 말하기를, "퇴계는 학문에 깊으니 아마 남명은 그와 같지 못하리라." 하였다. 최영경이 그 말을 듣고 분개하고 탄식하며 신응구申應榘를 보고 성혼의 그 말이 틀렸다고 수백 번이나 힘껏 말하였다. 영경과 성혼이 서로 간격이 생긴 것은 정축년(선조 10, 1577)에 성혼이 남명을 논한 때부터 비롯하였고, 심의겸은 을해년(선조 8, 1575)에 그의 누님 대비 심씨가 돌아간 뒤에는 세력을 잃었다.[78]

요컨대 성혼과 최영경의 오랜 교분이 단절된 것은 시기적으로는 선조 10년 무렵이고, 성혼이 자기 제자가 된 양홍주(1550~1610)와 나눈 대화가 계기가 되었다는 것이다.

양홍주의 아버지 양희梁喜(1515~1581)는 선조 10년에 파주 목사로 재직했다.[79] 양희는 정인홍의 장인이고, 양홍주는 그의 처남이다. 이때 양홍주가 파주에 있는 성혼에게 배우게 되었다. 파주는 성혼의 고향이다. 양홍주가 조식을 이황보다 더 높이 평가하자, 성혼은 "남명의 높은 기개와 절개는 사람들이 따를 수 없으나 (조식이) 말한 바의 뜻에는 적절하지 못한 부분이 있다."고 말했다. 그런데 이 말은 당시에 성혼 혼자만의 생각이 아니었다. 이보다 앞서 선조 6년에 김우옹도 비슷한 말을 한 적이 있다. 그는 조식의 손녀사위이자 가장 중요한 몇몇 제자 중 하나이다.

상이 김우옹에게 하문하기를, "조식은 사람을 어떻게 가르쳤는가?" 하였다. 김우옹이 아뢰기를, "조식의 박문博文·궁리窮理는 이황만 못하지만, 사람에게 정신과 기개를 가르쳤으므로 흥기된 자가 많습니다. 최영경·정인홍 같은 사람들입니다." 하였다.[80]

최영경·정인홍은 성혼의 말을 조식에 대한 매도로 받아들였다. 최영경은 성혼의 문인 신응구를 보고 울분을 터뜨리며 "퇴계를 실제보다 지나치게 추존하고 남명을 지나치게 경시하니, 이것이 어찌 인심人心과 세도世道에 큰 해가 되지 않겠는가." 하였다. 인심은 사대부들 사이에서의 평가를, 세도는 경세經世의 큰 원칙을 뜻할 것이다. 요즈음으로 말하면 세도는 민주주의의 원칙을 뜻한다. 정인홍도 성혼에게 편지를 보내어 조식을 헐뜯은 잘못을 비판했다. 이에 대해서 성혼도 선조 10년 10월에 정인홍에게 편지를 보내서 자신의 뜻을 밝혔다.[81]

정인홍 말대로라면 최영경이 성혼과의 관계를 단절한 것은 동서분당 한참 전이다. 아직 심의겸이 권력을 가지고 있을 때 일이었어야 하기 때문이다. 그런데 동서분당 발생 이후, 더 정확하게 말하면 선조 8년 1월 인순왕후가 사망한 후 심의겸은 정치적 영향력을 급속히, 그리고 완전히 잃었다. 양홍주가 계기가 되어 벌어진 갈등은 동서분당 이후인 선조 10년에 발생했고, 성혼의 문집에 따르면 그때까지도 정인홍과 최영경은 성혼 집을 왕래하곤 했다.[82] 어쨌든 선조 10년 이후 최영경과 성혼 두 사람 관계는 이전과는 크게 달라졌다.

성혼과 최영경 관계 악화 원인에 대해서 정인홍이 자기 식대로 이해한면이 있지만, 정확한 사실을 몰랐던 것도 원인이었던 것 같다. 그는 자신이 지은 최영경 행장 끝 부분에, "비록 (최영경과) 상종한 지 오래되었으나 가깝게 살지 않았고 또 만년에야 알게 되었다. 때문에, 공이 어렸을 때나 장성했을 때 행적에 대해서는 (나의) 눈과 귀가 미치지 못한 데가 많다."고 기술하였다.

　외아들 최홍렴崔弘濂의 죽음이야말로 최영경에게 정신적으로 커다란 영향을 미쳤다. 자신도 그것을 인정했고, '적'은 물론 절친한 동학同學의 눈에도 그것은 비슷하게 비춰졌다. 나중에 기축옥사로 구속되어 심문을 받으면서 최영경은 "이 몸이 자식을 잃은 지 지금 14년입니다. 그 후부터 음식을 전폐하고 단지 술로 날을 보내며 죽음을 기다리고 있습니다."라고 말하였다. 성혼은 어떤 사람에게 보낸 편지에서 "최영경은 말년에 아들을 잃고는 술에 빠져 지내다가 떳떳한 마음을 잃었"다고 썼다.[83] 무엇보다 정인홍이 이렇게 말하였다.

　　(최영경은) 사람들이 귀로 듣고 입으로만 중얼거리며 실천에 힘쓰지 않는 것을 보면 그 허위를 마음으로 미워하였다. 이 때문에 유속배流俗輩에게 미움받게 되었는데, 아들을 잃은 후부터는 규모를 조금 달리하였다. …… 만년에는 매우 독서를 믿지 아니하여 사람들이 더러 (최영경을) 대수롭지 않게 여겼으나, 독서해서는 안 된다는 것이 아니었다. 세상에서 거짓으로 학문한다 하고는 명예와 이익을 취하는 것을 보았기 때문이다.[84]

　"독서해서는 안 된다는 것이 아니었고 세상에서 거짓으로 학문한다 하고는 명예와 이익을 취하는 것을 보았기 때문이다."는 말은 성혼에 대한 비난이자, 최영경에 대한 정인홍의 깊은 헤아림과 배려이다. 이런 정인홍조차 최영경이 아들을 잃은 후 "유속배"에 대한 미움이 "규모를 조금 달리 하였다."고 표현했다. 극히 완곡한 표현이다. "유속배"는 "귀로 듣고 입으로만 중얼거리며 실천에 힘쓰지 않는 자들", "거짓으로 학문한다 하고는 명예와 이익을 취하는 자들"을 가리켰다. 성혼과 그 무리를 가리키는 말이다.

"박순과 정철을 반드시 효시한 뒤에야"

기축옥사 이전 동서 간 최대의 정치적 충돌은 '계미삼찬'이다. 이 사건으로 동인 측 주요 인사 3인이 최북방 국경 가까운 지역으로 귀양을 갔다. 또, 그보다 더 많은 수의 동인 언관이 지방 수령으로 좌천되었다. 이 사건은 겉으로만 보면 동인과 서인의 갈등이다. 하지만, 갈등의 실제 동인動因은 선조의 동인세력에 대한 견제였다. 이미 여러 해 전부터 서인은 동인에게 대항할 수 있는 힘을 상실한 상태였다. 선조는 이이를 중심으로 한 소수의 인물을 대리인으로 내세워서 동인 견제에 나섰던 것이다. 동시에 이 사건은 이이가 선조 13년 말 조정에 복귀하면서 목표로 했던 동인과 서인 간 화합의 가능성이 결국 파탄에 이르렀음을 공식화하는 것이기도 했다.[85]

이런 분위기에서 최영경의 정철에 대한 발언이 등장했다. 즉, 최영경이 '계미삼찬' 이후 항상 "박순과 정철을 반드시 효시梟示한 뒤에야 정사를 제대로 할 수 있다."고 말했던 것이다.[86] 나중에 최영경이 국문을 당할 때 정철이 손으로 자기 목을 그으며 "그가 나의 머리를 이처럼 자르려 하였다."고 말했다는 널리 알려진 일화는 여기에서 비롯되었다.

흔히, 정치적 갈등은 불가피한 이해利害 갈등 이외에도, 서로에 대한 이해理解 부족과 인격적 불신을 연료로 타오르는 경우가 많다. 동서 갈등은 잘못된 사실을 기록하는 것으로도 표현되었다. 선조 27년(1594) 11월에 양사는 이미 사망한 정철의 관직을 추탈하자고 연일 선조를 압박하였다. 당시 대사헌이 김우옹이었는데, 양사는 다음과 같이 합계하였다.

> 그는 여러 사람이 지켜보는 가운데서 술에 취해서 칼로 그의 목을 베는 시늉을 하면서 "영경을 내가 항시 이렇게 죽이려 한다." 하였습니다. [87)

김우옹이 당시 상황을 모를 사람이 아니었는데도 이런 기록이 남겨지고 있다.

성혼이나 이이와 달리, 최영경은 국문장에서 만나기 전까지 정철을 한 번도 만난 적이 없었다. 그럼에도 계미삼찬 이후 두 사람의 갈등이 더욱 깊어졌다. 전적으로 정치적 대립 구도에 의한 갈등이다. 류성룡이 여기에 대해서 서술한 내용이 있다.

> 최영경은 평소에 성혼과 친하게 지냈는데 성혼이 정철과 결탁하자 최영경이 언제나 정철은 형편없는 소인小人이라고 말했다. 술을 마시고 취하면 (자기) 두 무릎을 내놓고 손으로 어루만지며, "이 무릎이 끝에 가서는 정철에게 고문을 당할 바가 될 것이나 내가 무엇이 무섭겠는가." 하고, 큰소리를 하며 마지않았다. 이 때문에 성혼과의 교제도 끊어졌다. [88)

류성룡은 최영경과 정철의 정치적 갈등이 성혼과 최영경의 친밀했던 관계를 파탄 낸 원인이 되었다고 보았다. 성혼과 정철은 20세 무렵 서로 알게 된 이후 평생 그 관계를 유지했다. 하지만 그들 사이에는 언제나 이이가 있었다. 그리고 엄격하게 보면 이이가 두 사람과 맺은 관계는 성격이 약간 달랐다. 이이와 성혼의 관계가 학문과 도덕적 원칙에 대한 쪽이라면, 이이와 정철의 관계는 좀 더 정치적인 것이었다. 정철과 이이가 선조 즉위 이전부터 조정에서 함께 활동했던 사이라면, 선조 14년에야 조정에 처음 나와서 선조와 대면한 성혼은 어디까지나 사림이었다.

때문에 성혼과 정철이 정치적으로 '결탁'했다고 부를 만한 시기를 선택해야 한다면, 그것은 선조 17년 1월 이이의 죽음 이후이다. 계미삼찬 이후 동서 간 화합의 가능성이 파탄 난 후 동인의 정치적 타격 목표는 정철과 박순이었다. 이런 분위기에서 최영경은 언젠가 정철이 자신에 대해 신체적 고문을 가하리라 상상하게 되었다.

'삼봉즉경영설'[89)의 부상

소문

선조 27년 정철의 아들 정홍명이 상소를 올렸다.

> 신은 듣건대 기축년 10월 정국庭鞫*을 했을 때 역적 정집鄭緝의 진술서에 "길삼
> 봉吉三峯이 아니고 바로 최삼봉崔三峯이다."라고 하였고, 또 한 사람의 진술서에
> "(삼봉이) 지리산 아래 살면서 여립과 더불어 산 지름길로 왕래한다."고 하였으
> 며, 또 한 사람의 진술서에 "삼봉三峯은 언제나 여립의 윗자리에 앉았다."고 했는
> 데, 세 사람 말이 합하여 하나가 되었다고 합니다. 그리하여 서울에 유언비어가
> 크게 떠돌아 사람마다 모두 영경이 삼봉이라고 의심했습니다. 얼마 후 전라 감사
> 홍여순이 보고서를 올려 "영경이 삼봉임은 의심할 것이 없다."라고 한 말이 서울
> 과 지방에 유포되어서, 마침내 옥사를 그만둘 수가 없게 되었던 것입니다.[90)

선조 27년에 최영경은 정치적으로 이미 복권되어 있었다. 그에 따라 그
의 억울한 죽음에 책임이 있는 사람, 즉 최영경을 최삼봉으로 낙인찍은 사
람이 누구인지 밝히는 데, 동인 측 논의와 상소가 집중되었다. 많은 사람

---

* 국왕이 친히 궁궐 안에 설치된 법정에 출석하여 진행하는 것을 친국親鞫, 왕으로부터
  위임받은 관리가 진행하는 것을 추국推鞫, 의금부 또는 사헌부가 궁궐 안에 설치된 법
  정에서 진행하는 것을 정국庭鞫이라 했다.

들이 그 배후가 정철이고, 그의 사주를 받은 사람들이 악의적으로 소문을 퍼뜨렸다고 생각했다. 정홍명은 그런 말들을 반박하기 위해서 상소를 올렸던 것이다.

정홍명은 '최삼봉' 이야기가 기축옥사 발생 직후 구속된 황해도 쪽 인물들에 대한 심문에서 이미 나왔음을 지적했다. 이에 대해서 선조는 승정원에 "최삼봉에 대한 말은 그때 역적의 공초供招에 있었다. 정집은 내가 직접 국문했는데, 그의 초사招辭에서는 이 말이 없었다."고 말했다.[91] 정홍명 말처럼 최삼봉 이야기가 정집이 한 말은 아니지만, 기축옥사가 발생한 선조 22년 10월에 이미 나왔던 말임을 선조 역시 확인했다.

기축옥사 주모자라고 소문이 났던 길삼봉이 실존하는 인물인지는 아무도 알 수 없었다. 그런 중에도 기축옥사 발생 직후부터 길삼봉으로 의심되는 용의자가 여러 명 체포되었다. 하지만 그들 모두 신원이 증명되어 석방되는 일이 반복되었다. 그러면서 처음 체포되어 심문을 받던 황해도 쪽 인물들 사이에서 길삼봉 모습에 대한 묘사가 차차 다양해지기 시작했다. 그 과정에서 '길삼봉이 실은 최삼봉'이라는 말이[92] 국문장을 넘어 서울 전역으로, 그리고 지방으로 빠르게 퍼졌다.[93]

최영경이 실제로는 최삼봉이라는 소문이 계속 퍼지자, 성혼이 이에 반대하고 나섰다. 그는 당시 사간원 정언이자 자신의 문인인 황신에게 "최근 (최영경이 최삼봉이라는) 매우 이치에 맞지 않은 유언비어가 떠돈다. 혹 사간원에서 이를 말하는 자가 있어도 (자네는) 그같이 말해서는 안 된다."고 당부했다. 얼마 후 정말로 사간원에서 최영경 관작을 삭탈하자는 논의가 나왔다. 황신은 동료 사간 유근의 동의를 얻어서 그 논의를 저지하였다.[94]

선조 34년(1601) 12월 정인홍의 제자 문경호가 상소를 올렸다. 전반적으로 성혼을 비난하는 내용이었다. 그중에서도 핵심은 성혼 자신이 최영경을 최삼봉이라고 말했다는 것이다. 이 상소가 나오자 황신은 최영경 옥사 당시 성혼이 자신에게 보낸 편지에 대해서 말하였다. "최영경은 가정생활에서 부모에게 효도하고 형제와 우애가 있으며, 기개와 절조가 뛰어나다. 비록 병통이 많이 있기는 하나 그의 장점은 숭상할 만하니 자네는 모름지기 그를 알아두라. 근래의 유언비어는 극히 사리에 당치 않다."는 내용이었다.[95] 문경호의 주장이 와전된 내용을 잘못 들은 것인지, 아니면 고의적으로 거짓을 말한 것인지는 확인할 수 없다. 하지만, 그가 실제와 다른 주장을 했던 것은 분명하다.

사간원 논의가 나왔던 때와 비슷한 시기인 선조 23년 2월에 사헌부에서도 같은 주장이 제기되었다. 최영경이 정여립과 매우 친했고, 정언신 편지에 나오는 최효원이 최영경을 가리킨다며 최영경 관작을 삭탈할 것을 요청했다.[96] 효원孝元은 최영경의 자字이다. 세 번 거듭 요청했지만 선조는 허락하지 않았다.

선조 역시 길삼봉이 실존인물인지에 대해서 분명한 생각을 가진 것은 아니었다. 정여립 시신을 수습할 당시 전라 감사였던 이광이 선조 23년 3월에 새 관직을 제수받기 위해서 서울로 올라왔다. 선조는 '역적'들의 진술서에 나온 정팔룡鄭八龍·길삼봉吉三峯·백일승白日昇 등을 체포하지 못한 까닭을 물었다. 그러자 이광은 "그 이름이 서로 다른 것은 필시 적들이 가짜 이름을 지어 자기들끼리만 부르면서 사람들의 눈과 귀를 속일 여지를 만든 것일 것입니다. 실제 인물이었다면 어찌 끝내 체포하지 못했겠습니까?"라고 답했다. 선조는 그 말에 일단 수긍하는 태도를 보였다.[97] 물론 의구심이 완전히 해소된 것은 아니었다.

이런 중에도 최영경이 최삼봉이라는 소문이 계속해서 퍼져 나갔다. 담양 부사 임기를 막 마친 김여물이 선조 23년 여름에 서울로 올라왔다. 그는 이 시기에 이름을 크게 드러낸 인물은 아니지만 사람들 사이에서 일정하게 존재감이 있었다. 그는 선조 10년 문과에 장원 급제했지만 관직 운은 별로 없었다. 내내 지방 관직을 떠돌았다. 임진왜란이 일어나자 류성룡이 그를 종사관으로 삼으려 했지만 신립이 충주로 내려가면서 선조에게 요청해서 그를 종사관으로 삼았다. 김여물은 조령을 지켜야 한다고 주장했다. 하지만 신립은 그의 주장을 받아들이지 않았다. 신립이 잘못된 전략을 짜면서 신립과 함께 죽음을 맞았다. 참 운이 없던 인물이다. 나중 일이지만, 그의 장남이 인조반정의 중심인물 김류이고, 신립의 장남이 또 다른 중심인물 신경진申景禛이다.

아무튼, 김여물은 영경이 곧 삼봉이라는 것을 증명하는 상소를 올리려 했다. 이것은 당시 영경이 삼봉이라는 소문이 사람들 사이에서 상당히 신빙성 있게 받아들여지고 있었음을 보여 준다. 그는 성혼의 문인이다. 성혼이 이에 반대하자 그는 "선생께서 그 사람에게 다른 뜻이 없다는 것을 확실히 보증하겠습니까?"라고 물었다. 성혼의 확언을 얻은 후에야 그는 상소를 중지했다.[98]

그런데, 최영경 사건과 관련해서 이와 반대되는 주장이 여러 사료에 등장한다. 성혼 자신이 선산(현 구미) 출신의 문인 김종유金宗儒(1552~1592)에게 최영경이 길삼봉이라고 직접 말했다는 것이 그것이다. 이 주장은 선조 34년 정인홍의 문인인 생원 문경호의 상소에 처음 나왔다.[99] 김종유는 무명의 시골 선비는 아니다. 그의 형 김종무金宗武(1548~1592)가 류중영의 사위이다. 말하자면 류성룡이 그의 처남이다.[100]

문경호 상소가 나오자 김종유 큰아들 김휘金暉는 그 상소문을 구해서 보고는 반론을 폈다. 김휘는 최영경 옥사 당시 자신이 23세였고, 아버지가 사우師友들과 문답했던 말을 듣지 않은 것이 없는데, 문경호의 말은 처음 들었다는 점, 아버지와 성혼이 의견이 어긋났다면 아버지가 성혼과의 관계를 단절했을 터인데 그 이후에도 출입을 계속했던 점,* 문경호는 죽은 아버지와 교유가 없었던 점 등을 지적했다. 그는 이 이야기가 "죽은 사람을 증거로 세워, 밝히기 어려운 일로 죄를 만들려는 것"으로 정인홍이 만들어 낸 이야기라고 주장했다.[101]

비슷한 시기에 사간원도 상소를 다시 올렸다. 최영경이 역적과 친밀했으니 관직을 삭탈하라는 내용이었다. 이에 대해서 선조는 "최영경이 어떤 사람인지는 알 수 없다. 하지만, 역적과 결탁했다는 것은 드러난 사실이 없다. 증거가 없으므로 그대로 두어도 무방하다. 벼슬을 삭탈할 것까지 없다."며 불허했다.** 하지만 선조 23년 6월에 전라 감사 홍여순의 비밀 장계가 선조에게 전달되면서 상황은 급반전했다.

알리바이

최영경 옥사는 공식적으로는 홍여순이 선조에게 올린 비밀장계에서 시

---

* 아마도 김종유의 후손들도 성혼의 학통을 소중히 여긴 듯하다. 김종유는 지금의 구미에 해당하는 선산에서 대대로 살았다. 그 후손들이 경파정景坡亭이라는 정자를 지었고, 지금도 남아 있다. '경景'은 경모景慕한다는 뜻이고, '파坡'는 파산 즉 성혼이 사는 파주를 뜻한다. 성혼과 김종유를 함께 기리는 정자였음을 알 수 있다.

** 이 상소를 올린 사람은 사간원 정언 이흡李洽이다. 『선조실록』에는 선조 23년 5월 2일자로, 『기축록』을 전거로 한 『연려실기술』에는 6월 2일자로 기록되었다.

작되었다. 홍여순은 제원濟源*** 찰방察訪 조응기趙應麒의 말이라며, 길삼봉이 곧 최영경이라는 내용의 상소를 선조에게 바쳤다.

찰방은 역참驛站의 책임자인데, 종6품 지방 문관 벼슬이다. 조선시대에는 역원, 역마, 공공의 교통 등 여행 체계를 합쳐서 역참이라고 했다. 조선은 교통과 도로 관리에 노력했다. 관료제 운영을 위해서는 필수적인 일이다. 관리들만 뽑아 놓는다고 관료제가 작동하는 것은 아니다. 대개 25리마다 참站 하나를, 50리마다 원院 하나를 두었다. 공문서를 전달하거나 공무로 여행하는 사람의 편리를 위한 것이었다. 아마도 찰방은 많은 정보를 얻을 수 있었을 것이다.

홍여순은 왕에게 비밀장계를 올린 직후, 경상 병사 양사형梁士瑩에게도 같은 내용의 공문을 보냈다. 양사형은 경상 도사 허흔과 감사 김수에게 말했고 그 결과 최영경이 구속되었다.[102] 기축옥사 발생 직후부터 최영경이 최삼봉이라는 소문이 계속 있었다. 사헌부와 사간원에서 그에 대한 처벌을 몇 차례 요청했는데, 소문에 대한 반향이 이렇듯 조정 안에서만 있었던 것은 아니다. 근거 없는 소문, 의도성을 지닌, 혹은 자연발생적인 와전 등이 민간에서 계속되었다. 그러한 공식·비공식 파장이 결합하여 홍여순 상소로 나타난 것이다. 물론 여기에는 앞서 말했던 홍여순 개인의 사정과 인격적 특성도 한 원인이었다.

최영경의 1, 2차 수감과 관련해서 아래 상소는 주목된다. 이 상소는 문위文緯(1555~1632)라는 사람이 1591년 6월 영남 유생을 대표해서 쓴 것이

*** 정확하게 말하면 제원도濟源道이다. 몇 개의 역驛과 그것으로 이어진 길을 합해서 '○○道'라고 불렀다. 제원도는 무주의 소천所川, 용담의 달계達溪, 진안의 단령丹嶺, 고산의 옥포玉包 등 4개 역을 관장했다. 중심 역은 제원역이다. 제원은 현 충남 금산군 제원면이다.

다. 기축옥사의 광풍이 한 차례 지난 후, 최영경에게 우호적인 입장에서 작성한 상소이다.

> 진주 사람 정대성鄭大成은 형에게 겁을 주어 그 형을 죽게 한 일로 향교에서 쫓겨났습니다. 최영경이 그를 용납하지 않자, 정대성은 (최영경이) 자기를 배척한 것을 원망하게 되었습니다. 또한 판관 홍정서는 관에 있으면서 청렴하지 않았습니다. 때문에 최영경이 거절하고 (자기 집에) 들이지 않았더니, 자기를 물리친 것을 원망하였습니다. …… 정대성이 호남인 중 불량한 자에게 달려가 그들이 선비들 사이에 유언비어를 퍼뜨리게 하고, 홍정서는 선비 중 권세 있는 자에게 (최영경에 대한 일을) 날조하여 그들이 대관臺官에게 전파하게 하였습니다. …… 참언의 근본을 추구해 보면 정대성은 스스로 그 정상이 전하의 밝음 앞에서 피하기 어렵다는 것을 알면서도 모르는 일이라고 하였으며, 홍정서 또한 실정을 알면서도 정홍조에게 들었다고 하였습니다.[103]

최영경을 죽게 한 책임을 누가 져야 하는가 하는 책임론은 주로 두 가지 사항에 집중되었다. 하나는 누가 처음에 최영경을 최삼봉이라고 했는가 하는 것이었다. 최영경의 첫 번째 구속에 대한 책임을 묻는 것이었다. 다른 하나는 일단 풀려난 최영경을 다시 구속시킨 책임을 누가 져야 하는가 하는 것이었다. 위 인용문에서 두 사람이 거론된다. 진주 사람 정대성과 판관 홍정서가 그들이다. 첫째 사항은 정대성과, 둘째 사항은 홍정서와 관련되었다. 다시 앞으로 돌아가자.

홍여순 상소가 올라오자 국청은 상소 내용 즉, 최삼봉이 최영경이라는 주장의 출처 확인에 들어갔다. 홍여순은 제원 찰방 조응기를 댔고, 조응기는 김극관金克寬을 끌어냈고, 김극관은 강견과 양천경을 끌어냈다. 이들을 차례차례 불러서 심문했다. 이 과정을 거치면서 많은 이야기가 나왔다.[104] 강견의 원래 이름은 강해인데, 기축옥사 발생 당시에는 강견으로 개명한 후였다. 그는 정유재란 때 일본에 피랍되었다가 돌아와서 『간양록看羊錄』을 지은 강항姜沆(1567~1618)의 형이다.

최영경의 친척조카戚侄 정대성이 왜 최영경을 최삼봉이라고 말했는지에 대해서는 엇갈리는 이야기가 전한다. 위 인용문에서 정대성은 최영경에 대해서 안 좋은 감정을 가지고 그를 음해하려고 적극적으로 행동한 것처럼 묘사되었다. 그가 "호남인 중 불량한 자"인 양천경에게 "달려가 그들로 하여금 선비들 사이에 유언비어를 퍼뜨리게" 했다고 말한 구절이 그것이다. 반면에, 다른 이야기도 전한다. 소문으로 떠도는 최삼봉의 모습이 최영경과 대단히 유사하다고 정대성이 단순히 언급한 것으로 묘사된다. 이 이야기에서는 오히려 양천경의 역할이 훨씬 주도적인 것으로 표현된다.

(양)천경은 일찍이 영경의 친척조카 정대성과 서울에서 함께 거하였다. 대성이 제적諸賊의 초사招辭에 길삼봉은 나이가 50, 60 정도이고 얼굴은 여위고 길며, 수염이 길어서 배를 지나며, 말하다가 문득 기침을 한다는 말을 듣고는 크게 놀라 말하였다. 이 모습은 완연히 우리 최사축崔司畜 친척조카이다. 천경이 이 말을 듣고 사람이 많은 중에 목소리 높여 말하였다. "최영경이 실은 길삼봉이다." 이것으로 천경이 자기주장의 단서를 삼았다.[105]

사축은 최영경이 진주로 내려오기 전에 잠시 지냈던 종6품 관직명이다. 양천경과 정대성이 서울에서 만났다는 것은 이귀도 확인해 준다. 기축옥사 발생 당시 이귀는 양천경, 강견 등과 송이창 집에서 같이 공부하고 있었다. 조선시대 생원·진사 시험 합격자 명부인 사마방목에 따르면 선조 23년에 송이창이 진사시에 합격했는데, 시험 볼 때 내는 응시자 신원 기재 사항에 거주지가 서울로 되어 있다. 아마 이때 네 사람이 모여서 그 시험을 준비했던 것 같다. 그는 나중에 송시열과 함께 '양송兩宋'으로 불렸던 송준길의 아버지이다.

양천경이 영남 유생 정대성의 말을 듣고, 최영경을 길삼봉이라고 공공연하게 말을 퍼뜨렸다. 이귀가 이를 말렸다. 그러자 양천경은 크게 화를 내면서 오히려 이귀에게 역적을 옹호한다고 언성을 높였다. 이귀는 이를 계기로 양천경과 절교했다.[106]

정여립이 살았던 전라도 금구金溝의 유생 김극관은 정여립의 처족妻族이었다. 하지만 평소 정여립과 사이가 좋지 않았다. 옥사가 일어나자 그는 역적 토벌을 자임하고는 삼봉이 영경이라는 말을 제원 찰방 조응기에게 전했다.[107]

김극관은 두 가지 경로를 통해서 최영경을 최삼봉이라고 생각하게 되었던 것으로 보인다. 첫째는 백유함을 통한 경로이다. 김극관은 최삼봉이 최영경이라는 말을 조응기에게 전하면서, 백유함 말을 증거로 들었다. 하지만, 정작 백유함의 진술은 김극관의 말과는 달랐다. 선조 22년 12월에 조정은 기축옥사에 따른 민심 동요를 막기 위해서 경상도와 전라도에 각각 안무사安撫使를 파견했다. 오억령이 영남에, 백유함이 호남에 파견되었다.[108] 백유함에 따르면 자신은 김극인金克寅(1560~?)에게 자신이 최삼봉이 최영경이라는 소문을 들었다고 말했을 뿐, 최삼봉이 최영경이라고 말한 적은 없다고 말했다. 덧붙여서 그는 그 소문이 사실이 아니라고 생각했다고 말했다.[109] 김극인은 김극관의 동생이다. 백유함 말이 사실이라면, 그의 말이 김극관에게 전달되는 과정에서 와전되었던 것이다.

홍여순의 비밀상소가 조정에 도착하자 그가 주장한 최삼봉이 최영경이라는 말의 출처를 조사하기 시작했다. 위에서 언급했듯이 홍여순, 조응기, 김극관, 강견 등이 차례로 조사를 받았다. 조사를 받고 난 후에 강견은 다음과 같은 상소를 올렸다.

> 올해 1월 어느 날 성균관에 있다가 시골로 내려가 양천회의 형 양천경과 숙박을 함께하며 들으니, 김극관이 제원 찰방 조응기에게 말을 전하고, 조응기가 본도 감사에게 보고했다고 합니다. (이에) 본도 감사가 신 등을 심문하였사옵니다. 그러나 신이 들은 바는 단서가 매우 많고 신의 아는 바는 그 근거를 찾기 어려워서 공초의 사연이 분명하게 되지 못했습니다. 그래서 물러나와 극히 송구하여 더욱 스스로 그만두지 않았습니다. 그리하여 두루 다니며 친구들에게 물어보니, …… 최영경이 역모에 참여하였는지는 확실하게 알 수 없지만 이 무리들이 역적을 역적이라 않은 것은 이를 근거로 알 만하옵니다.* 대저 역적들 사이의 정상을 틀림없이 하나하나 말 할 수 있는 자는 반드시 조구趙球처럼 전에 역적 무리 사이에 들어갔던 자라야만 잘 알지 신들 같은 자는 전하는 소문을 들었을 뿐이오니, 전하는 소문을 하나하나 모두 믿는다면 무고하고 억울하게 걸려드는 근심이 있을까 두렵사옵니다.[110]

홍여순이 선조에게 비밀상소를 올린 것은 선조 23년 6월이지만, 그 상소

---

* 이것은 최영경 집에서 찾은 이황종의 편지에 기축옥사를 '사화士禍'라고 규정한 것을 가리키는 말이다.

내용은 최소한 선조 23년 1월에 이미 알려진 내용이었다. 위에서 조응기가 보고한 본도 감사는 홍여순이 아닌 이광이다. 홍여순은 선조 23년 3월에 부임했다. 아마도 강견의 말처럼 소문이 분명하지 않았기 때문에 이광은 중앙에 보고하지 않았던 것 같다.

위에서 강견과 양천경은 김극관이 자신들을 지목한 것에 대해서 이견이나 반론이 없었다. 그것은 자연스런 일이다. 양천경의 동생 양천운은 김고언金顧言의 딸과 결혼했는데, 김고언은 김극관의 아버지였다. 말하자면 김극관과 양천경 두 집안은 사돈 간이었다.[111] 양천경의 말이 김극관에게 전해진 것은 자연스럽다. 요컨대 김극관은 두 가지 경로로 최영경이 최삼봉임을 들었다. 동생 김극인을 통해서 백유함의 말을 들었고, 또 사돈인 양천경 등을 통해서 거의 비슷한 말을 들었던 것이다. 조응기는 찰방이라는 직책상 많은 소문 혹은 정보에 접할 수밖에 없었을 것이다. 그리고 그러한 소문이나 정보 중에서 중요한 내용은 감사에게 보고했을 것이다. 이 모든 과정이 겹치면서 홍여순의 상소와 최영경의 구속으로 귀결되었다.

1차 수감, 정철과의 만남

두 가지 쟁점

최영경이 진주 감옥에 수감된 것은 선조 23년 6월경이다. 홍여순에게 공문을 받은 경상 병사 양사형이 경상 도사 허흔과 감사 김수 등의 말에 따라 최영경을 수감했다. 최영경에 대해 조정이 아직 어떤 명령을 내리기 전이었다.[112] 최영경이 옥에 갇히자 거의 1천여 명이나 되는 선비가 옥문 밖에 모여들었다. 이들은 여러 날이 지나도록 흩어지지 않았다.[113] 진주와 경상도에서 최영경의 위상을 보여 주는 광경이다.

진주 옥에 갇혔던 최영경이 언제 서울 의금부로 이송되었는지는 분명하지 않다. 진주에서 서울까지 이동하는 데 걸리는 시간을 고려할 때, 아마도 6월 말 혹은 7월 초쯤이 아니었을까 생각된다. 『선조실록』은 "최영경을 체포하여 형틀에 묶어 서울에 왔다. 이때는 경인년 여름철이었다."라고 전한다. 최영경은 62세 고령이었고 오랫동안 폐병을 앓았다. 서울 도착 후 그는 "내가 늙은 나이에 체포되어 더위를 무릅쓰고 재를 넘으므로 길에서 죽어 임금 앞에서 드러내어 밝히지 못할까 염려했다. 지금 다행히 살아서 도성 문에 들어왔으니 죽어도 여한이 없다."고 하였다.[114]* 엄한 의금부 수

---

* 조선시대에 한양과 진주를 잇는 도로는 진주–(함양)–(운봉)–남원–전주–논산–공주–
  천안–평택–수원–과천–동작나루로 이어졌다. 동작나루가 있던 자리에 동작대교가
  설치되었다. 최영경이 말한 재는 공주와 천안 사이의 차령이나 과천과 동작나루 사이

금에도 전혀 위축됨이 없는 당당한 태도였다. 심문 과정에서 최영경은 자신에 대해 만들어졌던 수많은 소문과 의혹에 답변했다. 소문과 의혹 중 일부는 전혀 사실이 아니었고, 또 일부는 본인 의도와 전혀 다르게 알려진 것들이었다. 많지는 않아도 일부는 사실에 가까웠다.

전주 만장동에서 있었던 활쏘기 모임에서 최영경이 수석에 앉고 정여립이 차석에 앉았다는 소문에 대해서, 최영경은 그것이 전혀 사실이 아니라고 답했다. 또, 정언신과 윤기신의 편지글에 자신을 가리키는 말이 있는 것에 대해서도, 그것은 그들끼리 주고받은 것일 뿐 자신과 주고받은 말은 아니라고 말했다. 다만 정언신이 자신과 10세 미만 어린 시절의 친구였음을 인정했다. 선조 15년 이후로는 한 번도 편지를 하지 않았지만, 그가 정승이 된 후 보낸 편지에 자신이 답하지 않았다고 말했다.

조보朝報를 구해 보는 등 조정 일을 탐지하려 애썼다는 혐의에 대해서, 최영경은 자신에 대한 구설이 많기에, 그 비방하는 내용을 알고자 했을 뿐이라고 답했다. 또, 그가 가진 힘을 이용해서 남의 죄를 풀어 나오게 청탁했다는 말에 대해서도 답변했다. 그에 따르면 선조 12년에 같은 고을에 사는 선비들이 세력 부리는 토호로 몰린 일이 있었다. 이들은 토호도 아니고 오해에 빠진 것이 분명했기에 이들을 위해서 편지를 보내준 것이었다고 말했다. 이렇듯 여러 오해에 대해서 답변을 한 최영경도 동생 여경餘慶이 신녕新寧* 현감이 될 수 있게 한 것에 대해서는 잘못을 인정했다. 집이 어려워서 제사도 받들지 못할 지경이었기에 그리했노라 잘못을 인정했다.

의 남태령 등을 뜻했을 것이다.

* 현재는 경북 영천시에 속한다.

하지만, 이상 몇 가지 사실이 그가 서울로 압송되어 온 진짜 이유는 아니었다. 그에 대해 제기된 가장 무거운 의문은 두 가지였다. 하나는 그가 정여립과 어떤 관계인가 하는 것이고, 다른 하나는 소문대로 그의 또 다른 호가 삼봉인가 하는 것이었다.

정여립과의 관계에 대해서 최영경은 "아무 해 이후로 서로 연락한 일이 없다."고 하였다. 그러자 선조는 옥사 시작 이후 계속 그랬듯이, 최영경이 말한 시기 이후 정여립이 그에게 보낸 편지 몇 장을 내리며 질책했다. 이에 대해서 최영경은 처음에는 자신이 그의 편지를 받은 일이 기억나지 않지만, 그럼에도 자신이 답장을 보낸 일은 없다고 답변했다. 사실이었다. 이때 정철이 최영경의 말을 도왔다. "노인은 때로 잊기도 합니다. 만약 역적 문서 중에 그의 답서가 없으면 거짓말이 아님을 알 수 있습니다."[115]

최영경에게 씌워진 가장 중요한 혐의는 '수우守愚' 이외에 '삼봉'을 별도의 호로 사용했는지 여부였다. 이에 대해서 최영경은 그것은 전혀 사실이 아니고, 논리적으로도 타당하지 않다고 말했다. 별호는 평소 공부하면서 뜻한 바를 칭하거나 사는 곳의 산천을 소재로 짓는 법인데, 자신은 강기슭에 살며 더구나 간신 정도전의 호인 삼봉을 별호로 삼을 이유가 없다고 말하였다. 이에 대해서 국청은 "영경의 호가 삼봉인지 양남兩南 감사로 하여금 사실을 조사하게 한 뒤에 심문하는 것이 옳겠습니다." 하였다.[116] 그에 따라 실제로 조사가 이루어졌다. 조사 기간 동안 최영경에 대한 심문은 중지되었다.

주목할 점은 1차 구속 기간 동안 최영경이 어떤 체형도 당하지 않았다는 점이다. 정인홍은 그 공을 이항복에게 돌렸다. 정인홍이 전하는 상황은 이랬다. 최영경이 심문 받을 때, 이항복은 최영경과 정여립 사이의 편지의

선조가 정철에게 하사한 은술잔. 정철은 술과 얽힌 일화가 많다. 충청북도 진천군 소재 송강기념관.

존재를 최영경에게 넌지시 알려주었다. 최영경은 그 편지의 존재를 잊고 있었다. 이 때문에 최영경은 편지와 관련해서 심문 과정에서 말실수를 피할 수 있었다. 정인홍은 "정철이 어떻게 할 수 없어 매 한 번도 때리지 못하였으니 이는 이항복의 힘이다."라고 말하였다.[117)

하지만 류성룡의 말은 이와 좀 다르다.

> 내가 하루는 우연히 대궐 밑에서 정철을 만났기에, "최영경 옥사가 어떻게 되었습니까." 물었다. …… 정철은 평소 경솔한데 또 이날 술에 취해 있었다. 문득 왼손으로 자기 목을 잡고 오른손으로는 찌르는 형상을 하며 연달아 말하기를, "이 사람은 평일에 나를 이렇게 하고자 했다." 하였다. …… 내가 정색하고 말하기를, "그 사람이 실제로 그렇게 했다 해도 공은 지금 옥관獄官이 되었습니다. 그 품었던 바를 마땅히 잊어야 합니다." 하니, 정철이 웃으며 말하기를, "나도 어찌 이것을 생각하겠소. 이미 추안推案*에다 충분히 해명하였으므로 오래도록 형을 가하

---

* 캐물은 기록이라는 뜻이다. 추국청推鞫廳에서 반역 사건 관련자들을 심문한 기록이다. 심문 항목, 그에 따른 진술, 신문訊問 과정, 최종 판결문인 결안結案 등으로 구성된다.

여 심문하지 않고 오직 가둬 두기만 하였소." 하였다. 또 말하기를, "나도 분명 마음을 다하여 보호하고 있으니 다른 일은 걱정 없소." 하였다. 과연 수일 후에 석방되어 옥에서 나왔다.[118)

이윽고 조사 결과가 나왔다. 남도 지방을 두루 탐문했지만 최영경이 최삼봉이란 소문에 대한 신빙성 있는 증거를 확보하지 못했다.[119) 그러자 선조는 최영경을 석방시키라고 명령했다. 그가 석방된 날은 선조 23년 8월 30일이다.[120)

정철의 올리지 않은 차자

기축옥사 자체가 그렇지만 특히 최영경 옥사에서 가장 큰 쟁점은 최영경 죽음에 대한 정철의 책임 문제였다. 이 문제는 당파에 따라 커다란 입장 차이를 보였다. 그 결과 이 문제에 대한 객관적 사실을 확인하는 것이 쉽지 않다. 아래 기사는 이 문제에 의미 있는 시사점을 제시한다. 이 기사는 이항복의 『기축기사』에 나오는데, 『선조수정실록』과 『연려실기술』에 같은 내용이 실렸다.

항복이 그때 문사낭청이고, 철이 위관이었다. 하루는 철이 (국청 뒤 칸에서 잠깐 쉬다가) 항복을 불러서 최영경 옥사에 대한 (이항복의) 의견을 물었다. 항복이 말했다. "…… 지금 아무런 단서도 없이 소문만 듣고 처사를 잡아 가두었다가 불행하게도 죽는다면 반드시 공론이 있을 것입니다. 그렇게 되면 상공(정철)이 어떻게 그 책임을 면하겠습니까." 철이 크게 놀라 말하기를, "평소 내가 영경과 논의가 서로 달랐지만 어찌 (그를) 해하려고야 하겠소. (그가 붙잡혀 온 것은) 본도本道

(경상도)에서 (그에 대한 소문이) 와전된 데서 나온 것이오. 나와 무슨 상관이겠소." 하였다. 항복이 말하기를, "상공께서 (최영경을) 모함한다고 말하는 것이 아닙니다. 근거가 없음을 알면서도 좌시하고 구하지 않는 것이 어찌 추관推官의 떳떳한 도리라 하겠습니까. 역적을 국문한다는 명목하에 죄수가 옥에 가득해서, 추관이 하나하나 심리하지는 못하는 형편입니다. 그러나 영경은 죄수 중에서도 더욱 죄명을 삼을 만한 근거가 없습니다. 또 이 사람은 부모에 효도하고 벗에게 우애 있는 처사입니다. 어찌 구하지 않을 수 있겠습니까." 하였다. 철이 말하기를, "내가 극력 구원하겠소." 하였다. ……

수일 후 철이 또 요청하기를, "어느 날 갑자기 (최영경을) 형추刑推*하라는 (주상의) 명이 있으면 미처 구하지 못할까 염려되오. 나는 옥사에 골몰하느라 정신이 없소. 그대가 나를 위해 차자 초안을 잡아서 대기해 주시오." 하였다. 항복이 말하기를, "이런 일을 어찌 남을 시켜 초안을 잡으라 하십니까. 상공이 직접 해야 합니다." 하였다.

또 수일 후 (정철이) 항복을 보고는 크게 기뻐하며 말했다. "내가 이미 구해 낼 계책을 마련하여 차자 초안을 잡아 놓았소. 류 정승(류성룡)과도 약속이 되어 있소." 항복이 말하기를, "어떻게 약속하였습니까?" 하니, 철이 말하기를, "만약 형추하라는 명이 있으면 내가 급히 류 정승에게 알리어 연명聯名으로 차자를 올려 구하면 일이 잘될 것이오." 하였다. 항복이 말하기를, "류 정승과 과연 그렇게 약속했습니까?" 하니, 철이 말하기를, "이미 굳게 약속이 되어 있소." 하였다.[121]

심문이 처음 시작되었을 때만 해도, 최영경에 대한 정철의 태도는 방

---

* 형장刑杖을 때리며 심문하는 것.

관에 가까웠다. 일례로 최영경이 의금부 옥에 갇히자 성혼이 정철에게 그를 구해야 한다는 취지의 편지를 보냈다. 정철의 답장은 사무적이고 냉정했다.

> 보내신 편지에 영경이 수신修身하고 효제孝悌하니 구해 주라 했으나, (내가) 힘을 써도 소용이 없습니다. 뿐만 아니라 일의 체모로 보아도 (내가 구하려 한다는 것이) 역시 온당치 못한 점이 있을 것 같습니다.[122]

그 후 이항복이 위와 같은 문제 제기를 했다.

이항복이 문제 제기를 했던 것은 아마도 정개청 사례에서 정철이 보인 모습과 최영경의 건강 문제가 신경 쓰였기 때문이었을 것이다. 정개청이 7월 말 귀양처에서 막 사망한 상태였다. 사실 정철은 정개청을 구하기 위해 어떤 노력도 하지 않았다. 과도하게 정치적이 되어 버린 사건에서 무고한 사람들을 하나라도 구해야 할 위관의 임무에 충실하지 못한 측면이 확실히 있었다. 그런데 최영경은 정개청과는 많이 달랐다. 그 사회적 존재감에서 두 사람은 분명한 차이가 있었다. 이미 정개청이 사망한 마당에, 건강이 극도로 염려되는 최영경을 저대로 방치하면 그 책임이 정철에게 돌아갈 수밖에 없었다. 이항복의 지적을 들은 후 정철의 태도는 크게 바뀌었다. 요컨대, 정철은 최영경을 구하고자 하는 차자 초고를 자신이 직접 작성해 놓았던 것이다. 아래는 류성룡의 기록이다.

> 무술년(선조 31, 1598) 겨울에 내가 동성東城에 있었는데 이귀가 한 장의 종이를 갖고 와서 나에게 보였다. 정철이 위관이었을 때 최영경을 구하여 풀어주려고 한,

아직 임금께 올리지 않은 상소문 초안이었다. 이귀는 놀라 말하기를, "정상鄭相의 본심이 이런데 세상 사람들이 모르고 너무 심하게 의심하기 때문에 그 자제들이 가지고 왔기에 보여 주는 것입니다." 하였다. [123]

선조 31년(1598) 9월에는 정응태丁應泰 사건이 일어났다. 당시 영의정이던 류성룡은 이 사건에서 이산해 측의 탄핵을 받고 자리를 내놓고 낙향했다. 사실, 이 사건이 일어나기 전부터 류성룡은 계속해서 사직 의사를 밝히고 있었다. 이 사건이 일어나자 류성룡은 다시 한번 사직 의사를 밝히고 동대문 밖으로 물러나왔다. 9월 29일의 일이었다. 이렇게 물러나 있던 중에 이귀가 찾아왔던 것이다.

기축옥사에서 류성룡은 정철과 위관을 바꿔가면서 심리를 진행했다. 때문에 류성룡은 최영경 옥사에 대해서 소상히 알고 있었다. 그는 정철과 심한 갈등 관계에까지 이르지는 않았지만, 그렇다고 우호적인 관계도 아니었다. 때문에 류성룡의 위 기록은 이항복 기록의 신빙성을 높여 준다.

2차 수감, 이이에 대한 기억

'하늘 그물'

선조 23년 8월 말 어느 날 정철이 입궐하자, 선조는 정철에게 최영경 사건에 대한 그의 의견을 물었다. 정철은 "전혀 단서가 없습니다. 신이 들은 바로는 그가 평소 기개와 절조를 숭상했다 합니다. 또 부모에 대한 효도와 형제에 대한 우애로 세상에 이름이 드러났고, 영남 사론士論도 (그를) 매우 존중한다고 합니다. (이런 점들로 볼 때, 그가) 역모를 꾸몄을 리 없습니다. 신은 그와 평소에 전혀 모르는 사이여서 감히 사심을 둘 수 없습니다. 단지 들은 바가 이러하여 아룁니다."라고 말하였다.[124] 정철은 아마도 앞서 있었던 이항복의 지적에 영향 받았던 것으로 보인다. 그 후 남도 지방 탐문 결과 최영경이 삼봉을 별호로 사용했다는 증거가 발견되지 않았다. 곧 선조는 최영경을 석방했다.

하지만 선조는 최영경에 대한 의심을 완전히 버리지 못했다. 최영경을 처음 구속할 때, 그의 집을 수색해서 이황종이 보낸 편지를 찾아냈다. 그 편지는 시국 상황에 대해서 극히 비판적인 내용을 담고 있었다. "역옥逆獄을 사림士林의 화禍"라고 말하기도 했다.[125] 그의 말대로 기축옥사가 사화士禍라면 선조는 무도한 임금이 되는 셈이다. 이황종은 최영경과 함께 체포되어 심문 받다가 끝내 장살杖殺되었다. 요컨대 최영경이 삼봉이라는 직접적 증거는 발견되지 않았지만, 선조 눈에 그는 문제가 있는 인물이었다.

최영경 석방을 명령한 후, 이어서 선조는 다음과 같이 말하였다.

> 영경이 스스로 처사라 하며 몸을 산림에 묻고 있으면서도 권세 있는 자들과 연락하여 멀리 앉아서 조정의 권력을 잡았다. 그 아우가 글을 모르는 자인데도 백성을 다스리는 수령이 되기에 이르렀고, 또 조보를 구해 보려고 몹시 힘썼다 한다. 처사가 과연 이럴 수 있겠는가. 하늘 그물이 넓어서 제가 도망하기 어려울 것이다.[126]

선조가 이렇게 말하는 상황에서 사헌부와 사간원이 가만히 있기는 어려웠다. 양사는 곧바로 상소를 올렸다. 그런데 양사가 요청한 내용이 서로 달랐다. 사간원 헌납 이흡·정언 이상길·정언 구성具成 등의 요청은 다음과 같았다.

> 최영경은 …… 조정의 동정과 정사의 득실을 (조정에 있는 당국자들과) 서로 통하여 간여하지 않음이 없었습니다. 뿐만 아니라, 역변이 나기 전에 여립이 멀리 지경을 넘어 영경의 집까지 찾아가서 서로 친밀히 결탁한 일은 숨길 수 없는 사실입니다. 그런데도 영경은 잡혀 와서 감히 진술하기를, '일찍이 여립과 알지도 못했다.' 하였고, 또 '서찰도 통한 적이 없다.' 했습니다. 하지만 미처 없애지 못한 역적의 편지 한 장*으로 역적과 친한 자취를 능히 다 감추지 못하여, 비로소 하늘 그물에서 벗어나지 못하게 되었습니다. …… 청컨대 다시 국문하여 법에 의해 죄를 정하소서.[127]

---

* 이황종의 편지를 말한다.

요컨대, 사간원은 선조의 말을 기정사실화했다. 여기에 정여립이 최영경 집을 방문했다는 말을 보태어 그를 재수감해서 국문할 것을 요청했다. 이에 대해서 선조는 "영경을 다시 국문할 것 없다."고 말했다.[128]

사헌부 요청은 사간원과 달랐다. 당시 윤두수가 막 대사헌이 되었다. 사헌부는 "최영경이 역적과 친한 상황은 서찰에 보이는데, 또 바른대로 대답하지 않았으니 멀리 귀양"보내라고 요청했다.[129] 사헌부 요구에는 최소한의 정치적 균형 감각이 있었다. 확실한 증거를 확보하지 못한 상황에서 심문을 계속하다가 최영경이 죽게 될 가능성이 높았다. 그렇게 되면 정치적 파장을 피하기 어려웠다. 역적과 친했던 정황은 귀양 정도 처벌로 적당하다고 판단했던 것이다.

양사가 최영경에 대한 재심문 혹은 귀양을 요청하자 정철은 즉시 윤두수에게 편지를 보냈다. 그는 최영경을 재수감해서 국문하는 것이 부당한 일이라고 주장했다. 이에 대해서 윤두수는 그 논의가 자기에게서 나오지 않았다고 답하였다.[130] 실제로 최영경에 대한 재수감 후 국문을 처음 주장한 사람은 사간원 정언 구성이다. 그는 인조반정 이전에 죽지만, 인조의 어머니 인헌왕후의 오빠이다. 말하자면 인조의 외삼촌 되는 사람이다.

구성이 최영경의 재수감을 주장했다고 해서 그 모든 책임을 그에게만 묻기는 어렵다. 만약 정언 이상길이나 헌납 이흡도 동의하지 않았다면 사간원 명의로 그런 요청이 나올 수 없다. 이흡은 이때의 일 때문에 선조 35년(1602)에 귀양을 갔다. 귀양처에서 그는 「경인년 헌납으로 있을 때 일로 인하여 탄핵을 당하여因庚寅獻納時事遭彈」라는 시를 남겼다.[131]

두 차례 정언을 지내면서 훼방이 쌓인 데다

또 외람되이 헌납이 되어서 미움을 받게 됐네

사론士論이 이미 다르니 실정을 말하기 어렵고

조정에서 간쟁은 비록 공적인 것이었으나 비방 이미 비등하네

삼가 갖추어 다만 최 모의 추국 편지를 썼을 뿐인데

탄핵 소장이 끝내 정철 문하의 매鷹에서 나왔다고 하네

기회를 타서 일망타진함을 좋은 계책으로 삼았으니

하늘에 호소할 길 없이 죄는 날로 늘어가네

이흡은 당파적으로 서인은 아니었다. 그럼에도 그는 사론 즉 당색이 달라서 최영경 사건에서 자신의 주장에 대한 해명이 불가능하다고 말하였다. 이미 당쟁은 동서가 아닌 동인 분파들 사이에서 진행되고 있었다. 그는 자신들의 상소가 공적인 것이었고, 반어反語 형식으로, 정철 진영에서 나온 것이 아니었다고 말했다. 그가 '공적인 것'이라고 한 말은 적어도 그들 스스로의 생각하기에 그랬다는 뜻으로 보아야 한다. 그가 거짓을 말했다고 보기는 어렵다. 그럼에도 그들의 주관적 확신이 객관적 사실은 아니었다.

"말의 근거를 자세히 아뢰라"

선조는 최영경을 석방하라고 지시한 직후, 사간원의 재수감 요청을 일단 거절했다. 그런데 9월 9일 선조는 사간원에 새로운 보고를 요구했다. "최영경이 지경地境을 넘어서 역적과 상종했다는 말은 어디서 나왔는가? 말의 근거를 자세히 아뢰라."고 지시했다.[132] 다음 날 사간원 정언 구성이 다음과 같이 보고했다.

최영경이 월경하여 역적(정여립)과 상종했다는 말은 퍼진 지 오래입니다. 더구나 역적의 쪽지에 이른바 "두류산頭流山의 약속"이라고 쓰여 있는 것을 보더라도 평일에 왕래하여 친밀했다는 정상은 의심할 바 없습니다. 또 역적이 진주에 있는 최영경 본가로 찾아와서 그와 만나고 며칠 머물다 갔다는 것을 판관 홍정서洪廷瑞가 친히 알고 도사都事 허흔許昕에게 말했습니다. 신들 가운데도 허흔에게 직접 들은 사람이 있어서, 그 정상이 드러났고 증거가 매우 분명합니다. 이것을 어찌 풍문에 비하겠습니까." 하였다. [133)]

구성이 보고한 후, 대사간 이해수가 같은 내용으로 최영경의 재수감을 다시 요구했다. 그러자 선조는 "홍정서·허흔·최영경을 잡아 가두라."고 즉각 지시했다. [134)]

약 두 달 정도 옥에 갇혔다가 석방된 최영경은 서울 친척집에 머물고 있었다. 그는 폐병을 오래 앓았고, 무더위에 옥에 갇혔었다. 아마도 진주 집으로 바로 내려갈 수 있는 건강이 아니었을 것이다. [135)] 선조의 명령이 떨어지자 최영경을 포함한 세 사람이 당일로 재수감되었다. [136)]

심문에서 최영경은 다음과 같이 말하였다. 1차 수감 때, 제기된 의문에 피동적으로 답하던 것과는 달랐다. 그는 이 사건 발생 원인에 대한 자신의 생각을 말했다.

이 화禍는 30년 전에 비롯되었습니다. …… 지난 병인(명종 21)·정묘년(선조 즉위년) 사이에 이이가 세상에 나왔습니다. 온 세상 선비들이, "옛사람이 다시 환생했다." 했는데, 저만 홀로 그렇지 않다고 비웃었습니다. 연소한 무리가 한때 이 몸을 무식하다고도 하고 혹은 미쳤다고도 하고 혹은 어리석다고도 했습니다. ……

을해년(선조 8) 4월경 진주 동생 집에 가서 의지했습니다. 얼마 후 얼핏 들으니 이이의 하는 바가 사람들을 너무도 만족시키지 못하여, 한때 젊은이로서 책을 옆에 끼고 담론하기 좋아한 무리가 모두 이이와 등지고 서로 벗 삼기를 부끄러워한다 했습니다. 더러는 함부로 이 몸이 선견지명이 있다고도 하고, 더러는 망령되게도 저더러 유식하다고도 했습니다. 이렇게 되니 이이의 분함이 극도에 달했습니다. 한때 (이이) 문생 무리가 모두 이 몸을 가리켜 나쁘다 하였습니다. 이로부터 얼마 후에는 청류淸流로 인정받지 못하는 사대부들이 모두 이 몸을 지적하여 원망하니, 막막한 한낱 외로운 몸이 어찌 자립自立하였겠습니까. 거짓말을 지어서 비방하고 터무니없는 방을 거리에 붙이는 등 못하는 짓이 없었습니다. 최후에는 중외中外에 떠도는 소문을 합하여 허무맹랑한 말을 꾸며 내다가 이런 지경에까지 이르렀습니다. 이 몸이 어찌 감히 스스로 밝힐 수 있었겠습니까. 이것이 바로 화근이 된 것입니다.

홍정서가 진주 판관일 때 (저를) 4, 5차례 찾아왔습니다. 하지만 이 몸은 늙고 병이 많을 뿐만 아니라 그의 됨됨이가 싫어서 한 번도 만나지 않았습니다. 그 후로 그가 분함과 원망을 많이 가져, (저에 관한) 이치에 닿지 않는 패악한 말을 무수히 발설했습니다.…… 경계를 넘어 역적과 서로 만났다는 것과 역적이 우리 집에 머물렀다는 두 사건에 대하여 이 몸을 홍정서와 대질하여 사실을 조사하시어 전형을 바로 하소서.[137]

첫 번째 수감과 달리 최영경의 재수감 이유는 하나였다. 정여립이 최영경 집을 방문했다는 소문의 진위 여부를 확인하는 것이 그것이다. 최영경은 자신의 재수감을 초래한 직접적 원인은 홍정서의 "이치에 닿지 않는 패악한 말" 때문이라고 말하였다. 정여립이 최영경 집을 방문해서 며칠 머물렀다는 것이 그것이다. 최영경은 홍정서와 자신을 대질해서 진상을 밝혀 줄 것을 요구했다.

그런데 이와 별도로 최영경은 자신의 재수감에 보다 더 깊은 원인이 있다고 주장했다. 자신과 이이의 갈등, 이이와 그를 둘러싼 무리의 자신에 대한 분노가 극에 달했던 것이 그것이었다. 그는 이이를 둘러싼 무리를 "청류淸流로 인정받지 못하는 사대부들"로 규정했다. 그의 현실 인식을 보여 주는 발언이다.

최영경은 이이가 조정에 나왔던 처음부터 두 사람이 갈등 관계에 있었던 것처럼 말했다. 하지만 실제로 그렇지는 않다. 선조 7년에 이이는 자신의「만언봉사」가 받아들여지지 않자 대사간에서 물러나 낙향했다. 이때 다른 여러 사람들처럼 최영경도 이이의 사퇴에 반대하였다. 그는 "그대가 지금 조정을 떠나 물러가니 벼슬한 기간이 너무 짧다."고 말하였다.[138] 이이가 조정에 좀 더 머물러야 한다는 말이다.

다음 해 선조 8년 1월에 인순왕후가 사망하자, 물러나 있던 이이는 당시 관행대로 국상에 참여했다. 그런데 국상 후에도 이이는 물러가지 않고 부제학으로서 조정에 남았다. 그러자 많은 사람들이 이이의 출처出處에 의문을 제기했다. 심지어 도학에 정통하고 이이와 가장 가까운 성혼까지 의문을 표하는 형편이었다. 출처는 당시 사대부들이 가장 중요시한 사항이었다. 그것은 정치현실에 대한 자신의 인식과, 그 현실에 대한 자신의 사회적 실천을 동시에 드러내는 행위였다. 출처에 의문을 산 사대부는 주위와 세상에 결코 인정받을 수 없었다.

사람들의 자신에 대한 의문에 대해서 이이는 다음과 같이 말했다.

임금이 상사喪事를 슬퍼하시는 중에 선심善心의 단서가 발현된 것이 전일과 달랐다. 때문에 (내가) 아직은 (조정에) 있으면서 정성을 다하여 만에 하나라도 다행을 바라는 것이다. 군자가 세상을 잊으려고 결심했다면 모르거니와, 이 세상에 뜻이 있다면 음기 중에서 양기가 나오려 하는 이때에 어찌 탈 만한 기회가 없겠는가?

이에 대해서 오직 최영경과 김우옹이 이이 말을 수긍했다.[139] 적어도 이 때까지 최영경과 김우옹은 인간적, 정치적으로 이이에 대한 신뢰를 가지고 있었다.

김효원·심의겸 갈등의 영향이 더 확산되자 이이는 선조 9년 2월에 다시 낙향했고, 선조 13년 12월에 복귀하기까지 조정에서 물러나 있었다. 이이가 동인에게 본격적으로 공격받은 것은 조정 복귀 후부터 그가 사망한 선조 17년 1월까지이다. 이 사이에 선조 16년 '계미삼찬'이 있었다. 최영경의 이이에 대한 부정적 인식은 이 시기에 극대화되었던 것으로 보인다.

선조 19년 상소에서 조헌은 선조 16년 무렵 최영경과 김우옹이 이이에게 매우 적대적이었음을 전한다. 그는 "최영경이 아침에 지나가면서 이이를 나무라고, 김우옹이 저녁에 들러서 이이를 조롱했습니다. 신도 비로소 (이이에게) 의심이 생겨 속으로 '최영경은 초야에서 욕심이 없는 사람이고 김우옹은 진퇴가 단정하고 분명한 선비이다. 기롱하고 꾸짖는 데는 반드시 까닭이 있을 것이다.' 생각했습니다. …… 소인들이 얽히고 결합되어 얼음을 숯으로 만들고 사슴을 말이라고 하는 수작임을 알았습니다."라고 말하였다.[140] 조헌의 당파적 입장을 고려하더라도, 적어도 선조 16년 무렵에는 최영경의 이이에 대한 입장이 대단히 부정적이 되었음을 알 수 있다. 요컨대, 최영경의 이이에 대한 태도 변화는 동서 갈등의 격화와 궤를 같이했다. 최영경은 동서 갈등 이후 상황을 소급하여 이이에게 투영했던 것이다.

그런데, 최영경 말대로 정말로 이이가 최영경에 대한 분함이 극에 달했을까? 이이 사망 후 1년쯤 지나, 선조 18년에 김우옹이 한 말이다. 앞에서 한 번 인용했지만 다시 한번 보도록 하자. "어떤 사람은 이이가 소신을 배척했다고 말하지만 사실 그렇지 않습니다. 신과 이이는 서로 안 지가 매우 오래되었습니다. 처음 그의 성품을 보니 학식이 있고 평탄하고 막힌 곳이 없어 믿고 사귀었습니다. 그 뒤에 소견이 같지 않고, 또 그가 하는 일에 잘못된 것이 많아 사람들은 그를 많이 의심했지만 신만은 그의 마음에 딴 생각이 없다는 것을 (이이를 의심하는 사람들에게) 보증하였습니다. 이이도 신과 교분이 깊었기에 의견은 서로 달랐어도 오히려 수습하고자 했습니다. 신이 정철을 공격함에 이르러서 비로소 신을 '사리에 어둡다'고 했을 뿐 별로 배척한 일이 없습니다."[141] 김우옹이 전하는 이이의 성격은 "평탄하고 막힌 곳이 없었다." 격렬하거나 혼자만의 생각으로 꽁한 성격의 사람이 아니었다. 하지만 최영경도 정치적 의도를 가지고 거짓말을 한 것은 아니었을 것이다. 그는 그런 인물이 아니다. 그는 이이가 자신에 대해서 대단히 분노하고 있다고 정말 믿었던 것이다. 최영경은 자신이 붙잡혀 온 직접적 원인이 홍정서의 발언이었음을 알면서도 그 근본적 원인 제공자를 이이로 지목했다. 분명한 당파적 프레임에 따른 인식이었음을 알 수 있다.

"신이 한 말이 아닙니다"

한편 최영경과 함께 붙잡혀 온 허흔은 다음과 같이 말했다.

홍정서에게 들은 것이 아니라, 지난해 동지冬至의 전문箋文을 받들고 상경했다가[*] 돌아가면서 밀양에서 (경상도) 감사를 만나 앉아서 이야기하는 사이에 이야기가 역적 일에 미쳤습니다. 감사 김수가, "역적 정여립이 최영경 집에 왔다는 말을 홍정서에게 들었는데 너도 들었느냐." 하기에, "듣지 못했다."고 대답하였습니다. (제가) 체임되어 서울로 온 후 또 친구들과 이야기를 하였는데, 듣는 사람들이 이 몸이 홍정서에게 들었다고 착각한 것입니다.¹⁴²⁾

허흔은 사간원이 말했던 것처럼 자신이 홍정서에게 직접 들은 것이 아니고, 경상 감사 김수에게 들은 것이라고 말하였다. 들은 사람이 잘못 들었다는 주장이다. 그러자 김수가 불려 들어왔다. 그는 다음과 같이 말했다.

신이 밀양에 있을 때 허흔과 이 일에 대해 말한 적이 있습니다. 신이 홍정서에게서 들은 것이 아니오라 진주 훈도 강경희康景禧가 홍정서에게서 들은 것인데, 홍정서가 말하기를, "처음에는 역적이 최영경의 집에 왔다고 들었으나 나중에 자세히 들어보니 윤기신尹起莘이 온 것을 역적이 온 것으로 잘못 안 것으로 사실은 역적이 아니었다." 하였다기에, 이 이야기를 허흔과 한 것입니다. 허흔이 퍼뜨린 말이고 신이 한 말이 아닙니다.

김수는 자신이 최영경과 정여립의 왕래에 대해서 허흔과 말한 적이 있다고 말했다. 이 진술이 나온 후 허흔은 석방되었다. 하지만, 김수 역시 허

---

[*] 동지에는 왕이 백관을 거느리고 중국 황제에 대해서 망궐례望闕禮를 행했다. 망궐례는 외방에 있는 신하나 외방에 나가 있는 봉명 사신奉命使臣이 조정 하례賀禮에 참여하지 못할 때, 멀리서 군주의 상징인 궐패闕牌에 대신 하례하던 일이다. 이때 각도에서 전문箋文과 방물方物을 바쳤다. 전문은 신하가 임금께 써 올리던 사륙체四六體 형식의 글이다.

흔이 한 말과 다르게 말했다. 자신은 진주 훈도 강경희가 착오를 일으켰던 사실을 언급했을 뿐인데, 허흔이 잘못 알아들었다고 주장했다. 그런데 김수의 진술부터 그 말에 혼선이 일어났다. 김수 진술대로라면 이 모든 오해의 이유는 허흔이 김수 이야기를 잘못 알아들은 것에 있는 셈이다. 그런데 이어지는 기사는 그와는 좀 다르다.

> 전교하기를, "강경희 등을 잡아서 문초하라." 하였다. (진주 판관) 홍정서는 품관 品官 정홍조鄭弘祚에게서 들었다 하니, 정홍조는 진술하기를, "최영경 집은 관가에서 5리 떨어진 곳에 있고 저의 집은 40리 밖에 있습니다. 역적이 유명해진 것이 이미 오래입니다. 대낮에 공공연히 내왕하는데 어찌 명류名流가 와서 만나는 일을 5리에 있는 판관이 모르는데 40리 밖에 있는 품관이 홀로 알 수 있겠으며, 만약 몰래 왔다면 전들 어떻게 알겠습니까. (제가) 판관에게 말한 적이 없습니다." 하였다.[143]

요컨대, 강경희는 잘못 전해 들은 것이 아니었다. 그는 최영경과 정여립의 왕래 사실을 홍정서에게 전해 들었고, 홍정서는 정홍조에게 들었다고 말했다. 최종적으로 정홍조는 매우 설득력 있는 근거를 들어서 자신은 그렇게 말한 적이 없다고 말하였다. 홍정서 말을 부정했던 것이다. 요컨대 홍정서가 거짓말을 했던 것이다. 앞에서 문위가 말했던 "홍정서가 선비 중 권세 있는 자에게 (최영경에 대한 일을) 날조하여, 그로 하여금 대관에게 전파하게 했다."는 말은 이런 상황을 요약한 것이다.[**] 정홍조가 이 말을 하기

** 440쪽 참조.

전, 심문을 위해서 그가 불려 들어온 날 최영경은 감옥에서 사망하였다.

죽음, 그 주변

최영경은 재수감되고 얼마 지나지 않아 옥중에서 사망했다. 지병인 폐병이 사망 원인이었다. 이 사건은 처음부터 정치적 성격이 강했다. 최영경이 옥중에서 죽자 그 색채가 더 짙어졌다. 아마도 그가 더 일찍 석방되었거나 윤두수 제안대로 재수감 대신에 귀양을 갔어도 같은 원인으로 사망했을 것이다. 이항복이 정철에게 했던 주장이나, 윤두수의 제안 역시 그 가능성을 염두에 둔 것이다. 하지만 당시 정치 상황은 그런 예측을 고려해서 사안을 처리할 정도로 통제되고 있지 않았다. 따지고 보면 기축옥사 자체가 어느 순간부터는 누구도 통제하지 않은 가운데 진행되었다. 선조만이 할 수 있는 일이었지만 그는 그렇게 하지 않았다.

최영경이 옥중에서 사망하자 성혼은 "범죄 사실이 없으면 조정에서 용서해 주었어야 옳다. 대간臺諫의 논의가 다시 일어나서 마침내 옥중에서 죽게 했다. 어떻게 인심을 설득할 수 있겠는가."라는 내용의 편지를 정철에게 보냈다.[144] 안타까움과 원망이 뒤섞인 편지였다. 대간들이 최영경을 재수감해야 한다고 주장한 것이 상황을 그르치게 했다는 성혼의 진단이 사실 차원에서 틀린 것은 아니다. 하지만 그것은 대간들이 선조의 명령이나 암묵적 의도에 대해서 상당한 수준에서 독립적으로 올바르게 판단하고 발언할 수 있다는 전제에서나 가능하다. 성혼의 말에는 대간들이 높은 식견을 가진 독립적이고 공적인 존재여야 한다는 기대가 전제되어 있다. 그는 여전히 사림 주도의 이상적 정치에 대한 소망을 가지고 있었다. 하지만 정치 현실은 그렇지 못했다. 선조는 최영경이 사망할 수 있다는 가능성을 몰랐거나 무시했고, 의혹의 마지막 한 조각까지 낱낱이 자기 눈으로 들여다보고자 했다. 그 결과로 조정이 감당해야 할 정치적 비용이나 부담에 대해서는 둔감했다.

기축옥사는 선조 8년 이후 사림세력 분열이 가져온 파국이다. 15년 동안 이어진 갈등은 동서 간 분열의 골을 깊게 만들었다. 계미삼찬 후에는 그 갈등 양상이 훨씬 더 격화되었다. 2년 넘게 지속된 기축옥사는, 그때까지 당파 간에 나타났던 상황을 집약적이고 강도 높게 반복했다. 그중에서도 최영경 옥사는 기축옥사의 성격을 가장 잘 보여 준다. 선조를 포함해서 아무도 상황에 대해서 책임지려는 생각은 없었고, 갈등의 기억들은 상황을 더욱 악화시켰다.

최영경 죽음에 대한 책임 문제 이외에도 최영경 옥사는 또 하나의 상황을 보여 준다. 최영경 자신이 대단히 선명한 당파적 입장을 가지고 있었다는 점이다. 그는 사망한 지 6년이 넘은 이이, 옥사 이전까지 얼굴 한번 본 적이 없는 정철에 대해서 대단한 적의를 드러냈다. 정철이 주도한 심문의 첫 대면부터 시작해서 죽음을 맞는 순간까지 그는 정철에게 분명한 적대감을 표했다. 역설적이게도 희생자 최영경은 '가해자'와 전혀 다르지 않은 상황 인식을 가지고 있었다.

에필로그

선조의 종묘 배향공신[*]은 이준경, 이황, 이이이다. 이황은 선조 3년까지 살았지만 선조시대 인물이라고 하기는 어렵다. 주목할 것은 선조의 배향공신 이준경과 이이가 선조 초년 각각 서로 갈등하는 신구 정치세력을 대표했다는 점이다. 두 사람이 선조의 배향공신인 것은, 그 시대 성격과 모습을 요약하는 것처럼 보인다.

선조시대는 불안한 희망으로 시작되었다. 선조 즉위 당시 여전히 과거의 훈척세력이 충분히 척결되지 않았고, '정의로운' 사림세력은 조정에서 충분히 강력하지 못했다. 하지만 사림은 어린 새 임금의 앞날을 불안보다는 희망으로 전망했다. 그리고 처음 몇 년은 그런 전망이 옳은 듯이 보였다. 하지만 그 전망은 계속 이어지지 못했다. 그것을 어둡게 바꿔나간 것은 결과적으로 볼

---

* 국왕이 죽으면 종묘에 왕의 신주를 안치했다. 이때 국왕 재위 기간에 큰 공로가 있는 사람을 정해서 배향했다. 국왕 신주를 종묘에 안치할 때 배향공신이 모두 정해지지는 않는다. 국왕보다 늦게 죽으면 사후에 배향되기도 하고, 후대에 특별히 추배追配되기도 했으며, 정치적 상황 변화에 따라 배향되었던 사람이 빠지는 경우도 있었다. 신하로서 종묘 배향은 대단히 큰 영예로 여겨졌다. 그 후손들에게 문음門蔭 등 여러 특전이 베풀어졌다. 『한국민족문화대백과사전』 참조.

때, 구세력이 아닌 사림세력 자신들이다. 물론 그들은 그것을 전혀 의도하지 않았다.

선조 대를 정치적으로 성공한 시대라고 말하기는 어렵다. 한때 사림의 빛나는 이상理想으로 투사되었던 것들은 현실에서 거의 구현되지 못했다. 기대승의 모습에서 보듯이 선조 즉위 무렵 그들은 자신만만했다. 그들은 자신들이 새로운 세상을 열 수 있다고 생각했다. 하지만 그들은 결국 거대한 정치적 파국인 기축옥사를 만들어 냈다. 그리고 정개청과 최영경이 사망한 지 2년이 못 되어 임진왜란이 일어났다. 정치적 파국은 정치권을 넘어서 국가적 파국으로 이어졌다.

사림의 실패는 다양한 모습으로 나타났다. 무엇보다 그 중심인물들의 비극적 종말을 통해서 분명하게 표현되었다. 이이는 자신의 정치적 소망을 전혀 이루지 못하고 후배 사류에게 '소인'으로 규정된 채 갑자기 사망했다. 류성룡은 임진왜란에서 큰 활약을 했지만, 결국 이산해 무리의 탄핵을 피하지 못했다. 전쟁이 끝나기도 전에 탄핵을 당했고, 낙향한 후 다시는 서울에 가지 않았다. 전쟁 후 공신에 책봉되지만 그는 거부했다. 정철 역시 기축옥사로 자신에 대한 어둡고 긴 그림자를 남긴 채 전쟁 중에 사망했다. 박순은 이발 무리의 탄핵으로 포천으로 은퇴했고 4년 뒤 쓸쓸히 죽었다. 이발 등 몇 사람은 기축옥사에서 말 그대로 멸문滅門의 화를 당했다. 승리자처럼 보이는 이산해 역시 꼭 그렇지는 못했다. 그 화려한 관력官歷과 문필의 명성에도 불구하고 그는 역사의 차가운 평가를 받았다. 사후에 그를 기리는 서원이 한 곳도 없었다.

선조와 오래, 그리고 끝까지 잘 지낸 인물은 찾아보기 어렵다. 선조는 늘 명망 있는 인물을 정치적으로 소비했다. 이이, 박순, 이산해, 류성룡, 정철, 성혼, 이원익, 노수신 같은 사람들이 그들이다. 그들은 정치적 용도가 다했다고 판단되면 버려졌다. 이이는 그렇게 되기 전에 갑자기 사망했지만, 더 오래 살았어도 다른 사람들과 별로 다르지 않았을 것이다. 심지어 선조는 정여립 사건이 일어났을 때 정철에게 위관을 맡도록 강제했다. 그것이 가져올 당파적 갈등의 결과에 대해 별다른 생각이 없었던 것이다. 선조는 이를 통해서 자신의 힘을 최대화하는 데에 관심을 가졌고, 그것 외에는 별 관심이 없었다. 그는 왕이라는 제도가 자신에게 제공한 것을 최대한 이용했고 또 누렸다. 하지만, 그것을 토대로 가능한 공적 이상理想의 정책적 구현에 무관심했다. 선조는 정치 상황 및 그 결과에 대한 궁극적 책임이 자신에게 있다는 의식이 거의 없었다. 선조를 통해 정치적 힘과 책임은 분리되었고, 자연스럽게도 그것은 국정의 무정부적 상태를 초래했다.

선조 대는 정치운영 구조면에서 구시대의 부정적 유산을 극복하는 데 성공하지 못했다. 물론 구시대의 정치적 파행에 책임이 있는 인물들을 배제하기는 했다. 하지만 정말로 중요한 것은 조선 국정운영 구조의 기본 축인 대신과 언관의 상호작용을 회복하는 것이었다. 문제는 대부분의 사람들이 부패한 인물의 배제를, 구시대의 극복 그 자체로 이해했던 것이다. 사실 이이가 조제보합만큼이나 주장했던 것이 대신권 회복이다. 그는 대신과 언관의 상호작용 위에 작동하는 사림 리더십의 구축을 지향했지만, 그것 역시 실패하였다. 이 상황에서 삼사 내부에서 이루어지던 처치의 힘이 지나치게 비대했다. 그리고 그 처치 방식에 의해서 이이는 철저하게 정치적으로 소외되었다.

사림세력 입장에서 볼 때, 선조 대는 정치적으로 성공했다고 할 수 있을까? 만약 그럴 수 있었다면, 그 성공의 기준을 무엇으로 삼아야 할까? 아마도 두 가지를 달성했다면 성공했다고 말할 수 있을 것이다. 하나는 그 시대에 형성된 정치세력이 나중까지 이어지는 것이고, 다른 하나는 시대적 과제인 민생

개선에 성공하는 것이다. 그 시대 언어로 말한다면 이이가 주장한 당파 간 조제·보합을 통한 국정개혁이 그것이다. 위에서 보았듯이 그것은 완전히 실패했다. 선조와 동료의 외면이 직접적인 원인이다. 두 가지 중에서 더 중요한 것은 동료의 외면이다. 이이는 믿었던 이발, 류성룡, 김우옹, 이산해 등에게 철저하게 외면당했다.

그들 역시 국정개혁이 필요하다고는 생각했던 것 같다. 특히 김우옹은 이이와 함께 여러 번 국정개혁을 요청했다. 류성룡도 개혁이 필요하다고는 생각했다. 하지만 그것이 우선순위 면에서 당파 간 시비是非와 정사正邪를 가리는 것보다 더 중요하다고 생각하지는 않았다. 현실에서 결국 중요한 것은 늘 행동의 우선순위이다. 중요하지 않다고 생각해서 안 했든, 다른 더 중요한 것이 있다고 생각해서 못했든 결과는 같다. 그 결과 사림은 분열했고, 그것은 선조의 독재로 이어졌다. 16세기 내내 사림 다수의 희생과 인내로 열린 정치적 공간은 결국 선조의 독재로 귀결되고 말았다. 현상적으로는 선조의 독재가 더 두드러져 보이지만, 그것은 사림 분열의 종속변수였다.

사림은 왜 분열했을까? 물론 어떤 시대의 정치에도 나타나기 마련인 정치권력에 대한 욕망이 원인일 것이다. 하지만 그것이 전부는 아니다. 사림의 분열은 스스로에 대한 강력한 도덕적 확신에 기인했다. 분열을 정당화하는 기제는 스스로 확신한 도덕적 정당성이었다. 그들은 공론의 이름으로 갈등했고 분열했다. 사실 이이는 희생자만은 아니다. 그가 이준경 등에게 취했던 태도와, 이발, 김우옹, 류성룡이 이이에게 취했던 태도는 본질적으로 다르지 않다. 다만 선조 7년을 기점으로 이이의 정치 상황에 대한 이해와 그 속에서의 자신의 역할이 바뀌었을 뿐이다. 이제 사림은 훈척에 대한 도덕적 비판자의 역할이 아닌 국정과 민생을 책임져야 하는, 다시 말해서 결과에 대해서 책임을 져야 하는 새로운 상황을 맞았던 것이다. 이이는 그것을 정확히 이해했다. 문제는 이이만이 그것을 분명히 인식했다는 점이다.

젊은 사림이 가졌던 강렬한 도덕적 확신은 역설적이지만 앞 시대 훈척정치가 물려준 유산이다. 그들이 가진 도덕적 신념은 그 자체로 정당할 뿐 아니라, 불의하고 강력했던 권력을 물리친 정치적 참호이자 무기였다. 도덕적 올바름에 대한 신념으로 불의한 권력을 물리친 과정은 대단한 것이었다. 그 시기에 주조된 이기론理氣論이나 『심경』에 대한 이해에 그러한 도덕적 신념이 담겼다. 이것들에 대한 학습 즉, 도학道學이 그 시대의 표준적 지식이 되었던 것은 너무나 당연하다.

그러한 지식은 고유한 인간형을 만들어 냈다. 시비是非와 원칙에 민감한 젊고 비타협적인 지식인들이 그들이다. 정철과 최영경은 서로를 미워했지만, 흥미롭게도 그들에 대한 친구들의 평가는 비슷하다. '악'을 미워하는 마음이 지나치고, 다른 사람 의견을 구차히 따르지 않았다는 것이 그것이다. 이것은 비단 두 사람만의 특징은 아니다. 이 시기 인물들에 대한 평에 '악을 미워하는 마음이 지나쳤다.'는 표현이 자주 등장한다.

선조 대 정치세력 간 분열은 정치적 욕망의 표현이기도 했지만, 다른 일부는 도덕적 확신에 따른 행동의 결과이기도 했다. 도덕적 확신에 찬 사림은 결국 그것보다 더 강력했던 권력에 대한 욕망의 자장磁場으로 빨려들고 마침내 함몰되었다. 그들은 정치세력 간의 시비가 아닌 민생개혁에 대한 추구가 자신들도 보존할 수 있는 유일한 방법임을 알지 못했다. 역설적이게도 임진왜란과 병자호란을 겪으며 그들 중 극소수가 살아남아 그것을 이해하게 된다.

부록

1. 이조 및 삼사三司의 관직

품계		이조	홍문관	사헌부	사간원
2	정	판서判書	대제학大提學		
	종	참판參判	제학提學	대사헌大司憲	
3	정	참의參議(당상관)	부제학副提學(당상관) 직제학直提學(당하관)		대사간大司諫 (당상관)
	종		전한典翰	집의執義	사간司諫
4	정		응교應敎	장령掌令	
	종		부응교副應敎		
5	정	정랑正郎	교리校理	지평持平	헌납獻納
	종		부교리副校理		
6	정	좌랑佐郎	수찬修撰	감찰監察	정언正言
	종		부수찬副修撰		
7	정		박사博士		
	종				
8	정		저작著作		
	종				
9	정		정자正字		
	종				

2. 사가독서자 일람표

연대	수	성명
중종 18(1523)	3	민제인, 송인수, 홍서주
중종 19(1524)	1	황효헌
중종 23(1528)	2	엄혼, 허황
중종 25(1530)	1	허자
중종 29(1534)	1	홍섬
중종 33(1538)	6	박충원, 윤현, 임열, 임형수, 조사수, 홍춘경
중종 35(1540)	2	김인후, 박승임
중종 36(1541)	4	나세찬, 민기, 민기문, 이황
중종 39(1544)	6	김주, 노수신, 유희춘, 윤결, 이원록, 정유길
명종 1(1546)	2	박충원, 심수경
명종 3(1548)	1	윤결
명종 8(1553)	2	한지원, 허엽
명종 9(1554)	3	박민헌, 정유길
명종 10(1555)	10	김귀영, 김홍도, 윤의중, 김계휘, 이량, 박계현, 홍천민, 강극성, 박순, 유순선
명종 11(1556)	3	양응정, 박응남, 유전
명종 15(1560)	3	이양원, 고경명, 정윤희
명종 18(1563)	4	이후백, 기대승, 신응시, 이산해
명종 19(1564)	1	심의겸
명종 22(1567)	6	윤근수, 구봉령, 정철, 이해수, 이이, 홍성민
선조 3(1570)	2	정유일, 류성룡
선조 6(1573)	6	김효원, 김우옹, 민충원, 허봉, 최경창, 홍적
선조 7(1574)	5	이성중, 김성일, 이발, 유근, 최운부
선조 12(1579)	5	김응남, 김첨, 이길, 홍이상, 정창연
선조 16(1583)	5	심희수, 이항복, 이덕형, 이정립, 오억령
선조 18(1585)	1	이호민
선조 22(1589)	2	한준겸, 정경세
선조 24(1591)	7	이유징, 이상홍 김선여, 기자헌, 임몽정, 이경전

3. 연표__동서분당에서 기축옥사까지

재위년	서기	주요 사건(월/일)
선조 8	1575	• 인순왕후 사망(1) • 최영경 진주로 옮김(4) • 인순왕후 졸곡(5) • 위관 박순에 대한 허엽의 추감 요구(7) • 대사헌 김계휘가 지방으로 좌천됨(8) • 심의겸이 개성 유수, 김효원이 삼척 부사에 임명됨(10)
선조 9	1576	• 조원이 이조 좌랑이 됨(1/13) • 이이가 홍문관 부제학을 사임한 후 낙향(2)
선조 10	1577	• 성혼과 정인홍·최영경 사이에 갈등이 빚어짐(10)
선조 11	1578	• 이수 사건(3) • 양사의 삼윤三尹 탄핵(10) • 김계휘가 재차 지방으로 좌천됨(10) • 김귀영이 이조 판서에 임명됨(11)
선조 12	1579	• 정희적이 쓴 사헌부 차자(2) • 백인걸의 정희적 반박 상소(5) • 이이의 정희적 반박 상소(5/22) • 송응형의 이이에 대한 탄핵 상소(6)
선조 13	1580	• 정종영 대신 김귀영이 우찬성에 임명됨(2) • 선조의 투병(11) • 이이 조정 복귀 및 성혼·정인홍이 장령에 임명됨(12)
선조 14	1581	• 우성전 탄핵 사건(2) • 이경중 탄핵 사건(3) • 윤의중이 형조 판서에 임명됨(5) • 심의겸이 기복을 꾀했다는 소문 • 정인홍의 심의겸·정철 탄핵 사건(7) • 정철 문제를 둘러싼 윤승훈과 이이의 대립(8) • 정유길이 물러나고 김귀영이 우의정이 됨(10)
선조 15	1582	• 이이가 이조 판서에 임명되었다가 곧 사직함(1) • 이이가 우찬성에 임명되고 선조에게 국정개혁 요청(9) • 이이의 개혁에 류성룡 반대 상소(9)

선조 16	1583	• '이탕개의 난' 발발(1) • 이이 병조 판서에 임명되어 상경(1) • 이이의 2차 상소에 대한 선조의 비답(4/14) • 경안령 이요 사건(4/17) • 이경률·이주의 이이 탄핵 상소(6/11) • 성혼의 이이 옹호 상소(7/15) • 송응개의 이이 탄핵 상소(7/16) • 김우옹의 상소(7/19) • '계미삼찬'(8/28)
선조 17	1584	• 이이 사망(1) • 선조가 이조 판서 이산해를 재신임함(2) • 정개청이 「절의청담변」 작성(3) • 성혼 낙향(6) • 류성룡이 홍문관 부제학으로 조정 복귀(9) • 양사의 영의정 박순 탄핵(12)
선조 18	1585	• 김우옹 홍문관 부제학으로 조정 복귀(1) • 박순이 조정을 떠남(4) • 양사의 탄핵으로 정철이 낙향함(8) • 이발의 조정 복귀(8) • 선조의 동인 지지 표명(9)
선조 19	1586	• 박순이 영평으로 은둔함(7)
선조 20	1587	• 정개청이 곡성 현감에 임명됨(12)
선조 21	1588	
선조 22	1589	• 박순이 영평에서 사망(7) • 정여립 모반 음모 고변(10/2) • 선조가 정여립의 도주 소식을 들음(10/10) • 정여립이 다복에서 민인백과 대치하다가 자살(10/14) • 진안 현감 민인백이 정여립 시신 수거(10/15) • 선조의 친국이 시작됨(10/19) • 정여립 사건의 1단락 마감(10/27) • 전주 생원 양천회 상소(10/27) • 정언신, 정언지, 김우옹, 백유양 탄핵된 후 파직(11/7) • 정철이 우의정에 복귀하여 위관이 됨(11/8) • 정암수 등의 상소(12/14) • 이발·이길 심문 중 사망(12)
선조 23	1590	• 홍여순이 전라도 순찰사에 부임(3) • 성혼의 상소(4) • 정개청 최초 심문 시작(5/2) • 홍여순이 최영경이 삼봉이라는 비밀 상소 올림(6) • 최영경에 대한 심문 시작(7) • 정개청이 귀양지에서 사망함(7) • 최영경 옥중 사망(9)

4. 인물 사전

강견姜涀__1554(명종 9)~1591(선조 24)

본관 진주. 자 자용子容, 1588년(선조 21) 진사. 거주지 전라도 영광. 동생 강항姜沆은 문과 출신으로 일본에 포로로 갔다 돌아온 그 강항이다. 1590년(선조 23) 양천경 등과 함께 길삼봉吉三峰이 바로 최영경이라고 주장함으로써, 최영경이 옥사하게 되는 단서를 제공했다. 이 일로 1591년(선조 24) 양천경·양천회·김극관·김극인 등과 함께 잡혀 문초를 당했다. 정철의 사주에 따른 것이었다고 자백하여, 양천경·양천회 등과 함께 북도로 유배되어 가다가 장독杖毒으로 도중에 죽었다.

강사상姜士尙__1519(중종 14)~1581(선조 14)

강서姜緖의 아버지. 1546년(명종 1) 문과. 정쟁에 초연한 처지를 취했다. 우의정. 시호는 정정貞靖.

강서姜緖__1538(중종 33)~1589(선조 22)

본관은 진주. 자는 원경遠卿, 호는 난곡蘭谷. 아버지는 우의정 사상士尙. 1569년(선조 2) 문과. 이원익·조충남趙忠男과 교분이 좋았고, 미래를 예견하는 능력이 있어서 정여립 옥사와 임진왜란이 일어날 것을 예고했다고 한다. 동생 강신姜紳(1543~1615)은 1567년(명종 22) 수석으로 진사가 되고, 1577년(선조 10) 문과에 장원 급제했다. 문사랑問事郎으로 정여립 옥사의 처리에 참여하여 진흥군晉興君에 봉해졌다. 도승지와 대사간 역임. 강신의 아들이 강홍립姜弘立이다.

강응성姜應聖__1545(인종 1)~?

본관은 진주. 자는 경우景遇. 1576년(선조 9년) 문과.

강해姜海__강견姜涀의 초명.

구봉령具鳳齡 1526(중종 21)~1586(선조 19)

본관은 능성. 자는 경서景瑞, 호는 백담柏潭. 경북 안동 와룡 출신. 이황이 살았던 예안과 인접한 곳이다. 이황의 문인. 1560년(명종 15) 문과. 1564년(명종 19) 문신정시文臣庭試에 장원하여 수찬·호조·병조 좌랑을 거쳐, 1567년(명종 22)에 사가독서했다. 이조 좌랑 등을 거쳐 1577년 대사간에 오르고, 이듬해 대사성을 거쳐 이조·형조 참의를 지냈다. 1581년(선조 14) 대사헌, 이듬해 병조·형조 참판 등 역임. 중립을 지키기에 힘썼고, 시문에 뛰어나 기대승과 비견되었다. 시호는 문단文端.

구성具宬__1558(명종 13)~1618(광해군 10)

본관은 능성. 자는 원유元裕, 호는 초당草塘. 구사맹의 아들. 인조의 모친 인헌왕후의 오빠. 1585년(선조 18)에 사마시를 거쳐 문과 급제. 사간원 정언으로 있을 때 기축옥사에 연루된 최영경의 공초供招에 착오가 있어 파직되었다. 임진왜란 때 임금을 호위해 개성에 이르러 변란의 책임이 이산해에게 있다고 주장하다가 대간의 탄핵을 받았다. 이 일로 인해 이산해는 경북 평해에 유배되었다. 시호는 충숙忠肅.

권극례權克禮__1531(중종 26)~1590(선조 23)

본관 안동. 자는 경중敬仲. 예조 판서 극지克智의 형. 1558년(명종 13) 문과. 정언에 올라 당시의 권신들을 탄핵하여 직언으로써 명성을 얻었다. 대사성과 대사헌을 지냈다. 1588년(선조 21) 조헌 상소에서 노수신·정유길·류성룡 등과 함께 붕당을 이루고 있다고 탄핵받았다.

권극지權克智__1538(중종 33)~1592(선조 25)

본관은 안동. 자는 택중擇中. 1567년(선조 즉위년) 문과. 천성이 강직했다. 특히, 표表·책策에 뛰어나 문신들이 치른 정시에서 장원. 시호는 충숙忠肅.

권덕여權德輿__1518(중종 13)~1591(선조 24)

본관은 안동. 자는 치원致遠. 호는 월담月潭. 송인수의 처남이자 문인. 송인수는 송기수의 사촌 형. 1562년(명종 17) 문과. 1579년(선조 12) 백인걸의 상소를 이이가 대신 지은 것이 문제되었을 때, 대사간으로 있으면서 이이를 옹호하다 물러났다. 그러나

1583년(선조 16) 부제학으로서 이이의 처벌을 주창하는 박근원·송응개·허봉 등에 동조하다가 성주 목사로 좌천되었다. 이정구가 그의 묘비명을 썼다. 권덕여의 조카가 권극의(아버지 권덕유)이고, 권극의의 조카사위가 이정구이다. 홍인우, 노수신, 허엽 등과 젊어서부터 가까웠다.

권협權悏__1553(명종 8)~1618(광해군 10)
본관은 안동. 자는 사성思省, 호는 석당石塘. 1577년(선조 10) 문과. 길창군吉昌君. 1607년(선조 40) 예조 판서를 지냈다. 시호는 충정忠貞.

기대승奇大升__1527(중종 22)~1572(선조 5)
본관은 행주. 자는 명언明彦, 호는 고봉高峯. 나주 출신. 기묘명현 기준奇遵의 조카. 기준의 아들 기대항과는 사촌간. 1558년(명종 13) 문과. 1563년(명종 18) 8월 이량 사건으로 삭직되었으나, 종형 대항大恒의 상소로 복귀하여 홍문관 부수찬이 되었다. 1565년(명종 20) 이조 정랑. 선조가 즉위하자 조광조·이언적에 대한 추증을 건의했다. 1570년(선조 3) 대사성으로 있다가 영의정 이준경과 불화. 그 후 병으로 벼슬을 그만두고 귀향하던 도중에 전라도 고부古阜에서 객사했다. 1559년(명종 14)에서 1566년까지 8년 동안 이황과 서신으로 이어진 사칠논변四七論辨은 유명하다. 시호는 문헌文憲.

김계휘金繼輝__1526(중종 21)~1582(선조 15)
본관은 광산. 자는 중회重晦, 호는 황강黃岡. 한양 출신. 박람강기博覽强記형 인물이다. 10행 정도는 한 번에 읽고, 한 번 읽고는 잊는 법이 없었다고 한다. 1548년(명종 3)에 정시廷試와 과시課試에 연이어 장원했고, 다음 해 봄 정시廷試에서 다시 장원했다. 1553년(명종 8) 김홍도, 김귀영, 윤의중 등과 사가독서를 했다.
인순왕후 상喪 때, 선조는 왕후가 일찍이 수렴청정을 하였으니 군신群臣이 삼년복을 입도록 명했다. 당시 그는 대사간이었는데 대사헌 유희춘에게 말하여 사헌부와 사간원 합동으로 왕후의 상에 본래 정해진 예禮가 있다고 논하여 선조의 명을 취소시켰다. 또 1578년(선조 11)에 왕자가 많았으나 세자가 정해지지 않아 말들이 많았다. 이때 그는 대사헌으로서 선조에게 세자를 정할 것을 요청했다. 남언경이 그에게 편지를 보내 그것이 상의 노여움을 촉발시킬 수 있다며 세자 책봉을 힘껏 말하지 말 것을 권하였으나 이를 물리쳤다. 1578년 이후에도 심의겸과 가까운 관계를 유지했다. 그가 사헌부에 있으면서 수십 인을 탈락시켰는데 명문가 친속이 많이 포함되어 있어 원망하고 미워하는 자들이 많이 생겼다. 정실부인에게서 1남 1녀를 두었는데, 아들이 김장생이고, 사위는 정철의 장남 정기명인데 일찍 죽었다. 측실 소생 차녀는 승지 김상용의 첩이 되었다.

김귀영金貴榮__1520(중종 15)~1593(선조 26)
본관 상주. 자는 현경顯卿, 호는 동원東園. 1547년(명종 2) 문과. 정언·수찬을 거쳐 1555년(명종 10) 사가독서. 그해 을묘왜변이 일어나자 이조 좌랑으로서 도순찰사 이준경의 종사관이 되어 광주光州에 파견되었다가 돌아와 이조 정랑이 되었다. 1558년(명종 13) 동부승지로 옮겼으며, 이때 경연에서 경기 내의 농민 생활 안정을 강조하기도 하였다. 선조 즉위 후 도승지·예조 판서·병조 판서를 역임했다. 1581년 우의정에 올랐고, 2년 뒤 좌의정이 되었다. 임진왜란 발발 후 천도에 반대했다. 임해군, 순화군과 함께 포로가 되었던 책임으로 관직을 삭탈당하였다.

김난상金鸞祥__1507(중종 2)~1570(선조 3)
본관은 청도. 자는 계응季應, 호는 병산餠山. 1537년(중종 32) 문과. 1547년(명종 2) 양재역벽서사건으로 남해로 유배되었고, 1565년(명종 20)에 감형되어 단양으로 귀양처가 옮겨졌다. 선조 초 이준경의 청으로 풀려나와 기대승의 주장으로 학행이 출중한 선비로 추천되어 집의·응교·직제학 등을 지내고 대사성에 이르렀다. 하지만, 박점이란 인물의 경박한 행실을 논하다가 파직된 뒤 병을 얻어서 세상을 떠났다.

김명원金命元__1534(중종 29)~1602(선조 35)
본관은 경주. 자는 응순應順, 호는 주은酒隱. 아버지는 대사헌 만균萬鈞이며, 이황 문하에서 수학. 1561년(명종 16) 문과. 이량 사건으로 형 경원慶元과 함께 파직되었다. 이량이 쫓겨나자 복직되었다. 1584년(선조 17) 함경 감사·형조 판서·도총관을 지냈다. 1587년(선조 20) 왜구가 녹도鹿島를 함락하자 도순찰사가 되어 이를 물리쳤다. 경림군慶林君에 봉해졌다. 1597년(선조 30) 정유재란 때는 병조 판서로 유도대장留都大

將(한양에 남아서 지키는 장수)을 겸임했고, 좌찬성·이조 판서·우의정을 거쳐 1601년 (선조 34) 부원군에 봉해지고 좌의정에 이르렀다. 시호는 충익忠翼.

김성일金誠一__1538(중종 33)~1593(선조 26)
본관은 의성. 자는 사순士純, 호는 학봉鶴峰. 1556년(명종 11) 동생 복일復一과 함께 이황의 문인. 1568년(선조 1) 증광문과. 이조·병조 좌랑을 역임하고, 사가독서하였다. 시호는 문충文忠.

김수金睟__1537(중종 32)~1615(광해군 7)
본관 안동. 자는 자앙子盎, 호는 몽촌夢村. 김홍도의 아들, 김첨의 형. 이황의 문인. 1573년(선조 6) 문과. 이탕개의 난 때 이조 정랑으로서 도순찰사 정언신의 종사관이 되었다. 1591년(선조 24) 정철이 선조에게 세자를 세우자고 말했던 문제에 대해 옥당에서 탄핵하는 차자를 올리려고 할 때 부제학으로서 사성 우성전의 집으로 의논하러 가서 시간이 지연되어 올리지 못하였으므로 대사간 홍여순이 우성전을 탄핵하면서 남·북 두 파로 갈리게 되자 남인이 되었다. 시호는 소의昭懿.

김여물金汝岉__1548(명종 3)~1592(선조 25)
본관은 순천. 자는 사수士秀, 호는 피구자披裘子 또는 외암畏菴. 평산 출신. 인조반정 주역인 영의정 류솔의 아버지. 1577년(선조 10)에 문과 장원. 1591년(선조 24)에 의주 목사로 있었으나, 서인 정철의 당으로 몰려 파직, 의금부에 투옥되었다. 임진왜란이 일어나자 도체찰사 류성룡이 옥에서 풀어 자기 막중幕中에 두려고 했는데, 신립이 자기의 종사관으로 임명해 줄 것을 간청해 신립과 함께 출전하였다. 신립이 조령 대신 충주로 가 배수진을 치기로 결정하자 이것을 반대했지만, 그 주장이 채택되지 않았다. 결국, 신립을 따라 탄금대 아래에서 싸웠지만 왜적을 당하지 못해 강에 투신, 순국하였다.

김우굉金宇宏__1524(중종 19)~1590(선조 23)
본관은 의성. 자字는 경부敬夫, 호號는 개암開巖, 이황의 문인. 우옹宇顒의 형. 1542년(중종 37) 향시에 수석 합격하고, 1552년(명종 7) 진사시에도 역시 수석으로 합격하였다. 1566년(명종 21) 문과. 문정왕후 사망 직후 경상도 유생을 대표하여 여덟 차례에 걸쳐 중 보우의 주살을 상소했다. 또 유생들을 이끌고 22차에 걸쳐서 대궐 앞 연좌시위에 해당하는 복궐상소伏闕上疏를 주도했다. 이 일은 보우와 윤원형이 축출되는 중요한 계기가 되었다. 나중에 이수李銖의 옥사로 파직되었다. 청백리로 뽑혔다. 동생 우옹이 기축옥사로 귀양 간 후 얼마 지나지 않은 1월에 사망했다.

김우옹金宇顒__1540(중종 35)~1603(선조 36)
본관 의성. 자는 숙부肅夫, 호는 동강東岡. 경상도 성주 출신. 우굉의 동생. 처의 외할아버지인 조식의 문인. 역시 조식의 문인이자 의병장으로 유명한 곽재우와는 동서 간이다. 그의 13대 종손이 심산 김창숙이다. 1567년(명종 22) 문과. 1589년(선조 22) 기축옥사가 일어나자 회령에 유배되었다. 임진왜란으로 사면되었다. 후에 예조 참판 역임. 1599년(선조 32) 사직하고 인천에 있다가 이듬해 청주로 옮겨 그곳에서 죽었다. 류성룡·김성일 등과 가까웠다. 시호는 문정文貞.

김응남金應南__1546(명종 1)~1598(선조 31)
본관은 원주. 자는 중숙重叔, 호는 두암斗巖. 1568년(선조 1) 문과. 사가독서. 계미삼찬 때 제주 목사로 좌천되었으나, 실제로 삼사의 논의에는 참여하지 않았다고 한다. 제주에서 성심껏 기민을 구휼하고 교육을 진흥시키며 민속을 바로잡았다. 2년 뒤 1585년(선조 18) 우승지로 기용되고 이어 대사헌·대사간·부제학·이조 참판 등을 역임했다. 임진왜란이 일어나자 류성룡의 천거로 병조 판서 겸 부체찰사가 되었다. 1594년(선조 27) 우의정, 1595년 좌의정이 되어 영의정 류성룡과 함께 임진왜란 후의 혼란한 정국을 안정시켰다. 시호는 충정忠靖.
이산해는 김응남의 처남이다. 김응남은 이순신과 원균과 관계에서 대체로 원균을 옹호하고 이순신을 깎아내렸다. 윤두수와 함께 이순신에 대한 경계심과 반감을 계속적으로 보였다. 한편 아들 김명룡金命龍이 이길의 사위였다. 그가 사망한 뒤 이산해는 35년이나 형제처럼 지내왔다고 회고했다.

김장생金長生__1548(명종 3)~1631(인조 9)
본관은 광산. 자는 희원希元, 호는 사계沙溪. 한양 출신. 아버지는 계휘繼輝이며, 아들이 집集이다. 1560년(명종 15) 송익필에게 배웠고, 20세 무렵 이이 문하에 들어갔다. 1581년 종계변무宗系辨誣의 일로 아버지를 따라 명나라에 다녀왔다. 과거를 거치지 않았지만 인조반정 이후로는 서인의 영수격으로 영향력이 매우 컸다. 송시열·송준길·이유태李惟泰·강석기姜碩期·장유張維·정홍명鄭弘溟·김경여金慶餘·이후원李厚源·이시직李時稷·최명길·이경직李景稷 등 당대 명사들이 그의 문인이다. 1688년(숙종 14) 문묘에 배향되었다. 시호는 문원文元.

김제갑金悌甲__1525(중종 20)~1592(선조 25)
본관은 안동. 자는 순초順初, 호는 의재毅齋. 이황 문인. 1553년(명종 8) 문과. 1583년(선조 16) 우승지로 있으면서 도승지 박근원 등과 함께 이이·박순을 탄핵하다가 벼슬에서 물러났다.

김천일金千鎰__1537(중종 32)~1593(선조 26)
본관은 언양. 자는 사중士重, 호는 건재健齋. 나주 출신. 이항李恒의 문인. 1573년(선조 6) 학행學行으로 발탁되어 용안龍安(전북 익산시) 현감과 강원도·경상도의 도사를 역임했다. 그 뒤 담양 부사·한성부 서윤·수원 부사 역임. 정철의 3남 정진명鄭振溟(1567~1614)이 그의 사위이다. 시호는 문열文烈.

김첨金瞻__1542(중종 37)~?
본관은 안동. 자는 자첨子瞻, 호는 남강南岡·하당荷塘·동강東岡. 김홍도의 아들. 김수의 이복동생. 1576년(선조 9) 문과. 1579년(선조 12) 사가독서. 그 해에 류성룡 등과 함께 이이가 올린 상소에 대해 옳지 않다고 탄핵했다. 1581년(선조 14) 이조 좌랑으로서 박근원을 이조 참판에 등용할 것을 건의했다. 1583년 이이를 탄핵하다가 경상도 지례知禮 현감으로 좌천되고, 1584년(선조 17) 파직되었다가 임진왜란 때 죽었다. 송인수가 그의 장인으로 송응개와 처남, 매부 사이. 허엽과는 사돈간이다. 그의 아들 김성립이 허난설헌의 남편이다. 그의 딸이 이산해 며느리가 되어서, 이산해와도 사돈간이다. 동인의 중심인물 중 하나이다. 그의 아버지 김홍도金弘度는 세 번 결혼했다. 김홍도는 김계휘와 대단히 가까웠다.

김홍민金弘敏__1540(중종 35)~1594(선조 27)

본관은 상주. 자는 임보任甫, 호는 사담沙潭. 1570년(선조 3) 문과. 한림과 삼사三司를 거쳐, 1584년(선조 17) 이조 좌랑으로 이이와 박순을 탄핵하였다. 임진왜란 때는 의병을 규합하여 충보군忠報軍이라 칭하고 상주에서 적의 통로를 막아 적군이 부득이 호서 지역으로 통행하게 하는 공을 세웠다.

김효원金孝元__1542(중종 27)~1590(선조 23)

본관은 선산. 자는 인백仁伯, 호는 성암省菴. 1565년(명종 21) 문과 장원. 1573년(선조 6) 사가독서. 1572년(선조 5) 오건吳健이 이조 전랑에 추천하였으나, 척신 윤원형의 문객이었다는 이유로 이조 참의 심의겸이 반대하여 거부당하였다. 그러나 1574년(선조 7) 조정기趙廷機 추천으로 결국 이조 전랑이 되었다. 1575년(선조 8) 심의겸 동생 충겸忠謙이 이조 전랑으로 추천되자, 전랑의 관직은 척신의 사유물이 될 수 없다는 이유로 이를 반대하고 이발을 추천하였다. 이 일을 계기로 심의겸과의 반목이 심해지면서, 사림계는 동인과 서인으로 나뉜다. 심의겸을 중심으로 한 선배는 대부분 서인이 되고, 김효원을 중심으로 한 후배는 동인이 되었다. 김효원의 집이 동부의 건천방 연동(현 서울시 동대문시장 부근)에 있다고 해서, 그 일파를 동인이라 불렀다.

나덕명羅德明__1551(명종 6)~1611(광해군 3)

본관은 나주, 자는 극지克之, 호는 소포嘯浦. 나사침의 장남. 정개청에게 수학. 1579년(선조 12) 진사. 의금부 도사를 지냈다. 기축옥사로 함경도 경성에 유배되었다. 이때 동생들도 유배되는데 둘째 덕준은 함경도 부령에, 셋째 덕윤은 함경도 회령에 넷째 덕현과 여섯째인 덕헌은 강원도 철원에 각각 유배되었다. 유배 생활 중 임진왜란이 일어났다. 함경북도 병마평사兵馬評事 정문부鄭文孚 막하에 들어가 싸웠다.

나덕원羅德元__1548(명종 3)~?

본관은 금성. 자는 이건以健, 호는 사담沙潭. 부친은 나열羅悅. 정개청에게 배웠다. 1573년(선조 6) 진사시에 합격하여 익위사세마翊衛司洗馬에 제수되었다.

나덕윤羅德潤__1557(명종 12)~?

본관 나주. 자 성지誠之. 호는 금봉錦峰. 1588년(선조 21) 진사시.

나사침羅士忱__1525(중종 20)~1596(선조 29)

본관 나주, 자 중부仲孚. 1555년(명종 10) 생원. 6명의 아들인 나덕명(진사, 1551~1611), 금암錦巖 나덕준羅德俊(?~?), 금봉 나덕윤, 반계 나덕현羅德顯(1573~1640), 영암 나덕신羅德愼(무과, ?~?), 장암 나덕헌羅德憲(무과, 1573~1640)이 유명하다.

남언경南彦經__1528(중종 23)~1594(선조 28)

본관은 의령. 자는 시보時甫, 호는 정재靜齋·동강東岡. 소년 시절 서경덕에게 수학하면서 박순, 허엽, 박민헌 등과 교류. 뒤에 많은 사람들이 그를 최초의 양명학자로 언급했다. 1566년(명종 21) 조식·이항·성운·임훈 등과 함께 발탁되었다. 정여립 사건이 일어나자 3년 전 전주 부윤 시절에 왜구를 토벌한 정여립을 칭찬한 시구절이 문제가 되어 파직되었다. 1592년에 여주 목사로 기용되었고, 이듬해 공조 참의가 되어 이요李瑤와 함께 이황을 비판하다가 오히려 탄핵을 받고 사직했다. 양근楊根(현재의 양평) 영천동靈川洞에 물러나 67세로 죽었다.

노수신盧守愼__1515(중종 10)~1590(선조 23)

본관은 광주光州. 자는 과회寡悔, 호는 소재蘇齋. 고향은 상주. 성리학자로 명망이 있던 이연경의 딸과 결혼하고, 장인의 제자가 되었다. 이연경은 이준경의 사촌형. 1543년(중종 38) 문과 장원. 1544년(중종 39)에 사가독서. 인종 즉위 초에 정언이 되어 대윤大尹 편에 서서 이기李芑를 탄핵하여 파직시켰다. 을사사화 때 이조 좌랑에서 파직되어 순천으로 유배되고, 이어 양재역벽서사건 때 진도로 이배되어 19년간 섬에서 귀양살이 했다. 그동안에 이황·김인후 등과 편지로 학문을 토론하였고, 「숙흥야매잠夙興夜寐箴」을 주해했다. 그 뜻이 정밀하여 사림 사이에 명성이 높았다. 선조 즉위 후 풀려나 1573년에 우의정, 1578년(선조 11)에 좌의정을 거쳐 1585년(선조 18)에 영의정에 올랐다. 1588년(선조 21)에 영의정을 사임했다. 이듬해 기축옥사가 일어나자 과거에 정여립을 천거했던 일로 대간의 탄핵을 받았다. 시호는 문의文懿, 뒤에 문간文簡으로 고침.

노준盧峻__1538(중종33)~?
본관은 광주光州. 자는 자평子平. 아버지는 직제학 한문漢文. 1566년(명종 21) 문과.
1587년(선조 20) 동래 부사·파주 목사를 지냈으나 탄핵을 받아 파직당했다.

노직盧稙__1536(중종31)~1587(선조20)
본관은 교하. 盧稷의 형. 자는 사치士稚, 호는 별유別宥·호폐헌好閉軒·망포望浦. 아버
지는 현감 홍우弘祐. 1569년(선조 2) 알성문과 장원, 형조 좌랑이 되었는데 형옥刑獄
에 대한 해박한 지식을 지녀 오랫동안 재임하면서 선조의 신임을 받았다. 1585년(선
조 18) 부제학에 이어 호조·예조 판서를 역임하였다. 성품이 강직하고 정사政事에 밝
아 승정원 재직 중에는 선조가 해당 관리를 부르지 않고 매사를 그에게 물었다. 이원
익·류성룡·강서 등과 교분이 두터웠다. 시호는 헌민憲敏.

노진盧禛__1518(중종13)~1578(선조11)
본관은 풍천. 자는 자응子膺, 호는 옥계玉溪. 함양 출신. 1546년(명종 1) 문과. 청백리.
1560년(명종 15) 도승지가 되었는데, 시골에 있는 노모 봉양을 위하여 외직을 지원하
여 담양 부사·진주 목사를 지냈다. 1567년 이조 참의로 있다가 충청도 관찰사와 전주
부윤이 되어 선정을 베풀었고, 다시 부제학에 임명되어 중앙으로 들어왔다. 대사간·
이조 참의가 되고 경상도 관찰사·대사헌 등을 지냈다. 1575년 예조 판서에 올랐으나
사퇴했다. 기대승·노수신·김인후 등과 교유하였다. 시호는 문효文孝.

류성룡→유성룡

문경호文景虎__1546(명종1)~1619(광해군11)
본관은 남평. 호는 역양嶧陽. 정인홍의 문인. 최영경, 정구, 정온 등과 가까웠다. 임진
왜란 때 곽재우와 함께 의병으로 활동하였다. 정인홍을 위하여 1601년(선조 34) 생원
으로서 소를 올려 처사 최영경의 죽음에 정철과 성혼이 주동이 되었다 하여 그들을 탄
핵하였다. 광해군 대에는 회퇴변척晦退辨斥, 영창대군 죽음, 인목대비 폐비 등 문제
로 스승 정인홍과 갈라섰다.

문정왕후文定王后__1501(연산군 7)~1565(명종 20)

본관은 파평. 중종의 계비繼妃. 명종의 어머니. 1517년(중종 12) 왕비에 책봉되었다. 1545년 명종이 12세의 나이로 왕위에 오르자 8년간 수렴청정을 했다. 승 보우普雨를 신임하여 불교 부흥을 꾀했다. 소생은 명종과 의혜懿惠·효순孝順·경현敬顯·인순공주仁順公主 등 1남 4녀이다. 능호는 태릉泰陵으로 서울 노원구 공릉동에 있다.

민순閔純__1519(중종 14)~1591(선조 24)

본관은 여흥. 자는 경초景初, 호는 행촌杏村·습정習靜. 서경덕 문하에서 수학. 공조·형조 좌랑을 거쳐 황해도 토산兎山 현감으로 나갔다가 곧 벼슬을 버리고 고향인 경기도 고양으로 돌아가 학문에 전심하였다. 1575년(선조 8) 사헌부 지평으로 다시 조정에 들었으나, 인순왕후의 상을 당하여 상복 문제와 관련해서 자신의 의견이 받아들여지지 않자 그해 6월 다시 사직하고 고향으로 돌아왔다. 홍가신·한백겸·홍치상洪致祥 등이 그의 문인이다.

민인백閔仁伯__1552(명종 7)~1626(인조 4)

본관은 여흥. 자는 백춘伯春, 호는 태천苔泉. 성혼의 문인. 1584년(선조 17) 문과 장원. 사헌부 감찰 때 정철의 일파라고 하여 (강원도) 안협安峽(현재 이천) 현감으로 좌천되었다. 이때 기근이 들었으나 백성을 잘 돌보고 진안 현감으로 전임되었다. 재임 중 기축옥사가 발생하고 이를 잘 처리하여 예조 참의에 승진되고 평난공신 2등에 올랐다. 시호는 경정景靖.

박계현朴啓賢__1524(중종 19)~1580(선조 13)

본관은 밀양. 자는 군옥君沃, 호는 관원灌園. 이조 판서 충원忠元의 아들. 1552년(명종 7) 문과. 1555년(명종 10) 사가독서하고, 곧 부수찬을 지냈다. 1558년(명종 13) 이조 정랑을 거쳐 홍문관 부교리·사인, 사헌부 장령 등 역임. 이조 정랑으로 재직할 때 어진 선비[賢士]로 인정되는 사람만 기용하고 척신戚臣의 추천은 물리쳤다. 윤원형이 그를 포섭하고자 그에게 청혼하여 거절당하자 변방으로 내몰았다. 1565년(명종 20) 도승지가 되었고 한성 좌윤이 되었다가 대사헌이 되었다. 1573년(선조 6) 예조 참판을, 1575년 호남 관찰사를 지냈다. 호조 판서 역임. 당시 당쟁을 걱정하여 이를 제지하려 하였으나 실패하였다. 시호는 문장文莊.

박근원朴謹元__1525(중종 20)~1585(선조 18)
본관은 밀양. 자는 일초一初, 호는 망일재望日齋. 참판 광영光榮의 손자로, 빈蘋의 아들. 1552년(명종 7) 문과. 1566년(명종 21) 홍문관 부제학을 거쳐 이듬해 대사간 역임. 1572년(선조 5) 도승지를 거쳐 대사헌을 지내고 이듬해 이조 참판이 되었다. 1583년(선조 16) 다시 도승지가 되었다. 동서분당으로 한창 논쟁이 심할 때 동인의 중진으로 송응개·허봉 등과 함께 이이를 탄핵하다가 강계로 유배되었다. 1585년(선조 18) 영의정 노수신의 상소로 풀려났다.

박미朴楣

   박의영朴義榮　1456(세조 2)~1519(중종 14)　　호조 참의
   박광영朴光榮　1463(세조 9)~1537(중종 32)　　형조참판
   박소영朴紹榮　1465(세조 11)~1518년(중종 13) 황해도 관찰사
   박증영朴增榮　1466(세조 12)~1494(성종 25)　홍문관 교리

박광영

  • 장남 藻(조) – 충원忠元 / 효원孝元
             계현啓賢
  • 차남 蘋(빈) – 성원誠元 / 경원敬元 / 근원謹元 / 신원愼元
  • 삼남 蘭(란) – 인원仁元 / 숭원崇元 / 형원亨元
  • 사남 莪(이) – 호원好元

박광옥朴光玉__1526(중종 21)~1593(선조 26)
본관은 음성. 자는 경원景瑗, 호는 회재懷齋. 전라도 광주 출신. 1546년(명종 1) 진사시. 나주 선도면船道面에 집을 지어 개산송당蓋山松堂이라 이름하고 문하생들과 함께 성리학을 연구했다. 향약을 실시하고, 기대승·박순·이이·노사신 등과 교유. 1574년(선조 7) 문과. 기축옥사가 일어나자, 전에 정여립의 이조 전랑직 진출을 막은 이경중李敬中을 탄핵한 죄로 삭탈관직당했다. 임진왜란 때 고경명·김천일 등과 의병을 일

486

으켰다.

박대립朴大立__1512(중종 7)~1584(선조 17)

본관은 함양. 자는 수백守伯, 호는 무환無患 혹은 무위당無違堂. 1540년(중종 35) 문과. 영의정 심연원의 추천으로 지평이 되었다. 1579년(선조 12) 이조 참판에서 형조 판서로 특진, 이조 판서·우참찬·호조 판서를 차례로 역임하고 우찬성이 되었다. 검소하여 청빈하게 살면서 남을 돕기에 힘썼다. 박소립과는 사촌형제.

박소립朴素立__1514(중종 9)~1582(선조 15)

본관 함양. 자는 예숙豫叔. 1555년(명종 10) 문과. 1563년 이조 정랑이 되었으나 이량 사건으로 파직되었다. 그러나 심의겸의 도움으로 다시 홍문관 부교리에 복직. 1567년 동부승지로 재직하던 중 명종이 후사 없이 죽자 원상院相 이준경, 도승지 이양원李陽元 등과 함께 선조를 왕으로 즉위시키는 데 공을 세웠다. 박대립과 사촌형제.

박순朴淳__1523(중종 18)~1589(선조 22)

본관은 충주. 자는 화숙和叔. 호는 사암思菴. 서경덕의 문인. 18세(1540년)에 홍인우, 허엽, 남언경 등과 서경덕 문하에서 수업했다. 31세(1553년) 장원급제하고 36세(1558년)에는 정철·이산해 등과 사가독서. 실록에는 다음과 같이 기록되었다. "타고난 성품이 맑고 높으며 의지와 기개가 강개剛介(굳세고 강직함)하였다. 천성적으로 선을 좋아하고 악을 싫어하였다. 과거에 급제한 이래 10년 동안 한 번도 권귀의 문에 발을 디딘 적이 없었다. 언론이 강개하여 세상의 추세를 따르지 않았다. 이양이 박순을 강제로 불러 오려고 세 번이나 연회를 베풀고 불렀으나 참석하지 않았다. 그러자 이양은 자못 원망하는 말을 하였는데, 사람들이 모두 박순을 위해 위태롭게 여겼으나 자신은 거들떠보지도 않았다. 43세(1565년) 5월 8일 대사간이 되어서는 윤원형의 죄를 논하고 탄핵하여 마침내 파출罷黜시켰으니, 이로부터 사림의 종주가 되었다. 문필文筆의 재간이 있어 시부詩賦에 능하였는데 당시에 제일로 일컬어졌다(『명종실록』권28, 17년 2월 6일(경신)). 시호는 문충文忠.

박숭원朴崇元__1532(중종 27)~1593(선조 26)

본관은 밀양. 자는 상화尙和. 아버지는 군수 박란朴蘭. 1564년(명종 19) 문과. 시호는 충정忠靖.

박승임朴承任__1517(중종 12)~1586(선조 19)

본관은 반남. 자는 중보重甫, 호는 소고嘯皐. 경북 영주 출신. 이황 문하에서 수학. 1540년(중종 35) 24세로 문과. 사가독서. 이조 좌랑을 거쳐 정언正言이 되었다. 그 뒤 윤원형 세력의 횡포가 날로 심해지자 스스로 벼슬을 사직하였다. 1573년(선조 6) 도승지에 승진되었고, 다음 해 경주 부윤, 1576년(선조 9) 다시 도승지, 강화부유수·여주 목사를 거쳐 1581년 춘천 부사에 나아갔다가 병으로 사직하고 귀향했다. 1583년(선조 16) 공조 참의를 거쳐 대사간이 되었으나 계미삼찬 당시 창원 부사로 좌천되었다.

박응남朴應男__1527(중종 22)~1572(선조 5)

본관은 반남. 자는 유중柔仲, 호는 남일南逸 또는 퇴암退庵. 성제원成悌元·이중호李仲虎 문하에서 수학. 1553년(명종 8) 문과. 이조 좌랑과 정랑, 의정부 검상·사인 등 역임하였고, 사가독서. 대사헌으로 있을 때 이량의 죄를 탄핵하다가 귀양 갔으나 왕이 특별히 용서하여 풀려났다. 명종이 임종할 때 좌승지로 숙직하다 영의정 이준경과 함께 고명을 받아 선조가 왕위를 계승하는 데 공을 세웠다. 선조 즉위 후 승지를 지냈다. 심의겸과 친교가 두터워 조카딸(박응순朴應順의 딸)을 선조 비妃로 책봉하도록 하였다. 박순, 기대승, 정지연 등과 가까웠다. 성품이 강직하여 대사헌 재임 중 기탄없는 논박을 하여 원망하는 사람이 많았다. 또 왕비의 숙부로 왕의 총애를 받아 사림에 큰 힘이 되었다. 시호는 문정文貞.

박점朴漸__1532(중종 27)~?

본관은 고령. 자는 경진景進, 호는 복암復庵. 1569년(선조 2) 문과. 1584년(선조 17) 황해 감사가 되었다. 그 뒤 도승지·이조 참의 등을 지내다가 임진왜란 전해인 1591년(선조 24)에 당쟁에 휘말려 서인이 몰락할 때 관직이 삭탈되었다.

박충간朴忠侃__?~1601(선조 34)

본관 상주. 자는 숙정叔精. 1584년(선조 17) 호조 정랑에 올랐고 1589년(선조 22) 재령 군수 재직 중 정여립의 모역을 고변하여, 그 공으로 형조 참판으로 승진되고 또 평난 공신平難功臣 1등에 오르고 이어 상산군商山君에 봉해졌다. 임진왜란 때 왜병과 싸우다 도망한 죄로 파면, 1599년(선조 32)에는 충훈부의 쌀·소금 등을 사적으로 이용하였다 하여 한때 파면되었다.

박충원朴忠元__1507(중종 2)~1581(선조 14)

본관은 밀양. 자는 중초仲初, 호는 낙촌駱村. 1531년(중종 26) 문과. 홍섬, 송기수와 사가독서. 1537년 병조 정랑으로 있다가 이조 정랑으로 옮겼다. 대제학은 사가독서할 사람을 뽑는 권한을 가지는데, 그가 대제학일 때 윤근수, 이이, 정철, 홍성민 등을 뽑았다. 1567년(선조 즉위년) 예조 판서로 전직되었을 때, 중국에서 사신이 와서 사신을 접대하는 빈상儐相의 명을 받아 기대승·이후백·이산해를 종사관으로 삼았다. 정승에 이르렀다. 시호는 문경文景.

박호원朴好元__1527(중종 22)~?

본관은 밀양. 자는 선초善初, 호는 송월당松月堂. 박근원의 사촌형제. 1552년(명종 7) 문과. 1562년 임꺽정林巨正 등 도적을 진압. 1576년(선조 9) 대사헌에 올랐으며 이어서 호조 참판을 역임하였다. 장인이 위사공신에 뽑힌 김명윤金明胤이다.

박홍로朴弘老 → 박홍구로 개명

박홍구朴弘耈__1552(명종 7)~1624(인조 2)

본관은 죽산. 자는 응소應邵, 호는 이호梨湖. 1582년(선조 15) 갑과 2위. 이듬해 사간원 정언. 이때 김우옹 등과 같이 김응남의 제주 목사 임명을 철회하기를 청하였다. 1618년(광해군 10) 우의정, 이듬해 좌의정. 이괄의 난 때 광해군을 태상왕으로 모시고 인성군仁城君을 추대하려 한다는 복위 음모와 관련, 역모죄로 사사賜死됨. 1691년(숙종 17) 신원伸寃.

백유양白惟讓__1530(중종 25)~1589(선조 22)

본관은 수원. 자는 중겸仲謙. 인걸仁傑의 조카. 1572년(선조 5) 문과. 1588년(선조 21) 성균관 대사성·이조 참의, 1589년 병조 참판·부제학 등 역임. 의논이 강직하였다. 정여립 사건이 일어나자 막내아들 수민壽民이 정여립의 형 여흥汝興의 딸을 아내로 삼았고 또 여립에게 글을 배웠던 탓으로 연좌되어 사형당했다. 이 때문에 백유양은 사직했다. 백유양의 네 아들 진민振民·홍민興民·득민得民은 다 재주가 있었다. 득민은 어려서 죽었다. 함경도 부령에 유배되었고, 장형杖刑을 받은 뒤 죽었다.

백유함白惟咸__1546(명종 1)~1618(광해군 10)

본관은 수원. 자는 중열仲說. 아버지는 인걸仁傑. 1576년(선조 9) 문과. 1583년(선조 16)에 이조 좌랑이 되었다가 다음 해 이조 정랑이 되었다. 이이가 죽자 벼슬을 버리고 용인의 농장에 내려갔다. 정여립 모반 사건 때 예조 정랑으로 복직. 정여립 등과 사건 양사의 요직 인물들을 갈아치우도록 소를 올려 시행되었다. 1591년(선조 24) 정철이 유배당할 때 그도 경성으로 유배되었다.

백인걸白仁傑__1497(연산군 3)~1579(선조 12)

본관은 수원. 자는 사위士偉, 호는 휴암休菴. 아버지는 왕자사부王子師傅 익견益堅이다. 조광조와 김안국에게 배웠다. 송인수·유희춘·이이·성혼 등과 교유했다. 조광조를 존경해 그의 집 옆에 집을 짓고 사사하였다. 기묘사화가 일어나자 비분강개해 금강산에 들어갔다. 후에 돌아와 1531년(중종 26) 생원시에 합격하고 1537년(중종 32) 문과. 1541년(중종 36)에 홍문록에 올랐다. 윤원형이 윤임·유관 등을 제거할 때, 사간원 헌납으로 있으면서 극력 반대하다가 파직되고 옥에 갇혔다. 정순붕 등의 도움으로 풀려났다. 양재역벽서사건에 연루되어, 안변에 유배당했다. 1551년(명종 6) 사면되어 고향에 돌아갔다. 선조 즉위 뒤 기대승의 건의로 대사간에 임명되었다. 1568년(선조 1)에는 인순왕후의 수렴청정에 반대하는 소를 올려서 오래지 않아 수렴청정을 그만하도록 하였다. 사후 1603년(선조 36)에 청백리에 뽑혔다. 시호는 충숙忠肅, 뒤에 문경文敬으로 고침.

변숭복邊崇福__?~1589(선조 22)

일명 범氾. 본래 황해도 안악安岳의 향교 교생. 안악 사람 박연령, 해주 사람 지함두 등과 함께 정여립의 수하였다.

서익徐益__1542(중종 37)~1587(선조 20)

본관은 부여. 자는 군수君受. 호는 만죽萬竹 또는 만죽헌萬竹軒. 1554년(명종 9) 13세 때 향시에 장원하고, 1564년 생원시에 2등으로 합격했다. 이때 1등이 이이였다. 1569년(선조 2) 문과. 병조·이조 좌랑, 교리, 사인舍人을 역임하고, 외직으로 서천 군수·안동 부사·의주 목사 등을 지냈다. 문장과 도덕, 그리고 기절氣節이 뛰어나 이이·정철에게 인정을 받았고 정철과 가까웠다. 의주 목사로 있을 때에는 정여립으로부터 탄핵을 받은 이이와 정철을 변호하는 소를 올렸다가 파직되었다. 그의 증손자가 효종 때 재상 서필원이다.

선조宣祖__1552(명종 7)~1608(선조 41)

조선 제14대 왕. 재위 1567~1608년. 중종의 손자이며, 덕흥대원군德興大院君의 셋째 아들. 비는 박응순朴應順의 딸 의인왕후懿仁王后이며, 계비는 김제남金悌男의 딸 인목왕후仁穆王后이다. 능호는 목릉穆陵. 경기도 구리시 인창동에 있다.

성돈成惇__1540(중종 35)~?

본관은 창녕. 자는 숙후叔厚. 1572년(선조 5) 문과.

성락成洛__1542(중종 37)~1588(선조 21)

본관은 창녕. 자는 사중士中, 호는 남아南阿. 청백리로 뽑힌 영泳의 친형. 1568년(선조 1) 문과. 홍문관에서 수찬·교리·직제학을 지내면서 경연관으로 활약했다. 1583년에는 사간원 사간으로서 홍여순·유영경과 함께 이이·성혼·박순을 공격했다. 인품이 가벼워서 분란을 일으키는 데 과단성이 있다는 평가를 받기도 했다. 병으로 사망했다. 벼슬살이 20년에도 집과 땅이 없어서 친구들 도움으로 겨우 장례를 치를 정도의 청빈한 생활을 하였다.

성영成泳__1547(명종 2)~1623(광해군 15)

본관은 창녕. 자는 사함士涵, 호는 태정苔庭. 성락의 동생. 이양원의 사위. 1573년(선조 6) 문과. 1587년(선조 20) 이귀의 상소에 따르면 이이는 이조 판서로 있으면서 한효순과 함께 성영을 강경파 동인으로 보고 청요직에 제수하지 않았다. 여주 목사 때 임진왜란이 일어나자 경기도순찰사로서 3천 명의 군대를 이끌고 참전하였다. 1600년(선조 33) 청백리에 뽑혔다. 호조·병조 판서를 역임하고, 1607년(선조 40) 이조 판서를 지냈다. 1616년(광해군 8) 연일延日(현 포항시 영일읍)에 유배되어 1623년(광해군 15) 귀양처에서 죽었다.

성혼成渾__1535(중종 30)~1598(선조 31)

본관은 창녕. 자는 호원浩原, 호는 우계牛溪. 아버지는 수침守琛이다. 한양 순화방順和坊(현 종로구 순화동)에서 태어났고, 경기도 파주 우계에서 살았다. 1554년(명종 9)부터 이이와 사귀면서 평생지기가 되었다. 1581년(선조 14) 2월 처음으로 사정전思政殿에 나와서 선조에게 학문과 정치 및 민정에 관해 말했다. 그가 죽은 뒤 1602년(선조 35)에 기축옥사와 관련되어 삭탈관직되었다가 1633년(명종 18)에 관작이 회복되었다. 1681년(숙종 7)에 문묘에 배향되었고, 1689년(숙종 14)에 한때 빠졌다가 1694년(숙종 20)에 다시 문묘에 들었다. 시호는 문간文簡.

송기수宋麒壽__1507(중종 2)~1581(선조 14)

본관은 은진. 자는 태수台叟, 호는 추파楸坡. 1534년(중종 29) 문과. 사가독서. 권신 김안로에게 아부하지 않아 물러나 있다가, 그가 사사된 후 복귀했다. 1538년(중종 33) 홍문관 수찬에 부임하고, 이어서 교리로 승진하였으며, 이조 정랑이 되었다. 명종이 즉위하자 도승지가 되었다. 을사사화 때 도승지로서 추성위사보익공신推誠衛社保翼功臣 3등에 올랐고, 덕은군德恩君에 봉해졌다. 명종은 성년이 되자 윤원형의 전횡을 싫어하여 사림의 인물을 대간에 배치했는데, 그중 한 사람이다. 이황과 가까웠다. 송응형, 송응개의 아버지. 김첨이 그의 사위이다. 세 아들 장남 응개應漑(대사간), 2남 응형應洞(황주 목사), 3남 응순應洵(부제학)이 모두 문과 합격했다.

송승희宋承禧__1538(중종 33)~1592(선조 25)

본관은 여산. 자는 경번景繁, 호는 반국헌伴菊軒. 1568년(선조 1) 진사시. 1576년(선조 9) 갑과 3등.

송언신宋言愼__1542(중종 37)~1612(광해군 4)

본관은 여산礪山(현 전북 익산) 자는 과우寡尤. 호는 호봉壺峰. 1577년(선조 10) 문과. 젊어서 언관으로 서인을 공격하는 데에 앞장섰다. 일찍이 승 보우를 죽일 것을 건의. 사평史評에는 위인이 흉하고 교활하며 탐욕스럽고 비루했고, 음란하여 선비로서 교양 있는 사람은 더불어 교제하는 것을 수치로 알았다고 한다. 그러나 선조의 특별한 신임을 얻어 이조 판서까지 역임. 여색을 가까이하였다고 하며 재상으로서『속어면순續禦眠楯』과 같은 야담집에까지 이름이 올랐다. 임진왜란과 그 뒤의 어려운 시기에 양사의 장을 역임하면서 당쟁의 선봉이 되었다가 광해군 초년에 축출되었다.

송응개宋應漑__1536(중종 31)~1588(선조 21)

본관은 은진. 자는 공부公溥. 기수麒壽의 아들. 1579년(선조 12) 승지로서 '이수의 옥사'에서 이를 석방하라는 왕의 명령을 철회할 것을 청하다가 다시 파직당하였다. 동서 분당 이후에는 동인의 중진으로서 활약하였다. 계미삼찬으로 귀양을 갔다가 1585년(선조 18) 영의정 노수신의 상소로 풀려났다. 송응개의 조카 신흠은 1583년(선조 16)에 송응개가 이이를 심하게 비판하자 "이이는 사림의 중망을 받는 인물이니 심하게 비난하는 것은 불가하다."며 삼촌들에 반대하였다.

송응형宋應泂__1539(중종 34)~1592(선조 25)

본관은 은진. 응개應漑의 동생. 1572년(선조 5) 문과. 1579년(선조 12) 사간원 정언이 되었다. 이해 백인걸이 '동서분당설'에 관한 소를 올렸다. 송응형은 이것이 이이의 사주를 받은 것이라 하여 이이를 탄핵하다가 오히려 김우옹의 역 탄핵을 받고 파직되었다. 임진왜란 때 황주 목사로 재직하다가 병으로 인하여 사직하고 귀경 중 곡산에서 죽었다.

송익필宋翼弼__1534(중종 29)~1599(선조 32)

본관은 여산. 자는 운장雲長, 호는 구봉龜峯. 본래 신분이 미천했으나, 아버지 사련이 정승 안당 아들의 역모를 조작, 고발하여 공신에 책봉되고 당상관에 올랐다. 때문에 그의 형제들은 유복한 환경에서 교육받았다. 재능이 비상하고 문장이 뛰어나 아우 한필翰弼과 함께 일찍부터 문명을 떨쳤다. 이이·성혼과 성리학의 깊은 이치를 논변했고, 특히 예학에 밝아 김장생에게 큰 영향을 주었다. 또 뛰어난 정치 감각으로 서인의 막후 실력자 역할을 했다. 1586년(선조 19) 동인의 사주로 그의 형제들이 안씨 집 노비로 환속되자 도피 생활에 들어갔다. 기축옥사 후 동인들이 제거되자 그와 그의 형제들의 신분이 회복되었다. 그 때문에 기축옥사의 막후 조종 인물로 의심받기도 했다. 뒤에 이산해의 미움을 받아 한필과 함께 (평북) 희천으로 유배되었다. 선조 대 8문장가로 불렸다. 시호는 문경文敬.

송이창宋爾昌__1561(명종 16)~1627(인조 5)

본관은 은진. 자는 복여福汝, 호는 정좌와靜坐窩. 어머니는 병조 판서 이윤경李潤慶의 딸이다. 이윤경은 이준경의 친형. 준길浚吉의 아버지이다. 신응시가 그의 매형이다. 어려서 신응시·김계휘에게 배우고 다시 이이·송익필·서기徐起 문하에서 수학하였다. 김장생·신경진·이귀·심종직·송방조·이시직李時稷 등과 교유. 1590년(선조 23) 사마시에 합격. 1613년(광해군 5)에 경상도 신녕新寧 현감으로 재임 중 이른바 '칠서지옥七庶之獄' 주모의 한 사람인 서양갑徐羊甲의 처남이라 하여 파직되었다. 그 뒤 고향 회덕에 돌아가 여생을 보냈다.

송인수宋麟壽__1499(연산군 5)~1547(명종 2)

본관은 은진. 자는 미수眉叟 또는 태수台叟, 호는 규암圭菴. 1521년(중종 16) 문과에 갑과로 급제. 을사사화가 일어나자 한성부 좌윤에 있다가 탄핵을 받고 파직당하여 청주에 은거해 있던 중 사사賜死되었다. 사림의 높은 추앙을 받았다. 시호는 문충文忠.

신경진辛慶晉__1554(명종 9)~1619(광해군 11)

본관은 영월. 자는 용석用錫, 호는 아호丫湖. 아버지는 부제학 응시應時. 이이의 문인. 1584년(선조 17) 문과. 1591년(선조 24) 병조 좌랑으로서 진주사陳奏使 한응인의 서장관으로 명나라에 갔다가 이듬해 귀국하였다. 임진왜란 때 체찰사 류성룡의 종사관이었다. 1612년(광해군 4) 사돈인 황혁이 이이첨의 음모에 걸려 화를 입자 함께 파직되었다. 그는 문무재文武才를 겸비하여 명성이 높았고, 청백리에 선정되었다.

신경희申景禧__1561(명종 16)~1615(광해군 7)
본관은 평산. 기묘명현 신상申鏛의 증손. 아버지는 신급申礏이며, 유명한 신립申砬의 조카이다. 1582년(선조 15) 생원. 1588년(선조 21) 음보蔭補로 임관되었다. 기축옥사 때 선홍복을 붙잡은 공로로 6품직에 발탁되었다. 1593년(선조 26) 고산 현감으로 도원수 권율 휘하에 종군하여 공을 세우고 같은 해 행주산성의 승리를 제일 먼저 왕에게 보고하였다. 1615년(광해군 7) 능창군綾昌君 전佺을 추대하려 하였다는 무고를 받아 장살杖殺되었다.

신급申礏__1543(중종 38)~1592(선조 25)
본관은 평산. 자는 중준仲峻. 할아버지는 기묘명현인 신상申鏛이고, 형이 신잡이며, 동생이 신립이다.

신립申砬__1546(명종 1)~1592(선조 25)
본관은 평산. 자는 입지立之. 할아버지는 이조 판서 상鏛. 22세 때 무과 급제. 1583년(선조 16) 이탕개의 난에서 육진六鎭을 지킬 수 있었던 것은 오직 그의 용맹과 5백여 철기부대 때문이었다. 조정은 1584년 3월에 그를 함경도 북병사로 임명했다. 임진왜란이 일어나자 삼도순변사에 임명되었다. 기병의 활용을 극구 주장하여 충주성 서북 4㎞ 지점에 있는 탄금대에 나아가 배수진을 쳤다가 참패를 당했다. 이때 아군을 믿고 피난하지 않았던 많은 사람들이 희생되었다. 김여물·박안민朴安民 등과 함께 남한강에 투신했다. 시호는 충장忠壯.

신응구申應榘__1553(명종 8)~1623(인조 1)
본관은 고령. 자는 자방子方. 호는 만퇴헌晚退軒. 성혼·이이의 문인. 1582년(선조 15)에 사마시. 직산·임실·함열 등의 현감 역임. 모친상 후 충주 목사·삭녕 등의 군수 역임했다. 1613년(광해군 5) 폐모론이 나오자 충청도 남포藍浦로 낙향. 인조반정 후 형조 참의·동부승지·좌부승지 등 역임. 이발의 동생 직漫과 교분이 두터웠으나, 그가 일찍 죽고 이발과 이길이 성혼과 이이를 배반한 후로 이발 형제와 절교했다. 기축옥사 뒤 임실任實 수령일 때, 이발의 모친이 근방에 귀양 와서 생계가 곤란하자 주위 비방에 개의치 않고 도왔다. 이직은 성혼의 문인으로 김장생과 친했다.

신응시辛應時__1532(중종 27)~1585(선조 18)
본관 영월. 자는 군망君望, 호는 백록白麓. 백인걸의 문인. 1559년(명종 14) 문과. 사가독서. 선조 즉위 초 경연관이었다. 전라도 관찰사·연안 부사·예조 참의·병조 참지를 거쳐 대사간·홍문관 부제학에 이르렀다. 그가 경연에 임할 때면 고금의 사례들을 적절히 인용하여 막힘이 없었다. 청렴하여 집안에 가재도구가 거의 없었다. 성혼·이이와 특히 교분이 두터웠다. 시호는 문장文莊.

신잡申礏__1541(중종 36)~1609(광해군 1)
본관은 평산. 자는 백준伯俊, 호는 독송獨松. 할아버지는 형조 판서 상鏛이고, 신립의 형. 이산해의 문인. 1583년(선조 16) 문과. 이조·형조 참판을 지냈다. 시호는 충헌忠獻.

신흠申欽__1566(명종 21)~1628(인조 6)
본관은 평산. 자는 경숙敬叔, 호는 상촌象村. 어머니는 송기수의 딸. 10세가 안 되어 부모를 잃자 외할아버지 송기수가 거두었다. 송인수와 이제민 문하에서 배웠다. 벼슬하기 전부터 이미 글재주로 유명했다. 1586년(선조 19) 문과 급제했다. 그러나 1583년(선조 16)에 외삼촌 송응개가 이이를 비판하는 탄핵문을 보고 "이이는 사림의 중망을 받는 인물이니 심하게 비난하는 것은 불가하다."고 하였다. 이 일로 동인으로부터 이이의 당여라는 배척을 받았다. 임진왜란이 발발하자 도체찰사 정철의 종사관으로 활약했다. 당시 폭주하는 대명외교문서 제작을 담당했다. 1599년(선조 32) 선조의 총애를 받아 장남 익성翊聖이 선조의 딸 정숙옹주貞淑翁主의 부마로 간택되어 동부승지에 발탁되었다. 선조가 죽을 때 영창대군의 보필을 부탁한 유교칠신遺敎七臣의 하나이다. 이정구·장유·이식과 함께 조선 중기 한문학의 정종正宗(바른 종통) 또는 월상계택月象谿澤(월사月沙 이정구, 상촌象村 신흠, 계곡谿谷 장유, 택당澤堂 이식을 일컬음)으로 칭송되었다. 시호는 문정文貞.

심대沈岱__1546(명종 1)~1592(선조 25)

본관 청송. 자는 공망公望, 호는 서돈西墩. 어머니는 우참찬 신광한申光漢의 딸. 1572년 (선조 5) 문과. 1588년(선조 21) 서인원徐仁元(1544~1604)과 함께 동인의 중심인물로 꼽혔다. 조헌은 선조 19년 상소에서 특히 서인원에 대해서 허봉, 김첨과 더불어 "흉험한 성격으로 변해 버린 자"로 규정하였다.

심의겸沈義謙__1535(중종 30)~1587(선조 20)

본관은 청송. 자는 방숙方叔, 호는 손암巽菴. 할아버지는 영의정 연원連源이고, 아버지는 청릉부원군靑陵府院君 강鋼이다. 명종 비 인순왕후의 친동생. 1562년(명종 17) 문과. 장녀가 윤두수의 4남 윤훤尹暄과 결혼하여 윤두수와 사돈간이고, 인조의 외할아버지 구사맹具思孟(1531~1604)과도 사돈간이다. 형 심인겸沈仁謙의 부인이 이발의 딸이다. 즉, 형수가 이발의 딸이다. 심인겸에게 아들이 없어서 심의겸의 아들 심엄沈俺을 양자로 삼았다. 심엄의 부인이 구사맹의 장녀이고, 택당 이식이 심엄의 사위이다.

심충겸沈忠謙__1545(인종 1)~1594(선조 27)

본관은 청송. 자는 공직公直, 호는 사양四養. 인순왕후와 의겸義謙의 아우. 인조 대에 뛰어난 재정관료로 정승을 지내는 심열의 아버지이다. 1572년(선조 5) 문과 장원. 1575년(선조 8) 이조 정랑에 천거되었으나, 김효원이 이조의 중요한 정랑 자리가 척신의 전유물이 될 수 없다며 반대하여 그 자리에 등용되지 못하였다. 시호는 충익忠翼.

심통원沈通源__1499(연산군 5)~1572(선조 5)

본관 청송. 자 사용士容. 호 욱재勖齋. 기억력이 비상하여 어려서 천재로 불렸다. 1537년(중종 32) 별시문과에 장원, 벼슬이 대사헌·한성부판윤·예조 판서·우찬성·좌찬성·이조 판서·우의정을 거쳐 1564년(명종 19) 좌의정에 올랐다. 이듬해 왕의 외척으로 윤원형 등과 권력을 남용하여 뇌물을 받아 삼사의 탄핵을 받고 사직했다. 그는 윤원형이 물러난 후 영의정이 된 이준경과도 갈등했다. 1567년(명종 22) 선조 즉위 후 이이의 탄핵을 받고 관직이 삭탈되었다. 영의정 심연원의 동생이고 심의겸과 인순왕후의 종조부이다. 이량, 윤원형 등과 함께 조선 중기의 대표적인 척신이다.

심희수沈喜壽__1548(명종 3)~1622(광해군 14)

본관은 청송. 자는 백구伯懼, 호는 일송一松. 어머니는 이준경의 사촌형 이연경李延慶의 딸. 아버지 심건沈鍵은 노수신과 동서간이다. 이 인연으로 심희수는 노수신에게 배웠다. 심건의 아버지 심봉원은 심연원의 동생이다. 그러므로 심희수는 심연원의 손녀 인순왕후와 6촌간이다. 1572년(선조 5) 문과. 이이의 추천으로 1583년(선조 16) 홍이상, 정창연, 이항복, 이덕형, 이정립, 오억령과 사가독서. 1589년 헌납으로 있을 때 정여립 옥사가 확대되는 것을 막으려다 조정과 뜻이 맞지 않아 한때 사임했다. 1591년(선조 22)에는 간관이 되어 여러 차례 직언을 하다 선조의 비위에 거슬려 성균관 사성司成으로 전직되었다. 청백리에 뽑혔다. 1607년(선조 40) 선조가 생부 덕흥대원군을 추숭하려 하자 강력하게 반대하여 논의를 중지시켰다. 계축옥사(광해군 5)가 일어나자 이항복·이덕형 등과 강력하게 그 부당성을 논했고, 광해군의 노여움을 산 정온鄭蘊을 적극 변호하여 귀양에 그치게 했다. 폐모론이 일어나자 둔지산屯之山에 은거했다. 둔지산은 현재의 용산 삼각지 로타리에서 동쪽으로 펼쳐진 야산이었다고 한다. 유근, 홍적, 허봉, 한준겸 등과 과거 급제 이전부터 친밀했다. 시호는 문정文貞.

안민학安敏學__1542(중종 37)~1601(선조 34)

본관은 광주廣州. 자는 습지習之라고 하였다가 이습而習으로 고쳤다. 호는 풍애楓崖. 한성 출생. 25세에 박순에게 나아가 사제 관계를 맺은 뒤 이이·정철·이지함·성혼·고경명 등과 교유했다. 1580년(선조 13)에 이이 추천으로 희릉참봉禧陵參奉. 대흥, 아산, 태인, 현풍에서 현감을 지냈다. 이이 성혼과 절친한 관계였다. 시호는 문정文靖.

안방준安邦俊__1573(선조 6)~1654(효종 5)

본관은 죽산. 자는 사언士彦, 호는 은봉隱峰, 보성 출신. 성혼의 문인. 광해군 때 이이첨이 그 명성을 듣고 기용하려 했으나 거절하였다. 서인계 정철·조헌 등의 문하에 출입하면서 일찍부터 서인 편에 섰다. 인조반정 공신인 김류·이귀와 비공신계인 성문준成文濬·송준길 등과 가까워서 서인 집권하에서는 호남 지방을 대표하는 학자로 조정에 거듭 천거되었다. 시호는 문강文康.

안중묵安重默__1556(명종 11)~1607(선조 40)

본관은 죽산. 자는 기현基賢, 호는 동애桐崖. 죽천竹川 박광전朴光前(1526~1597)과 송천松川 양응정梁應鼎(1519~1581)에게 배웠다.

양천경梁千頃__1560(명종 15)~1591(선조 24)

본관은 제주, 거주지는 전라남도 창평昌平. 부친 양자징梁子澂의 3남 중 장남. 동생은 양천회와 양천운이다. 기축옥사가 일어났을 때, 호남 유생들을 모아 이발 형제와 정여립이 모반을 도모하고 있다는 상소를 올렸다. 이때 길삼봉吉三峯이 바로 최영경이라고 무고誣告했다. 1591년(선조 24) 함께 무고한 강견ㆍ양천회 등과 문초를 당하였다. 이후 정철의 부탁으로 거짓 상소를 올렸다고 자백하였다. 이로 말미암아 정철은 함경북도 명천군明川郡에 유배되었고, 강견ㆍ양천회 등은 장형을 맞고 북도北道로 유배되었다. 유배지로 가는 도중 장독杖毒이 심해져서 모두 죽었다.

양천운梁千運__1568년(선조 1)~1637년(인조 15)

본관은 제주. 자 사형士亨, 호 영주瀛洲, 1590년(선조 23) 진사시. 거주지 창평昌平.

양천회梁千會__1563(명종 18)~1591(선조 24)

본관 제주, 자는 사우士遇, 거주지 창평昌平. 1588년(선조 21) 생원시. 아버지가 양자징梁子澂(1529~1593)이고, 조부는 소쇄원 주인 양산보이다. 외할아버지가 김인후이다. 김인후는 유희춘과 사돈간이고 김안국과 최산두의 문인이다. 형은 양천경梁千頃이고 동생은 양천운梁千運이다. 임진왜란 때 김천일과 고경명 부대에 군수품 지원함.

어운해魚雲海__1536(중종 31)~1585(선조 18)

본관은 함종. 자는 경유景遊, 호는 하담荷潭. 1564년(명종 19) 사마시 합격 뒤 과거와 벼슬을 단념하고 독서에 몰두. 1568년(선조 1)에 이탁ㆍ박순ㆍ노수신 등의 건의로 성운成運ㆍ임훈林薰ㆍ한수韓脩ㆍ남언경ㆍ최영경ㆍ김천일ㆍ홍가신ㆍ유몽학ㆍ송대립 등과 함께 천거되었다. 이이ㆍ성혼 등과 가까웠다.

오억령吳億齡__1552(명종 7)~1618(광해군 10)

본관은 동복. 자는 대년大年, 호는 만취晩翠. 이조 참판 백령百齡의 형. 홍담의 사위.
1582년(선조 15) 문과. 다음 해 이이 추천으로 이항복 등 6인과 사가독서. 이조 정랑을
거쳐, 기축옥사와 관련해서 경상도 안무사로 나갔다가(선조 22) 내직으로 들어와 사
간원 집의·홍문관 전한 등 역임. 1601년(선조 34)에는 부제학으로 청백리에 뽑혔다.
시호는 문숙文肅.

우성전禹性傳__1542(중종 37)~1593(선조 26)

본관은 단양. 자는 경선景善, 호는 추연秋淵. 허엽許曄의 사위, 이황의 문인. 1568년
(선조 1) 문과. 예문관검열·예문관봉교·홍문관 수찬 등을 역임하고 1576년(선조 9) 수
원 현감으로 나가서는 명망이 높았으나, 그 뒤 한때 파직되었다가 다시 사헌부 장령·
사옹원정을 거쳐 1583년(선조 16)에 응교가 되고 뒤에 여러 번 의정부 사인을 역임하
였다. 동서분당 때 동인으로 분류되었고, 그 뒤 이발과 틈이 생겼다. 그는 남산에 살아
서 남인, 이발은 북악北岳에 살아서 북인으로 분당되었다. 남인의 거두. 1591년(선조
24) 서인 정철의 사건에 연좌되어 북인에게 배척되고 관직을 삭탈당하였다. 시호는
문강文康.

유격柳格__1545(인종 1)~1584(선조 17)

본관은 진주. 자는 정부正夫, 호는 청만晴巒. 유근의 형. 1580년(선조 13) 문과. 정언에
다섯 차례나 임명되었다.

유공진柳拱辰__1547(명종 2)~1604(선조 37)

본관은 문화. 자는 백첨伯瞻. 이이·성혼의 문인. 1570년(선조 3) 사마시에 합격하여
성균관에 입학. 1583년(선조 16)에는 이이·성혼을 변호하는 소를 올렸다가 투옥되었
다. 이해 곧 풀려나 별시문과. 1591년(선조 24) 이조 정랑으로, 정철이 세자 책봉 문제
로 귀양 가자 같은 당파라 하여 경원에 유배되었다. 1601년(선조 34)에는 우승지가 되
고, 이듬해에는 파주 목사가 되었다.

유근柳根__1549(명종 4)~1627(인조 5)

본관은 진주. 자는 회부晦夫, 호는 서경西坰. 황정욱黃廷彧의 문인. 인조반정 1등공신 김류가 그의 사위이다. 1572년(선조 5) 별시 문과에 장원하고, 1574년(선조 7)에 김성일, 이발 등과 사가독서. 1587년(선조 20) 이조 정랑으로서 문신정시文臣庭試에 다시 장원하였다. 1591년(선조 24) 정철이 세자를 세우자고 선조에게 말했다가 반대파의 공격을 받고 귀양 갔다. 이때 좌승지로 있다가 정철의 일파로 몰려 탄핵을 받았으나, 그의 문재文才를 아끼는 선조가 두둔하여 화를 면하였다. 임진왜란 때 대명외교에 공이 많다. 1613년(광해군 5) 폐모론이 일어나자, 괴산으로 물러나 정청庭請에 참여하지 않아 관작이 삭탈되었다가 1619년(광해군 11) 복관되었다. 1623년(광해군 15) 인조반정으로 다시 기용되었으나 나가지 않았다. 1627년(인조 5) 정묘호란 때 강화에 왕을 호종하던 중 통진에서 죽었다. 시호는 문정文靖.

유담柳湛__1536년(중종 31)~?

본관 진주. 자 구이久而. 1564년(명종 19) 생원시. 거주지는 한양. 아들 유시위柳時偉가 1612년(광해군 4)에 문과.

유대진俞大進__1554(명종 9)~1599(선조 32)

본관은 기계. 자는 신보新甫, 호는 신포新浦. 아버지는 좌의정 기성부원군杞城府院君 홍泓. 1583년(선조 16) 문과. 1584년에 이이의 천거로 홍문관 직임에 발탁. 1589년(선조 22) 부수찬·헌납, 1590년(선조 23) 이조 좌랑·정랑·교리·장령·내섬시정, 1591년(선조 24) 정언·이조 참의를 지냈다.

유덕수柳德粹__?~1591(선조 24)

본관은 문화. 자는 중정仲精. 1546년(명종 1) 생원시, 1560년(명종 15) 문과. 사헌부 장령, 1575년(선조 8) 예천 군수. 검열 이진길李震吉이 선산善山 부사였던 유덕수 집에서 참서讖書를 발견하였다하여 국문을 받았는데, 국문 중에 사망하였다.

유몽정柳夢井__1551(명종 6)~1590(선조 23)

본관은 문화. 호는 청계淸溪. 유희저柳希渚의 손자. 1567년(선조 즉위) 생원시, 진사시. 정여립과 진사 동방. 정여립 옥사 때 남원 부사로 있다가 정암수丁巖壽·오희길吳希吉 등의 무고誣告로 옥중에서 장사杖死되었다. 나중에 아들 호淏의 상소로 신원되었다.

유몽학柳夢鶴__?~?

본관 문화. 자는 응서應瑞. 이이와 친구. 일재一齋 이항李恒의 문인. 과거에 급제하지 않았으나 대간 직책을 맡아 활동했다. 1583년(선조 16) 양양襄陽 부사를 지냈다. 사헌부 장령일 때 시장의 여러 폐해를 개혁해야 한다고 주장하였다. 이 일로 말미암아 그의 사후에 시장 상인들이 그를 위해 곡했다고 한다.

유성룡(류성룡)柳成龍__1542(중종 37)~1607(선조 40)

본관은 풍산. 자는 이현而見, 호는 서애西厓. 아버지는 황해도 관찰사 중영仲郢. 이황의 문인. 김성일과 동문수학했다. 1566년(명종 21) 문과. 1570년(선조 3) 사가독서. 1579년(선조 12) 이조 참의를 거쳐 1580(선조 13)년 부제학에 올랐다. 1582년(선조 15) 대사간·우부승지·도승지를 거쳐 대사헌에 승진했다. 1588년(선조 21) 홍문관, 예문관의 양관대제학에 올랐다. 1591년(선조 24) 우의정으로 이조 판서를 겸하고 이어 좌의정에 승진해 역시 이조 판서를 겸하였다. 이해 세자를 세우자고 말했던 정철에 대한 처벌이 논의될 때 동인 온건파인 남인에 속해, 같은 동인의 강경파인 북인의 이산해와 대립하였다. 시호는 문충文忠.

유영경柳永慶__1550(명종 5)~1608(광해군 즉위년)

본관은 전주. 자는 선여善餘, 호는 춘호春湖. 1572년(선조 5) 문과. 청요직을 역임. 당파 분화를 잘 보여 주는 인물이다. 당론이 일어날 때에는 류성룡과 함께 동인에 속했었는데, 남인·북인으로 갈라지자 이발과 함께 북인에 가담했다. 1599년(선조 32) 대사헌으로 있을 때, 남이공·김신국 등이 같은 북인 홍여순을 탄핵하며 대북·소북으로 갈리자, 유희분 등과 함께 남이공의 당이 되어 영수가 되었다. 이때 그는 대북파에 밀려 파직되었다가 1602년(선조 35) 이조 판서에 이어 우의정에 올랐는데, 대북파의 기자헌·정인홍 등과 심한 마찰을 빚었다. 그 뒤 같은 소북파인 남이공과 불화하여 그는 탁소북濁小北으로 분파하였으며, 선조 말년에 왕의 뜻을 따라 광해군을 밀어내고 영창대군을 옹립하려 했다. 광해군이 즉위하자 그는 대북 이이첨·정인홍의 탄핵을 받고 경흥에 유배되었다가 사사賜死되었다. 황섬이 그의 처남이다. 1563년(명종 18) 이량이 이조 전랑으로 밀었던 아들 친구 유영길이 유영경의 형이다.

유영립柳永立__1537(중종 32)~1599(선조 32)
본관은 전주. 자는 입지立之. 1568년(선조 1) 문과. 최명길의 외조이고 이경석李景奭이 그의 손녀사위이다. 임진왜란이 일어나자 산 속으로 피신하였다가 가토 기요사마加藤淸正 휘하의 왜군에게 포로가 되었으나 뇌물로 매[鷹]를 바치고 탈출했다. 국위를 손상시켰다는 이유로 대간의 탄핵을 받고 파직당하였다. 류성룡의 변호로 복직되어 병조 참판을 역임하였다. 유영경과는 재종형제간이다.

유전柳琠__1531(중종 26)~1589(선조22)
본관은 문화. 자는 극후克厚, 호는 우복愚伏. 이덕형의 외삼촌. 1553년(명종 8) 문과. 사가독서. 1585년 우의정에, 1589년에 영의정에 이르렀다. 선조 때 동서 어느 편당에도 가담하지 않고 일생을 마쳤다. 시령부원군始寧府院君에 추봉되었다. 시호는 문정文貞.

유종지柳宗智__1546(명종 1)~1589(선조 22)
본관은 문화. 자는 명중明仲, 호는 조계潮溪. 18세(1563년)에 각재覺齋 하항河沆과 함께 조식 문하에서 공부하였다. 조식에게 높은 평가를 받았다. 최영경과 가까웠다. 기축옥사 때 정여립의 당黨으로 지목되어 의금부에 갇혔다가 장하杖下에 사망했다.

유희서柳熙緒__1559(명종 14)~1603(선조 36)
본관은 문화. 자는 경승敬承, 호는 남록南麓. 아버지는 영의정 유전柳琠. 1586년(선조 19) 문과. 임진왜란 때 류성룡의 종사관. 동부승지·우부승지를 역임. 1599년(선조 32) 도승지. 1603년(선조 36) 포천에서 화적火賊에게 살해되었다. 실록에는 그에 관해서 대단히 부정적인 평이 많다.

유희춘柳希春__1513(중종 8)~1577(선조 10)

본관은 선산. 자는 인중仁仲, 호는 미암眉巖. 해남 출신. 김인후와 사돈간이다. 김안국金安國·최두산崔斗山의 문인. 1538년(중종 33) 문과. 1544년(중종 39) 사가독서. 1547년(명종 2) 양재역벽서사건에 연루되어 제주도에 유배되었다가 곧 함경도 종성에 안치되었다. 그곳에서 19년간을 보내면서 독서와 저술에 몰두하였다. 1565년 충청도 은진에 이배되었다가, 선조 즉위 후 석방되었다. 1575년(선조 8) 예조·공조의 참판을 거쳐 이조 참판을 지내다가 사직해 낙향하였다. 외할아버지 최부崔溥의 학통을 계승해 이항·김인후 등과 함께 호남 지방의 학풍 조성에 기여하였다. 시호는 문절文節.

윤국형尹國馨__1543(중종 38)~1611(광해군 3)

본관은 파평. 초명은 선각先覺. 자는 수부粹夫, 호는 달천達川. 충청 감사 시절에 임진 왜란이 일어났는데, 전라도순찰사 이광李洸과 함께 참여한 용인전투에서 패하면서 관직이 삭탈되었다. 이호민·류성룡 등과 교유하다가 임진왜란 직후 류성룡이 실각하면서 함께 탄핵되었다. 광해군이 즉위하자 대사성·대사헌·형조 참판·지중추부사 등을 역임하였다.

윤근수尹根壽__1537(중종 32)~1616(광해군 8)

본관은 해평. 자는 자고子固, 호는 월정月汀. 영의정 두수斗壽의 동생. 1558년(명종 13) 문과. 이량이 자신의 아들 정빈廷賓을 이조 좌랑에 천거한 것을 형 두수, 박소립, 기대승 등이 반대하였는데, 이량의 사주를 받은 대사헌 이감李戡의 탄핵을 받아 파직되었다. 1565년(명종 20) 홍문관 부교리로 재기용된 뒤 이조 좌랑·정랑을 역임했다. 1572년(선조 5) 동부승지를 거쳐 대사성에 승진했다. 1591년(선조 24) 정철이 선조에게 세자를 세우자고 말했다가 화를 입었다. 이때 우찬성으로 있던 그도 대간의 탄핵으로 형 두수와 함께 삭탈관직되었다. 그는 문장으로 유명하여 당시 예원藝苑, 즉 문화예술계의 종장宗匠이라 일컬어졌다. 시호는 문정文貞.

윤기신尹起莘__?~1590(선조 23)

본관은 칠원. 호는 백운당白雲堂. 젊어서는 영·호남을 두루 다니며 여러 인재와 사귀었고, 또한 이급李汲·이발李潑 형제와 깊이 사귀었다. 정여립 사건 때 옥에 갇혀 열두 차례 심문과 장형杖刑을 받고 북쪽으로 귀양 가는 도중에 죽었다. 조헌에 따르면 이길, 이발, 정여립, 윤기신은 애초에 이이를 태산북두처럼 여기고 조석으로 문안까지 하다가 나중에 배반했다고 한다. 정계에서 비중이 있는 인물이었던 듯하다.

윤두수尹斗壽__1533(중종 28)~1601(선조 34)
본관은 해평. 자는 자앙子昻. 호는 오음梧陰. 근수根壽의 형. 심의겸, 신응시의 딸을 며느리로 맞았다. 1558년(명종 13) 문과. 기대승과 동방同榜이다. 1563년(명종 18) 이조 좌랑에 재임 중 이량이 그의 아들 정빈廷賓을 이조 좌랑에 천거한 것을 박소립·기대승 등과 함께 반대했다. 이 때문에 대사헌 이감李戡의 탄핵을 받아 삭직되어 고향인 파주에 은거했다. 1567년(명종 22)에 명종이 크게 위독해지자 윤두수가 우승지로서 승정원에 있다가 직접 송宋나라 문언박文彦博이 궐내에 입숙入宿했던 고사故事를 적어서 영상 이준경에게 보냈다. 이준경이 그 의미를 알아차리고 즉시 와서 직방直房에서 묵다가, 이날 밤에 고명顧命을 받았다. 명종의 즉위에 대단히 중요한 순간이었다. 1589년(선조 22) 평안 감사를 지내고 명나라에 사신으로 가서 종계宗系를 변무辨誣한 공으로 광국공신光國功臣 2등이 되어 해원군海原君에 봉해졌다. 정철이 세자를 세우자고 선조에게 말했다가 화를 당할 때, 같은 서인으로 연루되어 회령에 유배되었다. 임진왜란이 발발하자 다시 기용되었다. 후에 좌의정이 되고 영의정에 올랐다. 시호는 문정文靖.

윤선각 → 윤국형

윤섬尹暹__1561(명종 16)~1592(선조 25)
본관은 남원. 자는 여진如進. 호는 과재果齋. 병자호란 때 삼학사 중 하나인 윤집이 그의 손자이다. 기축옥사 당시 나주 목사였던 윤우신尹又新의 아들. 14세 무렵 이귀, 이덕형 등과 함께 아버지에게 배웠다. 1583년(선조 16) 문과. 1587년 사은사 서장관으로 명나라에 가서 이성계의 조상이 이인임李仁任으로 잘못 기록된 명나라 기록을 바로잡은 공으로 1590년(선조 23) 광국공신光國功臣 2등에 오르고 용성부원군龍城府院君에 봉해졌다. 임진왜란 때 순변사 이일李鎰의 종사관이 되어 싸우다가 이일은 피하고 그만이 상주성에 남아 싸우다 전사했다. 시호는 문열文烈. 윤섬, 윤집, 윤집의 형

윤계尹棨를 더하여 효종은 '한 집안에 삼절三絕'이라고 말했다. 윤계는 병자호란 당시 남양 부사로 있다가 근왕병을 모집하여 남한산성으로 들어가려다 청병에게 잡혔는데, 굴하지 않고 대항하다가 몸에 난도질을 당하여 죽었다.

윤승길尹承吉__1540(중종 35)~1616(광해군 8)

본관은 해평. 자는 자일子一, 호는 남악南岳. 윤승훈의 형. 1564년(명종 19) 문과. 그의 딸이 선조의 일곱째 아들 인성군仁城君 이공李珙과 결혼하였다. 실록에 나온 그의 졸기에 따르면 그는 성격이 강직하고 의견이 맞는 사람이 적어서 벼슬길이 순탄치 않았다. 하지만 나중에 관리로서의 능력이 드러나, 임진왜란 때 이원익에 이어서 평안 감사가 되었는데 치적이 거의 비등했다. 왕실 외척이었지만, 윤승길은 한 번도 궁궐 내 일에 간여하지 않았다. 시호는 숙간肅簡.

윤승훈尹承勳__1549(명종 4)~1611(광해군 3)

본관은 해평. 자는 자술子述, 호는 청봉晴峰. 승길의 동생. 1573년(선조 6) 문과. 1581년 (선조 14) 사간원 정언으로 있을 때, 이이에 반하는 태도를 취하다가 왕의 노여움을 사 신창 현감에 좌천됐다. 1601년(선조 34) 우의정에 이어 좌의정·영의정에까지 올랐다. 인조 말과 효종 대에 재상을 지내는 백강白江 이경여李敬輿가 그의 사위이다. 시호는 문숙文肅.

윤우신尹又新__?~?

본관은 남원, 자 선수善修, 1561년(명종 16) 문과. 이귀와 이덕형이 그에게 글을 배웠다. 윤자신과 종형제 사이. 윤섬의 아버지.

윤원형尹元衡__?~1565(명종 20)

본관은 파평. 자는 언평彦平. 문정왕후의 친동생. 1533년(중종 28) 문과. 1537년(중종 32) 권신 김안로에 의해 파직, 유배되었다가 이해 김안로가 사사賜死되자 풀려났다. 명종이 즉위하면서 문정왕후의 수렴청정이 시작되자, 이를 계기로 큰 권력을 행사했다. 을사사화 후 위력과 권세가 높아지자 뇌물이 폭주해, 성안에 집이 열여섯 채요, 남의 노예와 전장을 빼앗은 것은 이루 헤아릴 수 없었다. 그리고 살리고 죽이고 주고 **빼앗는** 것이 다 그의 손에서 나왔다. 또, 아내를 내쫓고 기생첩 난정을 정경부인에 봉하니, 권력을 탐하는 조신들은 그 첩의 자녀와 혼인을 하였다. 이는 사회적 관행을 깨는 일이었다. 1548년(명종 3) 이조 판서가 되었다. 1551년(명종 6) 우의정으로 이조 판서를 겸직했고 1563년(명종 18) 영의정에 올랐다. 1565년(명종 20) 문정왕후가 죽자 실각해 관직을 삭탈당하고 쫓겨나, 강음江陰에 있다가 자살했다.

윤의중尹毅中__1524(중종 19)~?
본관은 해남. 자는 치원致遠, 호는 낙촌駱村. 할아버지는 윤효정尹孝貞, 아버지는 윤구尹衢. 윤선도의 할아버지. 이발의 외삼촌. 1548년(명종 3) 문과. 1555년 사가독서한 뒤 이조 정랑에 올랐다. 1562년(명종 17) 성균관 대사성·홍문관 부제학·도승지에 이어 대사간·이조·병조 참의 등 역임. 1566년(명종 21) 호조 참판. 1581년(선조 14) 형조 판서에 올랐다. 재산을 많이 모아서, 호남에서 제일가는 갑부라는 탄핵을 받았다.

윤자신尹自新__1529(중종 24)~1601(선조 34)
본관은 남원. 자는 경수敬修. 1562년(명종 17) 문과. 윤우신과 사촌형제 사이. 기축옥사 때 전주 부윤으로 정즙鄭緝을 잡은 공으로 가자加資되었다. 그 후 공조·호조 판서를 지냈다. 말이 적고 강직하며 관직 수행에서 도량형에 한 치의 어김이 없었다고 한다.

윤현尹晛__1536(중종 31)~1597(선조 30)
본관은 해평. 자는 백승伯昇, 호는 송만松巒. 두수斗壽의 조카이다. 1567년(선조 즉위년) 문과. 1576년(선조 9) 전랑에 이어 1578년(선조 11) 이조 좌랑이 되었다. 동인 김성일과 함께 전랑이 되었으나 서로 사이가 좋지 않았다. 당시 서인의 거두인 작은아버지 두수·근수가 모두 요직에 있어 함께 '삼윤三尹'으로 일컬어졌다. 서인을 지지하고 동인을 배척한다고 하여 사헌부·사간원 등 언관들로부터 논핵을 자주 받았다.

이경률李景嵂__1537년(중종 32)~?
본관은 전주. 자는 숙첨叔瞻. 1573년(선조 6) 문과. 홍인우의 사위. 홍진·홍적과 처남 매부 간이다. 1583년(선조 16) 지평으로 재직 중 이이를 탄핵했다. 그 자신은 유학幼學

박추朴樞로부터 편당을 만드는 일에 주도적 역할을 하였다는 탄핵을 받았다.

이경중李敬中__1542(중종 37)~1585(선조 18)

자는 공직公直, 호는 단애丹崖. 종실宗室 계양군 증桂陽君增의 4대손이며, 이황의 문인. 1570년(선조 3) 문과. 1581년(선조 14) 이조 좌랑으로 있을 때 정여립이 당시 명망이 있음을 보고 극력 배척하며 청현淸顯의 자리에 두지 말라고 논책하였다가 도리어 정인홍·박광옥朴光玉·정탁 등 동인 언관들로부터 탄핵을 당하여 파직되었다. 뒤에 대사헌 정철과의 불화로 경상도 추쇄어사推刷御史로 좌천되었다가 밀양에서 병사했다. 그 뒤 정여립 사건이 나자 류성룡이 경중의 예견이 사실이 되었음을 상소하여 이조 참판에 추증되었다.

이광李洸__1541(중종 36)~1607(선조 40)

본관은 덕수. 자는 사무士武, 호는 우계산인雨溪散人. 1574년(선조 7) 문과. 1589년(선조 22) 전라도 관찰사가 되었다. 그해 겨울 모역한 정여립의 문생과 그 도당을 전부 잡아들이라는 영을 어기고, 혐의가 적은 인물을 임의로 용서해 풀어주었다가 탄핵을 받고 삭직되었다. 1591년(선조 24) 호조 참판으로 다시 기용되었다.

이귀李貴__1557(명종 12)~1633(인조 11)

본관은 연안. 자는 옥여玉汝, 호는 묵재默齋. 이덕형과 함께 윤우신에게 글을 배웠다. 이이·성혼의 문인. 1582년(선조 15) 생원. 이듬해 동인들이 이이와 성혼을 공박, 모함하자 여러 선비들과 함께 반박하는 글을 올렸다. 1603년(선조 36) 문과. 김류·신경진·최명길·김자점 및 이귀의 두 아들 시백時白·시방時昉 등과 함께 인조반정을 성공시켰다. 시호는 충정忠定.

이급李汲__1537(중종 32)~1589(선조 22)

본관은 광산. 이중호李仲虎의 장남. 자 경심景深. 1570년(선조 3) 생원시. 정읍 현감 등을 지냄. 기축옥사에 연루되어 아우인 이발·이길과 함께 장살杖殺당함.

이기李墍__1522(중종 17)~1600(선조 33)

본관은 한산. 자는 가의可依, 호는 송와松窩. 1555년(명종 10) 문과. 『명종실록』 편찬에 참여. 이산해와 6촌 형제간이었고, 정치적으로도 가까웠다. 죽은 뒤인 1603년에 청백리로 뽑혔다. 이때 이준경, 백인걸이 함께 뽑혔다. 젊은 시절부터 소탈하고 청렴하다는 평가를 받았다. 시호는 장정莊貞.

이길李洁 1547(명종 22)~1589(선조 22)

이중호의 3남. 자는 경연景淵, 호는 남계南溪. 1577년(선조 10) 문과. 정여립 사건으로, 형인 발潑·급汲 등은 모진 고문 끝에 장살되었다. 그도 희천으로 귀양 갔다가 뒤에 불려와서 역시 죽음을 당했다.

이대해李大海__1562년(명종 17)~1590년(선조 23)

본관은 여주, 자는 백종百宗. 출신지는 경기도 광주廣州. 1580년(선조 13) 문과. 1584년(선조 17) 11월 선조가 삼정승에게 어진 인재를 추천하라는 명을 내렸을 때, 우의정 정유길의 추천을 받았다. 1585년(선조 18) 사간원 정언으로 이이와 정철·박순의 공을 논한 서인 이산보李山甫를 탄핵하고, 서인인 박점朴漸을 도승지에 임명하는 것을 반대하다가 좌천되었다.

이덕형李德馨__1561(명종 16)~1613(광해군 5)

본관은 광주廣州. 자 명보明甫, 호 한음漢陰, 시호 문익文翼. 1580년(선조 13) 문과. 부친은 이민성李民聖, 외삼촌이 영의정 유전이다. 이지함의 주선으로 그의 조카 이산해의 딸과 결혼. 문학으로 어려서부터 유명했다. 어려서 윤우신 문하에서 함께 글을 배우면서 이귀와 평생 가까운 사이였다. 1580년 문과. 이이의 추천으로 이항복과 1583년(선조 16)에 사가독서. 여러 시험에서 수석을 차지하였다. 그 뒤 이조 좌랑이 되었다. 1590년(선조 23)에는 우부승지·부제학·대사간·대사성 등을 차례로 지내고, 이듬해 예조 참판이 되어 대제학을 겸하였다. 1595년(선조 28) 경기·황해·평안·함경 4도체찰부사가 되었다. 광해군 때 양수리로 물러가 국사를 걱정하다 병으로 죽었다. 남인 출신으로 북인의 영수 이산해의 사위가 되어 남인과 북인의 중간노선을 지켰다. 시호는 문익文翼.

이로李輅__1536(중종 31)~1614(광해군 6)

본관은 전주. 자는 홍재弘載, 호는 동진東津. 양녕대군 6대손, 1567년(선조 즉위) 문과. 형조·공조 판서 역임. 검소한 생활에 온화한 성품을 지녔고, 가정에서나 조정에서 사람의 허물을 말하지 않았다 한다.

이문형李文馨__1510(중종 5)~1582(선조 15)

본관은 전의. 자는 형지馨之, 호는 졸옹拙翁. 1540년(중종 35) 문과. 1559년(명종 14) 사헌부 집의·홍문관 직제학이 되고 이듬해 도승지·호조 참판 등을 거쳐 1561년(명종 16) 대사헌에 올랐다. 대사헌 재직 시 윤원형의 죄를 논박하고 그 뒤 조정에 세력을 떨치고 있던 이량과 반목하여 그의 무고로 파직되었다. 사림 사이에 명성이 높았다.

이발李潑__1544(중종 39)~1589(선조 22)

본관은 광산. 자는 경함景涵, 호는 동암東巖. 제학 중호仲虎의 아들. 민순閔純의 문인. 1573년(선조 6) 문과 장원, 이듬해 사가독서 하고, 이조 정랑으로 발탁. 1583년(선조 16) 부제학을 역임하고 이듬해에 대사간. 홍가신·허당許鏜·박의朴宜·윤기신·김영일金榮一·김우옹·최영경과 친했다. 홍가신과는 사돈간. 사론士論을 주도했고, 시비를 분명히 가렸다. 이조 전랑으로 있을 때에는 자파 인물을 등용하여 사람들에게 원망을 샀다. 정철의 처벌 문제에 강경파를 영도하여 북인의 영수가 되었다. 정여립 사건으로 그가 죽은 뒤 82세의 노모와 8세의 아들도 혹형으로 죽었다. 노모는 형벌이 너무 지나치다고 꾸짖으면서 끝내 역모에 관한 일을 승복하지 않았으며, 문생·노비도 모두 엄형을 가하였으나 승복하는 자가 없었다. 묘소는 광명시 소하동에 있다. 두 사람 시신을 아무도 거두지 않자 이원익이 선산에 장사지내주었다고 한다. 인조반정 후 이발, 이길을 복권시킨 사람도 이원익이다.

이산보李山甫__1539(중종 34)~1594(선조 27)

본관은 한산. 자는 중거仲擧, 호는 명곡鳴谷. 작은아버지 지함之菡에게 배웠다. 이치李穉의 첫째 아들이 이지번李之蕃이고 그 아들이 이산해. 둘째 아들이 이지무李之茂이고 그 아들이 이산보. 셋째 아들이 이지함이다. 1568년(선조 1) 문과. 이조 정랑, 동부승지·대사간·우승지를 지냈다. 이이·박순·정철의 공적을 논하다가 사간원 탄핵으로 경상도와 황해도 관찰사로 전직되었다. 1591년(선조 24) 황해도 관찰사로 있다가, 정철이 세자를 세우자고 말했다가 정철은 물론 서인이 화를 당하자 이에 연루, 곧 파직되었다. 시호는 충간忠簡.

이산해李山海__1539(중종 34)~1609(광해군 1)

본관 한산. 자는 여수汝受, 호는 아계鵝溪. 이치의 첫째 아들이 이지번李之蕃이고 그 아들이 이산해. 둘째 아들이 이지무李之茂이고 그 아들이 이산보. 셋째 아들이 이지함이다. 어려서 지함에게 배웠다. 어려서부터 문장과 글씨로 유명했다. 1561년(명종 16) 문과. 이듬해 명종은 그를 불러 '경복궁景福宮'을 큰 글씨로 쓰게 했다. 1565년(명종 20) 이조 좌랑이 되었다. 1567년(선조 즉위년) 직제학이 되어 지제교를 겸하였다. 이어 사가독서를 마친 뒤 1570년(선조 3) 동부승지로 승진. 1577년(선조 10) 대사성·도승지가 되었다. 1578년(선조 11) 대사간이 되어 서인 윤두수·윤근수·윤현 등을 탄핵하여 파직시켰다. 본래 심의겸과 친밀했지만 선조 11년 무렵부터는 멀어졌고 오히려 그를 공격하였다. 1580년(선조 13) 병조 참판에 이어 형조 판서로 승진. 이듬해 이조 판서를 거쳐 우찬성에 올랐다. 1588년(선조 21) 우의정에 올랐고, 이 무렵 동인이 남인·북인으로 갈라지자 북인의 영수로 정권을 장악. 다음 해에 좌의정에 이어 영의정이 되었다.

정철이 세자를 세우자고 선조에게 함께 건의하자고 이산해에게 말하자, 이산해는 아들 경전慶全을 시켜 인빈仁嬪의 오빠 김공량金公諒에게 정철이 인빈과 신성군信誠君을 해치려 한다는 말을 전하여 물의를 빚었다. 경전으로 하여금 정철을 탄핵하게 하여 강계로 유배시켰다. 또 윤두수, 윤근수와 백유함·유공진·이춘영·황혁 등 서인 영수급을 파직 또는 귀양 보냈다. 북인이 다시 분당될 때 이이첨·정인홍·홍여순 등과 대북파가 되어 그 영수로서 1599년(선조 32) 재차 영의정에 올랐으나 이듬해 파직되었다가 1601년(선조 34) 부원군으로 복권되었다. 문장에 능하여 선조 대 8문장가로 꼽힌다. 이이·정철과 친구였으나 나중에는 멀어졌다. 시호는 문충文忠. 김응남이 그의 매제이고, 이덕형이 그의 사위이다. 김첨의 딸을 며느리로 맞았다. 선조의 동복 누이의 아들 안응형安應亨(1578~?)이 이산해의 4녀와 결혼했다. 시호는 문충文忠.

이상길李尚吉__1556(명종 11)~1637(인조 15)

본관은 벽진. 자는 사우士祐, 호는 동천東川. 1585년(선조 18) 문과. 1590년(선조 23) 병조 좌랑, 사간원 정언, 지제교 등 역임. 정언으로 있을 때 이흡, 구성 등과 최영경을 정여립 일당이라고 주장했던 것이 문제되어 1602년에 귀양을 갔다. 6년간 황해도 풍천에서 귀양살이했다. 1608년(선조 41) 유배에서 풀려 나온 뒤 강원도 회양 부사, 평안도 안주 목사, 호조 참의 등 벼슬을 역임하였다. 정인홍 등이 정권을 잡자 규탄을 받아 동대문 밖 노원蘆原에 거처하며 이항복 등과 친하게 지냈다. 폐모론이 일어나자 전라도 남원으로 은퇴하였다. 1636년(인조 14) 병자호란이 일어나자 이미 현직에서 물러났고 80세의 노령임에도 강화도에 들어갔다. 청군이 강화도로 육박해 오자 아들 경동經洞을 불러 뒷일을 부탁한 뒤 스스로 목을 매어 죽었다. 시호는 충숙忠肅.

이성중李誠中__1539(중종 34)~1593(선조 26)

본관은 전주. 자는 공저公著, 호는 파곡坡谷. 이소재履素齋 이중호·척암惕菴 김근공金謹恭의 문인. 1570년(선조 3) 문과. 이경중, 이양중의 큰형. 홍문관 수찬, 이조 좌랑에 지제교를 겸임하고, 사가독서. 1575년(선조 8) 동서분당이 되자 동인으로 지목되어 한산 군수로 좌천되었다. 1589년(선조 22) 대신들의 추천으로 이조 참판이 되고 이듬해 옥당玉堂·대사헌·동지돈녕부사가 되었다. 1591년(선조 24) 옥당 장관으로 시폐 12조와 세자 책봉을 거론하였다. 류성룡, 김성일과 가까웠다. 시호는 충간忠簡.

이순인李純仁__1533(중종 28)~1592(선조 25)

본관은 전의, 자는 백생伯生·백옥伯玉, 호는 고담孤潭. 한양 출생. 김개金鎧의 사위. 1572년(선조 5) 문과. 임진왜란이 일어나자 예조 참의로 선조를 호종하다 왕명으로 중전과 동궁을 모시고 평안도 성천에 이르러 과로로 죽었다. 당시 이산해·최경창·백광훈 등과 함께 '8문장'이라고 불렀다.

이식李拭__1522(중종 17)~1587(선조 20)

본관은 전주. 자는 청지淸之, 호는 손암損菴. 1553년(명종 8) 문과. 효령대군파 6대손이다. 1560년(명종 15) 홍문관 수찬·병조 좌랑·이조 좌랑 등을 역임. 1574년(선조 7) 대사간이 되고 1579년 대사헌을 역임하였다. 동서분당이 일어나자 정희적 등과 함께 서인의 등용을 막으려는 주장을 폈다가 체직되었다. 1583년(선조 16) 대사헌·승지·대사간·부제학·이조 참의·이조 참판 역임.

이양원李陽元__1526(중종 21)~1592(선조 25)
정종의 아들 선성군宣城君의 현손. 1555년(명종 10) 문과. 1590년(선조 23) 종계변무宗系辨誣의 공으로 광국공신光國功臣 3등에 올랐다. 이듬해 우의정에 승진. 임진왜란 때 유도대장留都大將. 영의정에 올랐다. 의주에 피난하고 있던 선조가 요동으로 건너가 망명한다는 소식을 전해 듣고 탄식하며 8일간 단식하다가 피를 토하고 죽었다. 시호는 문헌文憲.

이양중李養中__1549(명종 4)~1591(선조 24)
자는 공호公浩. 성중誠中의 아우. 이황의 문인. 1572년(선조 5) 문과. 그 뒤 병조 정랑·사간 등의 관직을 거쳐 승지에까지 올랐다.

이요李瑤__1537(중종 32)~?
종친. 자는 수부守夫이고, 세종의 아들인 담양군潭陽君의 증손. 『남명집南冥集』에 조식이 그에게 보낸 편지가 남아 있다(「答慶安令守夫書」).

이용준李用濬__1554(명종 9)~1592(선조 25)
본관은 전주, 자는 사원士源, 1583년(선조 16) 무과. 거주지 경京 복성군의 증손 질礩의 아들이다. 복성군福城君 이미李嵋(1509~1533)는 임금 중종의 서자이자 장남. 무과에 급제하여 현감이 되고, 임진왜란 때 역전분투하다 전사하였다.

이응표李應彪__1556(명종 11)~?
본관은 합천, 자 경휘景輝, 1580년(선조 13) 무과. 거주지 원주原州

이인李訒__1527(중종 22)~?
본관 덕수, 자 경민景敏, 1552년(명종 7) 문과. 이중호 문하에서 박응남 등과 함께 수학.

이제신李濟臣__1536(중종 31)~1583(선조 16)

본관은 전의. 자는 몽응夢應, 호는 청강淸江. 영의정 상진尙震의 손주사위. 신흠의 장인. 상진이 성수침과 가까운 사이였기 때문에 이제신도 성혼과 가까웠다. 1564(명종 19) 문과. 1581년(선조 14) 강계 부사에 다시 등용되고, 이어서 함경도 병마절도사가 되었다. 1583년(선조 16) 여진족 이탕개가 쳐들어와 경원부가 함락되자, 패전의 책임으로 의주 인산진麟山鎭에 유배되었다가 그곳에서 죽었다. 청백리에 뽑혔다. 그의 신도비는 사위 신흠이 썼는데, 그에 따르면 성혼, 홍성민, 이정암, 윤근수, 이항복 등과 가까웠다고 한다. 시호는 평간平簡.

이주李澍__1534(중종 29)~1584(선조 17)

본관은 연안. 자는 언림彦霖, 호는 분봉盆峯. 인조 때의 호성공신扈聖功臣 광정光庭이 그의 맏아들. 조식의 문인. 1573년(선조 6) 문과. 동방同榜에 각각 장원과 병과로 급제한 이발·김수 등과 함께 발탁되었고, 1583년(선조 16)에는 사간원 정언이 되었다. 홍여순·유영경 등과 함께 이이·성혼을 논박하는 데 앞장섰다. 계미삼찬 후 같은 해 겨울에 가산 군수로 나갔다. 이듬해 7월 2일에 그 고을 동헌에서 51세로 병사했다. 뜻을 세움이 독실하고 예법에 따라 처신하여 평소의 생활에도 반드시 갓을 쓰며 띠를 띠고서 정좌하였다. 아무리 더운 날씨라 하더라도 이를 느슨하게 하는 일이 없었다. 악을 원수처럼 미워하였고 남의 과실을 보면 반드시 바른말을 해서, 사람들이 크게 두려워했다.

이준李準__1545(인종 1)~1624(인조 2)

본관은 전주. 자는 평숙平叔, 호는 뇌진자懶眞子·서파西坡. 1568년(선조 1) 문과. 정여립 사건이 일어나자 도승지로서 죄인을 다스리는 데 공을 세워 평난공신平難功臣 2등에 올랐고 전성군全城君에 봉해졌다. 광해군 때 이조 판서를 지냈지만, 인목대비가 유폐되자 벼슬을 버리고 물러났다. 시호는 숙헌肅憲.

이준경李浚慶__1499(연산군 5)~1572(선조 5)

본관은 광주廣州. 자는 원길原吉, 호는 동고東皐. 이연경李延慶(1484~1548)의 사촌 동생, 이윤경李潤慶(1498~1562)의 친동생. 그 자신과 그의 집안은 4대 사화에 모두 직간접 피해를 보았다. 갑자사화(1504) 때 할아버지와 아버지가 사사되었다. 이에 연좌되어 6세 어린 나이로 형 윤경과 함께 충청도 괴산에 유배되었다 중종반정으로 풀려났다. 1531년(중종 26) 문과. 1533년(중종 28) 말 경연에서 기묘사화 피화인의 무죄를 역설하다가 김안로 일파에 의해 파직되었다. 1537년(중종 32) 김안로가 사사된 뒤 다시 등용되었다. 을사사화(1545) 때는 평안도 관찰사로 나가 있어 화를 면하였다. 이때 종형, 재종형, 조카를 잃었다. 1550년(명종 5) 영의정 이기李芑의 모함으로 충청도 보은에 유배되었다가 이듬해 석방되었다. 을묘왜란(1555)이 일어나자 전라도 도순찰사로 출정해 이를 격퇴하였다. 그 공으로 우찬성에 오르고 병조 판서를 겸임했으며, 1558년(명종 13) 우의정, 1560년(명종 15) 좌의정, 1565년(명종 20) 영의정에 올랐다. 1567년(명종 22) 하성군 河城君鈞을 왕으로 세우는 데 공을 세웠다. 이때 조광조의 억울함을 풀어주고, 을사사화로 피해자들을 신원하는 동시에 유배 중인 노수신·유희춘 등을 석방했다. 그러나 기대승·이이 등 신진 사류와 갈등하며 비난과 공격을 받았다. 임종 때 붕당이 있을 것이니 이를 타파해야 한다는 유차遺箚(유훈으로 남기는 차자)를 올려 이이·류성룡 등 신진 사류의 맹렬한 규탄을 받았다. 시호는 충정忠正. 사후 1603년(선조 36)에 청백리를 뽑았는데, 1위로 뽑혔다. 조식, 이황, 서경덕, 성수침, 노수신, 백인걸 등과 가까웠고, 이원익, 이항복, 이덕형 등을 발탁했다. 이이, 이황과 함께 선조의 종묘배향공신이다. 시호는 충정忠正.

이중호李仲虎__1512(중종7)~1583(선조16)

본관은 광산, 자字는 사문士文, 나주 출생. 1540년(중종 35)에 생원, 1552(명종 7)에 문과. 1555년(명종 10) 이조 좌랑. 그 후 전주 부윤을 지내고 1573년(선조 6) 전라 감사 역임. 대사간에 이르렀다. 급·발·길·직 네 아들을 두었다.

이증李增__1525(중종 20)~1600(선조 33)

본관은 한산. 자는 가겸可謙, 호는 북애北崖. 1560년(명종 15) 문과. 형조·예조·이조의 참판, 한성부의 좌윤·우윤, 부제학·대사헌·동지의금부사를 역임하였다. 1589년(선조 22) 대관의 장으로 정여립 옥사 국문에 참여하는 공을 세워, 이듬해 평난공신 3등에 올랐고 아천군鵝川君에 봉해졌다. 청렴해 가산을 돌보지 않아 재상의 반열에 있을 때에도 가난한 선비처럼 생활했다 한다. 당색은 서인 쪽인 듯하다. 시호는 의간懿簡.

이지함李之菡__1517(중종 12)~1578(선조 11)
본관은 한산. 자는 형백馨伯 또는 형중馨仲, 호는 토정土亭. 어려서 아버지를 여의고 맏형 지번之蕃에게 글을 배웠다. 뒤에 서경덕에게 큰 영향을 받았다. 1573년(선조 6) 주민의 추천으로 조정에 천거되어 청하淸河(포천) 현감이 되었고, 재직 중 임진강 범람을 미리 알아서 많은 생명을 구제한 것은 유명한 일화이다. 1578년(선조 11) 아산현감으로 다시 등용되었다. 부임한 즉시 걸인청乞人廳을 만들어 일정한 정착지가 없는 걸인들을 구제했다. 생애 대부분을 마포 강변 흙담 움막집(현 서울 마포구 토정동 138번지)에서 지냈다. 이 때문에 '토정'이라는 호가 붙게 되었다. 조식이 찾아와 그를 도연명에 비유하였다. 시호는 문강文康.

이진길李震吉__1561(명종 16)~1589(선조 22)
본관은 덕산. 자는 자수子脩. 1586년(선조 19) 문과. 기축옥사 때 정여립의 5촌 조카(이진길의 외삼촌이 정여립)로서 체포되어 장살杖殺되었다.

이징李徵__1527(중종 22)~?
본관 재령. 자는 자구子久. 1561년(명종 16) 문과.

이축李軸__1538(중종 33)~1614(광해군 6)
본관은 전주. 자는 자임子任, 호는 사촌沙村. 양녕대군의 현손. 1576년(선조 9) 문과. 1589년(선조 22) 안악 군수 때 정여립의 모역을 조정에 고변한 공으로 이듬해 평난공신平難功臣 1등으로 완산군完山君에 봉하여지고 공조 참판으로 승진. 시호는 안양安襄.

이항복李恒福__1556(명종 11)~1618(광해군 10)
본관은 경주. 고향은 포천. 자는 자상子常, 호는 필운弼雲·백사白沙·동강東岡. 오성부원군鰲城府院君. 권율의 사위. 1580년(선조 13) 문과. 이듬해 선조의 『강목綱目』 강연講筵이 있었는데, 이를 진행할 사람을 천거하라는 왕명에 따라 이이에 의해 이덕형 등과 함께 5명이 천거되어 한림에 오르고, 옥당에 들어갔다. 이이의 추천으로 이덕형, 심희수, 정창연, 홍이상, 이정립, 오억령 등 6인과 함께 1583년(선조 16) 사가독서. 직제학·우승지를 거쳐 1590년(선조 23) 호조 참의가 되었다. 이듬해 정철의 논죄가 있자 사람들이 자신에게 화가 미칠 것이 두려워 정철을 찾는 사람이 없었다. 그러나 그는 좌승지 신분으로 날마다 찾아가 담화를 계속해 정철 사건의 처리를 태만히 했다는 공격을 받고 파직되었으나 곧 복직되고 도승지에 발탁되었다. 이때 대간의 공격이 심했으나 대사헌 이원익의 적극적인 비호로 진정되었다. 이정구는 그를 평하기를 "그가 관작에 있기 40년, 누구 한 사람 당색에 물들지 않은 사람이 없을 정도였지만 오직 그만은 초연히 중립을 지켜 공평히 처세하였다. 그렇기 때문에 아무도 그에게서 당색을 찾아볼 수 없을 것이다."라고 하였다. 이순신충렬묘비문을 지었다. 시호는 문충文忠.

이해수李海壽__1536(중종 31)~1599(선조 32)

본관은 전의. 영의정 이탁의 아들. 자는 대중大仲, 호는 약포藥圃·경재敬齋. 1563년(명종 18)에 문과. 1567년(명종 22)에 사가독서. 서인으로 1583년(선조 16)에 도승지가 되었으나 점점 세력이 커진 동인에 밀려 여주 목사로 좌천되었다. 정철이 선조에게 세자를 세우자고 말했다가 유배되자 그도 연루되어 종성에 유배되었다. 성혼, 이이, 정철, 홍성민 등과 가까웠다.

이황종李黃鍾__1534년(중종 29)~1590(선조 23)

본관은 전주. 세거지는 영광靈光. 자 중초仲初, 호는 만취당晩翠堂 혹은 사매당四梅堂. 1564년(명종 19) 생원시와 진사시에 모두 합격. 최영경과 사는 곳이 멀지 않아서 가까운 사이였다. 정여립 옥사로 옥중에서 죽었다. 나이 57세였다.

이흡李洽__1549(명종 4)~1608(선조 41)

본관은 한산. 자는 화보和甫, 호는 취암醉菴. 1582년(선조 15) 문과. 기축옥사가 일어났을 때 헌납이었다. 그 뒤 세자 책봉 문제로 정철이 실각하자, 이흡을 포함하여 기축옥사 때 양사에 있었던 관리들은 모두 파직되었다. 그 뒤 복직되었다가 1602년(선조 35) 최영경 옥사 사건이 다시 거론되면서 당시 양사의 관리였던 사람들은 다시 한번 관직을 삭탈당하였다. 이때 그도 관직을 삭탈당하고 옥구에 귀양을 가서 6년 만인

1607년(선조 40) 풀렸으나 다음 해 죽었다.

이희득李希得__1525(중종 20)~1604(선조 37)

본관은 전주. 자는 덕보德甫, 호는 하담荷潭. 희검希儉의 아우. 1572년(선조 5) 문과. 이조 참판을 거쳐 1597년 대사간 역임. 지봉 이수광李睟光의 작은아버지. 『선조실록』 과 『선조수정실록』에 그에 대한 평가가 엇갈린다. 동인이었던 듯하다.

인성왕후仁聖王后__1514(중종 9)~1577(선조 10)

본관은 나주. 금성부원군錦城府院君 박용朴墉의 딸. 1524년(중종 19) 세자빈에 책봉 되고, 1544년 인종이 즉위하자 왕비가 되었다. 슬하에 자식이 없다. 능호는 효릉孝陵 이고 경기도 고양시 원당읍 원당리에 있다.

인순왕후仁順王后__1532(중종 27)~1575(선조 8)

본관은 청송. 영의정 심연원沈連源의 손녀이고, 청릉부원군靑陵府院君 강鋼의 딸이 다. 1545년(명종 즉위년) 왕비로 책봉되었다. 1551년(명종 6)에 순회세자를 낳았으나 14세로 일찍 죽었다. 선조가 즉위하자 잠시 수렴청정을 하였다. 능호는 강릉康陵. 서 울 노원구 공릉동에 있다.

임국로任國老__1537(중종 32)~1604(선조 37)

본관 풍천. 자는 태경飴卿 또는 태수飴叟, 호는 죽오竹塢·운강雲江. 1562년(명종 17) 문과. 1589년(선조 22) 이조 참판으로 기축옥사에 연루, 파직되었다. 1591년(선조 24) 대사성으로 재기용되고 임진왜란 때는 조도검찰사調度檢察使·분호조참판을 지냈다. 1599년(선조 32) 형조 판서에 이어 다시 대사헌·형조·이조 판서 등을 역임하였다.

전경창全慶昌__1532(중종 27)~1585(선조 18)

본관은 경산. 자는 계하季賀, 호는 계동溪東. 1573년(선조 6) 문과.

정개청鄭介淸__1529(중종 24)~1590(선조 23)

본관은 철원. 자는 의백義伯, 호는 곤재困齋. 나주 출신. 1590년(선조 23) 5월 정여립과 동모했다는 죄목으로 체포되어 평안도 위원으로 유배되었다가 함경도 경원 아산 보로 이배되고, 7월에 그곳에서 죽었다.

정구鄭逑__1543(중종 38)~1620(광해군 12)

본관은 청주. 자는 도가道可, 호는 한강寒岡. 경상도 성주星州 출신. 김굉필의 외증손. 12세 때 그의 종이모부이며 조식의 고제자인 오건吳健이 성주향교 교수로 부임하자 그 문하생이 되었다. 1608년(광해군 즉위) 대사헌이 되었으나, 임해군 옥사가 일어나자 이에 관련된 사람을 모두 석방하라는 상소를 올린 뒤 고향으로 돌아갔다. 시호는 문목文穆.

정대년鄭大年__1503(연산군 9)~1578(선조 11)

본관은 동래. 자는 경로景老, 호는 사암思菴. 1532년(중종 27) 문과 장원. 명종 때 호조 판서를 지내고, 1578년(선조 11) 이조 판서가 되었다가 우의정에 임명되었으나 부임하지 않았다. 청백리로 선정되었다. 윤원형이 첩으로 정부인正夫人을 삼은 데 대한 사실 여부를 밝히라는 왕명을 받들고 조사하던 중 윤원형이 이를 알고 뇌물로 이를 무마하려 하자 완강히 거절하여 주위사람들이 뒷일을 두려워한 일도 있었다. 선조 초 육조의 장을 추천하라는 왕명이 있자 모두가 서슴없이 그를 추천할 만큼 명망이 있었다. 시호는 충정忠貞.

정사위鄭士偉__1536(중종 31)~1592(선조 25)

본관은 광주光州. 자는 홍원弘遠, 호는 병은病隱. 1566년(명종 21) 문과. 1574년(선조 7) 홍문록에 올랐다. 헌납을 거쳐 1577년(선조 10) 부수찬으로 평안도 경차관이 되어 전염병이 휩쓸고 있는 도내를 순방하며 구호한 뒤 1581년(선조 14)에 수찬·집의가 되었다. 그 뒤 사간이 되어 이이가 삼사의 탄핵을 받자 이를 힘써 변호하였다. 1591년(선조 24) 도승지가 되었다. 임진왜란 때 세자를 따라 강계로 가던 도중 평안도 맹산에서 죽었다.

정설鄭渫__1547(명종 2)~?

본관 광주光州, 자 원결元潔, 1576년(선조 9) 문과.

정숙남鄭淑男__1541(중종 36)~1599(선조 32)

본관은 동래. 나중에 정숙하鄭淑夏로 개명. 자는 경선景善. 호는 월호月湖. 1572년(선조 5) 문과. 1583년(선조 16) 동인이 이이를 공격했을 때, 헌납 유영경, 도승지 박근원, 전적 허봉과 함께 정언으로서 탄핵에 참여했다.

정암수丁巖壽__1534(중종 29)~1594(선조 27)

본관은 남평. 자 응룡應龍. 호 창랑滄浪. 전라남도 화순군 동복同福 출신. 1561년(명종 16) 진사시. 1589년(선조 22) 12월 박천정朴天挺·박대붕朴大鵬·임윤성任尹聖·김승서金承緒·양산룡梁山龍·이경남李慶男·김응회金應會·유사경柳思敬·유영柳瑛 등과 연명하여 이산해·정언신·정인홍·류성룡 등은 나라를 병들게 하는 간인姦人이며 역당이므로 멀리할 것을 청하는 상소를 왕에게 올렸다. 뒤에 이 무함誣陷하는 상소가 실은 정철에게서 나온 것이라는 소문이 정철의 문객으로 드나들던 심희수에 의해 퍼지기도 하였다.

정언신鄭彦信__1527(중종 22)~1591(선조 24)

본관은 동래. 자는 입부立夫, 호는 나암懶庵. 1566년(명종 21) 문과. 정언지의 동생. 1582년(선조 16) '이탕개의 난' 당시 우참찬으로 함경도 도순찰사에 임명되어 막하로 이순신·신립·김시민·이억기 등 명장들을 거느리고 적을 격퇴하였다. 이어 함경도 관찰사로 북쪽 변방을 방비하고 병조 판서에 승진되었다. 1589년(선조 22) 우의정으로 정여립 옥사를 다스리는 위관委官에 임명되었으나, 정여립의 9촌간이므로 공정한 처리를 할 수 없다는 탄핵을 받아, 위관을 사퇴했다. 이어서 우의정도 사퇴했다. 그 뒤 '역가문서逆家文書'에 그가 들어 있는 것이 이유가 되어서 남해에 유배되었다가 재투옥되었다. 선조가 사사賜死의 명을 내렸지만 감형되어 갑산에 유배되었고, 그곳에서 죽었다.

정언지鄭彦智__1520(중종 15)~?

본관은 동래. 자는 연부淵夫. 우의정 언신彦信의 형. 1558년(명종 13) 문과. 1589년(선조 22)에는 이조 참판에 올랐다. 정여립 사건이 일어나자 무고로 역적과 친족으로 교분이 두터웠던 인사로 지목되었다. 양사의 탄핵으로 언신은 중도부처되고, 언지는 강계로 귀양 갔다. 임진왜란이 일어나자, 왕은 영남인 권유權愉의 반대 상소에도 불구하고 1594년(선조 27) 그를 한성부 좌윤으로 임명하여 복관시켰다.

정여립鄭汝立__1546(명종 1)~1589(선조 22)

본관은 동래. 자는 인백仁伯, 대보大甫. 전주 출신. 1570년(선조 2) 문과. 이이와 성혼의 각별한 후원과 촉망을 받아 사람들의 이목을 끌었다. 1584년(선조 17) 수찬이 되었다. 본래 서인이었으나 수찬이 된 뒤 당시 집권세력인 동인 편으로 돌아섰다. 이이를 배반하고 박순·성혼을 비판하자, 선조가 이를 불쾌히 여겼고, 결국 그는 벼슬에서 물러나 고향으로 돌아가야 했다. 진안 죽도竹島에 서실을 지어 놓고 대동계大同契를 조직하여 매달 활쏘기 모임을 열었다. 1587년(선조 20) 왜선들이 전라도 손죽도損竹島에 침범하였을 때 당시 전주 부윤 남언경南彦經의 요청에 응하여 대동계를 동원, 이를 물리치기도 하였다.

정유길鄭惟吉__1515(중종 10)~1588(선조 21)

본관은 동래. 자는 길원吉元, 호는 임당林塘. 김상헌·김상용의 외할아버지. 영의정 광필光弼의 4남 정복겸의 아들. 아들 창연昌衍은 좌의정. 1538년(중종 33) 문과 장원하여 중종의 축하를 받고 곧 정언에 올랐다. 1544년(중종 39) 이황, 김인후 등과 동호서당에서 사가독서. 1560년 문형이던 홍섬이 직을 사양하고 후임으로 예조 판서 정유길, 지사 윤춘년尹春年·이황을 추천했다. 이중에서 그가 가장 많은 지지를 얻어 문형이 되었다. 1581년 우의정이 되었으나, 명종 때 권신인 윤원형·이량 등에게 아부한 사람을 상신相臣에 앉힐 수 없다는 사헌부 탄핵으로 사직했다. 1585년(선조 18) 좌의정. 포섭력이 강했고, 시문에 뛰어났으며, 서예에도 능했다.

정유청鄭惟淸__1534(중종 29)~1598(선조 31)

자字는 직재直哉. 익겸益謙의 아들. 1572년(선조 5) 문과.

〈동래 정씨〉

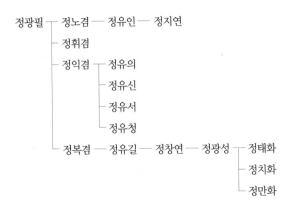

정광필 ─┬─ 정노겸 ── 정유인 ── 정지연
        ├─ 정휘겸
        ├─ 정익겸 ─┬─ 정유의
        │   ├─ 정유신
        │   ├─ 정유서
        │   └─ 정유청
        └─ 정복겸 ── 정유길 ── 정창연 ── 정광성 ─┬─ 정태화
                                                  ├─ 정치화
                                                  └─ 정만화

정윤복丁胤福__1544(중종 39)~1592(선조 25)
본관은 나주. 자는 개석介錫. 정윤희의 동생. 어머니는 송세충의 딸. 송세충의 아들
이 송기수. 그러므로 정윤복에게 송기수는 외삼촌이고, 송응개는 외조카이다. 사형
제 중 막내. 큰형은 종친부 전첨 정윤조, 정윤희는 둘째, 셋째는 도승지 초암 정윤우이
다. 정윤복의 8대손이 정약용이다. 1567년(선조 즉위년) 문과. 대사성·부제학·도승
지·병조 판서 역임. 정여립 사건으로 탄핵을 받아 파직되었다.

정윤우丁允祐__1539(중종 34)~1605(선조 38)
본관은 나주. 자는 천석天錫, 호는 초암草菴 초명初名은 정윤우丁胤祐. 정윤희의 동
생. 1570년(선조 3) 문과. 1589년(선조 22)에는 독포어사督捕御史가 되어 경상도에 파
견되었다. 1593년(선조 26)에 호조 참판에 임명되었다. 이후 병조 참의 등을 역임하였
다. 1597년(선조 30)에 충청도 관찰사. 정윤희丁胤禧(1531~1589)는 1552년(명종 7)
생원·진사 양시에 모두 수석으로 합격하고, 1556년(명종 11) 알성문과에 장원하였다.
이듬해 이조 정랑을 역임하고, 1560년(명종 15)에 사가독서. 1566년(명종 21) 문과 중
시에 다시 장원하여 문명을 떨쳤다.

정율鄭慄__1563(명종 18)~1590(선조 23)

정언신의 아들. 자는 성중誠仲. 정협鄭恊(1561~1611)의 동생. 정협은 1585년(선조 18) 진사시에 장원하고 1588년(선조 21)에 문과에 급제했지만 아버지가 정여립 사건에 연루된 관계로 미관말직으로 전전하다가 1599년(선조 32) 아버지 신원伸冤 후, 승진하기 시작했다. 정협은 이귀와 친했다.

정인홍鄭仁弘__1535(중종 30)~1623(인조 1)

본관은 서산. 자는 덕원德遠, 호는 내암來庵. 합천 출신. 조식의 수제자. 최영경·오건吳健·김우옹·곽재우 등과 경상우도의 남명학파를 대표. 당파가 동서로 양분되자 다른 남명학파와 함께 동인 편에 서서 서인 정철·윤두수 등을 탄핵하려다가 도리어 해직당하고 낙향하였다. 정여립 사건을 계기로 동인이 남북으로 분립될 때 북인에 가담하여 영수領首가 되었다.

정종영鄭宗榮__1513(중종 8)~1589(선조 22)

본관은 초계. 자는 인길仁吉, 호는 항재恒齋. 원주 출신. 김안국의 문인. 1543년(중종 38) 문과. 을사사화로 죽은 좌의정 유관柳灌의 조카사위. 그의 실록 졸기는 다음과 같다. "정난정은 종영의 서고모庶姑母였다. 원형이 옥사를 일으킬 적에 논의에 참여하도록 넌지시 일깨워주었으나 종영은 거짓 모르는 체하고 응하지 않았다. 난정이 외명부 우두머리에 있게 되자 사람들이 감히 항변하지 못하였으나 종영은 그녀를 얼척孼戚(첩 소생의 친척)으로 대우했다. 이 때문에 원형이 크게 유감을 품어 늘 그를 죄로 얽어 해치려 하였다. 난정의 어머니가 난정을 경계하기를, "너는 종손을 해치지 말라. 내가 맹세코 죽음으로써 당하겠다." 하였기에, 정종영은 화를 면하게 되고 예전처럼 현달한 자리에 오르게 되었다. 그러나 도학을 좋아하지 아니하고 후진과 소원했으며, 또 이발 등에게 미움을 받아 탄핵을 거듭 입었다."(『선조수정실록』 권 23, 22년 8월 1일(병자)) 1552년(명종 7) 청백리에 뽑혔다. 시호는 정헌靖憲.

정지연鄭芝衍__1520(중종 20)~1583(선조 16)

본관은 동래. 자는 연지衍之, 호는 남봉南峰. 영의정 광필의 증손. 정유길은 정광필의 4남의 아들로 정지연에게 종백숙부. 정유길의 아들 정창연과 정지연은 재종형제간.

이중호로부터 학문을 배워 그 문하에서는 가장 명망이 높았다. 뒤에 이황·서경덕·성제원成悌元 문하에 출입. 1549년(명종 4) 진사가 된 뒤, 1566년(명종 21) 선조가 세자로 있을 때 이황의 추천에 의하여 왕자사부王子師傅가 되었다. 나이 43세에 별시문과에 급제한 뒤, 1581년(선조 14) 우의정에 올랐다. 관직에 나온 지 15년 만에 정승 자리에 오른 예는 흔히 보기 어려운 일이었다. 죽음에 이르러 왕이 대신할 인물을 천거하라고 하자 이산해와 이이를 인재로 천거하였다. 특히 이이의 장단점을 잘라 말한 다음, 그의 기질을 적절히 알아서 쓴다면 나라에 큰 이익이 될 것이라 하였다.

정창연鄭昌衍__1552(명종 7)~1636(인조 14)

자는 경진景眞, 호는 수죽水竹. 좌의정 유길惟吉의 아들. 1579년(선조 12) 문과 급제후 1583년 이이 추천으로 이항복 등 6인과 함께 사가독서. 이조 좌랑을 거쳐 동부승지 등의 관직을 두루 역임하였다. 1614년(광해군 6) 우의정이 되고 이어 좌의정이 되었고 궤장几杖을 받았다. 이때 강화 부사 정항鄭沆이 광해군의 뜻을 받들어 영창대군을 죽이니, 정온鄭蘊이 상소하여 "항을 죽이고 영창을 대군의 예로써 장사지내야 한다."고 하였다. 이에 광해군이 크게 노하여 정온이 화를 당하자 그는 이원익과 더불어 상소하여 정온을 구해 주었다. 그의 조카딸이 광해군의 처였고, 이를 기반으로 광해군 때 많은 선비를 구했다. 이어 폐모론이 일어나자 벼슬을 사퇴하고 두문불출했다. 인조반정후 다시 좌의정이 되었다. 효종 현종조 대신인 태화太和·치화致和·지화知和가 그의 손자이다.

정철鄭澈__1536(중종 31)~1593(선조 26)

본관은 영일. 자는 계함季涵, 호는 송강松江. 정유침鄭惟沈의 아들. 한양 출생. 어려서 인종의 귀인인 큰누이와 계림군桂林君 유류의 부인이 된 둘째누이로 인연하여 궁중에 출입했고, 같은 나이의 경원대군慶源大君(명종)과 친해졌다. 10세 때 을사사화에 계림군이 관련되자 그 일족으로서 화를 입어 맏형[鄭滋]은 장杖을 맞고 귀양 가던 도중에 죽고, 아버지는 유배당했다. 6세의 그도 아버지의 유배지를 따라다녔다. 1551년(명종 6)에 아버지가 귀양살이에서 풀려나자 할아버지 산소가 있는 전라도 담양 창평 당지산唐旨山 아래로 왔다. 여기서 과거급제 할 때까지 10년간을 보낸다. 임억령에게 시를 배우고 김인후·송순·기대승에게 공부를 배웠다. 이이·성혼·송익필과도 친교를 맺었다. 1562년(명종 17) 27세에 문과 장원 급제. 32세 때 이이, 윤근수, 구봉령, 이해수, 정유일, 홍성민과 사가독서했다. 동서분당 후에는 벼슬살이와 낙향을 반복했다. 장남 정기명鄭振溟은 김계휘의 딸과, 차남 정종명鄭宗溟은 홍인걸洪仁傑의 딸과, 3남 정진명鄭振溟은 김천일의 딸과 결혼했다. 막내아들이자 4남이 정홍명鄭弘溟이다. 정철의 시호는 문청文淸.

정탁鄭琢__1526(중종 21)~1605(선조 38)
본관은 청주. 자는 자정子精, 호는 약포藥圃 예천 출신. 이황의 문인. 1558년(명종 13) 문과. 1572년(선조 5) 이조 좌랑이 되고, 이어 도승지·대사성·강원도 관찰사 등을 역임했다. 경사經史는 물론 천문·지리·상수象數·병가兵家 등에도 정통했다. 정유재란에 옥중의 이순신을 극력 변호했다. 서원부원군西原府院君. 시호는 정간貞簡.

정홍명鄭弘溟__1582(선조 15)~1650(효종 1)
본관은 영일. 자는 자용子容, 호는 기암畸庵. 아버지는 정철. 어려서 송익필에게 글을 배우고 약관에 김장생 문하에서 배웠다. 1616년(광해군 8) 문과. 인조반정 후 벼슬에 나왔다. 이조 정랑을 거쳐 사가독서. 제자백가서에 두루 정통했고, 예학에 밝아 김장생의 학통을 이었다. 시호는 문정文貞.

정희적鄭熙績__1541(중종 36)~?
본관 하동. 자는 사훈士勳. 1567년(명종 22) 사마시에 수석하여 진사가 되고 1568년(선조 1) 문과. 1573년(선조 6) 사헌부 지평을 거쳐 사간원 헌납에 서임. 1592년(선조 25) 안동 부사 재임 중 임진왜란이 일어났는데, 근왕勤王을 빙자하고 처자를 거느리고 길주로 달려가 길주 부사가 되어 정문부와 호응하여 왜적과 싸웠다. 비변사로부터 안동 부사로 있을 때 왜적을 막지 않고 도망하여 임금을 잊고 나라를 저버렸다는 탄핵을 받았다. 동생 정광적鄭光績(1551~?)도 1579년(선조 12) 문과. 대사성, 대사헌 등을 역임했다. 인조반정 후 1631년(인조 9) 예조 판서를 역임했다.

조목趙穆__1524(중종 19)~1606(선조 39)
본관은 횡성. 경상북도 예안 출신. 자는 사경士敬, 호는 월천月川. 이황의 문인. 1552년

(명종 7) 생원시에 합격했으나 대과大科를 포기하고 학문에 전념하였다. 어려서 이황의 문하생이 된 후 평생 동안 가장 가까이에서 이황을 모신 팔고제八高弟의 한 사람이다. 이황 사망 후 문집의 편간, 사원祠院의 건립 및 봉안 등에 힘썼다. 마침내 도산서원 상덕사尙德祠의 유일한 배향자가 되었다. 『심경』에 관한 논설이 많다.

조원趙瑗__1544(중종 39)~1595(선조 28)
본관은 임천. 자는 백옥伯玉, 호는 운강雲江. 조식의 문인. 1564년(명종 19) 진사시 장원, 1572(선조 5) 문과 급제. 1576년 이조 좌랑이 되었다.

조유직趙惟直__1558(명종 13)~1589(선조 22)
본관은 함안. 자는 사정士精. 출신지는 남원. 1586년(선조 19) 문과. 기축옥사에 연루되어 사형을 당하였다. 정여립의 제자이다.

조인후趙仁後__1541(중종 36)~1599년(선조 32)
본관은 평양. 선조 즉위년 문과. 자는 유보裕甫, 호는 일락一樂. 1567년(명종 22) 문과. 김귀영이 그의 외삼촌이다. 형 조인득趙仁得(?~1598)의 자는 덕보德輔, 호는 창주滄洲. 1577년(선조 10) 문과. 1595년(선조 28) 도승지가 되고, 이듬해 충청도 관찰사·공조 참판·길주 목사 등을 역임하였다.

조헌趙憲__1544(중종 39)~1592(선조 25)
본관은 배천. 자는 여식汝式, 호는 중봉重峯. 이이·성혼의 문인. 1567년(선조 즉위) 문과. 성절사 박희립朴希立의 질정관으로 명나라에 다녀와「동환봉사東還封事」를 지어 올렸다. 1587년(선조 20) 정여립의 흉패함을 논박하는 만언소 등 5차에 걸쳐 상소문을 올렸으나 모두 받아들여지지 않았다. 1589년(선조 22) 지부상소持斧上疏로 시폐時弊를 극론하다가 길주 영동역嶺東驛에 유배되었으나 이해 정여립 사건으로 동인이 실각하자 풀려났다. 시호는 문열文烈.

지함두池涵斗__?~1589(선조 22)
해주海州 출신. 정여립의 수하. 정여립 사건으로 잡혀 죽었다.

최관崔瓘__1563(명종 18)~1630(인조 8)

본관은 강화. 나중에 최수崔琇로 개명. 본관은 강화, 자 영중瑩仲, 호 미옹迷翁. 1590년 (선조 23) 문과. 대사간 이기李墍 등이 정철을 역옥逆獄으로 논할 때 장령 이경함 지평 조수익 등과 함께 만류했다. 1598년(선조 31) 좌승지, 사간원 대사간에 올랐다. 그때 형조 판서 홍여순을 탄핵한 일이 있다. 1609년(광해군 1) 겨울에 평안도 관찰사로 나 간다. 이때 의주성을 견고히 고쳐야 한다고 조정에 요구하였다. 영의정 이항복이 적 극적으로 나서서 최관의 의견대로 의주성을 견고히 쌓게 되었다.

최영경崔永慶__1529(중종 24)~1590(선조 23)

본관은 화순. 자는 효원孝元, 호는 수우당守愚堂. 한양 출생. 병조 좌랑 세준世俊의 아 들. 조식의 문인. 학행으로 1572년(선조 5) 경주 참봉에 제수되었고 계속해서 주부, 수 령·도사·장원掌苑 등 관직에 제수되었으나 모두 나가지 않았다. 1575년(선조 8) 진 주의 도동道洞으로 옮겼다. 1576년 덕천서원德川書院을 창건하여 스승 조식을 배향. 이듬해 외아들 홍렴弘濂이 죽는다. 1590년(선조 23) 정여립 사건이 일어나자 그는 유 령의 인물 길삼봉吉三峰으로 무고되어 옥사했다. 1591년(선조 24) 신원伸冤되었다. 1611년(광해군 3) 산청의 덕천서원에 배향되었다.

최홍우崔弘宇__1562(명종 17)~1636(인조 14)

본관은 해주. 자는 덕용德容, 호는 인재忍齋. 출생지는 전남 화순. 정개청의 문인. 1607년(선조 40) 정개청의 무고함을 주장하는 상소를 올렸다. 임진왜란 후 공적을 기 려 수차례 관직이 제수되었지만, 모두 사양했다.

최황崔滉__1529(중종 24)~1603(선조 36)

본관은 해주. 자는 언명彦明, 호는 월담月潭. 한양 출신. 1566년(명종 21) 문과. 경상도 도사가 되어서는 군적軍籍을 잘 다스렸다. 예조 참판·대사간·이조 참판·한성 판윤· 대사헌 등을 거쳐 1590년(선조 23) 이조 판서가 되었다. 박근원의 아들 박증현朴曾賢 이 그의 사위이다.

하락河洛__1530(중종 25)~1592(선조 25)

본관은 진주. 자는 도원道源. 호는 환성재喚醒齋. 진주 수곡리水谷里 출생. 동생이 하항河沆. 하락은 27세(1556년)에 아우 하항과 함께 남명을 찾아가서 수학. 39세인 1568년(선조 1) 증광시에서 생원시 1등 2위로, 진사시에서 장원으로 합격하였다. 1583년(선조 16) 왕자사부王子師傅로 재직 중, 이이를 두둔하는 상소를 올렸다. 이로부터 그의 이름이 온 조정에 알려지게 되었다. 1592년(선조 25) 왜적에게 살해당했다.

하항河沆__1538(중종 33)~1590(선조 23)

본관은 진양. 자는 호원浩源, 호는 각재覺齋·내복재來復齋이다. 출신지는 진주. 형이 하락河洛. 조식의 문인. 1567년(명종 22) 식년시 생원 1등 3위로 합격. 그러나 부모상을 치른 후에 과거에 뜻을 두지 않고 학문에 전념했다. 스승을 위해 경상남도 산청군에 덕천서원德川書院을 건립하는 데 힘썼다. 『소학』을 애독하여 '소학군자小學君子'로 불렸다.

한옹韓顒__1537(중종 32)?

본관은 청주, 한양 출신. 자 언윤彦倫, 1555년(명종 10) 생원, 1572년(선조 5) 문과.

한응인韓應寅__1554(명종 9)~1614(광해군 6)

본관은 청주. 자는 춘경春卿, 호는 백졸재百拙齋. 1577년(선조 10) 문과. 1588년(선조 21) 신천 군수 재직 중 이듬해 정여립 사건을 적발, 그 공으로 호조 참의에 이어 도승지가 되었다. 1590년(선조 23) 종계변무의 공으로 광국공신光國功臣 2등에 오르고, 정여립 사건을 고변한 공으로 평난공신平難功臣 1등에 올랐다. 중국말에 능했고 대중국 업무에 공이 있었다. 1607년(선조 40) 우의정에 올랐다. 시호는 충정忠靖.

한인韓戭__1547(명종 2)~?

본관은 청주. 자는 개숙凱叔. 외조부는 송기수. 1573년(선조 6) 문과. 송응개의 외조카.

한준韓準__1542(중종 37)~1601(선조 34)

본관은 청주. 자는 공칙公則, 호는 남강南崗. 1566년(명종 21) 문과. 1588년(선조 21)

우참찬이 되어 성절사로 명나라에 다녀와 황해도 관찰사가 되었다. 1589년(선조 22) 안악 군수 이축, 재령 군수 한응인 등이 연명으로 정여립의 모역을 알리는 고변서告變書를 조정에 비밀장계로 올렸다. 그 공으로 1590년(선조 23) 평난공신平難功臣 2등이 되고 좌참찬에 올라 청천군淸川君에 봉하여졌다. 시호는 정익靖翼.

허감許鑑__1538(중종 33)~1584(선조 17)
본관은 양천. 자는 자허子虛. 한양 출신. 1576년(선조 9) 문과. 1583년(선조 16) 사헌부 지평(1583).

허봉許篈__1551(명종 6)~1588(선조 21)
자는 미숙美叔, 호는 하곡荷谷. 엽曄의 아들. 유희춘의 문인. 1568년(선조 1)에 생원시 장원, 1572년(선조 5)에 문과. 이듬해 홍적, 김효원, 김우옹과 사가독서했다. 1574(선조 7)년 성절사 서장관으로 자청하여 명나라에 가서 기행문『하곡조천기荷谷朝天記』를 썼다. 심희수, 유근, 홍적, 한준겸과 과거 급제 이전부터 친밀했다.
명나라 사신가는 길에 파주에 은거해 있던 이이를 방문하여 율곡의 가난을 동정하고 그 학문에 경도된다. 그때 율곡은『성학집요』를 저술 중이었고 허봉은 그 미간 원고를 보고 찬탄을 했는데 이 일화가 허봉의『하곡집』에 나온다. 1575년(선조 8)에 이조 좌랑이 되었고, 1577년(선조 10) 교리가 되었으며, 1583년(선조 16) 창원 부사를 역임. 김효원 등과 동인의 선봉이 되어 서인들과 대립하였다. 1584년(선조 17) 병조 판서 이이를 탄핵하였다가 종성에 유배되었고, 이듬해 풀려났으나 정치에 뜻을 버리고 방랑 생활을 하다 38세 나이로 금강산에서 죽었다.

허엽許曄__1517(중종 12)~1580(선조 13)
본관은 양천. 자는 태휘太輝, 호는 초당草堂. 1546년(명종 1) 문과에 갑과로 급제. 1553년(명종 8) 사가독서. 1560년(명종 15) 대사성에 이르렀다. 1575년(선조 8) 경상도 관찰사에 임명되었으나 병으로 사퇴하고, 동지중추부사의 한직에 전임되었다가 상주 객관에서 죽었다. 동·서인 대립 시 김효원과 함께 동인의 영수가 되었다. 벼슬을 30년간이나 지냈지만 생활이 검소하였다. 이이는 그의 이론에 모순된 점이 많고 문의 文義에 잘 통달되지 못하였다고 했고, 이황은 그와 학문 토론을 한 후 차라리 학식이 없었다면 착한 사람이 되었을 것이라고 개탄했다. 박순과는 서경덕 문하 동문이었으나 당파가 서로 달라 사이가 벌어졌다. 청백리에 선정되었다. 첫 부인 청주 한씨에게서 성籤과 두 딸을 낳고 사별했다. 그 뒤, 강릉 김씨와 재혼하여 봉篈·초희楚姬·균筠 3남매를 두었다. 청주 한씨 부인의 차녀는 우성전에게 시집갔고, 허봉의 딸이 김효원의 맏며느리이고, 허균이 김효원의 맏사위이다. 딸 초희가 김성립과 결혼한 허난설헌이다. 김성립 아버지는 김첨이고, 어머니는 송기수의 딸이다. 시호는 문간文簡.

허흔許昕__1543(중종 38)~1622(광해군 14)
본관은 양천. 자는 경회景晦. 1583년(선조 16) 문과. 기축옥사 때 감옥에 갇혔다가 혐의가 없어 풀려났다.

홍가신洪可臣__1541(중종 36)~1615(광해군 7)
본관은 남양. 아산 출신. 자는 흥도興道, 간옹艮翁을 호로 했다가 64세인 1604년(선조 37) 만전晩全으로 고쳤다. '늦은 절개를 온전하게 한다'는 구양수(1007~1072)의 말에서 따온 것이다. 실제로 70세가 되었던 1610년(광해군 2)에 은퇴했다. 27세인 1567년(명종 22)에 민순閔純을 찾아가서 성리학을 배웠다. 이해에 진사시. 이발의 친우이자 사돈. 정여립 사건으로 파직당했다. 1594년(선조 27) 홍주 목사로 부임하여 1596년(선조 29) 이몽학이 반란을 일으키자 민병을 규합하여 난을 평정했다. 이 공으로 청난공신淸亂功臣 1등에 올랐다. 1610년 형조 판서에 이른 뒤 관직에서 물러나 아산에서 죽었다. 셋째 아들이 이발의 사위이다. 시호는 문장文壯.

홍담洪曇__1509(중종 4)~1576(선조 9)
본관은 남양. 자는 태허太虛. 영의정 언필彦弼의 조카, 홍섬과 사촌형제 사이. 오억령이 그의 사위이다. 1539년(중종 34) 문과, 1546년(명종 1) 이조 정랑, 1568년(선조 1) 병조 판서를 역임하였다. 이듬해 이조와 예조의 판서, 이때 전임 이조 판서 이탁이 성립시킨 낭천제를 폐지했다. 김개金鎧와 함께 정철 등의 사림파에 대립하였다. 청백리에 뽑혔다. 시호는 정효貞孝.

홍섬洪暹__1504(연산군 10)~1585(선조 18)

본관은 남양. 자는 퇴지退之, 호는 인재忍齋. 영의정 언필彦弼의 아들. 외할아버지가
영의정 송질宋軼이다. 1531년(중종 26) 문과. 1535년(중종 30) 이조 좌랑으로서 김안
로의 전횡을 탄핵하다가 흥양(전남 고흥군)에 유배, 1537년(중종 32) 김안로가 사사賜
死된 뒤 석방되었다. 1552년(명종 7) 청백리에 뽑혔다. 1558년(명종 13) 좌찬성으로 이
조 판서를 겸하고. 이듬해 대제학을 겸하게 되자 삼대임三大任을 겸할 수 없다 하여 좌
찬성을 사임하였다. 1560년(명종 15) 이량의 횡포를 탄핵하다가 사직 당했고, 1563년
복직되어 예문관·홍문관 대제학을 지냈다. 1571년(선조 4) 좌의정이 되어 궤장을 하
사받고 영의정에 승진되어 세 번 중임하였다. 신도비문은 김귀영이 지었다. 기자헌奇
自獻이 손녀사위이다. 시호는 경헌景憲.

홍성민洪聖民__1536(중종 31)~1594(선조 27)

본관은 남양. 자는 시가時可, 호는 졸옹拙翁. 1564년(명종 19) 문과. 1567년(명종 22)
사가독서 뒤 대사간 역임. 1590년(선조 23) 종계변무의 광국공신光國功臣 2등에 오르
고, 익성군益城君에 봉해졌다. 다음 해 정철이 선조에게 세자를 세우자고 말했다가 실
각하자, 그 일당으로 몰려 북변의 부령으로 유배되었다가 임진왜란으로 풀려났다. 대
제학과 호조 판서를 지냈다. 신진사류의 지도급 인물이요, 윤두수와 함께 서인의 유
능한 인물이었다. 홍명구, 홍명하의 할아버지이다. 실록의 졸기에 따르면 평생 동안
남에게 청탁을 하지 않았고, 사람들도 감히 사적인 일로 청탁하지 못했다고 한다. 시
호는 문정文貞.

홍여순洪汝諄__1547(명종 2)~1609(광해군 1)

본관은 남양. 자는 사신士信. 1568년(선조 1) 문과. 임진왜란 뒤 남이공·김신국 등과
함께 류성룡 등을 몰아내고 정권을 잡았다. 1599년(선조 32) 그의 대사헌 임명을 남이
공이 반대하자 북인에서 다시 분당하여 대북이라 부르고, 이이첨 등과 함께 남이공 등
의 소북과 당쟁을 벌이다가 1600년(선조 33) 병조 판서에서 삭탈관직되었다. 그러나
이듬해 곧 복관되었다. 광해군이 즉위하자 또다시 탄핵을 받아 진도에 유배되어 이곳
에서 죽었다. 유영경·정인홍 등과 더불어 조정의 현신賢臣들을 공박하다가, 이원익
에게 이 사람을 쓰다가는 국가에 큰 화가 미치겠다는 평을 받은 바 있다.

홍이상=홍인상

홍인경洪仁慶__1525(중종 20)~1568(선조 1)
본관은 남양. 자는 응선應善. 홍인서와 홍인헌의 형. 1553년(명종 8) 문과. 이조 좌랑·
홍문관 교리, 직제학 등을 거쳤다. 1565년(명종 20) 사헌부 집의로서 이량의 당이 몰
락할 때, 고맹영高孟英과 이언충李彦忠을 구호해 가벼운 처벌을 받게 한 일로 조야의
원성을 받았다. 44세로 사망하였다. 동생 홍인헌 역시 1572년(선조 5) 문과에 합격하
고 1584년(선조 17) 사헌부 장령이 되었다. 특히 장령으로서 청양군 심의겸이 붕당을
만든다고 논박하였다.

홍인상洪麟祥__1549(명종 4)~1615(광해군 7)
본관은 풍산. 홍이상洪履祥으로 개명. 자는 처음에 군서君瑞 나중에 원례元禮, 호는
모당慕堂. 당파와 거리를 둔 인물이다. 어려서 이식李拭에게 『소학』을 배웠다. 20세
에 민순을 찾아가서 성리설을 배웠다. 1579년(선조 12) 문과 장원. 사가독서 뒤 이조
정랑. 기축옥사 때는 문사랑問事郎을 지냈다. 1591년(선조 24) 이조 참의가 되었고,
1596년(선조 29) 형조 참판을 거쳐 대사성이 되었다. 영남 유생 문경호 등이 성혼을
배척하는 상소를 올리자, 성혼을 두둔하다가 안동 부사로 좌천되었다. 1609년(광해
군 1)에는 대사헌이 되었다. 1612년(광해군 4) 이이첨·정인홍 일파에게 밀려나 개성
유후사 유후開城留後司留後로 좌천된 뒤 그곳에서 죽었다. 그의 4남의 장인이 월사 이
정구이다. 시호는 문경文敬.

홍인서洪仁恕__1535년(중종 30)~?
본관은 남양. 자는 응추應推. 형은 부제학 홍인경. 1573년(선조 6) 문과. 1583년(선조
16) 사간원 헌납이 되어 이이의 거조擧措가 온당하지 못하며, 정철 또한 사류를 잘 모
함한다고 비판했다.

홍적洪迪__1549(명종 4)~1591(선조 24)
본관은 남양. 자는 태고太古, 호는 하의자荷衣子. 판서 진進의 동생. 홍인우의 아들.
1572년(선조 5) 문과. 이듬해 허봉, 김효원, 김우옹과 사가독서. 1574년 홍문관에 들

어가 10년 동안 봉직. 1583년(선조 16) 정언이 되었다. 경학經學에 밝고 논사論思를 잘하여 홍문관에서 '학사전재學士全才'라 불렸다. 시문에 능하고 글씨도 잘 썼다. 병으로 죽었다. 묘갈명에 따르면 홍적은 신념에 차서 이이를 비판하고 있다. 아버지 홍인우는 박순과 서경덕 문하에서 같이 공부한 사이이고, 노수신은 학문하는 중에 의심나는 것이 있으면 홍인우에게 서신이나 구두로 물었다고 한다. 홍인우, 노수신, 권덕여, 허엽 등은 젊은 시절부터 가까웠다. 홍적은 과거에 합격하기 전부터 심희수, 허봉, 한준겸 등과 가까웠다.

홍종록洪宗祿__1546(명종 1)~1593(선조 26)
본관은 남양. 자는 연길延吉, 호는 유촌柳村. 아버지는 좌찬찬 담曇. 1572년(선조 5) 문과. 삼사의 여러 관직을 거쳐, 1583년(선조 16) 병조 정랑이 되었다. 정여립 사건 때 여립의 조카 집緝의 문초에서 이름이 거론되어 국문을 받고 구성으로 귀양 갔다. 임진왜란이 일어나자 이조 정랑 신경진과 함께 도체찰사 류성룡의 종사관으로 활약했다.

홍진洪進__1541(중종 36)~1616(광해군 8)
본관은 남양. 자는 희고希古. 호는 퇴촌退村. 명유名儒 홍인우仁祐의 아들. 홍적의 형. 1570년(선조 3) 문과. 이조·예조 판서·우참찬·지중추부사를 역임한 뒤 1600년(선조 33) 선조의 비 의인왕후가 죽자 빈전도감 제조가 되었다. 이어서 좌찬찬·형조 판서를 거쳐, 임진왜란 때 호종한 공으로 호성공신扈聖功臣 2등에 올랐으며 당흥부원군唐興府院君에 봉하여졌다. 북인이 집권하자 사퇴하였다. 시호는 단민端敏.

홍천경洪千璟__1553(명종 8)~1632(인조 10)
본관은 풍산. 자는 군옥群玉, 호는 반환당盤桓堂. 임진왜란이 일어나자 김천일의 진중으로 나가 군량의 수집, 수송 등 임무를 담당하였다. 1597년(선조 30) 정유재란 때에는 도원수 권율 휘하에서 문서를 관장하고, 의병 모집 격문을 작성하였다. 1609년(광해군 1) 증광문과에 갑과로 급제, 전적·나주교수·남원교수 등 역임.

홍혼洪渾__1541(중종 36)~1593(선조 26)
본관은 남양. 자는 혼원渾元, 호는 시우당時雨堂. 이황의 문인. 1566년(명종 21) 문과.

1583년(선조 16) 대사간·이조 참의를 거쳐, 뒤에 병조와 형조의 참의를 두루 역임. 임진왜란 때 과로로 인해 신병을 얻었다. 병이 위독해지자 직을 사임하고 고향 예산에 돌아가서 곧 죽었다. 류성룡과 가까웠다. 『목민심서』에 그가 양주楊州 목사였을 때 일화가 나온다. 어떤 사람이 후궁後宮 친족의 힘을 믿고 불법으로 양주 관청 땅에 함부로 장사 지낸 일이 있었다. 그는 곧바로 파냈는데, 관찰사도 이 말을 듣고 크게 놀랐고 원근 지방이 모두 벌벌 떨었다고 나온다. 평생 술을 즐겼다고 한다.

황섬黃暹__1544(중종 39)~1616(광해군 8)
본관은 창원. 자는 경명景明, 호는 식암息庵 한양 출생. 유영경이 그의 자형이다. 정탁의 문인. 1570년(선조 3) 문과에 갑과로 급제. 1594년 안동 부사가 되고, 뒤에 다시 이조와 호조의 참의, 도승지 등을 역임했다. 호조·이조·예조의 참판을 거쳐, 대사헌·지제교 등을 지냈다. 광해군 즉위 후에는 물러났다. 셋째 아들 황유첨이 이성중의 딸과 결혼했고, 황유첨의 사위가 이귀의 장남 이시백이다. 시호는 정익貞翼.

황신黃愼__1560(명종 15)~1617(광해군 9)
본관은 창원. 자는 사숙思叔, 호는 추포秋浦. 성혼과 이이의 문인. 1588년(선조 21) 알성문과 장원. 1589년(선조 22) 정언이 되어 정여립을 김제 군수로 임명한 이산해를 탄핵하였다. 정여립 옥사에 대해 직언하지 않는 이산해를 논박하다가 이듬해 고산 현감으로 좌천되었다. 1591년(선조 23) 정철이 귀양 갈 때 함께 파직당했다. 1596년(선조 29) 통신사로 명나라의 사신 양방형楊邦亨·심유경沈惟敬을 따라 일본에 다녀왔다. 1601년(선조 34) 대사헌이 되었으나, 정인홍의 사주를 받은 문경호가 스승인 성혼을 비난하자 이를 변호하다가 파직되었다. 1609년(광해군 1) 호조 참판으로 이덕형과 함께 명나라에 다녀와서 공조·호조 판서 등을 역임하였다. 계축옥사가 일어나자 중도부처되었다. 그 뒤 옹진에 유배되어 거기에서 죽었다. 시호는 문민文敏.

황정식黃廷式__1529(중종 24)~1592(선조 25)
본관은 장수. 자는 경중景中. 1561년(명종 16) 문과. 동생이 장계부원군長溪府院君 황정욱. 임진왜란이 발발하자, 그해 5월 강원도로 의병을 모집하기 위해 떠났다가, 다시 돌아와 호가扈駕하다가 평양전투에서 전사하였다.

황혁黃赫__1551(명종 6)~1612(광해군 4)

본관은 장수. 자는 회지晦之, 호는 독석獨石. 아버지는 판서 정욱廷彧. 기대승의 문인. 선조의 아들 순화군順和君이 그의 사위이다. 1580년(선조 13) 문과 장원. 1591년(선조 24) 정철이 선조에게 세자를 세우자고 요청했다가 귀양 가 위리안치 될 때 그 일당으로 몰려 삭직되었다. 임진왜란이 일어나자 아버지 정욱과 함께 왕자 순화군을 따라 강원도를 거쳐 회령으로 갔다가 모반자인 국경인鞠景仁에게 붙잡혀 왜군에게 인계되었다. 그 뒤 안변의 토굴에 감금되어 갖은 고초를 받다가 왜장 가토 기요사마加藤淸正의 강요로 선조에게 항복 권유문을 썼다. 그러나 몰래 별도로 아버지 정욱이 그것이 사실이 아니라고 적어서 보냈다. 1593년(선조 26) 부산에서 두 왕자와 함께 송환되었다. 그 뒤 항복 권유문을 썼다고 반대파의 탄핵을 받아 이산理山(평안북도 초산, 현 자강도 우시군)에 유배되었다가 황해도 신천信川으로 이배移配되었다. 1612년(광해군 4) 전날에 이이첨을 시로써 풍자한 일 때문에 미움을 받아, 순화군의 아들 진릉군 태경晉陵君泰慶을 왕으로 추대하려 한다는 무고를 받고 투옥되어 옥사했다.

주

전사前史

1) 『명종실록』권6, 2년 10월 11일

2) 『명종실록』권31, 명종 20년 1월 6일(갑진)

1부

1) 『선조실록』권9, 8년(1575) 1월 2일(임인)

2) 『선조수정실록』권9, 8년(1575) 1월 2일(임인)

3) 『선조실록』권9, 8년(1575) 2월 5일(갑술)

4) 『선조실록』권9, 8년(1575) 5월. 원문 기록에 해당 월만 있고 날짜 표시가 없다. 이하 이와 같은 경우 동일한 경우이다.

5) 『선조실록』권9, 8년(1575) 2월 15일(갑신)

6) 『선조실록』권9, 8년(1575) 5월

7) 『선조실록』권9, 8년(1575) 5월

8) 『선조실록』권7, 6년(1573) 11월 5일(신사)

9) 『선조수정실록』권7, 6년(1573) 9월 1일(무인)

10) 『선조실록』권7, 6년(1573) 10월 12일(기미)

11) 『선조실록』권8, 7년(1574) 12월 1일(신축)

12) 金宇基, 「16세기 중엽 仁順王后의 정치참여와 垂簾聽政」, 『歷史敎育』88, 2003

13) 『선조수정실록』권8, 7년(1574) 3월 1일(병자)

14) 『선조실록』권8, 7년(1574) 10월 7일(무신)

15) 『선조수정실록』권8, 7년(1574) 11월 1일(신미)

16) 『선조수정실록』권9, 8년(1575) 5월 11일(무신)

17) 『선조수정실록』권9, 8년(1575) 6월 1일(무진)

18) 『선조수정실록』권9, 8년(1575) 6월 1일(무진)

19) 『선조수정실록』권9, 8년(1575) 7월 1일(정유)

20) 『선조실록』권2, 1년(1568) 4월 25일(갑진)

21) 정재훈, 「동고東皐 이준경李浚慶의 정치적 역할과 정치사상」, 『韓國思想과 文化』55, 2010

22) 『선조수정실록』권3, 2년(1569) 6월 1일(계유)

23) 『선조실록』권3, 2년(1569) 7월 13일(갑신)

24) 『석담일기』 선조 8년 7월

25) 『선조수정실록』권9, 8년(1575) 8월 1일(병인)

26) 『선조수정실록』권9, 8년(1575) 7월 1일(정유)

27) 『석담일기』 선조 8년 7월

28) 심의겸과 김효원 사이에 있었던 일화에 대해서는 다음 참조. 이정철, 『언제나 민생을 염려하노니』.
역사비평사, 2013. 102~104쪽

29) 『선조수정실록』권9, 8년(1575) 8월 1일(병인)

30) 『선조수정실록』권9, 8년(1575) 8월 1일(병인)

31) 『석담일기』 선조 8년 7월

32) 『선조수정실록』권9, 8년(1575) 8월 1일(병인)

33) 『선조수정실록』권9, 8년(1575) 9월 1일(병신)

34) 『선조수정실록』권9, 8년(1575) 8월 1일(병인)

35) 『선조실록』권8, 7년(1574) 7월 11일(계미)

36) 『선조실록』권8, 7년(1574) 8월 3일(갑진)

37) 『석담일기』 선조 8년 7월

38) 『명종실록』권29, 18년(1563) 12월 28일(임신)

39) 『명종실록』권33, 21년(1566) 10월 1일(무오)

40) 『명종실록』권33, 21년(1566) 윤10월 18일(을사)

41) 『명종실록』권28, 17년(1562) 2월 4일(무오)

42) 『신조수정실록』권9, 8년(1575) 8월 1일(병인)

43) 『선조실록』권8, 7년(1574) 7월 21일(계사)

44) 『선조실록』권9, 8년(1575) 10월 24일(무자)

45) 『선조수정실록』권9, 8년(1575) 10월 1일(임인)

46) 『선조수정실록』권9, 8년(1575) 10월 1일(임인)

47) 『선조수정실록』권9, 8년(1575) 10월 1일(임인)

48) 『선조수정실록』권9, 8년(1575) 8월 1일(병인)

49) 『선조수정실록』권10, 9년(1576) 2월 1일(을축)

50) 『선조실록』권10, 9년(1576) 3월 3일(병신)

51) 『선조수정실록』권10, 9년(1576) 2월 1일(을축)

52) 『선조수정실록』권21, 20년(1587) 3월 1일(경인)

53) 『선조수정실록』권10, 9년(1576) 2월 1일(을축)

54) 『선조실록』권10, 9년(1576) 8월 16일(병자)

55) 『선조수정실록』권10, 9년(1576) 11월 1일(기축)

56) 『선조수정실록』권10, 9년(1576) 11월 1일(기축)

57) 『선조실록』권12, 11년(1578) 2월 2일(계미)

58) 『선조실록』권12, 11년(1578) 3월 13일(갑자)

59) 『선조수정실록』권24, 23년 1월 1일(갑진)

60) 『선조수정실록』권12, 11년(1578) 10월 1일(무인)

61) 『선조수정실록』권12, 11년 10월 1일(무인)

62) 『선조수정실록』권21, 20년(1587) 3월 1일(경인)

63) 『선조수정실록』권12, 11년(1578) 10월 1일(무인)

64) 『선조수정실록』권21, 20년(1587) 3월 1일(경인)

65) 『선조수정실록』권12, 11년(1578) 10월 1일(무인)

66) 『선조수정실록』권13, 12년(1579) 4월 1일(병자)

67) 『선조수정실록』권12, 11년(1578) 11월 1일(무신)

68) 『선조수정실록』권12, 11년(1578) 10월 1일(무인)

69) 『선조수정실록』권12, 11년(1578) 10월 1일(무인)

70) 『선조실록』권13, 12년(1579) 4월 23일(무술)

71) 『석담일기』 선조 12년 4월

72) 『선조수정실록』권13, 12년(1579) 2월 1일(병자)

73) 『선조수정실록』7권, 6년(1573) 8월 1일(무신)

74) 『선조실록』권10, 9년(1576) 3월 3일(병신)

75) 『선조수정실록』권21, 20년(1587) 3월 1일(경인)

76) 『선조수정실록』권13, 12년(1579) 2월 1일(병자)

77) 『선조수정실록』권13, 12년(1579) 2월 1일(병자)

78) 『선조수정실록』권14, 13년(1580) 윤4월 1일(기해)

79) 『석담일기』 선조 13년 2월

80) 『선조수정실록』권14, 13년(1580) 윤4월 1일(기해)

81) 『석담일기』 선조 12년 2월

82) 『선조수정실록』권13, 12년(1579) 5월 1일(을사)

83) 정두희, 『조광조: 실천적 지식인의 삶, 이상과 현실 사이에서』, 아카넷, 2001

84) 『선조실록』권13, 12년(1579) 5월 22일(병인)

85) 『선조수정실록』권13, 12년(1579) 5월 1일(을사)

86) 『선조수정실록』권21, 20년(1587) 3월 1일(경인)

87) 『선조실록』권13, 12년 6월 8일(임오)

88) 鄭萬祚, 「16世紀 士林系 官僚의 朋黨論: 歐·朱 朋黨論과의 比較를 통하여 본」, 『한국학논총』12, 1990

89) 『선조수정실록』권21, 20년(1587) 3월 1일(경인)

90) 『선조실록』권13, 12년(1579) 6월 28일(임인)

91) 『선조실록』권13, 12년(1579) 7월 1일(을사)

92) 『선조실록』권13, 12년(1579) 6월 30일(갑진)

93) 『선조수정실록』권13, 12년(1579) 7월 1일(을사)

94) 『선조수정실록』권13, 12년(1579) 7월 1일(을사)

95) 『선조실록』권13, 12년(1579) 7월 2일(병오)

96) 『선조수정실록』권13, 12년(1579) 7월 1일(을사)

97) 『석담일기』 선조 12년 7월

98) 『선조실록』권13, 12년(1579) 6월 25일(기해)

99) 『선조실록』권13, 12년(1579) 6월 28일(임인)

100) 『선조수정실록』권13, 12년(1579) 7월 1일(을사)

101) 『선조실록』권13, 12년(1579) 5월 22일(병인)

102) 곽신환, 「牛溪와 栗谷 李珥: 서로 다른 트랙과 스펙」, 『牛溪學報』30, 2011

103) 설석규, 「왕을 일깨운 성성자—동강 김우옹—」, 『선비문화』2, 2004

104) 이상하, 「동강 김우옹의 출처와 학문」, 『南冥學研究』11, 2001

2부

1) 『선조실록』권14, 13년(1580) 11월 4일(경오)

2) 『선조실록』권14, 13년(1580) 11월 9일(을해)

3) 『선조실록』권14, 13년(1580) 11월 26일(임진)

4) 『선조실록』권14, 13년(1580) 12월 5일(경자)

5) 『선조실록』권17, 16년(1583) 9월 6일(갑신)

6) 『선조수정실록』권14, 13년(1580) 12월 1일(병신)

7) 『석담일기』선조 8년 5월

8) 『선조수정실록』권13, 12년(1579) 5월 1일(을사)

9) 『선조실록』권13, 12년(1579) 5월 22일(병인)

10) 『석담일기』선조 13년 2월

11) 『석담일기』선조 13년 3월

12) 『선조수정실록』권14, 13년(1580) 윤4월 1일(기해)

13) 『선조수정실록』권12, 11년(1578) 11월 1일(무신)

14) 『선조수정실록』권14, 13년(1580) 7월 1일(무진)

15) 『석담일기』선조 13년 7월

16) 『선조실록』7권, 6년(1573) 9월 26일(계묘)

17) 『선조수정실록』권8, 7년(1574) 7월 1일(계유)

18) 『선조수정실록』권15, 14년(1581) 2월 1일(을미)

19) 『선조수정실록』권15, 14년(1581) 5월 1일(계해)

20) 『선조수정실록』권15, 14년(1581) 2월 1일(을미)

21) 우인수, 「조선 선조대 남북 분당과 내암 정인홍」, 『역사와 경계』81, 2011

22) 『선조수정실록』권15, 14년(1581) 2월 1일(을미)

23) 『탈초·역주 추연선생일기』, 우성전의 일록 뒤에 씀, 화성시, 2008

24) 『선조수정실록』권23, 22년(1589) 12월 1일(갑술)

25) 『선조수정실록』권15, 14년(1581) 3월 1일(갑자)

26) 『선조실록』권15, 14년(1581) 3월 7일(경오)

27) 『선조실록』권15, 14년(1581) 3월 8일(신미)

28) 『선조수정실록』권15, 14년(1581) 3월 1일(갑자)

29) 『석담일기』 선조 14년 3월

30) 『선조수정실록』권23, 22년(1589) 12월 1일(갑술)

31) 『선조실록』권15, 14년(1581) 3월 8일(신미)

32) 『선조수정실록』권15, 14년(1581) 3월 1일(갑자)

33) 『선조실록』권15, 14년(1581) 3월 14일(정축)

34) 『선조수정실록』권15, 14년(1581) 3월 1일(갑자)

35) 『선조수정실록』권15, 14년(1581) 7월 1일(임술)

36) 『선조수정실록』권15, 14년(1581) 3월 1일(갑자)

37) 『선조수정실록』권15, 14년(1581) 7월 1일(임술)

38) 『선조수정실록』권10, 9년(1576) 2월 1일(을축)

39) 『선조수정실록』권16, 15년(1582) 9월 1일(병진)

40) 『선조수정실록』권15, 14년(1581) 5월 1일(계해)

41) 『선조실록』권14, 13년(1580) 5월 23일(신묘)

42) 『석담일기』 선조 14년 5월

43) 『선조수정실록』권15, 14년(1581) 5월 1일(계해)

44) 이강욱, 「臺諫 啓辭에 대한 考察」, 『古文書硏究』45, 2014

45) 『선조수정실록』권17, 16년(1583 6월 1일(신해)

46) 『선조수정실록』권15, 14년(1581) 5월 1일(계해)

47) 『석담일기』 선조 14년 2월

48) 『석담일기』 선조 14년 5월

49) 안호용, 「조선시대의 삼년상과 기복제도」, 『한국사회』Vol.15 No.2, 2014

50) 『선조수정실록』권15, 14년(1581) 7월 1일(임술)

51) 『선조수정실록』권15, 14년(1581) 7월 1일(임술)

52) 『석담일기』 선조 14년 7월

53) 『선조실록』권15, 14년(1581) 1월 20일(을유)

54) 『석담일기』 선조 14년 7월

55) 『선조수정실록』권15, 14년(1581) 8월 1일(임진)

56) 『선조수정실록』권15, 14년(1581) 8월 1일(임진)

57) 『광해군일기』 42권, 3년(1611) 6월 16일(갑신)

58) 『광해군일기』 109권, 8년(1616) 11월 29일(병신)

59) 『석담일기』 선조 14년 8월

60) 『선조수정실록』권15, 14년(1581) 8월 1일(임진)

61) 『석담일기』 선조 14년 8월

62) 『선조수정실록』권9, 8년(1575) 8월 1일(병인)

63) 『정암집』권4, 「復拜大司憲時啓八」, 김용흠, 「조선전기 훈구·사림의 갈등과 그 정치사상적 함의」, 『동방학지』124, 2004, 312쪽 참조.

64) 『선조수정실록』15권, 14년(1581) 8월 1일(임진)

65) 『석담일기』 선조 14년 8월

66) 『선조수정실록』권15, 14년(1581) 8월 1일(임진)

67) 『선조수정실록』권15, 14년(1581) 8월 1일(임진)

68) 『선조수정실록』권15, 14년(1581) 8월 1일(임진)

69) 정홍준, 「조선후기 복상의 卜相 절차와 방식」, 『民族文化硏究』27, 1994

70) 『명종실록』권29, 18년(1563) 8월 17일(계해)

71) 『선조수정실록』권15, 14년(1581) 9월 1일(임술)

72) 『석담일기』 선조 14년 10월

73) 『선조수정실록』권15, 14년(1581) 11월 1일

74) 『선조수정실록』권16, 15년(1582) 9월 1일(병진)

75) 『선조수정실록』권16, 15년(1582) 1월 1일(경신)

76) 『선조수정실록』권16, 15년(1582) 1월 1일(경신)

77) 『선조수정실록』권16, 15년(1582) 9월 1일(병진)

78) 『선조실록』권16, 15년(1582) 9월 13일(무진)

79) 홍가신, 「略敍, 柳西厓 而見 行迹」, 『만전당 선생 문집』, 한국예총아산지부, 2006

80) 『광해군일기』권26, 2년(1610) 3월 5일(신사)

81) 『선조수정실록』권16, 15년(1582) 9월 1일(병진)

82) 홍가신, 「略敍, 柳西厓 而見 行迹」, 『만전당 선생 문집』, 한국예총아산지부, 2006

83) 『선조수정실록』권16, 15년(1582) 9월 1일(병진)

84) 『선조수정실록』권21, 20년(1587) 3월 1일(경인)

85) 곽신환, 「牛溪와 栗谷 李珥: 서로 다른 트랙과 스펙」, 『牛溪學報』30, 2011

86) 곽신환, 「牛溪와 栗谷 李珥: 서로 다른 트랙과 스펙」, 『牛溪學報』30, 2011

87) 『선조실록』권17, 16년 1월 22일(병자)

88) 『선조수정실록』권17, 16년 1월 1일(을묘)

89) 『선조실록』권16, 15년 12월 26일(경술)

90) 오종록, 「개인과 집단: 조선시대 학자관료집단 연구: 조선전기의 대제학을 중심으로」, 『국학연구』14, 2009

91) 『선조수정실록』권17, 16년 1월 1일(을묘)

92) 윤호량, 「宣祖 16년(1583) '尼湯介의 亂'과 조선의 군사전략」, 고려대학교대학원 석사논문, 2010

93) 『선조실록』권17, 16년 2월 7일(경인)

94) 『선조실록』권12, 11년(1578) 5월 1일(신해); 『선조수정실록』권15, 14년 2월 1일(을미)

95) 『선조실록』권17, 16년 1월 22일(병자)

96) 유봉영, 「王朝實錄에 나타난 李朝前期의 野人」, 『백산학보』14, 1973

97) 『선조수정실록』권17, 16년 2월 1일(갑신)

98) 『선조실록』권17, 16년 2월 9일(임진)

99) 『선조실록』권17, 16년 2월 12일(을미)

100) 『선조실록』권17, 16년 2월 13일(병신)

101) 『선조실록』권17, 16년 2월 20일(계묘)

102) 『선조실록』권17, 16년 2월 15일(무술)

103) 『선조수정실록』권17, 16년 4월 1일(임자)

104) 이정철, 「栗谷 李珥의 貢物·進上 개혁안의 영향과 한계」, 『한국사연구』144, 2009

105) 『선조수정실록』권17, 16년 4월 1일(임자)

106) 『선조실록』권17, 16년 5월 1일(임오)

107) 『선조수정실록』권17, 16년 4월 1일(임자)

108) 『선조실록』권17, 16년 5월 5일(병술)

109) 『선조실록』권17, 16년 4월 17일(무진)

110) 『선조실록』권17, 16년 7월 19일(무술)

111) 『선조실록』권17, 16년 7월 16일(을미)

112) 『선조수정실록』권17, 16년 4월 1일(임자)

113) 『선조실록』권17, 16년 4월 14일(을축)

114) 『선조실록』권17, 16년 5월 6일(정해)

115) 『선조실록』권17, 16년 5월 13일(갑오)

116) 『선조실록』권17, 16년 5월 17일(무술)

117) 『선조실록』권17, 16년 5월 26일(정미)

118) 『선조실록』권17, 16년 5월 13일(갑오)

119) 『선조실록』권17, 16년 5월 26일(정미)

120) 『선조실록』권17, 16년 6월 11일(신유)

121) 『선조수정실록』권17, 16년 5월 1일(임오)

122) 『계갑일록』선조 16년 6월 3일

123) 『선조실록』권17, 16년 6월 11일(신유)

124) 『선조수정실록』권17, 16년 6월 1일(신해)

125) 『선조실록』권17, 16년 6월 11일(신유)

126) 『선조실록』권17, 16년 6월 17일(정묘)

127) 『선조실록』권17, 16년 6월 20일(경오)

128) 『선조수정실록』권17, 16년 6월 1일(신해)

129) 『선조실록』권17, 16년 6월 17일(정묘)

130) 『栗谷先生全書』권29, 『經筵日記』선조 7년 4월

131) 『선조수정실록』권12, 11년 11월 1일(무신)

132) 『선조수정실록』권15, 14년 8월 1일(임진)

133) 정재훈, 「16세기 사림공론士林公論의 내용과 의미」, 『朝鮮時代史學報』71, 2014

134) 『선조수정실록』권8, 7년 7월 1일(계유)

135) 『선조수정실록』권9, 8년 8월 1일(병인)

136) 『계갑일록』선조 16년 6월 17일

137) 『선조수정실록』권17, 16년 6월 1일(신해)

138) 『선조수정실록』권17, 16년 6월 1일(신해)

139) 『선조실록』권17, 16년 6월 19일(기사)

140) 『선조수정실록』권17, 16년 6월 1일(신해)

141) 『선조실록』권17, 16년 7월 19일(무술)

142) 『선조실록』권17, 16년 6월 19일(기사)

143) 송찬식, 「조선조 사림정치의 권력구조: 전랑과 삼사를 중심으로」, 『經濟史學』Vol.2 No.1, 1978

144) 『선조실록』권17, 16년 6월 20일(경오)

145) 『선조실록』권17, 16년 6월 20일(경오)

146) 『선조실록』권17, 16년 6월 23일(계유)

147) 『선조실록』권17, 16년 6월 24일(갑술)

148) 『계갑일록』 선조 16년 6월 22일

149) 『선조수정실록』권17, 16년 7월 1일(경진)

150) 『선조실록』권17, 16년 7월 15일(갑오)

151) 『계갑일록』 선조 16년 7월 15일

152) 『선조수정실록』권17, 16년 7월 1일(경진)

153) 『계갑일록』 선조 16년 7월 16일

154) 『계갑일록』 선조 16년 7월 9일

155) 『秋淵先生日記』, 화성시역사자료총서4, 2008.

156) 이욱, 『朝鮮後期 魚鹽政策 研究』, 고려대학교 대학원 박사논문, 2002

157) 『선조실록』권17, 16년 7월 16일(을미)

158) 『명종실록』22년(1567) 4월 29일(갑인)

159) 『선조수정실록』권17, 16년 7월 1일(경진)

160) 『추파집』, 『추파선생연보』(황의동, 「추파 송기수의 생애와 인품」『유학연구』14, 2006, 재인용)

161) 윤종빈, 「호서명현湖西名賢의 의리정신과 문학사상; 규암 송인수의 생애와 경세사상」, 『儒學研究』 13, 2006

162) 이근호, 「秋坡 宋麒壽의 士林과의 交遊」, 『儒學研究』14, 2006

163) 이해준, 「秋坡 宋麒壽의 사후 평가와 추숭활동」, 『儒學研究』14, 2006

164) 황의동, 「秋坡 宋麒壽의 生涯와 人品」, 『儒學研究』14, 2006

165) 『선조수정실록』권4, 3년 8월 1일(병신)

166) 『선조수정실록』권6, 5년(1572) 7월 1일(갑신)

167) 『선조수정실록』권4, 3년(1570) 4월 1일(무술)

168) 『선조실록』권17, 16년 7월 16일(을미)

169) 『계갑일록』 선조 16년 7월 23일

170) 『선조수정실록』권17, 16년 7월 1일(경진)

171) 『선조실록』권17, 16년 7월 16일(을미)

172) 『주희의 역사세계』 상, p.319~323 참조.

173) 『선조수정실록』권17, 16년 6월 1일(신해)

174) 『선조실록』권17, 16년 7월 17일(병신)

175) 『선조실록』권17, 16년(1583) 10월 22일(경오)

176) 『선조실록』권17, 16년 7월 18일(정유)

177) 『선조실록』권17, 16년 7월 19일(무술)

178) 『선조수정실록』권21, 20년 3월 1일(경인)

179) 『선조실록』권17, 16년 7월 19일(무술)

180) 『선조수정실록』권17, 16년 7월 1일(경진)

181) 『선조실록』권17, 16년 7월 19일(무술)

182) 『선조실록』권17, 16년 7월 21일(경자).

183) 『선조수정실록』권21, 20년(1587) 3월 1일(경인)

184) 『선조실록』권17, 16년 7월 22일(신축)

185) 『선조실록』권17, 16년 7월 22일(신축)

186) 『계갑일록』 선조 16년 8월 1일

187) 『선조실록』권17, 16년 8월 5일(갑인)

188) 『선조실록』권17, 16년 8월 5일(갑인)

189) 『선조실록』권17, 16년 8월 5일(갑인)

190) 『선조수정실록』권17, 16년 8월 1일(경술)

191) 『선조실록』권17, 16년 8월 6일(을묘)

192) 『선조실록』권17, 16년 8월 6일(을묘)

193) 『선조실록』권17, 16년 8월 6일(을묘)

194) 『선조수정실록』권17, 16년 8월 1일(경술)

195) 『선조실록』권17, 16년 8월 8일(정사)

196) 『선조실록』권17, 16년 8월 13일(임술)

197) 『선조실록』권17, 16년 8월 18일(정묘)

198) 『선조실록』권17, 16년 8월 23일(임신)

199) 『선조실록』권17, 16년 8월 28일(정축)

200) 『선조실록』권17, 16년 8월 28일(정축)

3부

1) 『선조실록』권17, 16년(1583) 7월 16일(을미)

2) 『선조실록』권17, 16년(1583) 8월 28일(정축)

3) 『선조실록』권17, 16년(1583) 7월 22일(신축)

4) 『선조실록』권17, 16년(1583) 8월 13일(임술)

5) 『선조실록』권17, 16년(1583) 8월 28일(정축)

6) 『선조실록』권17, 16년(1583) 9월 8일(병술)

7) 『선조실록』권17, 16년(1583) 9월 6일(갑신)

8) 『선조실록』권17, 16년(1583) 10월 22일(경오)

9) 『선조수정실록』권17, 16년(1583) 9월 1일(기묘)

10) 『선조실록』권17, 16년(1583) 9월 11일(기축)

11) 『선조실록』권17, 16년(1583) 9월 12일(경인)

12) 『선조수정실록』권17, 16년(1583) 9월 1일(기묘)

13) 『선조실록』권17, 16년(1583) 7월 19일(무술)

14) 『선조실록』권17, 16년(1583) 10월 22일(경오)

15) 『선조수정실록』권21, 20년(1587) 3월 1일(경인)

16) 『선조실록』권8, 7년(1574) 3월 18일(계사); 『선조수정실록』권16, 15년(1582) 9월 1일(병진)

17) 『석담일기』 선조 14년 7월

18) 『선조실록』권17, 16년(1583) 10월 30일(무인)

19) 『선조실록』권17, 16년(1583) 3월 29일(신해)

20) 『선조실록』권18, 17년(1584) 1월 16일(갑오)

21) 『율곡전서』권34, 부록2, 계미 10월.

22) 『선조수정실록』권18, 17년(1584) 1월 1일(기묘)

23) 『선조수정실록』권18, 17년(1584) 1월 1일(기묘)

24) 『선조실록』권18, 17년(1584) 3월 4일(신사)

25) 『선조수정실록』권18, 17년(1584) 5월 1일(병자)

26) 『선조실록』권18, 17년(1584) 2월 6일(계축)

27) 『선조실록』권18, 17년(1584) 2월 10일(정사)

28) 『선조수정실록』권18, 17년(1584) 2월 1일(무신)

29) 『선조수정실록』권18, 17년(1584) 2월 1일(무신)

30) 『선조수정실록』권18, 17년(1584) 2월 1일(무신)

31) 『선조실록』권18, 17년(1584) 2월 24일(신미)

32) 『선조실록』권18, 17년(1584) 3월 1일(무인)

33) 『선조수정실록』권18, 17년(1584) 3월 1일(무인)

34) 『선조실록』권18, 17년(1584) 3월 4일(신사)

35) 『선조실록』권17, 16년(1583) 9월 3일(신사)

36) 『선조실록』권18, 17년(1584) 3월 6일(계미)

37) 『선조실록』권18, 17년(1584) 5월 8일(계미)

38) 『선조수정실록』권18, 17년(1584) 5월 1일(병자)

39) 『선조실록』권17, 16년 7월 19일(무술)

40) 『선조수정실록』권18, 17년(1584) 5월 1일(병자)

41) 『선조수정실록』권18, 17년(1584) 12월 1일(계묘)

42) 『선조수정실록』권18, 17년(1584) 6월 1일(병오)

43) 『선조수정실록』권18, 17년(1584) 9월 1일(갑술)

44) 『선조수정실록』권18, 17년(1584) 11월 1일(계유)

45) 『선조수정실록』권18, 17년(1584) 12월 1일(계묘)

46) 『선조실록』권18, 17년(1584) 5월 4일(기묘)

47) 『선조수정실록』권18, 17년(1584) 3월 1일(무인)

48) 『선조실록』권18, 17년(1584) 7월 1일(을해)

49) 『선조실록』권19, 18년(1585) 1월

50) 『선조실록』권19, 18년(1585) 1월

51) 『선조실록』권19, 18년(1585) 1월

52) 『선조수정실록』권19, 18년(1585) 4월 1일(임인)

53) 『선조실록』권19, 18년(1585) 4월 16일(정사)

54) 『선조실록』권19, 18년(1585) 4월 17일(무오)

55) 『선조실록』권19, 18년(1585) 4월 22일(계해)

56) 『선조실록』권19, 18년(1585) 4월 26일(정묘)

57) 『선조실록』권19, 18년(1585) 4월 25일(병인)

58) 『선조수정실록』권20, 19년(1586) 7월 1일(갑오)

59) 『선조실록』권19, 18년(1585) 4월 18일(기미)

60) 『선조수정실록』권19, 18년(1585) 4월 1일(임인)

61) 『선조실록』권19, 18년(1585) 5월 28일(무술)

62) 『선조실록』권19, 18년(1585) 5월 28일(무술)

63) 『선조실록』권19, 18년(1585) 6월 4일(계묘)

64) 『선조수정실록』권19, 18년(1585) 6월 1일(경자)

65) 『선조실록』권19, 18년(1585) 6월 5일(갑진)

66) 『선조수정실록』권19, 18년(1585) 6월 1일(경자)

67) 『선조실록』권19, 18년(1585) 6월 22일(신유)

68) 『선조수정실록』권19, 18년(1585) 6월 1일(경자)

69) 『선조실록』권19, 18년(1585) 6월 26일(을축)

70) 『선조실록』권19, 18년(1585) 6월 26일(을축)

71) 『선조수정실록』권19, 18년(1585) 8월 1일(기해)

72) 6월 5일자 홍문관 차자는 이렇게 말한다. "심의겸이 (다른 사람과) 결탁하고 (그들을) 추천한 실상은 전하께서도 익히 잘 알고 계십니다." 『선조실록』권19, 18년(1585) 6월 5일(갑진) 참조

73) 『선조실록』권17, 16년(1583) 8월 18일(정묘)

74) 『선조실록』권18, 17년(1584) 8월 25일(무진). 같은 내용이 『선조수정실록』권19, 18년 8월 1일(기해) 기사에 나옴. 시간적으로 『선조수정실록』의 기록 연도인 선조 18년이 맞다.

75) 『선조실록』권18, 17년(1584) 8월 18일(신유). 같은 내용이 『선조수정실록』권19, 18년 9월 1일(무진) 기사에 나옴. 선조 18년이 맞다.

76) 김준섭, 「拙翁 洪聖民 文學研究」, 성균관대학교 일반대학원 석사논문, 2014

77) 박동일, 「栢潭 具鳳齡의 漢詩 硏究」, 안동대학교 석사논문, 2011

78) 『선조실록』권19, 18년(1585) 9월 2일(기사)

79) 『선조수정실록』권23, 22년(1589) 10월 1일(을해)

80) 『선조수정실록』권23, 22년(1589) 10월 1일(을해)

81) 『선조실록』권23, 22년(1589) 10월 8일(임오)

82) 『연려실기술』권14, 「宣祖朝故事本末 己丑鄭汝立之獄」

83) 『태천집』권2, 「토역일기」, 144쪽

84) 『선조수정실록』권23, 22년(1589) 11월 1일(을사)

85) 『태천집』권2, 「토역일기」, 143쪽

86) 『선조실록』권23, 22년(1589) 10월 11일(을유)

87) 김용덕, 「정여립 연구」, 『한국학보』Vol.2 No.3, 1976, 45쪽

88) 『선조수정실록』권23, 22년(1589) 10월 1일(을해)

89) 『연려실기술』권14, 「宣祖朝故事本末 己丑鄭汝立之獄」

90) 『태천집』권2, 「토역일기」, 157쪽

91) 『선조수정실록』권23, 22년(1589) 10월 1일(을해)

92) 『연려실기술』권14, 「宣祖朝故事本末 己丑鄭汝立之獄」

93) 『태천집』권2, 「토역일기」, 145쪽

94) 『태천집』권2, 「토역일기」, 148쪽

95) 『태천집』권2, 「토역일기」, 150쪽

96) 직령에 대한 자세한 설명과 사진은 다음 논문 참조. 이주영·권영숙, 「조선시대 직령의 유형과 특성」, 『服飾』Vol.53 No.6, 2003)

97) 『태천집』권2, 「토역일기」, 150쪽

98) 『태천집』권2, 「토역일기」, 153쪽

99) 『태천집』권2, 「토역일기」, 154쪽

100) 『선조실록』권23, 22년(1589) 10월 19일(계사)

101) 『선조실록』권23, 22년(1589) 12월 7일(경진)

102) 『태천집』권2, 「토역일기」, 181쪽

103) 『연려실기술』권14, 「宣祖朝故事本末 己丑鄭汝立之獄」

104) 『연려실기술』권14, 「宣祖朝故事本末 己丑鄭汝立之獄」

105) 『선조수정실록』권23, 22년(1589) 10월 1일(을해)

106) 『선조실록』권23, 22년(1589) 11월 3일(정미)

107) 『연려실기술』권14, 「宣祖朝故事本末 己丑鄭汝立之獄」

108) 『선조실록』권23, 22년(1589) 10월 28일(임인)

109) 『선조수정실록』권23, 22년(1589) 11월 1일(을사)

110) 『선조실록』권23, 22년(1589) 11월 3일(정미)

111) 『선조실록』권19, 18년(1585) 4월 16일(정사)

112) 『연려실기술』권14, 「宣祖朝故事本末 己丑鄭汝立之獄」

113) 『선조실록』권23, 22년(1589) 11월 7일(신해)

114) 『대동야승』, 『雲巖雜錄』, 雜記

115) 『선조실록』권23, 22년(1589) 11월 8일(임자)

116) 『선조수정실록』권23, 22년(1589) 11월 1일(을사)

117) 『선조실록』권23, 22년(1589) 11월 4일(무신)

118) 『선조수정실록』권23, 22년(1589) 11월 1일(을사)

119) 『선조수정실록』권23, 22년(1589) 12월 1일(갑술)

120) 『선조수정실록』권23, 22년(1589) 12월 1일(갑술)

121) 『선조수정실록』권23, 22년(1589) 12월 1일(갑술)

122) 『선조수정실록』권23, 22년(1589) 11월 1일(을사)

123) 김덕진, 「송강 정철의 학문과 정치활동」, 『역사와 경계』74, 2010

124) 『선조실록』권23, 22년(1589) 11월 12일(병진)

125) 『연려실기술』권14, 「宣祖朝故事本末 己丑鄭汝立之獄」

126) 『선조실록』51권, 27년(1594) 5월 19일(병신)

127) 『광해군일기』50권, 4년(1612) 2월 21일(병술)

128) 『선조수정실록』권23, 22년(1589) 11월 1일(을사)

129) 『東南小史』권1, 선조 22년 11월 12일

130) 『연려실기술』권14, 「宣祖朝故事本末 己丑鄭汝立之獄」

131) 최인주, 「朝鮮時代 流刑에 관한 硏究」, 이화여자대학교 석사논문, 1991

132) 『선조수정실록』권23, 22년(1589) 11월 1일(을사)

133) 『연려실기술』권14, 「宣祖朝故事本末 己丑鄭汝立之獄」

134) 『東南小史』권1, 「龍洲集碑」鄭彦置對 初以門黜 中以付處, 終以竄配. 李貴當時之一布衣. 抗言鄭政丞 坐與賊相知者甚冤. 不憚以身爲質. 徒步往坡州. 力請成渾上疏救解. 事雖不果 可謂不黨之君子. '동남 소사'라는 책명은 이발의 호 동암東巖과 이길의 호 남계南溪에서 따왔다. 이발, 이길이 기축옥사에 관련된 경위와 기축옥사 경과에 대해서 이들을 옹호하는 입장에서 정리한 기록이다. 이 책의 첫 대 본은 이발, 이길의 후손 이두망李斗望이 수집 정리한 『이공유사기二公遺事記』였던 것으로 보인다. 후에 이씨 가문의 누군가가 이글을 정약용에게 보였고, 정약용도 의견을 표시했다는 것이 사람들에 게 알려지면서 그가 이 책의 편자로 잘못 알려졌다. 김언종, 『『여유당전서보유』의 저작별 진위문제 에 대하여(상上)」, 『다산학』9, 2006 참조.

135) 『선조수정실록』권23, 22년(1589) 11월 1일(을사)

136) 김정우, 「건재 김천일의 학문과 의병활동」, 조선대학교 교육대학원 석사학위논문, 2010

137) 『선조실록』권23, 22년(1589) 12월 1일(갑술)

138) 『己丑錄』上, 白參議遺事

139) 『선조실록』권23, 22년(1589) 12월 12일(을유)

140) 『연려실기술』권14, 「宣祖朝故事本末 己丑鄭汝立之獄」

141) 『태천집』권2, 「토역일기」, 163쪽

142) 『東南小史』권1.

143) 『선조수정실록』권23, 22년(1589) 12월 1일(갑술)

144) 『東南小史』권3

145) 『태천집』권2, 「토역일기」, 181쪽

146) 『東南小史』권3

147) 『연려실기술』권14, 「宣祖朝故事本末 己丑黨籍」

148) 『선조수정실록』권23, 22년(1589) 12월 1일(갑술)

149) 『선조실록』권23, 22년(1589) 12월 7일(경진)

150) 『선조실록』권23, 22년(1589) 12월 14일(정해)

151) 『연려실기술』권14, 「宣祖朝故事本末 己丑鄭女立之獄」

152) 『선조실록』권23, 22년(1589) 12월 18일(신묘);『선조실록』권23, 22년(1589) 12월 20일(계사);『선조실록』권23, 22년(1589) 12월 21일(갑오)

153) 『선조실록』권23, 22년(1589) 12월 26일(기해)

154) 『선조실록』권23, 22년(1589) 12월 29일(임인)

155) 『연려실기술』권14, 「宣祖朝故事本末 己丑鄭女立之獄」

156) 이해준, 「아계 이산해의 후대 추승과 유적」, 『아계 이산해의 학문과 사상』, 지식산업사, 2010.

157) 『광해군일기』(중초본)권19, 1년(1609) 8월 23일(신미)

158) 설석규, 「宣祖代 政局과 李山海의 정치적 역할」, 『퇴계학과 유교문화』46, 2010

159) 『석담일기』 선조 14년 7월

160) 『아계유고』 연보, 만력 13년(1585)

161) 『선조수정실록』권24, 23년(1590) 4월 1일(임신)

162) 『선조수정실록』권24, 23년(1590) 4월 1일(임신)

4부

1) 배동수, 『정여립연구』, 책과 공간, 2000.

2) 김동수, 「16~17세기 호남사림의 존재형태에 대한 一考-특히 정개청의 문인집단과 자산서원의 치폐 사건을 중심으로 하여-」, 『역사학연구』7, 1977. 경현서원에 대해서는 이 책 282쪽 주(*) 참조.

3) 김문택, 「호남지역 서원의 지역적 특성과 정치적 성격: 나주 경현서원을 중심으로」, 『국학연구』11, 2007

4) 류창규, 「滄浪 丁巖壽의 삶과 인적 연계망」, 『기축옥사 재조명』, 선인, 2010

5) 조원래, 「사화기 호남사림의 학맥學脈과 김굉필金宏弼의 도학사상」, 『東洋學』25, 1995

6) 송준호, 『조선사회사연구: 조선사회의 구조와 성격 및 그 변천에 관한 연구』, 一潮閣, 1987

7) 『선조실록』권23, 22년(1589) 12월 14일(정해)

8) (국역)『우득록』, 困齋先生遇得錄附錄上, 困齋先生事實, 600쪽.

9) 『己丑錄』下, 己丑 十二月 全羅道 幼學 裵黃 等 疏.

10) 송준호, 위의 책

11) 『선조실록』권23, 22년 12월 7일(경진)

12) 『선조실록』권23, 22년 12월 14일(정해)

13) 오항녕, 『유성룡인가 정철인가』, 너머북스, 2015

14) 『선조실록』권23, 22년(1589) 12월 14일(정해)

15) 『선조수정실록』권24, 23년 3월 1일(임인)

16) 『己丑錄』下, 「鄭困齋行狀」

17) 『己丑錄』下, 「鄭介淸初招」

18) (국역)『우득록』권3, 獄中供辭, 509쪽.

19) 『선조수정실록』권24, 23년 2월 1일(계유)

20) 『己丑錄』下, 「書札後鞫廳啓辭」

21) 『己丑錄』下, 「鄭介淸獄中上疏」

22) (국역)『은봉전서』, 272쪽

23) 『선조수정실록』권24, 23년 2월 1일(계유)

24) 『선조실록』권160, 36년 3월 17일(계유)

25) 『연려실기술』권 14, 「宣祖朝故事本末 己丑黨籍」

26) 安東教, 「鄭介淸의 學風과 節義의 含意」, 『기축옥사 재조명』, 호남재단학술심포지엄, 2009

27) 『인조실록』권44, 21년 4월 13일(병자)

28) 『선조수정실록』권24, 23년 2월 1일(계유)

29) 정수복, 네이버캐스트(http://navercast.naver.com/contents.nhn?rid=106&contents_id=26725)

30) (국역)『우득록』권1, 論學, 「自覺告諸朴思菴淳書」

31) 김민석, 「隱峯 安邦俊의 史家的 意識」, 경상대학교 교육대학원 석사논문, 2009

32) 이해준, (국역)『은봉전서』해제

33) (국역)『은봉전서』, 「기축기사」 275쪽

34) (국역)『은봉전서』, 「기축기사」

35) 이현석, 「곤재 정개청困齋鄭介淸 선생의 생애와 학문學問」, (국역)『우득록』

36) 이종범, 『사림열전』Ⅰ, 아침이슬, 1999, 302쪽. 이 점에 대해서는 위잉스도 힘주어 강조한다. 『주희
    의 역사세계』하, 글항아리, 673~681쪽

37) (국역)『우득록』, 「上思菴」, 선조 10년(1577년) 3월 8일

38) (국역)『우득록』, 「전참의 윤선도가 國是를 논한 疏」, 1658년 6월

39) (국역)『우득록』, 「東漢晉末所尙不同說」, 권1, 論學

40) 『선조수정실록』권18, 17년(1584) 2월 1일(무신)

41) 『선조수정실록』권18, 17년(1584) 2월 1일(무신)

42) 『선조수정실록』권18, 17년(1584) 12월 1일(계묘)

43) 『선조실록』권21, 20년 12월 25일(기묘).

44) 『선조수정실록』권20, 19년 7월 1일(갑오)

45) 최근묵, 「사암 박순의 역사적 위상」, 『韓國思想과 文化』28, 2005, 124쪽

46) 『숙종실록』권3, 1년(1675) 4월 1일(기축)

47) 『석담일기』선조 3년 12월

48) 『己丑錄』下, 「鄭困齋行狀」

49) 『己丑錄』下, 「鄭困齋行狀」

50) 『己丑錄』下, 「鄭介清初招」

51) 16세기 이후 새로운 학문 경향인 도학과 『소학』의 관계에 대해서는 이정철의 다음 논문 참조. 「조선 시대 사림의 기원과 형성 과정」, 『조선시대사학보』73, 2015

52) 『己丑錄』下, 「鄭困齋行狀」

53) 『己丑錄』上, 「守愚堂崔先生碑銘」

54) 『연려실기술』권14, 「宣祖朝故事本末 己丑鄭女立之獄」

55) 성혼, 『우계집』, 우계연보보유 제3권, 제문

56) 『연려실기술』권14, 「宣祖朝故事本末 己丑黨籍」

57) 『선조수정실록』권7, 6년(1573) 5월 1일(경진)

58) 조식, 『남명집』, 남명선생편년 65세조

59) 사재명, 「수우당 최영경 문인의 형성과 강학」, 『南冥學研究論叢』12, 2003

60) 『수우선생실기』권4, 行錄. 이것은 숙종 26년(1700) 1월에 양천익梁天翼(1638~?)이 지었다. 최영경 사후 그의 재종 동생 윤경의 아들 홍서弘緖가 최영경의 양자가 되었다. 양천익은 최홍서의 손자사위 이다.

61) 『선조실록』권7, 6년(1573) 6월 3일(신해)

62) 『선조수정실록』권7, 6년(1573) 11월 1일(정축)

63) 『선조수정실록』권7, 6년(1573) 5월 1일(경진)

64) 『선조수정실록』권24, 23년(1590) 6월 1일(신미)

65) 金允濟, 「朝鮮 前期 『心經』의 이해와 보급」, 『韓國文化』18, 1996 ; 김경호, 「16세기 조선 지식인 사회의 『심경』 수용과 철학적 담론의 형성」, 『동양철학』19, 2003

66) 『己丑錄』上, 「崔持平傳」

67) 『己丑錄』上, 경인년 9월 10일조

68) 『선조실록』권6, 5년 7월 7일(경인)

69) 『선조수정실록』권6, 5년 7월 1일(갑신)

70) 설석규, 「16세기 사림의 세계관 분화와 成渾의 현실대응」, 『우계문화재단 단행본』2Vol.2009 No.1, 2009

71) 『수우선생실기』권4, 「行錄」

72) 손병욱, 「덕천서원」, 『서원, 한국사상의 숨결을 찾아서』, Vol.1 No.1, 2000

73) 『선조수정실록』권17, 16년(1583) 4월 1일(임자)

74) 『선조수정실록』권10, 9년(1576) 2월 1일(을축)

75) 『선조수정실록』권10, 9년(1576) 11월 1일(기축)

76) 『석담일기』 선조 9년 2월

77) 『己丑錄』上, 「守遇堂崔公行狀」

78) 『연려실기술』권14, 「宣祖朝故事本末 己丑黨籍」

79) 『역주 선조 강화선생 일기』에 1576년경(선조 9) 그의 파주 목사로서의 활동 기록이 나온다.

80) 『선조실록』권7, 6년(1573) 11월 30일(병오)

81) 成渾, 『우계집』, 우계연보, 정축(1577, 선조 10)

82) 成渾, 『우계집』, 우계연보보유 권2, 雜錄 하

83) 成渾, 『우계집』, 우계연보, 경인(1590, 선조 23), 11월조

84) 『己丑錄』上, 守遇堂先生崔公行狀

85) 이정철, 「선조 16년 동서 갈등 전개와 "계미삼찬癸未三竄"」, 『嶺南學』25, 2014

86) 成渾, 『우계집』, 우계연보보유 제4권, 年譜後說

87) 『선조실록』권57, 27년(1594) 11월 13일(정해)

88) 『己丑錄』上, 「崔持平傳」

89) 김강식, 「선조 연간의 최영경 옥사와 정치사적 의미」, 『역사와 경계』46, 2003

90) 『선조수정실록』권28, 27년(1594) 5월 1일(무인)

91) 『선조실록』권51, 27년(1594) 5월 19일(병신)

92) 『선조수정실록』권24, 23년(1590) 6월 1일(신미)

93) 『선조실록』권146, 35년(1602) 2월 7일(경오)

94) 『연려실기술』권14, 「宣祖朝故事本末 己丑黨籍」

95) 『선조실록』권144, 34년 12월 22일(을유)

96) 『연려실기술』권14, 「宣祖朝故事本末 己丑鄭汝立之獄」

97) 『선조수정실록』권24, 23년(1590) 3월 1일(임인)

98) 『연려실기술』권14, 「宣祖朝故事本末 己丑鄭汝立之獄」, 「우계연보」

99) 『선조실록』권144, 34년(1601) 12월 20일(계미)

100) 배영동, 「선산김씨 문중활동의 지역문화적 의의: 文簡公派를 중심으로」, 『지방사와 지방문화』Vol.12 No.2, 2009

101) 『선조실록』권144, 34년(1601) 12월 20일(계미)

102) 『연려실기술』권14, 「宣祖朝故事本末 己丑鄭汝立之獄」

103) 『수우당선생실기』권3, 附錄, 「嶺南請伸理疏」

104) 『연려실기술』권14, 「宣祖朝故事本末 己丑鄭汝立之獄」

105) 『태천집』, 토역일기

106) 안방준, 『묵재일기』, 平居言行

107) 『선조수정실록』권24, 23년(1590) 6월 1일(신미)

108) 『선조수정실록』권23, 22년(1589) 12월 1일(갑술)

109) 『선조수정실록』권24, 23년(1590) 6월 1일(신미)

110) 『己丑錄』上, 庚寅年姜沆上疏

111) 김덕진, 「양천운의 소쇄원 중건과 호란 의병」, 『지방사와 지방문화』Vol.9 No.2, 2006

112) 『연려실기술』권14, 「宣祖朝故事本末 己丑鄭汝立之獄」, 「노서집」

113) 『연려실기술』권14, 「宣祖朝故事本末 己丑黨籍」, 「괘일록」

114) 『선조실록』권146, 35년(1602) 2월 7일(경오)

115) 『연려실기술』제14권, 「宣祖朝故事本末 己丑鄭汝立之獄」

116) 『선조수정실록』권24, 23년(1590) 6월 1일(신미)

117) 『己丑錄』上, 「守遇堂先生崔公行狀」

118) 『己丑錄』上, 「崔持平傳」

119) 『선조수정실록』권24, 23년(1590) 6월 1일(신미)

120) 『연려실기술』권14, 「宣祖朝故事本末 己丑鄭女立之獄」

121) 『선조수정실록』권31, 30년(1597) 4월 1일(신유)

122) 『연려실기술』권14, 「宣祖朝故事本末 己丑鄭女立之獄」, 「노서집」

123) 『己丑錄』上, 崔持平傳. 이 차자가 정종명이 상소에서 여전히 집에 있다고 말한 그 차자일 것이다.
    (『광해군 일기』 권 33, 1년(1609) 12월 23일(경오))

124) 『선조수정실록』권24, 23년(1590) 6월 1일(신미)

125) 『선조수정실록』권24, 23년(1590) 6월 1일(신미)

126) 『연려실기술』권14, 「宣祖朝故事本末 己丑鄭女立之獄」

127) 『연려실기술』권14, 「宣祖朝故事本末 己丑鄭女立之獄」

128) 『연려실기술』권14, 「宣祖朝故事本末 己丑鄭女立之獄」

129) 『선조수정실록』권24, 23년(1590) 6월 1일(신미)

130) 『광해군일기』24권, 1년(1609) 12월 23일(경오)

131) 『醉菴李公實記』(이남종, 「醉菴 李洽(1549~1608) 詩 小考」, 『규장각』30, 2007, 13쪽 재인용)

132) 『연려실기술』권14, 「宣祖朝故事本末 己丑鄭女立之獄」

133) 『己丑錄』上, 경인년 9월 10일조

134) 『선조수정실록』권24, 23년(1590) 6월 1일(신미)

135) 『己丑錄』上, 「守遇堂先生崔公行狀」

136) 『연려실기술』권14, 「宣祖朝故事本末 己丑鄭女立之獄」

137) 『己丑錄』上, 경인년 9월 10일조

138) 『선조수정실록』권8, 7년(1574) 4월 1일(을사)

139) 『석담일기』 선조 8년 5월

140) 『선조수정실록』권20, 19년(1586) 10월 1일(임술)

141) 『선조실록』권19, 18년(1585) 1월

142) 『己丑錄』上, 경인년 9월 10일조

143) 『己丑錄』上, 경인년 9월 10일조

144) 『연려실기술』권14, 「宣祖朝故事本末 己丑鄭女立之獄」, 「노서집」